세상 속의 사막

Petits Frères de Jésus
VOIX ET VISAGES DES FRATERNITÉS
1966~1986
Translated by Kim Hwa-Young

© Benedict Press, Waegwan, Korea 1998

세상 속의 사막
1998 초판
옮긴이: 김화영／펴낸이: 김구인

© 분도출판사(등록: 1962년 5월 7일 · 라15호)
718-800 경북 칠곡군 왜관읍 왜관리 134의 1
편집부: (0545)971-0629
영업부:〈본사〉(0545)971-0628 FAX.972-6515
〈서울〉(02)266-3605 FAX.271-3605
우편대체 계좌: 700013-31-0542795
국민은행 계좌: 608-01-0117-906

ISBN 89-419-9821-2 03230

값 7,500원

세상 속의 사막

예수의 작은 형제들의 얼굴과 목소리
1966~1986

김화영 옮김

분 도 출 판 사

예수의 작은 형제들의 얼굴과 목소리

"예수의 작은 형제"들은 아주 특별한 성소의 길을 사는 사람들이다. 예수 그리스도의 복음 때문에 일반적으로 세상 사람들이 가장 낮고 가난하고 천하다고 생각하는 곳에서 일하고 생활하기를 선택한 사람들이다. 세계 어느 나라를 가거나 그 사회에서 가장 그늘지고 힘든 생활을 하는 작은 사람들 사이에 들어가서 그들의 형제가 되려고 노력하는 사람들이다. 그래서 그런 작은 사람들의 노동, 그들의 생활환경, 그들의 계층, 그들의 문화, 그들의 소외와 가난과 애환을 모두 있는 그대로 나누어 살며, 그들의 친구가 되고자 애쓰는 사람들이다. 세상이 아무리 업신여기고 버리고 짓밟은 사람이라도 인간인 이상 그는 하느님의 자녀요, 우리 모두의 형제임을 선포하는 예수 그리스도의 복음을 말로써가 아니라 자신의 전존재를 담은 생활로써 외치는 사람들이다.

이 책은 세계 각국의 가장 구석진 곳에서 이루어진 이런 복음적 삶의 기록이다. "예수의 작은 형제"들이 여러 나라에 흩어져 살면서 쓴 복음의 일기이다. 그 나라의 가장 작은 사람들의 벗이 되어 그들이 매일 겪는 고된 노동과 피로, 비인간적인 처우와 슬픔, 도저히 헤어날 수 없도록 구조적으로 얽혀 있는 사회악, 그런 속에서 "예수의 작은 형제"들 자신도 고뇌하고 슬퍼하고 때로는 좌절하고 힘들어하다가 자신도 정말 보잘것없는 작은 사람이라는 사실을 깨닫고 하느님 대전에 겸손되이 무릎 꿇는 모습을 이 일기에서 담담하게 기록하고 있다. 그들은 자기들도 가장 낮은 곳에 내려가서 손수 가장 낮은 곳에 내려오셨던 하느님의 사랑을 더 깊이 느끼고 간직하려고 한다.

그래서 잘 정돈되고 격리된 수도원 안에서가 아니라 세상 한복판에서, 세상의 온갖 소음과 무질서와 착취와 억압과 온갖 소용돌이 속에서 하느님을 발견하고 거기 살아 계신 하느님을 뵈오려고 안간힘을 쓰는 소박한 예수의 제자들이다. 정말로 진리와 영으로 하느님을 예배하는 흔적이 여기저기에 나타나 있다.

거짓 예언자가 수많은 백성을 흘리고 많은 종교가 갈수록 기업과 닮아가는 이 시대에 이렇게 진실되이 하느님을 예배하는 사람들의 삶이 책으로 엮어지게 된 것은 정말 사막에 내리는 단비 같은 느낌이다. 이 글은 거짓이 난무하는 이 세대에 좌절하는 많은 형제들에게 빛이 되고 힘이 되리라 확신한다.

1997년 12월 23일

+ 강우일

책을 내면서

『사하라의 불꽃』을 세상에 내놓을 때 우리는 설레임으로 기다렸습니다. 그리고 『사하라의 불꽃』의 반려처럼 구체적인 하느님 나라의 삶을 각자의 삶의 끝자리에서 말없이 생생하게 살아가고 있는 지구촌 형제들의 목소리를 다시 세상에 내놓게 된 것은 하느님께서 이 시대 우리 교회에 내리신 소명이라고 느낍니다. 나자렛 숨은 생활을 체현하는 그들의 일상이 세상에 귀감으로 드러나는 것을 마다하는 형제들로부터 받아낸 그들 구체적인 삶의 소리가 시판될 책으로 엮어지게 된 것 또한 한국에서 처음 이루어진 것이기에 더없이 소중한 감격이 아닐 수 없습니다. 우리의 맏형이신 예수 그리스도께서 나자렛에서 사신 아무도 빼앗아 갈 수 없는 마지막 자리를 지금 여기서 묵묵히 대신하고 있는 그들 증거자의 삶, 매순간 더 낮은 자리로 부르시는 그분의 소리에 충실하며 그분의 현존 앞에서 노동의 일상을 위로받고 그것으로 그분께 경배드리며 우정을 구걸하는, 모든 이의 모든 것이 되고자 열려 있는 위탁을 살아가고 있는 작은 형제들의 삶.

　이 복음적 삶은 교회 안에서 보호되어야 하며 메마른 이 시대 우리들은 여기에 숨겨져 있는 보물을 각자의 눈길에 따라 찾아내게 될 것입니다. 순서대로 읽지 않아도 됩니다. 어느 면이든 펼쳐지는 곳에서 진솔한 작은 형제를 만나십시오. 그리고 그와 나누며 벗이 되기를 열망하는 그와 벗이 되면 됩니다. 그리고 그의 삶의 깊이에 공감대를 느끼게 되면 그를 이끄시는 그분 눈길을 나도 따라나서면 될 것입니다. 이 목소리가 세상에 퍼질 때, 목마른 이들에게 생수가 되어줄 것이며 어둠을 걷어내는 빛이 되어 퍼져나갈 것입니다. 여기 글들은 글이기 전에 그들의 살아 있는 외침이기 때문입니다.

　부록으로 이 책을 읽는 독자들을 위해서 예수의 작은 형제들에게 오랫동안 큰 영향을 주었던 총장과 수련장을 지낸 두 형제의 글을 실었습니다.

　이 두 편의 글을 통해 많은 형제들의 삶에 빛과 방향을 제시했던 정신, 즉 영성이 무엇이었는지를 알려줄 것입니다.

1998.2.2. 주의 봉헌축일에

재 속 회

주흡 형제의 글

형제들 안녕하세요?

오랫동안 소식을 나누지 못했지만, 전세계에 있는 모든 형제들과 늘 기쁜 마음으로 가깝게 느끼며 살아갑니다.

나는 1970년대 말부터 한 전자회사에서 5년 이상 일을 했습니다. 처음에는 건물을 수리하고 청소해 주는 잡부일이었으나 몇 달이 지나자 회사에서는 나를 창고지기로 일하도록 했습니다. 그때는 공장이 아직 완공되지 않았기 때문에 단지 대형 천막 안에 제품 조립에 필요한 금속 부속품들을 여기저기 쌓아놓은 상태였습니다. 내가 맡은 일은 이 부품들을 내어주고 정리·정돈하는 것이었습니다. 여름에는 이 천막 안에서 꽤 무거운 상자들을 운반하느라 땀을 많이 흘렸고, 겨울에는 엄청나게 추웠습니다. 그러나 문제는 환경이 좋고 나쁘다는 것이 아니라 동료들과 함께 자기 일을 열심히 할 수 있도록 그곳에 적응하는 것이었습니다.

나와 함께 일하는 사람들은 나보다 나이가 많이 어렸기 때문에 공장에서의 나의 처지는 약간 미묘했습니다. 전체 사원 중에 나이 서열로 여섯번째였으니 내가 나이가 들었음을 겉모습만 보고도 알 수 있었습니다. 만나는 사람에 따라 달라지는 말하는 태도는 더욱 눈에 띄었습니다. 한국에서는 연장자와 젊은이들 간의 관계 안에는 아주 엄격한 관습이 있습니다. 자신보다 나이가 더 많은 이들에게 존경을 표해야 하는데, 특히 대화를 하는 상대에 따라 달라지는 어법에서 잘 드러납니다.

이러한 특징은 유교 문화에서 유래된 것입니다. 여러 가지 이유 때문에 일반인들 가운데 전혀 낯선 존재인 "익명의 수도자"(수도자임을 숨기며 사는 것)라는 것을 이 문화 안에서는 접해본 일이 없습니다. 자신의 신분 뒤에 무엇인가를 감추는 것이 될 수 있으며 신뢰 부족으로까지 이어질 수도 있는 일입니다. 아직도 전쟁 상황이 남아 있는 우리 나라의 독특한 처지를 무시할 수 없었습니다. 1953년, 남과 북 사이에 휴전협정이 있었으나, 두 진영 사이에는 항상 이념상으로 서로 대치되고 있고, 냉전의 긴장상태가 계속되고 있습니다. 다른 사람들에게 자신에 대해 숨긴다는 것은 오해와 거북함뿐만 아니라 수상하다는 의심까지 야기할 수 있습니다. 그리고 우리 나라에서는 수사, 즉 가톨릭 수도자라는 신분이 일반적으로는 이해가 잘 되질 않습니다. 가톨릭 신자들의 생각에는 수사는 다른 이들을 위해서 양심적으로 살고 모범이 되어야만 하며, 수사들의 활동 영역이 한정되어 있다는 고정관념도 있지만 그들에게 깊은 신뢰를 가지는 것 또한 사실입니다. 우리 사회 안에서 수녀들은 비교적 잘 알려져 있지만 일반적으로 사제가 아닌 수사라는 단어조차 생소합니다. 불교의 수도자들, 즉 스님들은 잘 알려져 있지만 가톨릭 수사들은 무엇을 하는 사람들인지조차도 생각을 할 수 없습니다.

사람들 사이에서 적응하는 시간이 많이 걸렸습니다. 처음에는 내 나이와 말하는 방법 때문에 공장에서 일하는 다른 이들과 거리감이 있었지만 조금씩 시간이 흐르면서 그 간격이 줄어갔습니다. 혼자서만 열심히 일하려고도 하지 않았고, 게으름을 피우지도 않았습니다. 내가 일하는 태도에 대한 기준을 보통사람 중간 정도에 맞추었기 때문이었습니다. 회사 간부들은 고압적인 자세로 내게 일을 시켰고, 말투 역시 그렇게 대했지만 그로 인한 감정에 연연하지도 않았고 그들을 무시하지도 않았습니다. 조금씩 조금씩 일하는 동료들과 친근감을 가지게 되고 서로의 신뢰도 깊어졌습니다. 결국 그들은 나를 어떤 특별한 사람으로 바라보지 않고 그들과 똑같은 처지에 있는 한 동료로 여기게 되었습니다. 사람들은 나에게 부담없이 이야기를 했으며, 같은 처지에 있다는 생각이 깊어졌습니다.

이러한 공장생활을 통해 나는 작은형제의 성소를 충실하게 살 수 있는 방법을 찾는 데 온힘을 기울였습니다. 우리와 똑같은 모습을 취하시어 구체적으로 나자렛에서 드러나지 않는 삶을 30년 동안 사셨던 예수님을 생각하면서, 그의 심오한 삶을 모델 삼아 나와 함께 일하는 동료들에게 지도자가 되려 하지 않고 그들과 평등하게 살기 위해 노력했습니다. 작은 형제로서 그들에게 기쁨을 주고 용기를 주려고 애썼습니다. 그들이 막연하게나마 나를 통해 예수님의 사랑을 느낀다고 말했을 때는 깜짝 놀랐으며, 한편으로 기쁘기도 했습니다. 마음과 마음이 통하는 형제적 사랑이 싹트는 것에 대해 하느님께 감사드렸습니다.

사람들이 나를 부르는 호칭이 여러 가지 있었습니다. 일하는 사람들은 "아저씨"·"큰형님"이라 부르고, 회사 간부들은 "선생님"·"주흡 씨"라고 불렀습니다.

서구 유럽 사람보다는 개인주의적인 경향이 심하지 않은 우리 나라 관습에 따라 모르는 사람이라도 같이 지내는 사이에 짧은 기간 안에 가족적인 분위기로 서로의 관계가 형성됩니다. 이러한 면만 고려한다면 내가 어떠한 처지에 있었는지 여러분은 잘 상상할 수 있을 것입니다. 그때 나는 조금 불편했습니다. 좋은 의미로 내가 모든 사람들의 형제가 되었다고 말할 수 있지만, 모두가 항상 그렇게만 생각하지는 않았습니다.

이 점에 대해 곰곰이 생각하게 되었습니다. "예수님께서 사셨던 이 땅에 대해서가 아니라 오직 예수님 당신에게만 애착해야 합니다"라는 샤를르 형제의 말을 생각하자 아름다운 인간적인 관계들을 가능케 하는 이 공간도 버려야 할 것이라는 생각이 떠올랐습니다. 아무리 내가 평범한 생활을 하겠다고 생각해도, 또한 직위상 낮은 처지임에도 불구하고 나는 더욱 높아져만 갔습니다. 공장 사람들이 나를 존경하였고, 그들과 의논할 때면 나는 더욱 불편함을 느꼈습니다. 이것 역시 한국 사람들만이 가진 독특한 그 무엇입니다. 어쨌든 친구가 많이 생기고 모든 사람들과 좋은 관계가 맺어짐으로써 나의 공장생활은 참 행복했습니다. 특별히 사도직을 행하지도 않았는데도 많은 이들이 가까운 성당에 찾아가서 교리공부를 하고 세례를 받았습니다.

사제서품을 받았을 때는 이 공장에서 3년 이상 일을 했을 때였습니다. 그후 사람들이 몇 번 결혼식 주례를 부탁했습니다. 기쁘기도 했지만 나의 마음 어딘가 한구석이 빈 것을 느꼈습니다. 물론 사제직을 수행하는 것도 중요하지만 기도생활과 삶의 증거가 더욱 중요하다고 생각했기 때문입니다.

예수의 작은 형제회 성소 안에서 충실히 걸어가기 위하여, 또 이 성소가 한국에 뿌리내리게 하기 위하여, 나는 무엇을 해야 할 것인지를 자문하면서 기도하곤 했습니다. 모든 것은 주님께서 하실 일이며, 그 일을 위해 주님께서 우리에게 은총을 베풀어 주셔야 합니다. 그러나 그것은 주님의 능력으로 세워진 형제회 안에서 한 형제가 그분의 부르심에 응하는 성실한 삶의 정도에 따라 좌우되기 때문에, "한 알의 밀알이 열매를 맺기 위해서는 썩어야 합니다"라는 말씀을 삶으로 증거하셨던 샤를르 형제를 새삼 기억하게 됩니다. 나자렛에서의 예수님의 삶을 닮아서 드러나지 않는 기도생활과 삶의 증거를 겸손하게 살아간다면 우리 나라에서도 우리 성소의 뿌리가 깊이 내려지리라 생각합니다. 다른 중요한 방법들이 있는 것이 확실하지만 내 생각에 가장 중요한 것은 내가 지금 느끼는 부르심을 실천에 옮기는 것입니다.

목 차

북아프리카 (알제리)

타즈룩 ··

아브달라는 1957년부터 타즈룩에 살고 있으며 1973년에 타헤르가 아브달라와 합류했다. 아브달라는 1981년에서 1987년까지 틴타라빈에서 아이트 로아옌들의 생활을 나누었다. 아이트 로아옌은 1916년 12월 1일, 샤를르 드 푸코의 참사에 가담한 투아레그 부족이다.

알제 ··

알제의 첫 형제집은 1948년에 창설되었으며 1952년에 분가를 했다. 1978년부터 이곳에는 레이몽드와 에르베가 함께 살고 있으며 둘 다 병원에서 근무하고 있다. 레이몽드는 1962년에, 에르베는 1969년에 왔다.

르 비싸 ···

1945년에 엘 아비요드 형제집의 "부속 집"으로 마련한 르 비싸의 형제집은 1951년에 분가하였다. 이곳 형제들은 알제리 독립전쟁 당시 주민들의 투쟁과 운명에 동참했다. 브루노는 1962년에 알제에 왔으며 1965년부터 이곳에 살고 있다.

관구회의 ···

스코토 신부님은 1952년에 형제들을 후쎄인-데이(알제)에 받아들이신 분이다.

하비에가 이 일기를 쓴 3년 후에 헤후이 농민 공동체가 군대에 의해 해체되었다. 하비에와 후안치토가 1976년에 빌라 플로리다로 돌아오게 되었고 1987년에 벨렌 형제집이 콘셉시욘으로 이사를 했다.

1957년에 처음 창설된 "도스 데 마요"의 형제집에 이어 아레키파 형제집이 창설되었다. 후안 사포레스가 1982년 12월, 세상을 떠날 때까지 여기서 살았다. 1973년에 베니토와 하신토가 신도시 빌라 살바도르에서 형제집을 시작했다.

형제들은 오래 전부터 브라질 "동북부" 지방에 형제회가 창설될 것을 꿈꾸어 왔다. 프란치스코가 1975년에 조앙 페소아에 형제회를 창설함으로써 형제들의 꿈이 실현되었다.

앙리는 1948년부터 유럽과 남미에서 방랑생활을 하며 "방랑자들"의 운명을 함께 나누었다. 특히 남미에서는 브라질과 베네수엘라의 아마존 숲 인디언들과 1년에 2회씩 머물어 살면서 남은 기간은 방랑으로 보낸다.

북아메리카

로제는 1963년에 디트로이트 형제회를 창설하고 1968년까지 흑인가에서 살았다. 이곳 형제들은 1960년대에 수 차례의 흑인 폭동을 겪었다.

베르나르는 1978년에 형제회가 창설된 이후 이곳에 살고 있다.

형제들이 사이공에 첫발을 들여놓은 것은 1954년이다. 이브는 1957년부터, 삐에르는 1963년부터 이곳에 살고 있다. 마르끄와 프란치스코는 1955~1956년 북부에 위치한 난민 수용소에서 종사했으며 현재는 브라질에서 살고 있다. 메콩강 삼각지의 곡창지대인 빈 투이에 설립된 지원자 양성소에서 니와 빈이 양성을 받았다. 역시 삼각지에 위치한 칸토의 형제집은 1960년에 창설되었으며 기는 1965년부터 베르나르와 여기서 살았다. 1972년에 귀국한 투가 기와 합류하고 베르나르는 필리핀으로 떠났다.

유럽 (프랑스)

앙드레와 삐에르-마리는 1962년에 이곳에 도착하였다. 삐에르-마리는 1977년부터 몽뀌에서 은둔생활을 하고 있다.

알제리 "사건"으로 귀국하게 된 알랭이 1962년에 이 형제집을 창설했다.

1951년에 형제회 사무처가 마르세이유로 이전되었고 4년 후인 1956년에는 형제회 총본부(따삐 베르)가 들어왔다. 1963년에 쟈끄가 마르세이유 북부지역에 노동 형제집을 시작했다. 1967년에 이 집은 뷔써린 아파트 단지로 옮기게 되었고 1972년에 기욤이 쟈끄와 합류하여 함께 살고 있다.

파리 북부에 위치한 이곳에 형제회가 창설된 것은 1956년이었다. 이 지역은 오래 전부터 마르크스주의의 영향을 강하게 받은 곳이다. 1981년에 이곳에 온 장-뽈과 형제들은 ACO와 깊은 관계를 유지해 오고 있다.

1952년에 창설, 로랑은 1966~1987년까지 여기서 살았으며 후에 칠레와 브라질의 형제회 창설에 크게 이바지한 바있다.

북 유 럽

꾸이예 형제집은 1952년 루이 롤리에(1960년 사망)와 앙리 V가 창설했다. 1957년에 보브가 이들과 합류하였으나 규폐증으로 1968년에 이곳을 떠나게 되었다. 그는 토리노 형제집을 창설한 후 캐나다의 써브버리로 가서 1986년에 그곳에서 사망하였다. 보브는 "사막의 해"에서 돌아와 이 일기를 썼다.

리즈 형제집은 1957년에 로제가 창설했으며 기는 1961년 이래 여기서 살고 있다.

선원 형제들은 1965년부터 노르웨이의 베르겐을 근거지로 하여 활동하였다. 이바와 죠르쥬가 선원생활을 하였으나 1977년에 죠르쥬가 사고로 인해 이 생활을 그만두게 되었다.

런던의 형제집은 1973년에 창설되었다. 티에리는 창설 당시부터 여기에 살고 있다.

비엔나 형제집은 1979년에 에르베가 창설하였다.

남 유 럽

로마 형제집은 1973년에 총본부를 로마로 옮기면서 창설되었다. 로마 변두리의 "보르가타"(빈민촌) 가까운 곳에 있다가 후에 도심지로 옮겼다.

학생 형제들의 집

"사막의 해"

"공부의 해"를 마친 후 10~15년이 된 형제들이 일상생활의 테두리에서 벗어나
일년 동안 기도에 몰입할 수 있는 "사막의 해"를 가지자는 제안이 처음으로 제기
된 것은 1960년 총회에서였다. 이 안은 1962년부터 실시되었으며 "사막의 해"의
여정은 형제회의 원산지인 엘 아비요드, 베니 아베스, 아세크렘으로 이어진다.
1962년 이후 수십 명의 형제들이 이 기간을 보내기 위하여 알제리를 거쳐갔다.
그러나 알제리의 정치적 상황의 변화와 1984년에 엘 아비요드에서 세상을 떠난
밀라드의 부재는 "사막의 해"의 "형태"에 대한 재고를 요청하고 있다.

도미니끄는 수도생활과 노동생활에 뜻을 두고 1943년에 엘 아비요드를 찾았다.
형제들 사이에서 "도미니끄 큰형"으로 알려진 그는 주로 형제회의 중책을 맡아
왔으며 1961~1972년까지 쎙 레미에서 지원자와 수련자 형제들의 양성 책임자
로 활약했다.

1956년에 엘 아비요드에 도착한 모리스는 알제, 비싸, 타만라셋에서 살았다.

디노는 1967~1977년까지 파키스탄에서 살았고 1978~1980년까지 이란에서 살
았다.

죠르쥬는 25년 동안 트럭 운전사로 일했다.

<부 록>

형제회 분포 상황 (43개국)

아시아

한국, 일본, 홍콩, 파키스탄, 필리핀, 인도, 베트남

근동 아시아

이란, 레바논, 시리아, 이스라엘, 터키, 알제리, 모로코, 이집트

유럽

프랑스, 벨기에, 스위스, 이탈리아, 스페인, 포르투갈, 독일, 네덜란드, 헝가리, 폴란드, 영국, 크로아티아, 오스트리아

남미

아르헨티나, 브라질, 칠레, 쿠바, 멕시코, 파라과이, 페루, 니카라과

북미

캐나다, 미국

아프리카

카메룬, 탄자니아, 니제르, 말리, 모리셔스

작은 형제들

수년 전부터 시도해 온 계획이 오늘에야 실현되었습니다. 예수님께서 말씀하신 바와같이 항상 새로움을 캐낼 수 있고 새로움의 계기가 될 수 있는 과거의 풍요로움에 대하여, 곧 과거의 보화에서 오래된 것과 새로운 것을 이끌어낼 줄 알아야 한다는 말씀을 겸손되이 실천에 옮기는 것입니다.

우리는 이미 오래 전부터 우리의 보화에 대하여, 점점 쌓여져 가는 형제들의 일기*와 여러 기회에 나눈 귀중한 성찰들에 관해 논의하며 잊혀져 가고 있는 보화를 건져내려는 노력을 해왔습니다. 그 노력의 결실로 1966년과 1986년 사이에 기록된 형제들의 일기 중에서 발췌한 내용들을 중심으로 엮은 이 책을 내놓게 되었습니다.

I

"예수의 작은 형제들의 얼굴과 목소리"는 형제회의 "기억"입니다. 내가 이미 여러 차례에 걸쳐 형제들에게 언급했듯이 기억이란 단순히 지식이나 학식의 획득 내지는 축적을 위해서만 필요한 것은 아닙니다. 그것은 현재와 더 나은 미래를 위한 토대인 생활의 지혜를 키워나감에 있어 매우 중요한 것입니다. 이것은 형제들 각자에게는 물론 예수의 작은 형제들의 공동체인 형제회의 차원에 있어서도 마찬가지입니다.

우리는 살아 있는 공동체를 이루고 있습니다. 그러나 이 공동체는 각각의 구성원이 그런 것처럼 대단히 약하고 부서지기 쉬운 질그릇과 같습니다. 장 바니에 형제가 토로한 바대로 우리 공동체는 "행복하고자 들어와서 이웃과 더불어

---

* 일기: 각 형제집에서 일년에 한 번씩 본원에 "일기"라는 소식들을 보내곤 합니다. 본원에서도 매달 받은 일기를 모든 형제집에 보냅니다.

행복하기 위해 머물러 사는" 살아 있는 공동체입니다. 우리는 사랑하는 법을 배워야 합니다. 바꾸어 말해 이웃을 받아들이고 이웃의 말을 귀담아듣는 법을 배워야 합니다. 매일매일 이를 실천해야 한다는 것을 잘 알고 있으면서도 우리는 얼마나 자주 새삼스럽게 이것을 다짐해야 했습니까?! 이 공동체를 진심으로 사랑하기 위해서는 무수한 실망과 좌절을 견뎌내야 하고 복음의 길을 터주는 문을 어렵사리 찾아내야 하며, 사랑의 실천에 있어 가장 중요한 자기포기의 방법을 스스로 터득해야만 합니다. 이것은 모든 수도자와 평신도들의 공동체에도 적용되는 것입니다.

얼마 전에 이런 글을 읽은 적이 있습니다. "부부의 관계에 있어서 더 사랑하는 사람이 더 고통당한다. 싫증을 느끼는 사람은 오히려 상대편이다." 결국 이 "기억"의 목적은 더 많이 사랑하면서도 싫증의 올가미에 얽매이지 않도록 우리 자신을 돕자는 것입니다. 형제회를 더 깊이 사랑하고 교회가 인정한 형제회의 사명을 더욱 귀중하게 여기도록 말입니다. 이러한 열망들이 형제들의 생각과 성찰 속에서 감동적으로 표출됩니다. 같은 장소에서 한 형제, 혹은 여러 형제들과 오랫동안 함께 살 때 파고드는 권태를 우리는 이겨내야 합니다. 사랑은 타오르는 불꽃과도 같이 뜨겁고 흐르는 시냇물처럼 공손되고 겸허합니다. 사랑은 죽음을 넘어서지만 권태는 "죽음" 자체와도 같습니다.

II

오늘날 우리의 당면 과제는 젊은 형제들, 특히 여러 나라의 형제들에게 형제회의 살아 있는 전통을 전수시키는 일입니다. 형제회의 사명을 실천하고 수행해 온 나이 든 형제들의 연륜과 방식들이 오늘의 젊은 형제들에게 전달되어야 하며, 그것은 모방의 의미로서가 아니라 새로운 영감과 활력을 불러일으키기 위한 원동력으로서입니다. 우리의 삶은 한마디로 이 세상의 보잘것없는 사람들 서리에서 관상생활을 하신 나자렛 예수의 삶을 본받는 것입니다. 그러나 상상을 초월하리만큼 다원화된 오늘의 상황과 현실 속에서 이 성소의 하나됨을 깊이 공감하기 위하여는 예증과 기록들이 필수적입니다.

Ⅲ

형제회의 설립지인 엘 아비요드*에서 이 글을 쓰고 있는 지금, 나는 지난 55년 동안 형제회가 걸어온 길과 이루어낸 발전을 생각하며 깊은 감회에 젖게 됩니다. 여기에서 그다지 멀지 않은 베니 아베스에서 사신 샤를르 드 푸코 신부님을 회상하는 것 또한 나를 감동시킵니다. 샤를르 드 푸코 신부님과 마찬가지로 맨 처음 엘 아비요드에 도착하여 이 건물들을 일구어낸 형제들이 오늘날 형제들의 일기에서 볼 수 있는 우리 형제회의 발전을 상상이나 할 수 있었을까요? 물론 아닐 것입니다. 당시의 모든 것은 준비단계에 불과했을 뿐, 오로지 교회의 선익, 다양한 습속에 길들여진 사람들의 마음속에 현존하시는 성령의 작업, 복음적 가난의 실천과 체험, 형제들의 사명 수행과 확산 등에 치중했을 것입니다.

형제회의 창립과 성장에 이바지한 분들이 심은 한 알의 작은 씨앗이 그들이 모르는 사이에 싹터 자라기 위해서는 이 모든 과정이 필요했습니다. 그 일은 오늘도 계속되고 있습니다. 어쩌면 우리 자신조차도 우리에게 맡겨진 메시지의 부에 대해, 하느님께서 준비하신 이 땅에서 움틀 "가능성들"에 대해 모르고 있는지 모릅니다. 나무를 자라게 하시는 분은 하느님이십니다. 그분이 하시는 일은 매우 단순하여 흔히 인간의 잣대로 측량하기 어려울 뿐 아니라 몹시 더디시므로 우리를 당황하게 만듭니다. 샤를르 드 푸코 신부님의 영감에서 태어나 이곳 엘 아비요드 사막에서 창설된 형제회의 뿌리를 이해하는 데 이 몇 편의 일기가 도움이 되기를 바랍니다.

Ⅳ

우리는 이 책에 실을 일기를 선택해야 했습니다. 다시 말해 이 몇 편의 일기에서 볼 수 있는 것은 형제들의 생활의 극히 작은 부분에 불과하다는 것입니다. 더구나 기록은 곧잘 실제의 삶을 왜곡합니다. 어쩌면 형제들이 감명깊게 접했

---

* 엘 아비요드: 1933년에 세운 사하라 사막의 오아시스에 있는 형제회의 모원입니다.

던 일기들을 이 책에서 찾아볼 수 없을는지 모르지만, 어쩔 수 없는 일입니다. 선택에는 여러 가지 한계가 따르니까요. 하지만 언제든 보충이 가능합니다.

이 일기를 첫 페이지부터 내리 읽지 마십시오. 진력날 테니까요. 내 생각으로 이 책은 형제들이 가끔 자신들의 생활에 대한 성찰의 시간을 가지고 싶을 때 잠깐 틈을 내어 펴볼 수 있도록 만들어진 듯합니다. 어떤 면에서 이 책은 회헌 속에서 표현하고자 했던 본질적인 것을 생생하게 기록한 살아 있는 해설이 될 것입니다.

이 한 권의 책은 나에게 큰 기쁨입니다. 작은 형제로서의 나의 실존을 비춰 주는 것들이 다양한 방식으로 표현되고 어우러지는 것을 대면하는 기쁨, 아울러 우리 각자가 체험하는 인간의 취약성 안에서 하느님의 성령의 흔적과 현존을 확인하는 그런 기쁨입니다.

결국 이 한 권의 책이 동정 마리아의 「마니피캇」의 기도 안으로 우리를 깊숙히 데려가 준다면 더 바랄 것이 무엇이겠습니까?

형제의 우정으로
1988년 10월 9일, 엘 아비요드에서
미셸 쌩뜨 버브

북아프리카 (알제리)

1967년, 타즈룩(호가르)에서, 아브달라 형제가

사막의 오지, 타즈룩에서 우리는 세상과 멀리 고립되어 살고 있는 한줌의 사람들과 나날의 삶을 엮어가고 있습니다. 어느 지점에서든 족히 이틀을 걸어야만 이곳에서 가장 가까운 다른 작은 마을이 나타납니다. 상점다운 상점이 있는 유일한 요충지인 타만라셋에 이르려면 무려 엿새가 소요됩니다. 부족한 저수량으로 인해 관개할 수 있는 땅마저 바싹 말라붙어 금년 밭농사는 영 변변치 못합니다.

그럭저럭 살아가는 주민들은 비참하리만큼 영양실조에 걸려 있습니다. 삶을 즐길 여건이나 일거리가 없는 주민들은 시간의 태반을 그저 마을에서 얼쩡거리는 일로 소일합니다. 굶주린 가족들과 허기진 배를 움켜쥐고 집안에 웅크리고 앉아 있는 것이 그들에게는 오히려 두려운 일인지 모릅니다. 그래서 남정네들은 말벗을 찾아서라기보다는 처자식을 먹여살려야 한다는 고민에서 잠시라도 벗어나고, 궁핍의 짐을 지는 것이 혼자가 아니라는 동병상련의 심정으로 이 사람 저 사람을 기웃거리며 찾아다닙니다. 여럿이 있으면 왠지 좀 든든해지니까요.

하느님의 전능과 자비, 후세의 상급을 기다리는 믿음이 없이는 이러한 상태의 삶은 정말 따분하고 견딜 수 없을 것입니다. 우리 마을 사람들은 조상들에게 물려받은 투아레그 전통을 따릅니다. 운명과도 같이 주어진 빈곤 속에서 그들이 지닌 참된 부이자 결정적 보화는 무엇보다도 이슬람교의 종교적 가치들입니다. 이슬람교의 교리, 도덕, 종교의식, 축일 들에서, 또한 매일의 일상 어디에서나 전지전능하시고 무한하신 자비의 창조주께 대한 신앙이 묻어납니다. 그들은 그들의 창조주 하느님께 매순간 끊임없이 귀의합니다.

이러한 모든 것들이 형제들의 생활에 커다란 영향을 줍니다. 다원화된 사회에서 인간은 각자에게 맞는 정신세계를 구축하며 종교와 사회를 선택하여 살아갑니다. 그러나 우리 마을같이 유별나게 독특하고도 자그마한 지역에서는 하나의 공동체, 하나의 사고방식, 하나의 행동양식만이 존재할 뿐입니다. 그들의 사회생활은 바로 마을 공동체 생활입니다.

형제들의 삶의 전체는 고통과 죽음을 통해 우리를 구원하시고자 인간이 되신 하느님의 말씀, 그리스도의 "스캔들"을 증언합니다. "수도생활"에 소요되는 시간 이외에는 이웃들과 보냅니다. 우리는 함께 살고 함께 죽어야 하는 "같은 배"에 탄 운명의 사람들입니다.

개인 소유물은 극히 한정되어 있습니다. 가족, 한두 마리의 노새, 곡괭이 하나 … 이것이 그들 사유재산의 전부이지요. 이외의 것들로 말하자면, 집과 아이들까지도 거의 공동소유에 속합니다. 그러니 어디를 가나 우리집인 셈이지요. 집안 일을 시키기 위해 아이들을 데려오거나 옆집 정원에 들어가 과일을 딴다고 해서 말을 하는 사람은 한 사람도 없습니다. 마찬가지로 무엇이 되었건, 우리의 것은 곧 이웃들의 것입니다. 잠깐 조용한 시간이 필요해서, 또는 형제들간에 긴밀히 나누어야 할 이야기가 있을 때 문을 닫는 것조차도 공동체를 무시하는 것으로 간주됩니다.

공존과 공유의 세계에서는 우리가 우리 자신의 지식과 체험의 "주인"이 될 수 없습니다. 가난하게 순종하며 사신 주님을 위한 사랑 때문에 비록 모든 것을 스스로 묻어버렸다 할지라도 주위의 사람들은 악착같이 그것들을 "발굴"해 내려 듭니다. 그런 것들이 처음에는 문제가 되었지만 지금은 그것마저도 증여의 한 부분으로 자리매김되지 않았나 생각합니다. 우리는 이러한 방식으로 우리의 사회적 신분을 지키면서 손쉬운 기계공, 학교 교사(6주간 이동), 대장장이, 간호사, 염소치기 등의 일과 포가라에서부터 벽돌 공사까지, 가능한 모든 일을 했습니다. 인간적으로 말하면 형제회는 본질상 대단한 존재가 아닙니다. 형제회는 하느님께 자신을 봉헌한 사람들이 진실한 사랑을 나누며 소리없이 평범하고 가난하게 살아가는 작은 공동체입니다. 우리는 모두와 친하게 살지만 공동체로서의 형제회는 "이슬람" 공동체에 속하지 않는다는 이유로 주목의 대상에서 일탈해 있습니다.

종교적인 차원에서 우리는 그리스도교와 엄밀한 의미에서의 이질적 성격을 띠지 않는 한 이슬람 교인들의 모든 것에 참여합니다. 이슬람의 영성을 통해 그들과 가까워지고 그들의 삶에 깊숙히 다가가는 이득을 얻습니다. 주위 사람들에 견주어볼 때 하느님의 신비에 대해서 더 섬세하고 깊은 지식의 은혜를 받은 우리는 "획일적이고 일반적인 종교적 양상을 넘어 포괄적이고도 진실이 깃든 차원에서"라는 의미를 부여할 수 있을 것입니다. 여기서 한 가지 주의해야 할 점은, 그 자체로서는 대단히 훌륭한 종교의식의 표현일지라도 그것이 이슬람교에의 귀의로 비치거나 그렇게 해석될 수 있는 것에는 참여를 삼가야 하는 것입니다.

우리가 절대로 외면할 수 없는, 끊임없이 우리의 마음을 건드리는 아픔은 바로 우리가 사랑하는 이들의 물질적·정신적 빈곤이며, 그것이 배태될 수밖에 없는 원인에 대한 규명입니다. 우리는 예수님과 함께 우리의 죄와 인류의 죄의 짐을 져야 하고, 우리를 약하게 만들며 그릇되게 이끄는 진리에 대한 무지와 잘못을 보상해야 합니다. 우리는 예수께서 세상에 계실 때 겪으신 고통을 미루어 짐작할 수 있습니다. 그의 백성이며 선민이며 성부의 사랑의 대상인 사람들이 예수님을 알아보지 못했습니다. "너희는 성서 속에 영원한 생명이 있는 것을 알고 파고들거니와, 그 성서는 바로 나를 증언하고 있다. 그런데도 너희는 나에게 와서 생명을 얻으려 하지 않는다"(요한 5.40). "딴사람이 자기 이름을 내세우고 온다면 너희는 그를 맞아들일 것이다. 너희는 서로 영광을 주고받으면서도 오직 한 분이신 하느님께서 주시는 영광은 바라지 않으니 어떻게 나를 믿을 수가 있겠느냐?"(요한 5.44). 예수님의 이 말씀은 얼마나 슬픈 것입니까!

1974년, 타헤르 형제가

타즈룩 주민들의 문화는 산업문명과는 사뭇 거리가 멉니다. 그들의 문화에서는 "홍"이 중요시되고, 이웃과 더불어 사는 삶으로부터 전통과 관습이 비롯됩니다. 그러나 어쩔 수 없이 이들의 문화에도 차츰 변화의 조짐이 엿보입니다. 그러기에 이들이 그토록 거기에 집착하는 것일 터이지요. 남정네들의 대다수가 수개월 동안 마을을 비우고 일을 떠나지만 그것은 단지 일시적이고 예외적인 것으로, 그들 삶의 참 터전은 여전히 마을입니다. 일거리가 "저기" 있다 하여 직장 따라 마을을 떠나는 법이 없습니다.

내가 여기 산 지 15년. 그동안 마을을 떠난 사람이라곤 대장공 단 한 가족뿐이었습니다. 또 다른 마을에서 이 마을로 이사를 오는 일도 일어나지 않습니다. 외부인이라고는 우리 형제들이 전부입니다. 호가르 지방의 많은 사람들이 우리 마을에 매혹을 느끼지만 그것은 어디까지나 "관광" 차원에 불과한 것입니다. 켈-타즈룩인들과 사는 것이 그들에게는 매우 힘들고 따분하다는 것이지요. 이 마을 사람들은 함께 동거하지 않더라도 자기의 모든 소유물과 삶 전체를 이웃과 나누지 않고는 견딜 수 없는 그런 사람들입니다.

그런저런 이유에서 우리는 다른 곳에서 형제들에게 허용되지 않은 일을 여기서는 하고 있습니다. 나는 지난 겨울에 마을의 건축 공사장에서 일을 했습니다. 내가 일하는 것에 대해 문제를 삼는 사람은 아무도 없었습니다. 마을 사람들은 내가 그들과 함께 일하고 싶어한다는 것과, 내가 버는 돈이 나보다 더 가난한 사람들에게 유익이 되리라는 것을 알고 있습니다. 뿐만 아니라 더 많이 가진 것을 베푼다는 보호적 발상에서가 아닌, 사랑에서 필요한 사람들과 나누는 것이 형제들의 의무라는 것도 그들은 잘 알고 있습니다. 필요 이상으로 가지고 있는 돈은 당연히 그것이 필요한 가난한 사람들의 몫입니다.

이러한 상황 속에서 살아가는 우리에게 있어 이웃들과 다른 신앙을 가졌다는 사실이 어느 정도는 고통의 원인이 되고 있음을 형제들은 이해할 수 있을 것입니다.

우리 이웃과 친구들에게 고민거리가 있습니다. 그것은 "작은 형제들이 자기들과 생사고락을 함께하고, 때로는 기도까지 함께하며 살아온 지가 이미 오래되었건만 그들이 아직도 이슬람 교인이 되지 않았다"는 것입니다. 이러한 사실은 그들에게 대단히 큰 충격입니다. 우리가 "공동체" 차원에서 괴리감과 깊은 고독을 느끼는 것은 이러한 이유에서입니다. 우리 안에 있는 생명은 진정 숨은 생명입니다. 그리스도교에 대해 저들이 알고 있는 것은 고작 코란에 나오는 정도입니다.

때때로 우리는 우리의 사생활, 형제들과 또는 주님과의 친밀성을 유지하기 위해 이웃들을 피해야 할 때도 있습니다. 그들은 형제들의 사생활에 있어 가끔은 자기들이 얼마나 방해가 되는지를 상상할 수 없습니다. "고독은 사람을 죽이는" 가장 큰 불행이라고 그들은 되뇌입니다. 그들이 한데 어울려 사는 이유도 바로 여기에 있습니다(호가르 지방의 다른 마을에서는 이러한 예를 볼 수 없습니다). 그래서 애초부터 형제들은 일년의 한 부분을 사람들과 격리된 생활을 하거나 저녁시간을 조용히 보낼 수 있는 야외 정원(마을에서 도보로 약 반 시간 거리)이 필요했던 것입니다. 이러한 이유에서 사막에 월피정을 할 수 있는 은둔소를 두는 것은 매우 중요합니다.

인류의 구세주를 모르는 이들의 운명은 불가사의입니다(얼마나 큰 불가사의인지!). 우리는 "하느님의 구속사업은 그분이 보내신 분을 믿는 것"이며 이 신앙 밖에서는 구원받을 수 없다고 배워왔습니다. 그러나 "하느님이 보내신 분"을 명백하게 인식하지 못하는 수억에 달하는 사람들이 이 한 가지 진리를 모른다는 이유로 버림받는다고 어찌 상상할 수 있겠습니까? 그렇게 생각되지 않습니다. 우리는 또한 교회 안에서 세례를 통해 그리스도를 "정식"으로 알았다 하여 그들이 천국에서 첫째가 되리라는 보장을 받은 것이 아니라는 사실 또한 잘 알고 있습니다!

그렇다면 우리를 구원하기 위해 하느님께서는 왜 그리스도의 육화라는 그 엄청난 모험을 하셨던가? 인간이 구원받기 위하여 반드시 육화사건을 기억하지 않아도 되는 것이었다면 하느님께서는 희생이 덜한 길을 택하셨어도 되지 않았을까? 그러기에 우리는 예수께서 올리브 동산과 광야에서 십자가의 길이 아닌 다른 길 — 인간적으로 볼 때 효율적이었으므로 사탄과 사람들이 유혹한 — 을 선택하고 싶은 심정을 느낄 수 있었을 것이라는 데에 공감합니다. 우리는 이러한 길이 사도 바울로의 표현대로 "사람으로서는 감히 생각할 수도 없는"(필립 4.17) 사랑을 배신하는 길임을 알고 있습니다.

이 신비에 몰입하지 않는다면 내 인생의 의미를 밝혀주는 이곳의 삶에서 부딪치는 모든 고통을 감내할 수 있을지 … 복음이 전혀 통하지 않는 "불모지"에서 수도생활을 지속해 낼 수 있을지 의문입니다.

1977년, 타헤르 형제가

금년에 나는 "광산 연구협회"의 운전기사로 취직하게 되었습니다. 타즈룩에서 온 노동자들의 대다수가 여기서 일을 하고 있습니다. 내가 배치받은 곳은 타만라셋 동남 180km 지점에 있는 기지로, 다섯 대의 보링 기계와 지뢰를 이용하여 올프람 광맥을 개발하는 곳입니다. 내 직무는 우선 기지 직원들과 여러 갱도에 물품을 운반하는 일이며 더러는 먼 지역에 있는 갱도에도 드나듭니다. 이 기회를 이용하여 나는 가끔 타만라셋에 들러 형제들도 만나고 성체조배도 했습니다. 연말에는 기지에서 급수 탱크를 싣고 75km 떨어진 샘에서 물긷는 작업을 했습니다. 혼자서 해야 하는 이 작업은 매우 단조롭고 지루했습니다. 샘터에서 몇 명의 유목민들을 만나는 것이 고작이었지요. 이 사람들과 나는 금세 친구가 되었습니다.

120명의 직원이 있는 이 기지에 도착하는 즉시 나는 타즈룩에서 온 열 명 정도의 인부들과 합류하여 천막생활을 시작했습니다. 타즈룩을 떠나온 김에 알제리 전역에서 와 있는 다른 지방 사람들과 사귈 좋은 기회라 생각되었기에 나는 타즈룩에서 온 사람들과 합류하는 것을 약간 주저했습니다. 그러나 나는 이내 생각을 바꾸어 한마을에서 온 그들과 어울리기로 했습니다. 그것이 다른 지방 사람들과 사귀는 데 오히려 도움이 되리라는 것을 깨달았기 때문이었지요. 결국 사람들과 만나고 사귀는 장소는 작업 현장에 국한되었으므로 달리 사람들을 사귀려면 천막과 막사를 돌아다니면서 서로를 알아갈 수밖에 없었습니다. 그런 와중에도 좋은 일이나 궂은 일이나 늘 타즈룩 사람들과 나누며, 타지방 사람들보다 그들과 더 가까이 지내게 되었습니다.

"좋은 일"이란 사람들과 어울리는 삶을 말합니다. 같이 찻잎을 달여 마시며 담소하고, 한자리에 누워 자고, 같은 시간에 일어나 기도를 하는 … 빈틈없는 공동생활! 혼자 있는 시간이라고는 광야로 빠져나와 가지는 저녁기도 시간뿐입니다. 그들이 종교에 관해서나 일상적인 주제를 가지고 담소할 때 그 자리에 내가 동참하는 것이나 한몫 거드는 것을 전혀 부담스럽게 생각하지 않습니다. 누구나 참석할 수 있는 저녁 코란 봉독시간이나 거기서 일어나는 작은 말다툼에서도 마찬가지입니다.

"궂은 일", 그것은 편안히 즐길 수 있는 단 하루의 휴일도 주어지지 않는 노동환경과 스트레스를 풀 수 있는 어떠한 오락의 기회도 없는 곳에서 가족을 멀리 두고 살아야 하는 신세입니다. 이러한 생활은 남자들에게 매우 견디기 힘든 것입니다. 7개월 근무가 끝나면 각자에게 할당되는 휴일 수는 평균 15일. 그것도 길에서 보내는 시간을 빼고 나면 가족과 보낼 수 있는 기간은 겨우 8일밖에 되지 않습니다. 사막 오지에 위치한 이 기지는 마치 대서양 한가운데 떠 있는 한 척의 선박과도 같습니다. 게다가 일이 원활하게 돌아가지 않거나 감독이 성질을 부리면 노동 분위기는 험해지고 … 그 영향은 인간관계에까지 미치게 마련이지요. 그럴 때면 친구들은 울적한 마음을 달래보려고 두고 온 마을 이야기를 꺼냅니다. 별의별 이야기가 다 쏟아져 나오는 시간이지요. 이 기회에 내가 처음으로 알게 된 이야기들이 많이 있답니다.

이를 통해서 나는 전통사회의 테두리를 벗어나 산업사회에 발을 들여놓는 사람들이 겪는 특별한 생활상을 체험하게 되었습니다. 그네들의 다양한 의복은 청색 작업복으로, 태양의 선회에 따라 살던 생활 리듬은 3교대 노동생활로 바뀌었습니다. 정겨운 마을 대신 야영지가 그들 삶의 현장이 되었고, 광야의 자유인들인 그들은 이제 "이방인"들의 강요 밑에서 살아야 합니다. 낙타는 트럭으로, 밭일은 농기구 대신 요란한 모터 소리를 내뱉는 기계로 전환되었습니다. 지금까지 해오던 몸에 밴 일 대신 손에 검은 기름을 묻혀가며 생소한 노동을 해야 합니다. 행인지 불행인지 모르겠지만 이 새로운 변화는 넉넉한 보수를 그들 손에 쥐어줍니다!

이러한 변화를 두고 우리는 여러 가지 질문을 할 수 있을 것입니다. 이들의 전통적 가치들이 인간성을 상실한 가치들에 의해 파괴되고 흡수되어 버리는 것이 아닐까? 한 가지 분명한 사실은 이러한 변화가 이 사람들에게 새 지평을 열어주는 분기점이 된다는 것입니다. 그러나 그 대가는 엄청난 것입니다. 갑자기 들이닥친 현대 변화의 궤도 앞에 어느덧 성큼 다가서 있는 알제리인들의 예가 우리에게 시사하는 바는 대단히 큽니다. 그들은 삶의 의미는 물론이려니와 살아 있는 하느님께 대한 신앙마저 상실해 가고 있습니다. 그러나 호가르 주민들은 예외입니다. 그들은 아직도 하느님의 인도 아래 그들의 삶을 그대로 간직하고 있습니다. 따라서 성급한 판단이나 해석은 유보해야 할 것입니다. 예수께서도 판단이나 답을 요구하지 않으실 줄 믿습니다. 나는 다만 호가르인들과 사는 생활이 행복할 뿐입니다. 또한 소위 "선진국"에서 온 사람이라는 선입견을 무릅쓰면서 나 자신, 한 작은 전통적 마을의 일원으로 살아갈 것을 선택한 것을 행복하게 여깁니다. 나는 이 두 세계를 다같이 받아들입니다. 전통을 거부하고 오직 돈을 벌기 위해 남부 지방에서 올라와 땀을 흘리고 있는 북아프리카인들은 나의 이러한 선택을 이해하지 못합니다. (이들은 늘 프랑스인들을 부럽게 생각하지요!) 그들에게는 내가 의아하게 보일 따름입니다.

타즈룩의 골수 전통주의 이슬람 교인들 틈에서 살고 있는 그리스도인으로서의 내 입장에 대해 짤막하게나마 한마디 토로하고자 합니다. 그들과 우리는 이미 오래 전부터 서로 잘 알고 있는 것이 사실이지만 내가 그리스도인이라는 것이 그들과 나의 관계에 지대한 영향을 끼칩니다. 타즈룩 사람들은 나를 자기 마을 사람으로 스스럼없이 받아들이면서도 기지에서 일하는 모든 사람들이 나를 익숙히 받아들이고 인정하기 전에는 나라는 존재가 드러나는 것에 대해 대단히 난처해합니다. 자기네들 틈에 회교도가 아닌 인물이 끼여 있다는 사실 하나로 사람들 앞에서의 그들의 입장이 매우 거북스러워지는 때문이겠지요. 이러한 차원에서 그들은 내가 결코 "자기네 사람"이 될 수 없다는 것을 수차에 걸쳐 눈치채게 했습니다.

내 앞에서 종교에 관한 화제 — 냉소적 화제인 — 를 끄집어내면 나는 재빨리 피해 버립니다. 그렇게 할 수밖에 없는 상황이니까요. 내 삶의 의미이자 바탕인 하느님과의 우정에 관해 한마디의 언급조차 할 수 없는 내 처지가 몹시 괴롭습니다. 나의 침묵이 마치 진실을 회피하는 허구인 듯 느껴질 때는 더욱 고민스럽습니다. 그렇다면 당신 백성에 대한 사랑의 신비를 2,000년 동안 침묵 속에 말씀하고 계시는 하느님 역시 거짓을 말씀하시는 걸까요? 이러한 착잡한 심정이 일면 나는 포말처럼 밀려드는 하느님의 은은한 사랑에 나 자신을 내어 맡길 뿐입니다. 내 침묵의 의미는? 그것은 먼저 당신의 아들 예수 그리스도 안에서 우리를 사랑하시는 하느님의 사랑을, 우리의 좁은 마음으로는 깨달을 수 없는 하느님의 심오한 사랑을 인정하는 것입니다. 예수님 역시 이 세상에 계실 때 사람들이 당신을 알아주고 인정해 주기를 바라는 심정을 표명하신 적이 있지요!

복음을 통해 오시는 하느님의 "말씀"이 나를 차지하도록 온통 내어드려야 합니다. 하느님을 모르는 사람들 틈에 살면서 우리가 할 일이란 인간에 대한 하느님의 그 엄청나고도 크신 사랑을 실천으로써 확인하는 것입니다. 이러한 깨달음 안에서 예수님은 우리를 당신 "친구"라 부르십니다. "내가 명하는 것을 지키면 너희는 나의 벗이 된다. 이제 나는 너희를 종이라고 부르지 않고 벗이라고 부르겠다. 종은 주인이 하는 일을 모른다. 그러나 나는 너희에게 내 아버지에게서 들은 것을 모두 다 알려주었다"(요한 15,14-15). "종"(요한 15,15)의 입장에 놓인 사람들이 가난한 이들을 섬김으로써 하느님을 섬길 줄 알았다면 하늘나라에서 첫째 자리를 차지하는 것은 당연할 것입니다.

우리는 어쩌면 예수께서 대중 앞에 계실 때 사람들이 모조리 당신을 외면한다면 "돌들이 소리지를 것이다"(루가 19,40)라고 말씀하신 길가의 바로 그 돌멩이들인지도 모릅니다. 그렇습니다. 복음을 모르는 이 친구들과 살아가야 하는 나의 소명은 주님의 말씀이 나를 차지하시도록 내어드리는 길밖에 없습니다. 그리하여 하느님의 말씀에 의해 나 자신이 변화되도록 하는 것입니다. 나의 어리석음을 깨닫는 그 순간이 바로 내가 다른 사람들보다 잘난 것이 아무것도 없음을 확인시키는 타의에 의한 깨달음이겠지요. 이 역시 하느님의 자비를 증언하는 데 보탬이 되지 않을까요?

1981년, 아브달라 형제가

틴타라빈은 타즈룩의 웨드 강변 동서부에 위치해 있는 작은 마을입니다. 그다지 멀다고는 할 수 없지만 거기에 도착하는 데는 나귀로 4일 가량 소요됩니다. 마을에는 주민들이 파놓은 네 개의 우물이 있습니다. 이 우물에서 자동 펌프로 물을 길어 채소밭을 일굽니다. 아직 시공은 하지 않았지만 머지않아 정부 지원으로 사원과 학교와 의료원이 딸린 열두 가구 가량의 주택이 이 마을에 들어설 계획입니다. 나는 이글거리는 붉은 태양과 모래바람을 막아주는 보호처로 튼튼

하고 조그마한 움막을 만들었습니다. 동료들은 나뭇가지로 엮어 만든 움막을 사용합니다.

이곳 기후는 여름은 뜨겁고 겨울은 꽁꽁 얼어붙습니다. 주민들은 밭일과 여행, 낙타 지키는 일로 시간을 소일합니다. 여기서 내가 해낼 수 있는 일은 많지 않습니다. 쓸모없는 사람이지요. 주민들은 백여 가지의 낙타 흔적을 짚어내는 데 반해 나는 겨우 열 개 정도밖에 알아낼 수 없으니까요. 나는 기껏해야 염소 한 마리에 당나귀 세 마리가 전재산인 가난뱅이 신세에 아는 것이라고는 지구는 둥글고 "절대악"은 존재하지 않으며 … 하느님께서는 우리를 사랑하는 분이시고 그분의 계명은 서로 사랑하라는 것이라는 정도입니다. 신체적으로도 내가 우리 그룹에서 제일 약골입니다. 물을 마시지 않고는 반 시간을 걸을 수 없고, 친구들처럼 밤을 새워가며 담소를 즐길 기력도 없습니다.

그런데도 나는 동료들의 마음을 편안하게 해주고 "불안을 없애주는" 사람으로 알려져 있습니다. 친구들은 나를 모든 문제의 해결사, 즉 병을 고쳐주고 낙타 안장을 손질하고 라디오와 모터를 수선해 주는 사람으로 생각합니다. 동시에 나는 그들 모두와는 다른 방법으로 기도드리는 사람, 부인은 고사하고 낙타도 없는 사람 … 임에도 불구하고 자기들에게 전혀 부담이 되지 않는 사람, 채소밭에 물을 주고 가축들에게 물을 먹이라고 자연스럽게 부탁할 수 있는 사람, 하루종일 걸리는 곳에 있는 정신착란 환자를 돌보아달라고 부탁할 수 있는 사람으로 알려져 있습니다. 이러한 생활은 많은 사람과 사는 환경에서는 불가능할 것입니다. 내가 사는 곳에는 다행히 일곱 가구의 가족들밖에 없습니다. 여기서 나는 충분한 기도시간과 명상의 여유를 누리는 생활을 할 수 있습니다. 다만 기후 조건만은 독서나 집필에 지장을 줍니다.

아예 아무것도 가진 것이 없는 나는 투아레그 사람들 집에서 하루 두 끼를 해결하고 차를 마시는 것으로 만족합니다. 내 생활은 그야말로 매우 단순합니다. 채소밭에서 얻는 몇 가지 채소들이 부엌일을 복잡하게 하지요. 하지만 이런 기후에서 채소 농사는 오래 가지는 못할 것입니다. 지금까지 늘 그래왔지만 내 일생을 하느님께 봉헌한 것이 새삼스럽게 나를 행복하게 합니다.

금년 여름을 호가르에서 보낸 삐에르 A 형제가 체험하였듯이 이곳 생활이 그리 쉽지만은 않습니다. 과장해선 안되겠지만 … 우리는 배불리 먹을 수 없습니다. 게다가 견딜 수 없는 사막의 왕성한 파리떼와 모래바람, 나이와 함께 찾아오는 육체적 한계가 있습니다. 쉽사리 피로가 쌓이고 몸이 성한 곳이 없습니다. 늘 "안녕"하지만은 않다고나 할까요. 하지만 이것이 인간의 한계요 운명이며, 걸어야 할 길이 아닐는지요. 사실 세상의 가난한 사람들의 대다수가 어쩌지 못해 살아가고 있는, 인간답지 못한 생활환경에 견준다면 우리 생활은 나은 편이 아니겠습니까? 형제들이 일기에 적고 있는 일들이 실제로 일어나고 있는 사실들이라면 …

부요한 나라의 그리스도인들이 개발도상국의 사람들을 측은히 여기는 것을 볼 때 나는 언제나 거북스럽습니다. 솔직히 선진국들이 얼마나 많은 개발도상국의 자원을 도둑질해 가고 있습니까? 이런 비리는 국제 조직 차원에서 해결되어야 할 집단적 불의가 아니겠습니까? 선진국들이 설령 아무리 훌륭한 보상을 해준다 하더라도 그것이 모든 문제를 해결해 줄 수 없을 것입니다.

인간의 행복은 물질에만 있지 않습니다. 오히려 각자의 목적에 도달하기 위해 인생을 책임있게 살아가는 과정과 그 방법 속에 있지 않을까요? 인간의 발전을 도모하고자 한다면 무엇보다 먼저 각 개인과 각 인간 공동체의 문제부터 해결해야 합니다. 절대빈곤의 경우를 제외하고는, 외적 풍요로움은 부차적인 것에 불과합니다. 물질적 부는 오히려 불행의 요인이 될 수도 있습니다.

1969년, 알제에서, 레이몽드 형제가

"일상의 것"에 대해 이야기하기란 그리 쉬운 일이 아닙니다. 무엇을 이야기할까 곰곰이 생각다가 그냥 입을 다물어버리는 수가 많지요. … 그럼에도 매일 같은 리듬으로 되풀이되는 이 나날의 평범한 생활은 대다수 인간이 영위하는 삶의 모습일 것입니다! 하느님께서는 30년 동안 이러한 생활을 하시면서 인간이 살아가는 평범한 날들을 축복하시고 거룩하게 해주셨습니다.

일상의 것들을 가까이 들여다보면 결코 따분하거나 침울한 모습을 하고 있지 않습니다. 우리의 나날은 새로운 창조요 우리의 일상은 늘 새로움으로 이어지니까요. 한 인간의 삶은 겉으로 보기에는 변화가 없고 어제나 오늘이 매한가지 같지만 막상 알고 보면 크고 작은 무수한 새로움으로 충만해 있습니다.

나는 여전히 알제 대학병원 의학분석 연구실에서 근무하고 있습니다. 매일 같은 의료실에서 같은 증세의 환자들을 돌보고 있지요. 너무도 오래 시달린 나머지 이제는 모든 것을 담담하게 견디기만 하는 심장병 환자들, 피부결핵을 단번에 치유해 줄 수 있는 용한 의사를 찾아 수십 리 떨어진 벽촌에서 올라온 남루한 차림의 환자들, 현대식 병원 구내에서 어디가 어딘지 몰라 길을 잃고 헤매는 사람들, X레이 사진을 찍으러 왔다고 분명히 말했는데도 자신의 팔뚝에서 왜 채혈하는지 어리둥절해하는 사람들, 아기를 가질 수 없어 안달하는 부부들, 너무 많은 아이들이 있는데 또 아기를 가져 고민하는 부부들 … 내 의료실에는 거의 매일 같은 질병의 환자들이 찾아오고, 나는 거의 매일 같은 치료와 처방을 해주고, 같은 말을 되풀이합니다.

형제집 생활 역시 다를 바 없습니다. 저녁 나절에는 주로 이웃과 친구들이 찾아옵니다. 방문객들과의 화제는 거의가 질병과 출생, 자녀교육, 거기에 따르는 비용 등 자질구레한 일상사에 관한 것들입니다. 이런 다반사적인 관습이 입증하듯이 우리 마을은 예로부터 빈곤이 너울처럼 휘덮고 이어져 내려오는 전통의 마을입니다. 겉으로 보기에는 우리나 이웃들에게 그 어떤 변화도 일어나지 않는 듯 잔잔합니다. 그러나 온종일 우리 각자와 함께 계시는 예수님의 성실하신 동반은 매순간을 새로움으로 장식해 주십니다. 한결같이 당신의 손길을 건네시는 하느님! 우리의 잘못을 몇 번이고 용서해 주시고 빗나간 길에서 이끌어 주시며 순례의 길에서 양식이 되어주시는 하느님!

우리의 일상은 놀라운 일들의 연속입니다. 우리와 인생의 길을 함께하는 가난한 이들이 잠잠히 간직하고 살아가는 평온과 자신들에 대한 하느님의 뜻에 대한 존경심을 확인하는 순간들은 나에게 언제나 경이와 감사의 순간들입니다.

점점 더 강하게 접근해 오는 또 하나의 새로움이 있습니다. 그것은 이웃들에게 가까이 다가가려고 노력하면 할수록 그들은 우리에게서 점점 더 멀어져간다는 것입니다. 우리가 그들과의 삶에 익숙해질 즈음이면 우리는 서로를 알게 되고, 어려웠던 언어문제가 어느 정도 해결됩니다. 그런데도 그럴수록 우리의 존재가 그들 안에서 점점 더 이질적으로 자리잡는다는 사실입니다. 우리는 결국 "이방인"으로 머물고 말 존재들일까요? 우리가 아무리 노력한다 하여도 결코 그들의 언어를 완벽하게 숙지하고 구사할 수 없습니다. 그것은 어쩔 수 없는 현실입니다. 아무리 잘한다 해도 외국인의 억양이나 발음상의 문제가 있을 것이고, 우리는 결코 그들과 똑같은 감성과 신앙을 간직할 수 없기 때문입니다.

우리의 고민이 여기에 있습니다. 이에 대한 응답은 형제들이 실존적 차원에서 그들의 가난을 깊이있게 실천하고, 인간에 대한 사랑을 정화하는 것입니다. 우리의 적응이 아무리 서툴더라도 그것은 그다지 중요하지 않습니다. 하느님의 사랑에 바탕을 둔 우리의 "사랑의 질"은 차츰 우리를 그들 가운데의 한 사람이 되게 해줄 것입니다. 서툴고 "이질적"인 우리를 받아들인 가난한 사람들은 결코 실수를 한 것이 아닙니다. 어느 한 민족 안에 깊숙히 동화하면 할수록 우리의 마음은 세상을 더 높은 데서 더 멀리 볼 수 있고, 세상 끝간 데까지 넓어집니다.

이 사실들은 내가 새롭게 확인한 것들입니다. 우리의 나날의 삶이 그토록 많은 새로움과 실재를 숨기고 있다는 사실에 놀라움과 경탄을 금치 못하고 있습니다.

1975년, 에르베 형제가

형제들도 여느 사람들처럼 이해와 우정에 목말라하는 사람들입니다. 세상의 많은 사람들이 이해와 우정의 부족으로 고통당하고 있습니다. 3년 전부터 병원의 회복실과 독물학毒物學 분야에서 일하게 되면서부터 나는 레이몽드 형제가 체험한 일련의 인간의 욕구를 피부로 느끼게 되었습니다.

우리는 자살미수자, 질식사고를 당한 사람, 물에 빠진 사람들을 포함하여 "사형선고를 받은" 불치의 환자 등 상당수의 환자들을 매일 접하고 있습니다. 자신의 생명을 스스로 끊으려고 위험한 정제를 한줌 집어삼킨 열세 살의 소녀는 "엄마! 남편이 나를 미워해요. 그 아저씨는 나를 마구 때려요"라고 부르짖었습니다. "우리 가정에는 사랑이 없어요. 어머니는 늘 밖으로 돌아다니고 아버지는 사업에만 빠져 있어요. 나는 늘 외토리 신세입니다"라는 하소연을 내뱉는 스무 살 가량의 어느 유명한 회사 사장의 아들. 이 청년은 다량의 바리움을 삼켰습니다. 이런 경우의 사람들은 물론 심성이 약한 사람들이겠지만 그들의 대부분은 인생의 돌파구를 찾아내지 못하고 암담한 현실에 눌려 기진해 버릴 듯 지친 사람들입니다. 근본적으로 그들은 사랑을 받지 못했으며, 사랑할 줄 모르는 사람들입니다. 우정을 목말라하면서도 타인의 존경을 끌어내는 길을 모르는 사람들입니다.

이들을 대하는 병원의 자세 또한 하등 다를 바 없습니다. 솔직히 말해 나를 몹시 피로하게 만드는 것은 바로 이 점입니다. 병원 직원들이나 의료진들은 대체로 환자들에게 무관심하며 그들에 대한 인격 존중과 사랑은 아예 안중에도 없습니다. 환자들을 인간으로 대해주며 그들의 고통과 고독, 안정된 분위기의 필요성을 이해하고 관심을 가져준다면 좋겠습니다.

환자들은 의학적 치료가 필요한 사람들입니다. 그럼에도 불구하고 때로는 너무 심하게 다룹니다. 70세의 노인에게 무엇 때문에 기관 절개수술trachéotomie을 해줄 필요가 있는가고 심각하게 의문을 제시하는 따위입니다(이러한 자세는 의학의 이름으로 자행하는 살인의 행위나 다름없습니다). 환자들이 바라는 것은 다정한 말 한마디, 따뜻한 미소, 성의있는 행동입니다. 우리가 환자들에게 베풀어야 하는 것은 약봉지와 주사와 수혈에 앞선 우정, 존중, 애정이 아닐까요?

"에르베, 우리는 저 사람들의 입장이 될 수 없어요. 별도리가 없지 않겠어요?"라고 되묻는 한 젊은 간호사의 말은 나를 슬프게 했습니다. 환자들의 고통을 덜어주는 것이 쉬운 일은 아닐지라도 한번쯤은 그들의 입장에서 생각해 보는 것이 중요한 일이 아닐는지요? 우리에게는 아버지의 용기와 아들의 힘이,

어머니와 누이의 따뜻함이, 소녀다운 애정과 자상함이 있어야 합니다. 우리는 예수께서 이 사람들과 이 아이들을 얼마나 깊이 사랑하고 계시는지를 헤아려 보아야 합니다. 그들은 주님께서 우리에게 보내신 사람들입니다.

기도란 하느님께 우리가 그분을 얼마나 사랑하며, 그분이 하시는 모든 일에 얼마나한 감사를 드린다는 말씀을 (비록 외형적인 것에 불과한 것일지라도) 드리는 것이라고 말합니다. 복음은 눈에 보이는 형제자매를 사랑하지 않으면서 보이지 않는 하느님을 사랑한다고 하는 사람을 위선자라고 하지 않습니까? 하느님께서는 이 직장을 나에게 허락해 주시고 이 일을 통해 나에게 기도의 자세를 가르쳐주고 계시다고 믿습니다. 실제로 환자들은 나에게 기도하는 자의 겸허한 자세를 가르쳐줍니다. 미소와 따스한 눈길, 자상함, 손을 한번 꼭 쥐어주는 것 …

그들의 몸짓 하나하나에서 하느님의 몸짓이 묻어납니다. 그들의 혈관 속에 하느님의 사랑과 생명이 흐르고 있음을 확인하고 그것을 한아름 가득히 거두어 들이는 것은 얼마나 황홀한 일입니까? 모든 의료인들이 환자들의 진심을 이해하고 관심을 가진다면 그들은 언제건 따뜻한 감사의 눈길과 몸짓을 선사할 준비가 되어 있는 사람들입니다.

1972년, 제벨 비싸에서, 브루노 형제가

나에 앞서 쓴 형제들의 일기를 통하여 비싸 주민들에 관한 이야기는 이미 잘 알고 있으리라 믿습니다. 한마디로 이곳은 사람이 모여사는 마을이라기보다는 나무가 자라는 곳이나 밭이 있는 곳에 집들이 드문드문 흩어져 있는 그런 곳이지요. 우리 이웃들로 말하자면 보통 여기서 도보로 두 시간을 걸어가야 만날 수 있는, 산속에 사는 사람들입니다. 그러니 이 거리를 걸어 통학하는 학생들의 다리는 얼마나 튼튼해야겠습니까!

형제들이 학교 일을 시작한 지도 벌써 8년이 되었습니다. 그 과정에서 문제 제기가 전혀 없었던 것은 아닙니다. 말하자면 이 학교는 1963년에 주민들의 요구에 의해 시작되었다고 볼 수 있습니다. 그것은 당시의 상황에서 주민들의 그러한 요구를 형제들이 받아들일 수밖에 없었으며, 여기서 오랜 세월 뿌리박고 살아오는 가운데서 형성된 주민들과의 밀접한 관계, 특히 "알제리 전쟁" 동안 다져진 친밀한 관계 때문이었습니다.

비싸와 같은 오지의 작은 마을에서 가르친다는 것은, 특히 이 일을 좋아하거나 능력이 있는 사람에게는 삶의 충분한 이유가 될 수 있을 뿐더러 사랑과 헌신의 계기가 될 수 있을 것입니다. 학생들의 인식의 눈을 열어주고 그들을 인간다운 수준으로 끌어올리는 일에 기여하는 목적과 함께 책임과 연구가 따르는 이 직업은 형제들에게 전혀 무의미한 일은 아닐 것입니다. 제자들이 자기 진로를 찾아가는 것을 지켜보는 교육자의 흐뭇함과 성공을, 또한 몇몇 제자들이 안겨주는 명예도 있습니다. 교사는 이 지역에서 정신적 권위자입니다.

작은 마을의 교사는 시간과 급여에 매달리는 공무원처럼 살 수 없습니다. 교사와 학생들이 8년에서 10년 동안 매일 함께 다져온 관계는 자연히 친밀한 우애와 의리로 이어지게 마련입니다. 교사들에게는 가족들이 충족시켜 줄 수 없는 학생들의 요구와 질문들을 들어주어야 하는 의무가 뒤따르기도 합니다. 교육자는 많은 경우에, 여러 분야에서 아버지의 역할을 하는 사람입니다.

이 경우에 형제들은 어떤 모양으로 애덕을 실천해야 합니까? 내 생각으로는 하느님께서 이러한 다소 모호한 상황을 허락하셨다면 더 좋은 해결책이 나올 때까지 평화로운 자세로 현재의 삶을 계속하는 것이 좋을 듯합니다. 솔직히, 나는 교육자의 성소가 없는데다 이 분야에 대한 창의성이나 능력이 부족함을 시인하지 않을 수 없습니다. 아이들이 자기가 태어난 가정과 가족들과 가까운 환경에서 살 수 있게 배려하고 관심과 신경을 써주어야 한다는 것이 나의 주장입니다. 그 환경이 아무리 빈약하고 보잘것없는 것이라 할지라도 교육 때문에 아이들을 그들의 뿌리인 가정에서 멀리 떨어져 살게 할 수 없기에 말입니다.

자신들의 미래를 두고 고민하는 청소년들의 문제는 좀더 복잡합니다. 그들의 진로를 찾아주기 위하여 나는 최선을 다하고 있습니다. 실습, 진학, 직장 등을 알선해 줍니다. 이런 일에서도 자신을 드러내기보다는 겸손의 길을 찾아야 하고, 나의 개인적 능력보다는 기도에 더 의지해야겠습니다. 사실 우리는 서로가 너무나 다른 존재들이므로 한 젊은이에게 어떤 길이 참으로 유익한 길인지 알아내기란 그다지 쉬운 일이 아닙니다.

발육부진과 지능이 처지는 학생들도 있습니다. 그들은 학급의 전반적 실력을 일정 수준에까지 끌어올려야 할 때 매우 거추장스러운 학생들입니다. 이러한 사정은 교사들이나 그 당사자들에게 다같이 어렵습니다. 나는 가끔 우수한 학생들의 진도에 지장을 주지 않기 위해 성적이 뒤떨어지는 학생들을 희생시킨 적도 있습니다. 나에게 참 애덕이 있었다면, 약한 자에 대한 배려가 있었다면 뒤처진 학생들을 먼저 도왔어야 했음에도 불구하고 …

사방이 벽으로 꽉 막힌 답답한 교실, 지루한 복습, 애써 가르쳐보았자 별수 없는 학생들에 대한 무관심, 오류투성이 공책들, 학과 준비, 학교 관리, 돌발적인 사건들, 사람들과 멀리 떨어진 외딴 생활 등이 때로는 내 기분을 무겁게 짓누릅니다. 그러나 다른 한편으로는 아이들의 해맑은 웃음소리와 떠들썩한 환성, 게임, 주고받는 편지들, 제자들과 만나는 즐거움, 하느님께서 그들 하나하나와 가까이 계시다는 믿음과 희망 … 이 모든 것이 나를 흐뭇하게 감싸줍니다. 어쨌거나 하느님께서는 무엇이나 이루실 수 있다는 확신만은 흔들릴 수 없습니다. 나는 이러한 소신으로 나날을 살아가고 있습니다.

1978년

학교를 시작한 것은 순전히 지역 주민들의 요구에 따른 것이었고 적어도 초기에는 이 일을 맡아 할 수 있는 사람은 우리 형제들뿐이었습니다.

학생들을 가르치는 일은 좋지만 솔직히 말해, 교사직 13년 동안 마음이 편한 날은 단 하루도 없었다고 해도 과언이 아닐 것입니다. 나의 개인적 바람은 이웃들과 같은 수준에서 전문성이나 특별한 기술을 요하지 않는 단순노동을 하며 소박하게 살아가는 것입니다. 나는 한때 알제에서 그런 생활을 한 적이 있는데 그때 나는 그 생활 이외의 다른 생활은 상상해 본 적이 없을 정도로 흡족하게 살았습니다.

교사인 나는 우선 학생들과의 관계에서 가르치는 자와 배우는 자, 큰 자와 작은 자들 사이에 가로놓인 불평등의 문제로 고민하고 있습니다. 그뿐 아니라 지역 주민들의 생활로부터 나를 멀어지게 만드는 것들, 특히 겉으로 보기에 편한 교사라는 직업이 내 마음을 불편하게 합니다. 겉으로 보기에 편한 생활이라고 한 것은 이 직업이 편하다기보다는 정신적으로 오히려 매우 고단한 일이기 때문입니다. 규칙적으로 받는 꽤 높은 임금은 내 심기를 불편하게 만들고, 학교의 책임을 맡은 자로서 운영 및 공동 관심사를 주도하는 일은 정신적으로 피곤합니다. 이밖에도 교사들을 위시해서 몇몇 사람들과는 좋은 관계를 유지하고 있지만 단합된 팀을 이끌어내는 일에는 한 번도 성공한 적이 없습니다.

학생들과의 생활은 보람을 느낍니다. 해가 갈수록 무럭무럭 자라는 학생들과 그들의 개성을 발견하는 즐거움, 그들이 성공할 때 맛보는 성취감, 그들의 어려움을 나누는 인간미, 실패와 좌절에 대한 우려, 도움이 필요한 학생들을 손닿는 데까지 돕는 일 등, 이 모든 것이 약간은 보호주의에서 오는 발상에선지는 모르지만 나에게 보람을 안겨줍니다. 때때로 나는 일에 지친 부모들의 부탁에 따라 학부형을 대신해야 합니다. 사실 나는 학생들 하나하나에 대해 부모가 자녀들에게 느끼는 애정과 관심을 가지고 있습니다.

교육자의 신분이 지역 발전과 활동에 동참하는 기회를 준다는 생각에서 나는 학교 책임직을 기꺼이 받아들였습니다. 지역 발전은 서서히 이루어지고 있지만 주민들은 내가 하는 일을 격려하고 찬사를 보냅니다. 그들은 내가 하는 일에 깊은 신뢰와 관심을 보이면서 내 말을 친절하게 들어줍니다. 농사에 대한 의견을 끌어내기 위해 혼신의 노력을 아끼지 않은 아히야는 그 분야에서 나와 같은 생각을 하고 있는 사람 중의 하나입니다. 이런 일에도 자신을 내세우거나 과시하려는 위험이 도사리고 있지만 그럴 경우, 주민들이 그것을 알아차리게 나를 도와줍니다. 지역 차원에서 부닥치는 여러 가지 애로점들과 학교를 운영해야 하는 임무는 나를 자만에 빠져들지 않게 도와줍니다.

나는 이제 이 일에서 물러나야 할 때가 왔다고 생각합니다. 교육을 책임지고 끌어갈 능력있는 네 분의 교사가 배출되었기 때문입니다. 그동안도 나 아닌 다른 사람이 학교를 운영했더라면 훨씬 더 잘해 냈을 것이라는 생각도 듭니다. 모든 일이 순조롭고 풍성한 결실을 맺기를 바라는 마음입니다.

1976년, 비싸에서 열린 관구회의

형제들의 이번 회의는 콘스탄티노플 교구장이신 스코토 주교님의 참석으로 큰 의의를 가지게 되었습니다. 알제 출신이신 주교님께서는 형제들의 오랜 친구이며 형제들의 회의 때마다 참석하여 좋은 말씀을 들려주시고 우리를 즐겁게 해 주십니다. 이번에도 여러 가지 문제들과 함께 전망이 밝지 않은 알제 교구에 대한 당신의 관심과 애로점들을 형제들과 진솔하게 나누어 주셨습니다. 주교님께서는 알제리가 독립된 후로부터 지금에 이르기까지 알제 교구가 걸어온 역사의 발자취를 더듬으시며, 지역에 적응하기 위한 과정에서 교구가 쏟은 노력과 알제리의 사회주의 발전을 위해 가톨릭 교회가 솔선수범하지 않을 수 없었던 일들에 관해 말씀해 주셨습니다.

"처음 10년은 어느 정도 자신있게 발전해 갔습니다. 대부분이 사제, 수사, 수녀들인 알제리의 그리스도교 공동체 구성원들은 자신들이 제2차 바티칸 공의회의 정신을 수용하는 사람들이라고 스스로 자부했습니다. 그들은 비그리스도인들과의 대화에 열려 있었고 대형화한 제도교회가 해낼 수 없는 일, 곧 선교지 주민들의 삶에 가까이 다가가 그들의 삶에 동참하면서 복음적인 생활을 수범으로 보였습니다. 그러한 과정에서 그리스도인들은 자연히 모범적인 생활을 하는 사람들이라는 평을 받게 되었습니다.

그러던 중 시련의 시간이 닥쳐왔습니다. 교회가 청빈정신에서 멀어졌던 것 같습니다. 결국 교회가 자진해서 나누지 않은 모든 재산을 강제로 몰수당하게 되었지요. 알제리 당국이 체제를 아랍·이슬람 국가로 자리를 굳혀가는 과정에서 그리스도인들과 그리스도교는 차츰 '이방인'이 되어가고 있었습니다. 이러한 현상은 사회와 사고방식의 급속한 변화와 함께 많은 수도자들을 알제리에서 떠나게 만들었고, 이어서 교육기관의 국유화와 같은 일련의 고통스러운 사건들이 일어났습니다.

오늘날 교회는 그 어느 때보다 빈약하게 되었으며, 복음에 나오는 무용한 종처럼 이 나라에서 '쓸모없는 것'으로 전락했습니다. 이러한 상황은 그리스도인들로 하여금 이 나라에서 머물러 사는 이유를 점검하고 그 의미에 대해 깊이 생각하도록 했습니다."

스코토 주교님은 덧붙여 말씀하셨습니다. "우리가 알아야 할 것은 '왜 그래야만 했는지'와 그리고 '어떻게 해야 하는가'입니다. 대답은 단순합니다. '사랑하기 위하여!' 우정, 나눔, 운명을 같이하는 공동체를 이루어 '사랑하기 위해서'입니다. 왜냐하면 우애의 사랑은 우리를 하느님에게로 인도하고 그 사랑은 하느님께로부터 오기 때문입니다. 한마디로 우리는 사랑하기 위하여 이 나라에 몸담고 사는 것입니다. 한 가지 더 첨가하자면 우리는 '그분의 이름으로' 여기 있는 것입니다. 나는 사도행전에서 '그분의 이름으로'라는 대목이 나올 때마다 가슴이 뭉클해집니다. 사도들은 '그분의 이름으로' 병자들을 고쳐주고 '그분의 이름으로' 말을 하고 '그분의 이름으로' 침묵했습니다. 형제들이여, 알아들으시겠습니까? 우리는 무엇을 하기 위해 여기 사는 것이 아닙니다. 우리가 여기 있는 이유는 '무엇을 하려고'가 아닌 '누구를 위하여'서입니다. …"

우리는 이러한 맥락 안에서 작은 형제들이 알제리 교회에서 가지는 위치에 관해 말씀해 주시기를 주교님께 청했습니다. 그분은 우리의 요청을 기꺼이 받아들이시며, 친구들 사이에 쓰는 친숙한 표현으로 회의에 참석한 형제들이 허심탄회하게 마음을 열 수 있는 분위기를 만들어 주셨습니다. 주교님과 형제들의 친분은 그분이 알제의 한 본당사제로 계실 때로 거슬러올라갑니다. 그분과의 친교는 무엇보다 신앙생활에 대한 그분의 개인적 이념이 형제들의 그것과 일치하였고 거기서 오는 깊은 유대와 공감에서 이루어졌습니다. 샤를르 드 푸코와 성녀 데레사, 이 두 분이 현대교회의 영성의 기둥임을 확신한다고 주교님은 재삼 힘주어 강조하셨습니다.

녹음 테이프에 담긴 주교님의 강론을 글로 옮기면서 강론의 서론으로 주교님을 소개해 드리고 싶어 몇 마디 적었습니다. 다음은 주교님의 말씀을 간략하게 정리한 것입니다.

"나의 소견으로, 형제들의 성소는 알제리의 가톨릭 교회가 걸어가야 하는 바로 그 길이라고 확신합니다. 이러한 나의 신념을 어떻게 설명해야 할까요? 형제들은 기도의 사람으로 평생을 살겠다는 서약을 한 사람들입니다. 이 기도의 삶이 우리 교회가 바로 '지금' '여기에서' 증언하고 걸어가야 하는 길입니다. 이에 대한 나의 소신은 절대적입니다. 아무리 위대한 신학자들이 내 생각이 틀렸다고 주장하더라도 나는 이 확신을 머리에서 떨쳐버릴 수 없습니다. 나는 이 확신을 가슴에 품고 눈을 감을 것입니다. 기도는 작은 형제들의 성소의 본질입니다. 형제들은 교회 공동체 앞에서 기도의 사람으로 살겠다는 서약을 하고 그렇게 살려고 노력합니다.

더구나 나는 형제들의 생활에 대해 환상을 가지지 않습니다. 형제들 역시 형제회나 개인 차원에서 불성실할 수 있는 나약한 인간들이라는 것을 잘 알고 있기 때문입니다. 그러나 적어도 형제들은 성실한 기도의 사람으로 살아가려는 이념을 포기하지 않았습니다. 여러분이 기도의 생활을 포기한다 해도 파문은 시키지 않을 터이지만! … 만일 그런 형제들이 있다면 '작은 형제들도 탈선하는군' 그러고 말겠지요. 나는 이러한 신념을 형제들에게서 발견하고 느끼고 있으며 형제들은 이를 실천하고 있다고 생각합니다. 알제리에서 18명의 형제들이 이러한 신념을 가지고 살아가고 있다는 사실은 나에게 더할 나위 없는 용기와 희망을 안겨줍니다.

두번째 측면이 있습니다. 그것은 알제리 전쟁 동안 하느님의 사람으로 살려고 노력했던 형제들의 삶이 현실에서 벗어나지 않았다는 것입니다. 현실을 벗어나지 않은 사랑, 그것은 현재와 미래에도 변함이 없을 것입니다. 나는 단 한 번도 형제들의 기도가 하나의 도피나 피난처라고 생각해 본 적이 없습니다. 형제들은 기도와 관상생활에 몰입하면서 가난한 자들의 편에서 가난한 자들을 위해 헌신하며 올바른 길을 걸어왔습니다. 때로는 없는 이들 편에 선다는 그 자체가 정치문제로 비화될 수 있는 위험을 무릅쓰면서까지 흔들림이 없었습니다. 내가 고민하고 있는 교회 내의 부족한 점들을 형제들이 잘 해내고 있습니다. 이 두 가지 점이 나에게 중요하게 생각됩니다. 따라서 나는 형제들에 대한 존경과 애정으로, 교회를 위해 형제들의 공동체에 자주 호소하게 됩니다. 작은 형제들로 살아주십시오. 부탁입니다. 소금의 짠 맛을 잃어버리지 않도록 조심하십시오. 소금이 제 맛을 잃는다면 ….

이 두 가지 원칙과 더불어 형제들의 성소에 있어 중요한 것은 단순과 청빈입니다. 지금까지 형제들은 가난한 사람들의 생활에 동참하는 삶을 통해, 그리고 세속 물질에 대한 집착을 떨쳐버림으로써 청빈의 소명을 잘 살아가고 있다고 생각합니다. 그것은 대단히 중요합니다. 수도단체가 물질의 애착에서 벗어나기란 대단히 어려운 일이니까요. 이것은 개인 소견이지만, 조금만 신경을 쓰면 금전에서 우리를 지키는 일은 그리 힘든 일이 아닙니다. 이러한 약간의 공들임은 필수적이지 않겠습니까? 재화에 대한 애착에서 전적으로 탈피하기 위해서는 우선 재화를 충분히 존중해야 합니다. 그러므로 재화에 대한 어느 정도의 고려는 있어야 합니다. 재화 역시 성 이냐시오가 말한 대로 하느님을 섬기는 데 유익한 물질의 하나이기 때문입니다. 그러나 모든 사물이 그렇듯이 재물 자체에 머문다면 우리는 필시 하느님께로부터 멀어지겠지요.

그렇습니다. 형제들의 성소에는 청빈과 단순이라는 커다란 측면이 있고, 또한 형제적·환대적·보편적 측면이 있습니다. 나는 형제들의 집에서, 형제들의 언행에서, 형제들의 태도에서 이러한 모습을 확인합니다. 내가 형제들의 성소를 너무 이상화시킨다고 생각하십니까? 아닙니다. 나는 형제들이 결점을 가진 사람들이라는 것을 잘 알고 있습니다. 적어도 내 눈에 비친 것들이 사실이라면 말이지요. … 성찰의 시간이면 형제들은 자신들의 이상을 충분히 실천하지 못했음을 반성할 것입니다. 그러나 나는 샤를르 드 푸코 형제의 정신과 성실성이 형제들에게서 생생히 살아 숨쉬는 것을 느낄 수 있다고 분명히 말할 수 있습니다. 형제들은 자신들의 신념을 포기하지 않고 실천하려고 열심히 노력하고 있기 때문입니다. 이러한 신념들을 포기하는 날 형제들은 배신자들이 될 것이고, 그러면 … 끝장입니다! 나는 이 말을 형제들에게 하고 싶었습니다.”

1979년, 아나바에서, 도미니끄 형제가

나는 거대한 최첨단 철강단지에 소속된 기술공들과 현장 감독관의 양성원 센터에서 일하고 있습니다. 현재 여기에는 15,000명 이상의 직원들이 있습니다. 내 직무는 5~6명의 알제리인 지도자들과 약 15명의 견습공들에게 8개월간 재교육을 시키거나 시술교육을 시키는 일입니다. 회사의 이념에 따른 지속적 교육 프로그램의 일환이지요. 수강생들은 수준급에 이른 전문 직업인들로, 앞으로 회사에서 그룹 지도원이나 조장 등의 임무를 맡게 될 사람들입니다.

이 일은 여러 면에서 나에게 흥미를 불러일으켜 줍니다. 우선 공장의 현실을 파악하고 견습생 각자와 인간적으로 가까워질 수 있는 기회를 줍니다. 이 일은 견습공들이 배치될 작업 현장과 설비의 철저한 파악과 아울러 그들 개개인을 속속들이 알 수 있는, 마침내는 8개월 동안 그들과 함께 사는 기회를 제공해 줍니다. 다른 한편으로 그것이 단체 생활인만큼 거기서 파생되는 여러 가지 애로점이 없을 수 없지만 결국 유익한 면이 더 많다고 보아야겠지요. 일반 강의는 물론, 철강에 관한 과목은 시설물들에 대한 면밀한 지식이 요구되므로 자주 작업장에 드나들게 됩니다(용광로, 제강소, 압연기 등). 일이 마음에 드니까 자연 노동 분위기에 빨리 친숙해지고 일도 성실히 하게 됩니다.

직장에 대해 길게 설명을 했으니 이제 우리 동네와 일년 열두 달 이웃들과 살아가는 — 나에게 중요한 의미를 가지는 — 이야기를 해보지요. 이웃들 중 우리와 특히 가깝게 지내는 몇몇 가족들이 있습니다. 출산, 혼인, 사망과 같은 그들 인생의 중대사들을 통해 우리는 그들과 함께 “집안” 역사를 꾸려갑니다. 친절한 환대와 열려진 마음에 민감한 알제리인들의 심성은 이러한 유대를 더욱 풍요롭게 해줍니다.

이곳 청소년들은 어디로 가야 할지, 누구에게 마음을 털어놓아야 할 것인지를 몰라 방황하고 있습니다. 그들은 보수적인 것을 배척하지만 그렇다고 미래에 대한 확신이 뚜렷한 것도 아닙니다. 하느님의 사랑 속에 맺어진 그들 몇몇 청소년들과의 우정은 나에게 그들 안에 숨겨진 신비들을 엿보게 합니다. 매우 감동적인 것입니다. 주님의 부르심과 선택, 제 나름대로 역경을 헤치며 살아가는 신앙, 한 인간 안에 공존하는 하느님의 힘과 인간의 취약성, 그리스도인들을 갈라놓는 악의 힘과 하느님의 사랑 안에 끌어모으는 성령의 신비 등.

형제들과 나누고 싶은 것이 더 있습니다. 그것은 특히 형제들의 삶의 본질인 이곳 사람들의 서리에서 예수님과 함께하는 우리의 여정에 대해서입니다.

나는 개인적으로 기도를 많이 드리지 않습니다. 더 심각한 문제는 내가 예수님과 함께, 예수님에 의해 살고 있지 않다는 것입니다. 나의 성격과 내가 처한 환경이 나를 밖으로 돌게 합니다. 그럼에도 내가 점점 더 깊이 깨닫게 되는 것은 가난한 사람들과 그들의 비참 가운데서 나 자신의 미약함과 내 가난을 이용하시고, 나를 통해 사람들을 구원하시고, 또 그 사람들을 통해 나를 구원하시려는 주님의 뜻입니다. 때때로 나는 내가 어디에 와 있고 어디로 가고 있는지, 또 세상은 어디로 향해 가고 있는지 모를 때가 있습니다. 과거에는 주님께서 이미 세상을 구원하셨다는 것과 우정, 환대, 이웃을 위한 여유, 친교에 대한 열망 … 이런 것들이 이곳 아나바의 우리 사이에 이미 이루어진 하느님의 나라로 믿었던 일이 생각납니다.

나는 알제리에서의 나의 삶을 요약해 주는 세 축일, 곧 모든 성인의 축일, 아이드 축일(아브라함의 제사를 기념하는 축일) 그리고 알제리 혁명 25주년 기념일 행사를 치르고 나서 이 일기를 쓰고 있습니다.

인간적 차원에서 나는 인간의 존엄성과 인격 회복, 더 큰 정의와 부의 공정한 분배, 없는 이들의 지위 향상 등을 목표로 삼아 나아가고 있는 이 민족의 발전에 뜻을 같이하고 있습니다.

종교적 차원에서는 인간의 친구이신 전지전능하신 하느님께 대한 믿음과 성실 속에 관대한 자세로 앞을 향해 나아가고 있는 아브라함의 하느님의 백성인이 나라 사람들과 나 자신이 깊이 맺어져 있음을 느낍니다.

　마지막으로 나는 하느님께서 나의 구원자이심을, 당신의 어린양의 피로 나의 죄를 깨끗이 씻어주셨음을 나에게 드러내 보이시고, 나를 당신의 생명과 모든 성인들의 삶에 초대해 주셨음을 기뻐합니다.

1980년, 아세크렘에서, 에두아르 형제가

우리는 작년(1980년) 1월에 아세크렘 형제집 설립 25주년을 경축했습니다. 초창기부터 이 집의 기둥이었던 장 마리 형제가 프랑스에 있는 가족들과 있었기 때문에 이 날을 나 혼자 치르게 되었지요. 매일 형제들의 집을 찾아오는 50여 명의 방문객들과 함께 사막의 오지에서 혼자 말입니다. 창립 25주년을 기념하는 의미로 형제들에게 일기를 쓰고 싶었지만 그것은 생각에 그쳤습니다.

　장 마리가 프랑스에서 돌아오자 나는 모든 시간을 성서 강의 준비에 쏟아야 했습니다. 5월에 뚤루즈의 학생 형제들에게 강의를 해야 했으니까요. 그럭저럭 여름이 지나갔습니다. 마침 은둔소에서 6개월간 보내게 되었으니 이제야 형제들에게 우리의 살아가는 이야기를 들려줄 수 있게 되었군요. 현재 이곳 형제들의 삶은 여기에 아직 와보지 못한 형제들이나 10년 전에 왔던 형제들이 상상하는 그런 생활과는 판이하게 다를 것입니다.

　흔히 "샤를르 드 푸코 신부의 은둔소"라고 불리는 이곳에 사는 사람들은 은둔자들이 아닙니다. 이 은둔소가 사막의 산속 오지에 위치하고 있는 것은 사실이지만 지역적으로 따지자면 소위 "수많은 사람들이 거쳐가는 사막"의 십자로나 마찬가지입니다. 심지어 때에 따라서는 50대의 차량, 즉 최소한 50명 이상의 사람들이 지나가는 날도 있습니다. 여행객으로 붐비는 시기는 8월과 9월을 제외한, 약 9개월간 계속됩니다. 12년 전에 비해 이곳을 찾는 방문객들의 수가 10배로 불어났음을 이와 같은 상황이 대변해 주고 있습니다.

　1970년 이래 우리 생활은 점점 증가하는 잇따른 방문객들을 중심으로 꾸려져갔습니다. 손님 접대가 우리의 일과가 되었고, 규칙에 따르거나 규정지어진 개념의 "일"은 의미를 잃어갔습니다. 우리 편에서 손님들에게 다가가기보다는 마주쳐 오는 사람들과 인사를 나누고 그들이 걸어오는 대화에 응해주는 자세로 살아가고 있지요. 여유를 가지고 대해주는 형제들에게 사람들이 이야기를 걸어오면 질문에 따라 대답을 합니다. 때로는 식수 해결 방법이나 기후에 관한 사소한 질문을 하는 사람도 있습니다. 이런 질문에는 정확하게 답해 줄 수 있지요. 여기에 기상 관측소가 있으니까요. 알제리와 투아레그 사람들에 대한 폭넓은 질문을 하는 사람들이 있는가 하면 수도생활에 관한 개인적 질문이나 형제회와 푸코 신부, 또는 이 생활을 선택하게 된 동기에 관한 질문을 하는 사람들도 있습니다.

우리는 거의 매일을 수없이 같은 말을 되풀이해야 합니다. 이런 의미에서 나는 손님맞는 일을 "노동"이라고 부릅니다. 아무튼 질문을 해오는 사람들이 누구이건간에 반드시 대답을 해주지만 가끔 우리를 안타깝게 만드는 것은 물어볼 것이라고는 도무지 없는, 무관심 자체인 사람들입니다.

방문객들은 여러 나라 사람들인데, 그 중에서 프랑스인들과 독일인들이 제일 많은 편입니다. 유럽인들 중에는 사업일로 알제리에 살고 있는 사람들도 있습니다. 알제리인들은 특히 목요일과 금요일 같은 주말에 많이 찾아오는데 그 사람들은 거의 타만라셋에 직장을 둔 북부 알제리인들입니다. 휴일을 이용하여 자기 나라 구석구석을 관광하러 다니는 사람들이지요. 우리는 이 사람들에게 각별한 대접을 하고 있습니다.

방문객 중에는 투아레그 사람들도 있는데 그들은 우리 주위의 10km 반경에 살고 있는 약 열두 가구의 가족, 그러니까 50명 남짓한 투아레그 사람들입니다. 매일 한두 명, 때에 따라서는 여러 명이 찾아오곤 합니다. 많은 남정네들의 직장이 타만라셋에 들어서고 그들이 상주한 후부터는 그 친구들의 방문이 옛날에 비해 줄어들었으며, 방문시간도 그다지 길지 않습니다. 별로 할일이 없는 천막 마을에서 소일하고 살 때는 시간만 있으면 찾아오던 사람들이었지만 지금은 휴일이 되어야 얼굴을 내밀 정도이지요. 또 이곳을 거쳐가는, 먼 곳에서 온 투아레그인들의 수도 줄어들었습니다. 우리 은둔소에서 약 45분 거리에 있는 아세크렘 고개에 투아레그인들이 경영하는 숙박소가 생겼으므로 거기에서 쉬어갈 자리를 쉽게 구할 수 있기 때문이지요. 은둔소 근처에서 염소를 치는 목동들이 짐승들을 잠깐 들판에 방목한 채 찾아오기도 합니다. 그들은 목을 축이거나 간식을 들거나 약을 청하러, 또는 관광객들에게 공예품을 팔기 위해서 오곤 합니다.

이곳 생활이 외부와 또 다른 면은 적막한 곳에서 피정을 하기 위해 일부러 찾아오는 사람들을 다섯 개소의 은둔소에 머물게 하는 일입니다. 피정객들이 오면 이들을 은둔소로 인도해 주고 필요한 것을 보살펴 주어야 합니다. 날이 더울 때 — 정확히 표현해서 "춥지 않을 때" — 는 은둔소가 만원이지만 추운 계절, 곧 12월부터 3월까지는 절반 가량은 비어 있습니다. 피정하러 오는 사람은 거의가 형제들입니다. 1979년에는 열두 명의 형제가 15일간에서 3개월간의 피정을 했습니다. 보통 "사막의 해"를 보내는 형제들이 엘 아비요드에서 이곳으로 옵니다. 호가르에 체류하며 짧은 피정을 하러 오는 형제들도 있지요. 그 외에도 여러 나라에서 피정하러 이곳을 찾는 사제, 수사, 수녀, 평신도 들도 장소가 허락하는 한 받아줍니다. 이 사람들과는 사전에 연락을 하고 필요한 정보를 미리 교환합니다. 사막에서 하는 피정은 즉흥적으로 할 수 있는 것이 아니므로 치밀한 준비를 요하니까요.

피정 손님들을 접대하는 일은 우리 생활에서 큰 비중을 차지합니다. 은둔소들은 작은 형제들의 피정을 목적으로 마련한 것이니까요. 아세크렘은 이 세상에서 "필요한 단 한 가지"를 우리에게 영원히 상기시켜 주기 위해 샤를르 형제께서 "창공에 세워주신 지표"입니다. 이 지표는 잠시나마 속세를 떠나 적막한 곳에서 은거하라는 초대의 표지입니다. 오로지 침묵과 적막 속에서 우리에게 오시는 분의 현존에 모든 정성을 기울이고 사랑의 마음을 열어 그분을 맞이하는 것이 이 은거의 목적입니다. 이러한 의미에서 아세크렘은 형제들에게 봉사하기 위해 존재합니다. 형제들의 수에 비해 소수의 형제들이 이 은둔소를 활용하고 있으나 우리는 이 은둔소의 목적을 잊지 말아야 합니다.

이것이 장 마리 형제와 내가 살고 있는 삶의 현재 모습입니다. 흔히 "노동" 혹은 "봉사"의 성격을 띤 다양한 손님 접대는 생활 리듬을 조절해야 할 필요성을 느끼게 했습니다. 그래서 우리는 손님 접대에 부여하는 시간과 개인시간을 서로 번갈아서 따로 가지기로 결정했습니다. 장 마리 형제가 한 달에 일주일 정도의 개인시간을 가지기 위해 떠나면 내가 순전한 봉사를 담당합니다. 다음엔 내 차례가 오지요. 나는 일년에 5~6번 정도 이러한 개인시간을 가집니다.

손님 접대와 개인시간, 사람들 속에 파묻히는 시간과 혼자만의 적막한 시간, 장시간 걷기 … 이것이 대체적인 우리 삶의 골자입니다. 개인시간은 차츰 우리 삶에 없어서는 안될 조건이 된 듯합니다. 우리를 찾는 사람들을 여유있는 자세와 미소로 대하고 그들이 작은 형제들에게 기대하는 친절과 자상한 배려로 보살펴주기 위해서는 이러한 "쉼"이 필요합니다.

더러는 마치 자기들밖에 없는 것처럼 자기 본위로 생각하는 사람들이 기대에 어긋나 놀라는 기색을 하기도 합니다. 우리는 숨을 돌려야 할 필요성을 느끼지요. 예기치 않은 방문객들은 형제들에게 개인시간이나 일을 할 여유를 주지 않습니다. 그렇게 하루가 지나가버리면 우리는 해놓은 일이라고는 아무것도 없이 괜스레 시간이 흘러버렸다는 생각이 들거나, 자기 시간을 모조리 빼앗겨버린 것 같은 허탈감에 휩싸일 때도 있습니다. 반면에 은둔소에서 혼자 지내는 날은 외부의 방해를 받지 않고 계획한 일을 할 수 있습니다. 그러기 위해서는 각자에게 몰입할 수 있는 일감이 있어야겠지요.

장 마리는 푸코 신부님이 시작하신 일을 이어받아 투아레그 언어에 대한 언어학적 연구 작업에, 그리고 나는 리용에서 한 성서 공부와 알베르 젤렝 같은 분을 만난 이후로 나의 관심사가 된 성서 연구에 몰두합니다. 서적을 통해 계속하고 있는 이 성서 연구는 오랫동안 혼자만의 개인 지식에 그쳤으나 차츰 형제들과 나눌 수 있게 되었으며, 특히 "사막의 해"를 보내는 형제들과 나누게 되었습니다. 깊은 차원에서 하는 성서 공부나 성서 읽기는 "사막의 해"를 보내는 형제들에게 중요한 활동이고 "사막의 해"에 새롭게 캐내는 발견일 수 있습니다. 이런 것들이 대개 우리의 삶과 활동의 여러 모습입니다.

이제 기후의 교차에 대해서도 언급하고자 합니다. 2,630m의 고지에 사는 우리는 대조적인 기후 속에 살고 있습니다. 이를테면 천국 같거나 지옥 같은 기후 … 구름 한 점 없는 청명한 하늘과 거기 걸린 태양이 마치 신화처럼 황홀하고 아름다운 날이 있는가 하면 잠잠해질 때까지 "살아남을 수 있을까?" 자문할 정도로 심하게 불어닥치는 강풍의 날도 있습니다. 200km 밖까지 환히 볼 수 있는 맑은 겨울 날씨 아니면, 짙은 안개로 무겁게 휘덮이는 봄 날씨. 오색찬란하게 빛나는 황홀한 경치가 아니면, 거의 화산 잿더미를 연상시키는 음산한 잿빛으로 무겁게 내려앉은 계곡. 어찌 되었건간에 자연의 변화무쌍, 아름다움, 그 매력은 우리에게 우울한 시간을 헤쳐갈 수 있는 힘을 줍니다.

이곳을 거쳐가는 또 다른 부류의 사람들에 관해 이야기하고 싶습니다. 그들은 내가 "관광객"이라고 부르기를 주저하는 사람들이지요. 그들이 누구든지간에, 즉 알제리 사람이거나 외국인, 그리스도인이거나 이슬람 교인, 신앙인이거나 신앙을 가지지 않은 사람에 상관없이 모두 같은 자격으로 우리가 만나고 사랑해야 할 사람들입니다. 짧은 방문이거나 단 한 번에 불과한 방문일지라도 형제들과의 만남이 그들에게는 평생 지워지지 않을 기억으로 남을 것입니다. 경사진 계곡을 힘겹게 올라온 그만큼, 차가운 공기 속에서 해뜨는 광경을 기다린 그만큼 그들에게 남는 기억은 소중합니다.

그들을 맞아주는 우리의 정성과 노력에 따라 단순히 관광객으로 올라온 사람들이 이곳을 내려갈 때는 순례자로 변합니다. 그들은 떠오르는 태양 아래 드러지는 뜻밖의 성찬예식에 참례합니다. 미사가 끝나면 각자의 종교와 상관없이 모두 한데 모여 황홀한 자연이 내려다보이는 지붕 밑에서 따끈한 차를 나누는 것이 우리의 관습입니다. 이 자리에서 자연스레 여러 가지 질문과 대화가 오가며 때로는 긴 대화로 이어지기도 합니다.

전에 살던 도시생활은 이 생활과 너무도 대조적이었습니다. 그때는 이웃과의 관계가 정착된 것이어서 때로는 권태롭기까지 했지요. 여기는 정반대입니다. 언제나 새로운 얼굴들의 행진, 강도 높은 만남들 … 그것은 흔히 순간적이고 한 번으로 그치는 것들입니다. 따라서 스쳐가는 것이라고 해야겠지요.

  조금 전에 나는 "순례자"라는 말을 했는데 형제들 중에는 이 말의 진의를 궁금해하는 사람이 있을지 모르겠군요. 사람들이 푸코 신부님 때문에 이곳을 찾아옵니까? 아닙니다. 몇몇 사람을 제외한 대다수의 방문객들은 그렇지 않습니다. 하여간 그들은 이런 곳에 은둔소가 있다는 것, 푸코 신부가 여기서 살았다는 사실, 작은 형제들이 자원하여 이곳에서 보람을 느끼며 인간적으로 지금 살고 있다는 사실을 발견하고 이에 대해 매우 민감한 반응을 보입니다. 방문객들은 예기치 않은 일들에서 큰 감동을 받습니다. 울타리를 둘러친 고독 속에서 살아가는 은둔자들이나 수도승을 만나리라 기대했는데 뜻밖에도 그들의 "형제"가 되려는 — 적어도 그렇게 노력하는 — 것을 목표로 삼아 살고 있는 사람들을 만났으니까요.

  특기할 방문객들 중에는 알제리 사람들이 있습니다. 이들 역시 다른 사람들과 마찬가지로 이곳 경관에 감탄하고 조국의 명소를 발견한 것을 자랑스럽게 여깁니다. 뿐만 아니라 신앙의 증거인 은둔소와 형제들의 현존이 그들의 눈길을 사로잡습니다. 이런 이유로 그들과의 대화는 과거 식민지 시대에 대한 기억과 장애물에도 불구하고 부드럽고 깊고 우애적입니다. 지난 3월에 기쁜 사건이 있었지요. 활기에 찬 어느 이슬람교 공동체에서 우리 형제들과 함께 기도하자며 아주 자연스럽게 몇몇 수도승들을 우리에게 보냈습니다. 이때 우리는 성령 운동가들이 체험하는 것과 비슷한 만남을 체험했습니다. 정말이지 성령께서는 당신이 원하시는 곳으로부터 불어오십니다. 유머까지 동반하여 …

중서부 아프리카

1975년, 카메룬, 두알라에서, 죠반니 형제가

관구회의가 끝난 후 나는 일상적인 생활로 돌아가야 했지만 이전처럼 일하고 싶은 기분이 선뜻 내키지 않았습니다. 없는 자들을 착취하여 비대해져 가는 몇몇 재벌들에 의해 운영되는 큰 회사에서 일하는 것에 신물이 났으니까요. 나는 오래 전부터 주님께서 우리를 파견하신 사람들과의 삶 안에서 그들의 생활 조건뿐 아니라 그들의 정당한 권리인 모든 욕구와 갈망에 동참하기를 희망해 왔습니다.

구체적으로 나는 몇몇 젊은 전기 기술자들과 비밀리에 한 팀을 조직해 보고 싶은 생각으로 그들과 한 번 만나고자 했습니다. 3개월 전부터 나는 이 계획을 성사시키려고 이 사람 저 사람과 접촉을 해보았지만 모든 일이 수월하지는 않았습니다. 주위의 많은 사람들, 특히 외국인들은 나의 계획을 비관적으로 바라보고 "아프리카 사람들과 일하는 것은 불가능하다"며 조만간 "실망"하게 될 것이니 두고보라고 했습니다. 심지어는 "사기당하고 말 것이다"라고 하며 엄포를 놓는 사람까지 있었습니다. 그러나 주위 사람들의 부정적 견해들이 내 계획을 좌절시키기는커녕 오히려 내 각오를 굳혀주었습니다. 여론에 밀려 자신의 계획을 포기한다는 것은 한마디로 비열한 행동같이 생각되었습니다. 이 일이 주님 뜻이라면 반드시 이루어지리라 확신하며 나는 편안한 마음으로 관망했습니다. 결국 모든 것은 그분의 일이고 내가 할 일이란 그저 그분께서 일을 하시도록 거드는 것에 불과할 테니까요.

나는 이 석 달을 "주인의 심중을 헤아리기 위해 세심한 주의를 기울이는" 자세로 하느님의 뜻이 전달되는 일상의 사건들 속에서 그분의 뜻을 찾으려 노력하며 보냈습니다. 이러한 자세는 나에게 세상이 줄 수 없는 마음의 평화와 삶의 기쁨을 가져다주었습니다. 우리가 사랑을 거부하지 않는 한 "예수 그리스도 안에 나타난 하느님의 사랑에서 우리를 갈라놓는 것"이 무엇이겠습니까?

일을 그만둔 지 3개월이 지난 2월 17일, 옛날부터 우리와 잘 알고 지낸 동네 청년인 전기공이 나를 찾아와서 "바미레케라는 부자가 보나베리(두알라 외곽지)에 공장을 세운답니다. 우리가 같이 그분을 만나면 틀림없이 공장의 전기장치를 우리에게 맡길 것 같습니다. 필요하다면 영업 허가세를 지불해도 되고요"라고 말했습니다. 이렇게 해서 다음날 팀이 조직되고 우리는 작업을 시작하게 되었지요.

그후로 우리는 한 작업장에서 다른 작업장으로, 수리가 필요한 에어컨디셔너나 기타 다른 전자제품들의 수리 주문이 들어오면 이 물건들을 수리장으로 운반해 오기 위해 두알라를 누비며 다녔습니다. 작업장을 아직 갖추지 못한 우리는 각종 전자제품들, 특히 에어컨디셔너를 수리하는 일을 당분간 형제들 집에서 하기로 했습니다. 고객들은 전자제품 수리 이외에도 페인트칠과 목공일을 추가로 부탁하기도 합니다. 할 수 있는 형편이면 직접 해주지만 경우에 따라서는 동네분들에게 넘겨주기도 합니다. 이러한 일거리는 그들에게 약간의 수입을 가져다주니까요. 하지만 이런 하청작업이 쉬운 일만은 아닙니다. 근래에 있었던 일인데 우리가 하청을 주어 만든 장롱이 마음에 안 든다는 이유로 주문한 손님이 이를 거부하는 일이 발생했지요. 결국 내가 무보수로 장롱을 다시 짜야 했습니다. 일을 성공적으로 해내는 동료들을 보면 가슴이 뿌듯하지만 기대에 미흡하더라도 "로마는 하루 아침에 이루어지지 않았다"라는 격언을 새기며 문제삼지 않습니다.

1983년, 탄자니아, 무루가라가라에서, 브루노 형제가

지금 무루가라가라의 시간은 새벽 2시, 밤 성체조배를 마치고 나와 촛불을 켜고 이 글을 쓰고 있습니다. 형제들이 내 말을 안 믿어도 상관없어요! 문밖에서는 귀뚜라미, 개구리, 밤새들의 교향곡이 한창입니다. 가끔 승냥이의 울음소리가 밤의 정적을 깨뜨리는가 하면 멀리 어디에선가 불현듯 피어오른 큰 잿빛 구름덩이 사이에서 들려오는 것 같은 북소리가 귓전에 와닿습니다. 무루가라가라의 밤은 정말 황홀합니다.

이제 나는 일기를 적어보내는 형제들에게 빚을 갚기 위해 우리 일기를 적어야 할 차례라 생각합니다. 세계 각지에서 전해지는 형제들의 일기는 언제나 반갑고 기쁨을 날라다 줍니다.

무루가라가라의 형제들의 집은 귀중한 보화와 같습니다. 오늘 일기를 쓰는 목적은 이 보화를 형제들과 나누려는 데에 있습니다. 일기라기보다 오히려 삶으로 이루어진 나의 무루가라가라 체험에 대한 반조反照가 되겠습니다.

무루가라가라는 형제들의 정신을 살기에 이상적인 곳입니다. "아바슈비" 부족은 우리에게 생동적인 분위기를 북돋아주고 자연스레 복음의 진수로 향하도록 도와줍니다. 여기서 우리는 평화로운 프란치스코 수사들의 생활이나 봉쇄생활도 할 수 있을 것입니다. 그러나 농민들의 삶에 동참하기로 한 우리는 주변 사람들과 탄자니아의 사회주의적인 정치 노선의 도전을 받고 있으며, 이러한 상황은 우리를 평화롭게 살게 버려둘 리 없습니다.

나는 근래 몇 년 동안 특별히 폴 시몬 형제와 길을 함께하고 있습니다. 나눔의 생활은 우리에게 자급자족, 청빈, 환대 그리고 탄자니아의 현실에 실질적으로 적응하는 데 큰 도움이 됩니다. 그러나 호소와 같은 이 나라 현실 앞에 우리의 노력은 그야말로 미미한 것에 지나지 않지요. 우리가 이웃들과의 부분적인 삶에 동참하고 있는 것은 사실이지만 우리 각자의 내면을 들여다볼 때 그들의 생활 조건과 아직도 멀리 있음을 솔직히 고백하지 않을 수 없습니다! 탄자니아 사회주의는 생존에 따르는 무거운 짐을 인민에게 질 것을 강요합니다. 사회주의 이념의 정치적 실현이 아직 정착되지 않은 상태에서 집단노동으로부터 유발되는 불만과 좌절이 고조되어 가고 있습니다.

* 사람들은 그들의 땀의 결실을 볼 수 없는 일에 흥미를 잃어가고 있습니다. 도대체 무엇 때문에 그리고 누구를 위해 땀을 흘리고 있느냐는 것이지요.
* 주민들은 극심한 빈곤에 시달리고 있습니다. 주중 2~3일을 집단노동에 동원되므로 제대로 자기 땅을 가꿀 틈이 없는데다 시장이나 상점들이 거의 텅 비어 있기 때문입니다.
* 자신들의 생활 조건을 개선하려는 용기와 의지가 없습니다. 의욕적인 창의성의 노출은 자칫 감옥행이 될 위험이 따르기 때문입니다. 탄자니아 사회주의가 지향하는 것은 결국 이런 것이 아닐 텐데 말이지요.

이런 현실 속에서의 형제들의 현주소는? 우리는 외국인들입니다. 따라서 집단노동의 의무가 없습니다. 우리는 자유롭게 우리 전답을 돌볼 수 있으며 무엇이나 소유할 수 있고 무엇이나 구할 수 있는 권리가 주어졌습니다. 작은 형제들은 "선교사" 취급을 받고 있으니까요. 지방 주민들은 한 순갈의 소금, 한 장의 세탁비누조차 구할 수 없는 처지인 데 반해 외국 선교사들에게는 모든 혜택이 주어져 있습니다. 설탕? 사람들은 설탕맛을 잊어버린 지 이미 오래입니다!

주민들로부터 받는 도전이 여기에 있습니다. 이것이 우리가 자부하는 "아바슈비"인들의 삶에 동참하는 것입니까? 아니지요! 적어도 우리가 원한 만큼 우리는 실천하지 못하고 있음이 분명합니다. 물론 마을 사람들의 생존에 깊숙히 관여하지 않고 그들의 삶에 동참하는 자로서의 역할은 할 수 있겠지요. 이제 형제들은 탄자니아 사회주의의 틀 안으로 발벗고 들어가야 할 때입니다. 옳고 그른 것의 방법을 가리지 말고서 …

그렇다면 우리 형제들은 과연 집단노동의 현실에 동참할 용기가 있습니까? 사회주의 체제에 숨겨진 정의롭지 못한 면, 즉 순수한 동기나 결과를 도무지 찾아볼 수 없는, 시간 낭비로 간주되는 그 집단노동에로 말입니다. 사람들이 우리에게서 이러한 동참을 기대하는 것일까요? 나는 그렇게 생각지 않습니다. 설령 그렇다손치더라도 명백한 것은 어떠한 방법과 수단으로든 마을 공동체의 선익과 더 인간적이고 정의로운 공동체 실현에 보탬이 되는 일을 우리가 해야 한다는 것입니다.

우리가 체제 전체를 변화시킬 수 없을지라도 가난한 사람들의 차원에서 할 수 있는 작은 일들, 이를테면 마을 사람들과 할 수 있는 일을 실행하는 것입니다. 예를 들어 마을 부인들의 일손을 덜어주기 위해 수동식의 옥수수 빻는 기계를 생각해 봅니다. 부인들은 20km에 한 대씩 배치된 기계가 있는 루랑쥬까지 시오리 길을 (우리도 그렇지만) 걸어야만 옥수수가루를 만듭니다. 이외에도 손으로 물을 끌어올리는 펌프와 물긷는 장치를 설치하여 우물을 개선하는 일도 생각하고 있습니다. 또한 채소의 다양한 재배와 보급을 통해 식품을 개선시키는 노력을 계속해야 합니다.

이러한 작은 노력들에 흥미를 가지는 까닭은, 그것으로써 마을 단위의 공동체 의식과 연대 의식을 고취시키고 주민들과의 새로운 의리를 다져가는 징검다리 역할이 가능해지기 때문입니다. 우리가 원한다면 구태여 이런 길을 거치지 않고서도 편안한 생활을 할 수 있고, 작은 규모의 수도원 형태로 형제회의 삶을 꾸려갈 수 있습니다. 그러나 그들 가운데의 한 사람이 되려는 이상을 배신하지 않고 하느님과 나 자신, 그리고 인간들 앞에서 진실을 원하는 것이 사실이라면 그렇게 살 수는 없을 것입니다.

우리의 사랑과 기도가 행동으로 나타나지 않는다면 그것들이 무슨 소용이 있겠습니까? 따라서 우리도 이곳 주민들과 다름없이 정부 당국이 보급하는 식료품과 그 한도에 따라 살아가도록 해야겠지요. 우리도 다른 주민들처럼 마을과 조직의 선익을 위해 흔쾌히 시간을 바쳐야 할 것입니다!

1987년, 마르끄 형제가

캐나다에서 수련을 마친 나는 프로방스에서 9개월간 프랑스어 공부를 했습니다. 많은 형제들을 만났으며 프랑스 문화를 접하고 이해하는 좋은 기회였습니다. 1985년말, 어느 정도 프랑스어에 익숙해진 나는 루안다의 키갈리로 갔습니다. 그곳에서 레오도미르 형제와 3주를 보내고 무루가라가라에서 마르셀과 노렌조와 함께 한 달을 지낸 후 수하힐리어를 배우기 위해 탄자니아 중앙에 위치한 타보라로 왔습니다. 수하힐리어는 120종류의 탄자니아 언어를 종합해 만든 국정언어입니다. 내가 좋아하는 언어이지요.

1986년 5월, 무루가라가라에 도착했을 때 나는 이민 비자에 심각한 문제가 있다는 놀라운 사실을 발견하고 서둘러 키갈리로 떠나 6개월간의 뜻밖의 "유배"생활을 했습니다.

기적적으로 11월에 탄자니아 비자 발급을 받고 "내 집"인 무루가라가라에 돌아왔습니다. 마르셀과 노렌조의 뜨거운 환대 속에 …

"여우도 굴이 있고 하늘의 새도 보금자리가 있지만 사람의 아들은 머리 둘 곳조차 없다"(루가 9.58). 나 역시 여러 문화와 많은 형제들의 집을 다니며 체험을 쌓은 뒤 마침내 부와 빈곤이 한데 어우러져 있는 내 보금자리로 돌아온 것입니다. 형제회의 현실이 이런 것이려니 생각하니 자연히 총본부에서 일하는 형제들을 위해 기도를 드리게 되는군요. 그 형제들이야말로 세계의 다양한 문화들의 풍요로움과 빈곤을 강도깊게 체험하며 사는 분들이겠지요.

빈곤이란 어느 한 곳에 자신의 존재를 뿌리내리고 싶은 인간의 정당하고 자연적인 욕구가 억제된 상태 아니겠어요. 반면에 풍요함이란, 나와 친숙해진 생존의 모든 요소들(언어, 문화, 대인관계를 맺는 방법 등 자신도 모르는 무의식중에 자기 고유의 문화와 사고방식에 의해 지배되는)을 내던져버릴 때 체험하게 되는 헐벗음 속에서 가슴 깊숙히 우러나오는 마음으로 예수님과 마리아께 의탁하고 하느님 아버지께 간청할 수 있는 상태입니다.

풍요로움, 그것은 각 형제가 자신의 고유한 아름다움과 카리스마를 가지고 다양한 문화를 체험할 수 있게 합니다. 그것은 마치 한 인격체가 지닌 개성과도 같은 것입니다. 풍요로움, 그것은 형제들 각자가 살아가는 고유한 신앙체험과 무의식중에 나타나는 예수님께 대한 사랑의 증거를 나누고 공유하는 것입니다. 함께 살던 형제들과 헤어진 후 그들과 나눈 삶에 대해 성찰해 보면 "사실 어떤 예언자도 자기 고향에서는 환영을 받지 못한다"(루가 4.24)고 하신 예수님의 말씀을 머리에 떠올리게 됩니다. 나 역시 그들의 증거를 충분히 인정하지 못한 것 같군요. 나는 이곳 주민들 안에서 그들의 삶과 가치, 신앙에 동참하는 생활에 만족하며 이를 감사히 생각하고 있습니다. 그들의 신앙 안에서 내 신앙이 풍요로워짐을 느낍니다. 선진국들에서 현재 그리스도인의 생활 지침을 정직하게 고수하려는 사람들은 순교와도 같은 사회적 압력 속에 살아야 합니다. 그 점에서 나는 순교는 고사하고 그들로부터 오히려 내 신앙생활의 도움을 받고 있다고 생각합니다.

마르셀과 노렌조와 함께 올리는 규칙적이고 충실한 기도생활을 감사히 여깁니다. 여기 온 지 얼마 안되는 나로서는 이곳 생활에 관해 깊이있게 나눌 수 없지만 그래도 말하자면 우리는 탄자니아 국민의 95%를 차지하는 가난한 농민들과 살고 있습니다(나머지 5%는 대부분 도시에 사는데 그들 역시 그리 부유한 사람들이라 할 수 없어요). 그들은 괭이 정도의 변변치 못한 연장 하나로 바나나·콩·옥수수를 재배하는데, 그 농사로는 일년을 버티기 힘든 실정입니다.

얼마 전에 레오도미르(현 관구장) 형제가 루랑쥬 교구의 교구장을 뵈온 자리에서 나눈 말씀은 이곳 형제회를 잘 설명해 주리라 생각됩니다. 주교님께서는 형제회의 성소와 정신을 잘 이해하고 계시는 분이지만 우리를 "활동"에로 끌어내려고 하십니다. 우리편에서도 형제들이 탄자니아에서 사는 목적에 대해 좀더 "구체적으로" 말씀드리기 위해 주교님과의 면담을 준비했지요. 그러한 준비는 형제회의 고유한 성소를 주교님께 이해시켜 드리고 그분을 설득시키기 위해서뿐 아니라 일상의 틀에서 벗어나 우리 존재 목적에 대한 장기적 비전을 명백히 하고 정립하는 데 큰 도움이 되었습니다. 우리의 존재 목적을 다음의 세 가지로 요약해 보았습니다.

① **농사**: 형제들은 주민들과 똑같은 연장을 사용하여 주민들과 같은 농작물을 재배한다. 그러나 좀더 균형잡힌 영양공급을 정착시키기 위해 농법 개선을 장려할 것이다. 예를 들면 감자, 콩, 다양한 과일 농사 등. 지금까지는 소수의 사람들만이 우리 식을 따랐지만 이를 시도해 보고 싶은 사람들은 단순히 현재의 방법만을 바꾸면 된다. 협동농장 같은 것을 시도해 보는 것은 매우 바람직하고 고무적이다. 그러나 현재 우리에게 가장 큰 걸림돌이 되는 것은 주민들의 공동체 정신이다. 우선 공동체 정신을 키워주는 작은 것부터 시작하여 차츰 발전시켜 가야 한다. 이를테면 주민들에게는 소득 원천과 농산물 유통시설이 없다. 현재 땅콩이 너무 헐값에 판매되고 있다. 우리는 씨와 종자를 무료로 보급하고, 원하는 사람들에게 우리 밭의 일부를 제공할 용의가 있다. 노렌조의 열성적인 선전 덕택으로 여덟 사람이나 우리의 계획에 호응하지 않았는가. 공동재배는 밭을 돌보는 일, 즉 밤에 동물들의 침범을 차례로 돌아가며 지킬 수 있는 이점이 있다. 이것은 협동정신의 초보단계이다.

② **전문성**: 우리 마을에 두 명의 목수가 있지만 그들에게는 연장이 없다. 그래서 우리의 기초 연장들을 사용할 수 있도록 배려하였다. 이렇게 함으로써 우리는 그들이 작은 목공소를 열도록 독려한다. 탄자니아에는 목공소가 없다. 목

공소는 어쩌면 탄자니아의 발전에 시급히 필요한 것이 아닐까!

③ **영성**: 그리스도교 신자들의 수가 우리 주위에서 점점 줄어들고 있다. 수도자인 우리로서는 형제들의 성소인 숨겨진 현존, 즉 나자렛의 숨은 생활을 충실히 고수하면서 동시에 이러한 현상에 어떻게 대응해야 하는가? 성서 모임을 만들어볼까 하는 생각도 해보았다. 그러나 주교님께서 그것은 아직 시기상조라며 주민들의 호응을 받지 못할 것이라고 하셨다. 오히려 묵주기도 모임이 더 가능성이 있을 것이라는 의견이셨다. 사실 3~4명의 이웃이 묵주기도를 함께 드리자고 청해온 적이 있지 않은가. 공동체 정신의 결핍은 영성 성장의 걸림돌이다.

이런 근사한 말과 계획서에도 불구하고 그것은 전반적 비전(이것이 중요하지 않다는 것이 아니라)으로 남아 있을 뿐 우리 생활에 변한 것이라곤 아무것도 없습니다. 우리의 일과는 밭일 후에 찾아오는 사람들과 보내는 시간 — 이것은 우리 생활의 큰 비중을 차지합니다 — 과 그리고 기도 … 이렇게 하루가 지나갑니다. 끝이 보이지 않는 넓은 황무지와 어쩔 수 없는 기후적 조건 … 이 지방의 농업은 과연 성공할 것인가 실패할 것인가? 야생동물들의 습격은 얼마나 많은 농작물의 피해를 안겨다 줄 것인지? 괭이 한 자루로 해내야 하는 이 방대한 전답의 경작은 얼마나 힘들까? 아무것도 가진 것 없이 빈곤에 허덕이며, 질병 속에서 의료 혜택도 받아보지 못한 채 일찍 죽어가는 사람들 … 그런데도 그들은 작은 것에 만족하며 낙천적으로 살아갑니다. 그들은 또한 자존심이 강하고 존엄한 민족성, 특히 탄자니아 사람으로 태어난 것과 자유로운 백성이라는 강한 긍지를 가지고 있습니다. 이러한 의미에서 그들은 참으로 운이 좋은 민족이지요. 오늘날 얼마나 많은 국민들이 정부의 억압 밑에서 불안하게 살고 있습니까?

현재 탄자니아의 밝은 면과 어두운 면에 형제들이 어느 정도로 동참하고 있는가를 대체로 적어보았습니다. 모든 형제들의 기도를 부탁드립니다. 전달하고 싶은 것을 제대로 표현하지 못한 것 같군요. 게다가 횡설수설하기까지 하니 이만 끝내야겠습니다.

1984년, 자이레, 부카부에서, 베르나르 형제가

우리는 작은 것 안에서, 소박하고 감추어진 길에서, 겸손하고 숨은 사람들 안에서 위대한 것을 볼 수 있어야 합니다. 그런 시야를 가지기에 우리는 좀 지나치게 교만하지는 않은지 … 중요한 것만을 좇는 내 눈은 얼마나 많은 알림들을 놓쳐버렸을까요! 엘리사벳, 안나, 시므온의 눈이 내게 있었더라면 그 많은 알림들은 나를 얼마나 더 인간다운 사람으로 만들어주었을지! 사지가 마비된 장애자로서 신체장애자들과 살고 계시는 어느 신부님께서 일전에 나에게 이렇게 말씀하셨습니다. "여기서 우리는 늘 하느님과 함께 살고 있습니다."

부카부 형제들의 집은 형제들 수가 모자라는 의미에서 가난한 곳입니다. 형제들이 없으면 활기찬 우애생활을 할 수 없으니까요. 오랫동안 외국에 나가 있다가 귀국한 파비앙은 이전에 다녔던 목부들을 양성시키는 소목장 학교에 다시 취직하게 되었습니다. 이 학교는 중학교를 중퇴한 청소년들에게 매우 유익한 곳으로, 파비앙이 가르칠 소목장에 대한 이론과 실천은 매우 귀중한 도움이 될 것입니다. 마침 직원을 보충하려던 학교 당국에서 파비앙을 기꺼이 받아주었습니다.

때때로 병원에서 나와 마주치는 신체장애자들 집의 직원들은 내가 대단한 일을 하는 줄로 생각할 것입니다. 그러나 내가 하는 일은 시장을 보고 부엌일과 청소 등 자잘구레한 집안일입니다. 옛날에는 규칙적으로 교도소를 방문했지만 나와 사형수들 사이가 가까워지는 것을 염려하여 교도소 당국자들이 출입을 금했습니다. 내가 저들의 탈출을 모의한다고 생각했나 봅니다. 공교롭게도 내가 교도소와 발을 끊은 지 얼마 안되어 사형수 한 명이 정말 탈출하는 사건이 발생했지요!

미사나 성사를 드려달라는 부탁에 응하는 것은 사람들과 알게 되는 좋은 기회지만, 나에게 우선적인 사람들은 환자들과 신체장애자들입니다. 샤를르 드 푸코 재속회에서도 이런 봉사를 청해옵니다. 이렇듯 나는 여러 평범한 사람들과 관계를 맺고 있으며, 그들은 작은 것 안에서 큰 것을 발견하기 위해 한 단계 내려가도록 나를 도와줍니다.

신체장애자들은 나를 크리스천 형제 공동체에 받아주었습니다. 이들과 가까이 살면서 나는 이 공동체가 복음의 진주와 같은 귀한 것이라는 사실에 눈떴습니다. 이 공동체는 환자들과 신체장애자들을 도움으로써 교회에 봉사하는 신체장애자들의 단체입니다. 도움이 필요한 사람에게라면 종교, 사회적 신분, 건강, 과거, 현재를 묻지 않고 그들은 누구에게로나 갑니다. 그들은 오직 "사랑하기 위하여" 존재하는 듯합니다. 그들은 환자들과 장애자들을 깊이 이해하고 언제든 이야기 나눌 준비가 되어 있는 사람들입니다. 그들은 자신들의 육신과 영혼 안에서 이들이 겪고 있는 질환과 불구를 몸소 체험하고 좌절을 체험한 사람들이기 때문일 것입니다. 여느 의사나 의료인들보다도 이 사람들을 더 잘 치유할 수 있는 카리스마를 가지고 있습니다. 진정한 치유란 먼저 마음과 마음의 만남에서 오는 것이기 때문입니다.

나는 그들의 가르침을 배우고 받아들일 마음의 준비가 되어 있습니다. 그들의 고통과 진실 앞에서 숙연해짐을 느낍니다.

1985년, 피그미인들과, 로베르 형제가

로베르 형제는 30년 전부터 때로는 혼자서, 때로는 동료 형제와 함께 적도 밀림지대의 피그미인들과 살아왔으며, 12년 전부터는 바카 피그미인들과 살고 있다. 다음은 그가 부탁받은 질문에 대한 답변의 내용에서 발췌한 것이다.

나는 샤를르 드 푸코 신부님의 삶과 정신 안에서 가난한 형제들을 위해 나의 생명을 아무런 대가 없이 순수한 우정으로 내어주기를 원합니다. 나는 내가 깊이 존중하고 사랑하며 감탄해 마지않는 바카 피그미인들의 생활 속에 최선을 다해 동화하고 그들의 가르침을 받음으로써 그들을 이해하고 그들의 형제가 되기를 바랍니다. 나는 그들의 사회, 농법, 건강, 교육방법을 바꾸거나 개선하려는 의도를 전혀 가지고 있지 않습니다. 이런 일이라면 다른 사람들이 얼마든지

할 수 있을 것이니까요. 순수히 무상으로 그들에게 다가가는 내 삶의 선물은 유럽인들의 시각에서 유익하고 필요하고 좋은 일이라고 판단하는 모든 "사업들"보다 훨씬 더 깊은 의미와 가치를 지니고 있음을 나는 확신합니다.

아프리카의 정부 기관들은 독특하고 고유한 신원을 보유한 원시인들을 선뜻 도우려 들지 않습니다. 그들은 그 원시인들을 국외자들로 간주하여 특수 언어와 풍속의 자연집단으로 소외시키려는 의도를 가지고 있습니다.

정부, 특히 당국자들은 이익이 되는 작물(커피, 카카오 … 등)을 재배하고 세금을 거두어들이기 위한 경제적 수익성과, 서구 문명에의 동화라는 잣대로 사람들을 평가하려 듭니다. 이 또한 능률과 물질 위주인 서구 문명의 영향에서 초래된 결과입니다. 모든 민족들이 이런 식으로 일률화되어 버린다면 이 세상에는 소외된 사람들이 더 이상 존재하지 않을 것이며, 적어도 외형상으로는 골치 아픈 피그미인들의 문제도 해결되겠지요.

내 의견으로는, 인간을 인간되게 하는 것은 무엇보다 자연에 맞선 투쟁, 가정, 관습, 노래, 춤 등 각 인간집단의 고유 문화와 전통을 통해 형성된 정신적 가치에 있다고 봅니다. 그럼에도 불구하고 이러한 중요한 요소들은 모두 묵살되고 있습니다. 이런 것들은 하등의 가치가 없을 뿐더러 그들이 사회로 통합하는 것을 지연시키는 요인으로 보는 것입니다. 이런 의미에서 정부는 피그미인들을 "국가라는 틀에 통합"시키기보다는 그들을 다른 사람들 속에 분산, 와해시켜 그들의 사회를 완전히 파괴시키려는 계획을 가지고 있다는 것이 나의 견해입니다.

내 가슴 속에는 푸코 신부님의 자취를 따라 아무런 이해관계 없이 가난한 나의 형제들에게 내 일생을 무상으로 주는, 그 선물의 가치가 깊이 새겨져 있습니다. 인간은 각기 자기 고유의 절대적 가치를 지닌 존재입니다. 나의 피그미 형제들은 그들의 아내와 자녀들의 생존을 지키기 위하여 역경 속에서 용감히 투쟁해 온 사람들입니다. 이런 의미에서 그들은 나보다 훨씬 많은 땀을 흘린 사람들입니다. 한마디로 피그미인들은 나보다 훨씬 더 지혜롭고 훌륭한 사람들입니다. 따라서 나는 그들의 삶의 지혜와 재능과 인격에 감탄하며, 그들의 말을 귀담아듣고 그들의 지도 아래 나를 둡니다.

선교와 복음화

내가 피그미인들을 주님께 이끄는 길은 관상생활을 통해서입니다. 알아들을 수 있는 사람은 알아들으십시오. 하느님께서는 이 세상의 몇몇 사람들에게 어떠한 대가도 없이 그들의 존재를 송두리째 바치라고 부르십니다(샤를르 드 푸코 같은). 인간을 구원하고 인간의 마음에 변화를 일으키시는 분은 하느님이십니다. 그러나 그분께서는 인간의 구원을 위하여 누군가가 관대하고 기꺼운 마음으로 자신을 선물해 주기를 바라십니다. 열매를 맺기 전에 땅에 떨어져 썩어야 하는 하나의 씨앗처럼 … 나는 이것을 확신합니다. 이러한 소신을 가지고 30년 동안 피그미인들과 살아온 내 인생은 결코 변하지 않을 것입니다. 설교, 사회사업, 세례 집전은 다른 분들께 맡겨드리겠습니다. 한 사람이 모든 것을 다할 수 없으니까요. 우리 각자가 자기 고유의 악기를 연주할 우주는 조화를 이룹니다.

어느 날 나를 감시하러 온 경찰에게 한 피그미인 친구가 말했습니다. "로베르는 우리에게 아무것도 주지 않아요. 우리를 가르치지도 않고요. 우리에게 해 주는 것이 아무것도 없답니다. 로베르는 우리하고 같이 살아요. 우리처럼 가난하지요. 로베르는 우리 친구랍니다." 이웃들에게 설교를 하거나 활동을 하지 않고는 못 견디는 사제는 내 생활을 문제삼는 반면, 아예 신앙이 없거나 개신교 목사는 오히려 납득하는 것이 항상 나를 의아하게 만듭니다. 우리는 가난한 이들에게 배워야 하지 않을까요?

그리스도의 복음에 비추어볼 때 우리의 사고방식에는 분명히 무엇인가 모자라는 점이 있다는 것을 나는 잘 알고 있습니다. 때가 오면 이루어지겠지요. 아무튼 피그미인들은 그리스도인이 되려고 시두르지 않습니다. 만드시 염두에 누어야만 할 하나의 사실은, 피그미인들을 착취하고 무시하며 조롱하고 노동의 미명하에 그들 고유의 삶과 빈한한 재산을 훔쳐가는 사람들은, 바로 그들에게 세례를 주고 선교를 하는 사람들이라는 것입니다. 이 점을 명심합시다. 하느님께서도 악질 그리스도인들, 도둑놈들, 사기꾼들, 악한들, 독선자들에 앞서 마음이 선량한 이교인들을 먼저 구원하실 것입니다. 하느님의 나라는 후자에게 더 가까이 있을 것입니다. 교회는 본당 위주이기도 하지만 없는 이들의 요새이기도 합니다. 교회는 언제나 그럴 것입니다. 한 피그미인이 나에게 "우리는 아무것도 가진 것 없는 가난한 사람들이므로 하느님께서 직접 우리를 판단해 주실 것입니다"라고 했습니다.

오랜 세월 동안 존중과 믿음으로 다져진 우정에서 얻는 결실에 관해 말하고 싶습니다. 피그미인들은 많은 것을 받아들일 자세가 된 듯합니다. 어느 날 나를 찾아와 몇 주간을 함께 머물다 간 친구가 말했습니다. "이보게, 자네는 잘 모를지 모르겠네만 '때가 온 것' 같군. 피그미인들은 자네가 하는 말은 무엇이나 다 믿고 자네가 가는 곳이면 어디나 따라갈 걸세."

D라는 마을에는 사제와 교리교사까지 모두 갖춘 본당이 있는데 그곳의 상당수의 피그미인들이 이미 그 지역 사람들의 언어를 사용하고 그 언어로 교리를 배워 세례를 받았습니다. 그건 별로 이상적이지 못하다고 생각하지만 여기저기 흩어져 사는 소수민들에게는 어쩔 도리가 없지요. 피그미인들이 비교적 많이 거주하는 이 지방에서는 그리스도께 대한 신앙으로 인생을 눈뜨게 하면서 "바카"어로 복음을 전하고 있습니다. 그건 어떤 의미에서 오점을 남기는 것과 같습니다. 아무튼 내가 해야 할 일은 새로운 접목을 위한 소관목으로 사용될 "순수한 본연의 인간"을 좀더 알리려고 노력하는 일입니다. 이 인식이 없이는 소관목을 허공에 접목시키는 것과 같고, 그 오류는 후유증을 낳을 것입니다.

나는 지금까지 피그미어로 된 두 권의 사전과 다섯 권의 설화집을 만들었습니다. 지금은 밀림에서 서식하는 약초에 관한 책을 준비하고 있습니다. 여러 가지 약초에 관한 이야기를 무사 할아버지가 말해주는 대로 받아적습니다. 이 일이 끝나면 피그미인들의 우주론에 관해 쓸 계획입니다. 피그미인들이 말하는 우주, 하느님, 신들, 창조, 지병, 죽음 등 … 내 건강이 허락하는 한 연구 주제는 얼마든지 있습니다.

나의 원래 취지는 피그미 언어에 관한 저술이 아니었지만 그들과 살아가는 동안 자연히 그렇게 된 셈이지요. 무엇이든 해야 했으니까요. 피그미 친구들처럼 사냥을 갈 수 없고 그들처럼 밭에 나가 흙일을 하기에는 체력이 딸립니다.

그래서 필기할 수 있는 능력을 이용하기로 했지요. 즉, 귀와 보잘것없는 머리를 써서 노래와도 같은 그들의 아름다운 언어를 해독해 보기로 했습니다. 빠져들 정도로 아름답습니다. 비단 나뿐 아니라 피그미 친구들도 마찬가지입니다. 그들의 이야기를 신나게 들려주면서 그 속에 자신들도 깊숙히 빠져듭니다. 자기들의 이야기와 그들의 감추어진 이야기들까지 내 글로 기록되고, 훗날 그들의 자녀들이 그 이야기들을 읽게 될 것을 알고 있습니다. 자기들은 죽더라도 그들의 언어는 없어지지 않고 영원히 살아남을 것을 그들은 잘 알고 있습니다. 뿐만 아니라 그들, 특히 나이 든 노인들은 옛날에 누렸던 피그미인들의 용맹과 힘·주술·숲에 대한 지식 등, 이 모든 것이 이윽고 사라져 버리게 되리라는 것과, 피그미족이 방투족 속으로 흡수되어 산산이 붕괴되어 버릴 것이라는 사실까지. 이런 일들이 머지않은 미래에 곧 닥쳐오리라는 것을 예감하고 있습니다. 슬픈 어조로 그들은 나에게 말했습니다. "우리는 죽게 될 거요"라고. 그러나 그들은 자신들의 "것"이 글로 새겨지면 한 권의 책으로 남게 될 것을 알고 자부심을 느낍니다.

나는 이 작업을 통해 피그미족의 문화, 정신, 도덕(설화에 나오는), 유머, 노래(거의 모든 설화는 창의 가락으로 남아 있음)를 세상에 널리 알리고 싶습니다. 얼마나 멋진 일입니까!

그러나 피그미인들이 이 지구상에서 사라져야 할 운명이라면 이런 일을 계속하는 것이 무슨 의미가 있을까요? 당국자들이 추진하고 있는 통합 정책이 계속된다면 순수한 피그미족은 머지않아 이 세상에서 멸종되고 말 것입니다. 피그미족의 삶 속에 지금까지 살아온 조상들마저 모조리 그들의 문화, 전통, 축제, 춤, 노래, 삶의 환희와 함께 이 세상에서 자취를 감추게 될 것입니다. 통합 과정은 피그미족들의 고유한 생활 저변에서 이미 시도되고 있습니다. 앞으로 몇십 년 후면 모든 것들이 마치 초가 녹아없어지듯 사라져 버리고, 그들의 흔적은 찾아볼 수 없게 될 것입니다. 피그미인들은 자신들의 고유한 이름을 상실당하고 전혀 생소한 인간집단으로, 개성과 영혼을 잃어버린 인간으로 변이될 것입니다. 속수무책이지요. 문명과 종족은 인간과 흡사한 데가 있습니다. 어느 시점에서 이 세상에 태어나 유년기와 장년기를 거쳐 노년기를 맞게 되고 죽음에 이릅니다. 종족의 수와 경제적 힘이 약한 자들은 살아남지 못합니다. 나는 30년 전부터 한 종족이 이 우주에서 서서히 사라져가는 모습을 목격하고 있는 것입니다.

그렇다면 아직 살아남아 있는 부분을 구원해야 하는 것은 당연한 일이 아니겠습니까? 나의 노력이 "아무런 가치가 없는" 것에 그치고 말지라도 나는 그들의 삶과 문화, 감흥과 유머, 희로애락 등 그들에 대해 내가 알고 있는 이 모든 지식들을 이 지구상에서 가장 오래된 인류의 조상들의 하나인 피그미족의 가치를 이해하고 감탄해 마지않는 사람들에게 고스란히 전해주고자 합니다. 우리는 그들에게서 배워야 할 것이 너무도 많이 있습니다. 깡마른 한줌의 작은 체구를 한 피그미인들이 그들의 생존과 자유, 행복과 지혜를 지키기 위하여 이 지구상에서, 하물며 준엄하기까지 한 원시림 속에서 어떻게 조화를 이루며 어떻게 투쟁해 왔는가를 경탄의 눈으로 바라볼 줄 아는 사람들에게 그들의 유산이 전수되어야만 합니다.

나는 과거나 미래에 사는 사람이 아닙니다. 지금 이 자리에서 피그미인들과 함께 살고 있을 뿐입니다.

추신: 이 글에서 내가 사회적·선교적 분야와 무관함을 강조한 것은 내 삶의 기본 방향을 지적하려 함이었습니다.

사실 나는 자이레에서 간호사로 일한 적이 있으며 밤부띠족들과는 농사를 시도하고 기숙생을 위한 학교 일에도 관여한 적이 있습니다. 1969년에 바카 피그미족들을 도울 제1차 계획안을 고안하여 제출한 것은 이곳에서였습니다. 그것은 피그미인들을 위한 교육, 의료, 농사, 마을 부지 등에 관한 계획안이었습니다. 이 안은 교구장을 통해 사회복지 당국의 인가를 받았습니다. 현재 나는 평신도 자원봉사 대원들(간호사와 농학자)을 기다리고 있는 중입니다.

라틴아메리카

1968년, 브라질, 상 파울로와 싼토 안드레에서, 기도 형제가

직장 동료들은, 일찍이 그들이 신자였을지라도 지금은 신자생활을 도외시하거나 혹은 타종파로 빠져들지는 않았을 뿐 대개는 교회와 등을 돌리고 사는 사람들입니다. 원래 확고한 신앙이나 교회에 대한 애착심이 없는 사람들이었을 것이지만 … 아직까지 교회에 대한 관심이나 기대를 조금이나마 가지고 있다면 그것은 순전히 그들이 받은 교리공부 덕택일 것입니다.

사실 우리는 근로자들의 집에서 성서를 자주 봅니다. 언젠가 수녀님 두 분이 우리 회사에 종교서적들을 팔러 온 일이 있는데 그때 많은 동료들이 관심을 가지고 책을 사는 것을 보고 놀란 적이 있습니다. 종교적 심성을 지니고 있으면서도 교회에 무관심한 동료들이 때로는 우리 마음을 무겁게 만듭니다. 사실 노동자들과 대화를 하고 그들을 이끌어줄 수 있는 사제들이 없다시피 하며, 사제들 또한 노동자들의 세계에 대해 거의 아는 바가 없는 것이 문제입니다. 목자 없는 양떼와 같다는 생각이 나를 사로잡았습니다.

우리의 기도는 점점 더 억압당하고 있는 가난한 이들을 위해 바쳐집니다. 없는 이들의 목소리가 관철되는 것을 제어하는 일이라면 그것이 무엇에 관한 것이든 모두가 합세하여 공세를 벌인다는 인상을 받습니다. 사장과 노동자들간에는 대화의 기회가 없습니다. 다른 나라에서 볼 수 있는 노동조합이라든가 노동자 대표자 협의회 같은 중재 수단도 없습니다. 그러니 동맹파업을 할 권리 같은 것은 아예 생각도 할 수 없습니다. 사원의 채용 조건이 거의 모든 회사에서 점점 더 까다로워지고 있습니다. 회사들은 엄격한 채용 시험 외에도 상세한 건강진단서, 지망자가 일했던 회사의 신원보증서, 전과 기록 유무에 대한 경찰 증명서 등을 요구합니다.

현재 우리 회사에서는 임금이 동결된 상태입니다. 임금 인상률은 일년에 한 번씩 정부가 결정합니다. 물가 폭등이 심한 나라에 사는 형제들은 노동자들의 씀씀이가 매월 줄어든다는 것이 무엇을 뜻하는지 이해할 것입니다. 그러나 언제까지 …? 이러한 현상이 급증하고 있는 것은 외세의 영향이라고 말하는 사람들이 늘어나고 있습니다. 일간지들은 그러한 사실에 대한 기사들을 가득 싣고 있습니다. 예를 들면 "근래, X 외국 재벌이 1,351,296헥타르나 되는 브라질의 어느 지방 전체를 구입했다. … 우라늄과 금이 불법적으로 국외로 흘러나가고 있다. … 아마존 지역에 대한 개발, 매매, 착취의 계획이 외국에서 발견되었다. 사실 이곳의 큰 회사의 기업주들은 거의가 미국이나 유럽 사람들이어서 국영회사들은 이들 거대한 다국적 기업들과 맞서 경쟁하려는 꿈을 감히 꿀 수 없다. 대학 재개편이 외국인에게 의뢰되었다. … 등등".

이런 일련의 사건은 의식 있는 브라질 사람들을 역겹게 만들고 그들의 반항을 유발시킵니다. 굳이 형제들에게 이런 말을 하는 것은 형제회를 드나드는 많은 친구들이 이런 일들로 괴로워하고 있기 때문입니다. 그들에게 무슨 희망이 남아 있겠습니까? 인간 문제들에 대한 깊이있는 생각을 가지고 고민을 하는 그들은 가난한 사람들을 위한 일에 자신들의 전부를 이미 내어주고 남은 것은 과격한 수단뿐입니다. 우리는 그들의 생각을 존중합니다. 작은 형제들이 자기들과 같은 방법으로 사회문제에 뛰어들 수 없다는 것을 잘 알고 있는 그들은 우리를 이해하고 믿어줍니다. 일반적으로 그들은 금전이나 권력과 결탁하는 사제, 주교들에 대해 대단히 비판적입니다. 한마디로 자기 소신을 자유롭게 표현할 줄 아는 사람들입니다.

우리는 주교님께서 형제들의 집에 찾아오셨을 때 이러한 사실을 확인할 수 있었습니다. 의식이 깨어 있는 운동가들이 교회 지도자들에게 기대하는 것은 불의에 대한 항거입니다. 그들이 고통받고 있는 불의에 함께 대항하는 교회가 되어주기를 바랍니다. 그들에게 중요한 것은 교회의 전략적 자세가 아닙니다. 교회에 대한 그들의 기대는 그들이 무의식중에 가지고 있는 교회에 대한 개념과 연관되어 있습니다. 곧 가난한 교회, 가난한 이들의 희망인 교회, 바로 그것입니다. 이것은 동시에 그들의 인생의 목적을 위한 노력과 향방과도 관련되어 있습니다.

이러한 상황 속에서 교회는 매우 중요한 과제를 부여받고 있습니다. 우리는 모든 면에서 새로운 변화를 요청하는 과도기에 살고 있기 때문입니다. 운동권 사람들은 형제들을 좋아합니다. 형제들 안에서 친구를 만나고 형제들 스스로가 자신들의 삶을 선택했다는 이유에서이지요. 그들의 빛빛은 무의식층에 운동가로서의 인생 외의 다른 가치를 추구하고 있는지도 모릅니다. 작은 형제의 성소속에 감추어진 눈에 보이지 않는 가치를 그들이 알아볼 수 있도록 우리는 그들에게 충분히 열려 있습니까?

이것이 대략 우리 생활의 배경입니다. 다시 말하지만 내가 이런 사정을 형제들과 나누는 것은 정치적 현실을 비판하려는 의도에서가 아닙니다. 정치는 작은 형제들이 관여할 바가 아니니까요. 다만 이곳에서의 우리는 프랑스나 알제리와는 다른 상황 속에서, 다른 성격의 현실을 살고 있다는 것을 이야기하고 싶었습니다. 그것은 외부문제가 아니라 우리가 주님과 함께하는 생활 안에서 실천해야 하는 현실입니다. 다만 우리의 현실에 매달려 지구촌 곳곳에서 일어나고 있는, 곧 월남의 분단과 같은 우리의 현실보다 훨씬 더 처참한 빈곤 속에서 불의와 맞서 살고 있는 형제들을 잊어버려서는 안될 것입니다.

1985년, 상 파울로에서, 세라핌 형제가

실직생활을 한 지 벌써 20개월째 접어들고 있습니다. 그것은 40세가 되면 이미 무능한 사람으로 취급하는 이 나라의 자본주의 체제의 영향 때문이지요. 이런 취급을 당하는 사람들은 살 길이 막연합니다. 다른 직업을 구할 수도 없고 무직 수당제도도 없습니다. 이것이 평생 노동으로 살아온 사람들이 받은 보답입니다. 가정을 꾸려야 하는 아버지들에게 이런 현실은 참으로 치명적인 것이지요. 수백만의 사람들이 이러한 입장에 처해 있습니다.

우리가 살고 있는 곳은 청소년들의 타락을 유발시키는 폭력과 사회적 갈등이 팽배한 지역입니다. 자본주의 경제체제가 낳은 필연적 결과의 하나겠지요. 무장 절도들에 의한 도난 사건이 끊이지 않고 있습니다. 심지어는 청소년들까지도 이러한 범죄에 가담하고 있습니다. 끊이지 않는 문제들의 손쉬운 해결책으로 아이들에게 오히려 마약 매매나 도둑질을 부추기는 부모들도 있습니다. 여기에 이르게 된 부모들의 좌절, 이렇게 양산되는 수많은 마약 복용자들과 그 희생자들 … 이러한 사회적 현상에 무방비로 노출되어 있는 빈곤 계층의 사람들에게 어떠한 희망이나 출구도 제시하지 못하는 것이 바로 이 나라 체제의 허점입니다. 그럼에도 불구하고 TV의 선전 화면에 비치는 현대생활의 풍요는 화려하고 손에 잡힐 듯 사람들을 매혹시킵니다. 무엇이나 월부로 "쉽게" 구입할 수 있다고 합니다.

게다가 계속되는 실업상태와 이윤추구에만 눈독을 들이는 대형 농산품 회사들의 농민 착취는 도시 빈민의 급증을 초래하고 있습니다. 우리가 살고 있는 베르나르도 드 깜뽀는 철강공업 중심지로서 이 나라에서 경제가 활발하고 부요한 도시로 알려진 곳입니다. 50만의 인구 중 레미와 나를 포함한 12만 명이 빈민가의 열악한 환경에서 살고 있지요. 그들의 고충에 동참하는 우리는 하느님께서 그들과 함께 머물고 계심을 굳게 믿습니다.

매일 빈곤과 고통에 시달린다는 것은 맥빠지는 일입니다. 우리가 목격하는 막다른 상황들에서 인간이 좌절하지 않고 살아갈 수 있다는 것은 우리 눈에 보이지 않는 어떤 숨겨진 힘 때문일 것입니다. 그러나 지친 사람들은 차츰 될 대로 되라는 식으로 건강을 소홀히하게 되고, 자신의 건강이 이웃들에게 얼마나 큰 "선물"이 되는지를 잊어버리게 됩니다. 일상적인 굶주림은 그들을 영양실조로 몰아갑니다. 빈민가의 어느 초등학교 1학년 학생들에게 "건강"이라는 제목으로 그림을 그리라는 숙제를 주었더니 하나같이 모두 병원을 그렸다고 합니다! 국민 보건대책이 전혀 서 있지 않은 이 지역에서 병이 들면 길게 줄지어 기다려야 하는, 불친절하기 짝이 없는 병원에 가는 것 외의 다른 방도란 없습니다. 시간이 흐른 후에는 빈민들은 자신들의 문화를 상실하고 폭력의 비호 아래 자라온 소비문화에로 눈을 돌릴 것입니다. 최근 상 파울로에서 실시한 한 조사에 의하면 사회 차별을 가장 심하게 받은 계층은 노인들로 나타났습니다.

이러한 상황에서 우리의 성체기도는 어디에 위치합니까?

주님께서 사도들과 마지막으로 나누신 만찬 예식은 모든 사람에게 특별한 의미를 줍니다. 그 저녁은 주님께서 권력자들과 그들의 사주를 받은 사람들의 폭력에 의해 참혹한 죽음을 당하시기 전에 이루어진 고별의 자리였습니다. 그도록 급박한 상황에서도 예수님은 하느님 아버지와 형제들 앞에서 흔들림 없는 자세로 계셨습니다. 이제 곧 있게 될 십자가의 참혹한 죽음을 알면서도 그분은 침착하셨습니다. "나는 바로 이 고난의 시간을 겪으러 온 것이다"(요한 12,27). 하느님 아버지의 뜻을 완성하는 자의 의식에서 나온 숭고한 선언이었습니다. "내가 고통을 당하기 전에 이 과월절 음식을 너희와 함께 나누려고 얼마나 별러왔는지 모른다"(루가 22.14). 주님은 하느님 나라의 도래를 예시하고 죽음과 고통, 폭력에 대한 승리의 확신 속에서 갈바리아의 죽음을 앞당겨 거행하고 계셨던 것입니다.

세상의 그 누구도 하느님 나라의 가치들이 실현되는 것을 막을 수 없습니다. 아직도 좋은 씨앗들 틈에서 가라지가 섞여 자라고 있지만 그 나라는 이미 우리 안에 와 있습니다. 하느님 나라의 모습은 그 메시지를 받아들이는 자들을 통해 드러납니다. 주님의 형제자매로 그리고 영원히 그분을 닮기 위해 부름받은 사람들, 즉 가난한 이들, 장님들, 억압받는 이들, 죄수들, 자유를 박탈당한 이들, 굶주리는 이들, 불우한 이들이 바로 그들입니다. "너희가 여기 있는 형제 중에 가장 보잘것없는 사람 하나에게 해준 것이 바로 나에게 해준 것이다"(마태 25.40-45). "여기 있는 형제들 중에 가장 보잘것없는 사람 하나에게 해주지 않은 것이 곧 나에게 해주지 않은 것이다"(마태 25.45).

우리의 성체기도는 갈바리아로 떠나시기 전, 감사의 기도를 올리신 예수님의 메시지와 그 배경 속에 자리합니다. 우리의 감사의 기도는 어제보다는 오늘 그 명분이 더욱 뚜렷합니다. 오늘날 여러 가지 상황 속에서 헐벗고 굶주리는 가난한 자들이 주님의 말씀과 행동의 대상이 되었음을 하느님께 감사드립니다. 그들은 자신들에게 부여된 사명, 곧 이 세상의 복음화에 대한 사명감을 깨닫기 시작한 듯합니다. 온 세상이 어둠과 혼돈의 질곡으로 빠져들고 있는 것처럼 보일지라도 예수님은 당신의 확고한 의지, 곧 모든 사람을 회개로 부르시고 하나로 불러모으시는 작업을 결코 중단하지 않으시리라는 결연한 모습을 보여주십니다.

주님은 이것을 위해 세상에 오셨습니다. 주님의 길은 우리의 길입니다. 이 길에서 주님은 언제나 우리 가운데, 우리와 함께 계십니다. 그런데도 나는 거친 파도처럼 밀려오는 매일의 현실과 대결하는 것이 두렵습니다. 이러한 현실은 우리를 어디로 끌고갈 것인가? 이런 상황을 언제까지 배겨낼 수 있을까? 자문해 보곤 합니다. 예수님께서도 이와 같은 길을 걸으셨지 않은가! 자신을 에워싸고 있는 캄캄한 어둠 속에서 십자가의 죽음을 받아들여야 했을 때 그분 역시 두렵고 무서웠을 것입니다. 이 길을 받아들이거나 거부하는 것은 우리의 자유입니다. 그러나 아브라함의 순종 이래 신앙인들은 이 길을 받아들이고 따랐습니다. 여기에 우리의 신앙이 있고, 또한 이 길을 통해 우리는 신앙의 약속을 깨닫게 됩니다.

1969년, 부에노스 아이레스에서, 제라르도 형제가

숱한 궁리 끝에 드디어 집을 결정했습니다. 이 집은 어느 때고 입주가 가능한 집이었습니다. 우리가 살게 될 "빌라 미제리아"라고 부르는 이곳은 동네라고 부르기엔 다소 미흡한 곳입니다. 칠레에서는 "깔람빠", 페루에서는 "바리아다"라고 부르는 이 "빌라 미제리아"는 남아메리카의 대도시 근교에 죽순처럼 솟아나고 있는 빈민촌입니다. 이런 현상은 특히 15년 전부터 농민들이 도시로 대거 이주하면서 더 심각해졌습니다. 집단 이농 현상은 아직도 계속하고 있습니다. 상 파울로와 쌍벽을 이루며 남아메리카에서 가장 큰 도시의 하나인 8백만 인구를 가진 부에노스 아이레스도 예외는 아닙니다.

"빌라 미제리아"는 원래 도시 변두리의 공터에 불법적으로 형성된 무주택자들의 집단입니다. 이 불법 판자촌은 여기 들어 사는 사람들의 용기, 희생, 말 못할 사연들과 숱한 이야기들을 감추고 있습니다. 일단 어느 정도의 땅을 차지하게 되면 그것을 지키고 햇빛이 한치라도 더 드는 양지바른 곳을 확보하기 위해 힘겨운 투쟁을 해야 합니다. 무허가 판잣집들이 난립하는 것을 달갑지 않게 여길 수밖에 없는 당국자들의 감시는 주로 초기에 더욱 심합니다 그러나 일단 지붕을 올리고 자리를 잡고 나면 당국자들도 어쩔 수 없이 그냥 눈을 감아줍니다.

부에노스 아이레스는 여섯 교구로 구성되어 있으며 형제들이 소속된 교구는 모론 교구입니다. 이 교구 사제들은 아르헨티나인과 옛날 이 지방으로 이주해 온 크로아트 슬로베니아인, 그리고 스페인 신부들로, 각각 3분의 1 가량의 비율로 분포되어 있습니다.

지금까지 사제들은 별 문제없이 일상 해오던 방식대로 교구사목을 해왔습니다. 그런데 얼마 전부터 일부 사제들이 새로운 문제를 제기하기 시작했습니다. 그것은 가난한 이들의 세계에서 교회의 현존이 가지는 의미와, 그들의 복음화 같은 근본적 문제에 관한 것이었습니다. 이러한 건전한 문제의식에는 남미 주교회의의 「메델린 문헌」들의 영향이 컸을 것입니다. 교회는 지금까지의 안주와 환상에서 벗어나 많은 신자들이 탈그리스도화하고 있는 현실을 직시해야 합니다. 아직도 종교심이 살아 있는 페루와 견주어볼 때 이 지방의 교회 이탈 현상은 대단히 충격적인 것입니다.

가난한 이들 가운데의 교회 현존은 빈민촌과도 직접 연결됩니다. 즉, 생존을 위한 투쟁 속에서 힘겹게 살아가는 사람들에게 교회가 어떻게 접근하며 그들과의 구체적 연대를 주님 안에서 어떻게 이룰 수 있을까? 하는 것입니다. 수많은 남아메리카인들이 당하는 불의와 억압에 맞서 메델린 교회가 반기를 들었습니다. 이 점에 대한 교회의 입장은 분명합니다. 그러나 그러한 상황에서 인간을 구제할 수 있는 구체적 수단에 대한 교회의 입장은 분명하지 않습니다. 일부 그리스도인들, 특히 열심한 신자들의 머릿속에 이러한 질문의 파문이 일고 있습니다.

사회의 구조적 불의에 대해 조직적 투쟁에 나서야 한다는 사람들이 있는가 하면, 한편에서는 투쟁은 하되 비폭력적으로 해야 한다는 것입니다. 그 예로서 돔 헬더 까마라가 브라질에서 일으킨 비폭력 노선을 지지하는 운동 단체들이 부에노스 아이레스에 생기기 시작했습니다. 그러나 한 가지 명심해야 할 점은 비폭력 수단이 복음의 산상수훈을 따르는 길이긴 하겠지만 그것이 운동가들에게 먹혀들기란 결코 쉬운 일이 아니라는 것입니다. 우리는 이러한 딜레마와 투쟁 앞에서 고민하는, 의식있는 그리스도인들이 좌절하지 않고 사회의 변화와 정의 실현에 그들의 책임을 끝까지 다할 수 있도록 지지하고 기도해야 합니다. 교회는 결정적 도전 앞에 서 있습니다. 이를 피해가는 것은 결코 용납되지 않을 것입니다.

사회적으로 밑바닥 생활을 하는 작은 형제들은 이러한 근본적 문제들에 무관심할 수 없을 뿐 아니라 그것은 연대의 문제이기도 합니다. 우리의 연대와 관심은 자신들의 문제, 근심, 고민거리를 나누려 형제들의 집을 찾아오는 모든 사제, 평신도, 동지 들을 이해와 열린 마음으로 대하는 자세로 나타나야 합니다. 아울러 나라의 상황과 교회의 반응에 대한 정보를 귀담아듣는 노력이 수반되어야 합니다. 그러나 우리의 삶은 단지 이러한 차원에서 그칠 수 없습니다. 우리의 삶이 현실 문제에 활짝 열려 있어야 하지만 동시에 그 목적은 훨씬 더 깊은 데 자리하고 있기 때문입니다.

곧 작은 형제들의 존재 이유는 모든 사람의 선을 원하시는 하느님의 사랑 안에 있습니다. 우리가 하느님의 나라를 세상 가운데 현존하게 하는 것은 진실과 사랑 안에 나자렛 예수님의 생활을 충실히 따름으로써만이 가능합니다.

미겔 형제가 (몇 달 후에)

… 오전 8시, 350명의 전경들이 경찰견을 앞세우고 동네를 덮쳤습니다. 이런 식의 전경 출동을 이곳 사람들은 "우나 라지아 뽈리시아"(미친 경찰대)라고 부릅니다. 오전 내내 동네를 샅샅이 수색한 뒤 주민 약 500명을 닭장차에 싣고 갔습니다. 다음날 일간지들은 일제히 이곳 주민들의 10%가 법을 어겼다는 기사를 보도했습니다. 연행된 사람들은 몇 시간 후에 대부분 풀려났지만 일용직으로 삶을 꾸려가는 그들의 하루 밥벌이가 날아가 버린 셈입니다.

습격은 우리가 일하러 나가고 없는 사이에 일어났는데, 형제들이 없는 것을 수상히 여긴 전경들은 우리집도 수색했습니다. 우리가 일하러 갔다고 이웃들이 말했지만 그들은 두 문이 모두 자물쇠로 잠긴 것을 보자 하나밖에 없는 창문을 뜯고 집안으로 들어갔습니다. 이 유일한 창문은 바로 성당 창문이었습니다. 이웃들은 감실을 벽에서 떼어내는 망치소리를 들었습니다. 방을 뒤지다가 제의방 물건들이 들어 있는 가방에서 열쇠를 발견하고는 감실문을 열어 성작을 찾아냈겠지요. 성체 하나가 담겨 있었던 작은 갑이 압수 물건 명세록에 기재되어 있었습니다. 녹음기, 주사기, 미사경본, 성서, 성무일도 등 모두 압수해 갔는데, 경찰 상부의 지시에 따른 것이었다고 합니다. 그 물건들을 왜 압수하는가고 이웃들이 항의하자 수색대는 "이런 물건들은 성당에 있어야지 이런 집에 두는 것이 아니다"라고 대꾸했다고 합니다.

오후 6시경에 제일 먼저 집에 돌아온 도 형제가 이렇게 벌어진 상황 앞에서 이웃들의 이야기를 듣고 얼마나 놀랐을지 상상할 수 있겠지요! 도 형제는 즉시 본당으로 달려가 이 사실을 본당신부님께 알렸습니다. 본당신부님과 함께 곧장 경찰서로 가 담당자를 만났습니다. 이 물건들이 훔친 것인 줄 알았다는 것이 그 담당자의 답변이었답니다! … 다음날 아침 파출소 부소장이 형제들을 찾아왔습니다. 그에게 잘 정돈된 성당, 성체 등잔 등을 보여주며 이 방이 정말 도둑놈 소굴처럼 보이느냐고 물었습니다. 그러자 그는 곤란하다는 표정을 지으며 자기는 착실한 가톨릭 신자이고 본당신부님과도 잘 아는 사이라고 얼버무렸습니다. 빈민촌에 산다는 그 자체가 당국자들의 눈에는 죄로 비치는 것입니다. 가난이 죄라는 말이 있듯이 …

그후 우리는 압수당한 물건들을 되돌려받고 작은 성당에 성체를 다시 모셨습니다. 자신들이 저지른 횡포가 어떤 것이었는지조차 깨닫지 못하는 경찰들은 성체와 이웃들 앞에서 여전히 무례하게 굴었습니다. 시골에서 온 지 채 두 주일도 못 된 한 이웃은 신분증이 있는데도 직장이 없다는 이유만으로 잡혀가 감방생활을 하고 있습니다. 이 친구는 일주일 내내 일거리를 찾아다녔지만 그를 써주는 사람이 아무도 없었습니다. …

이런 폭력의 이면에는 권력가들뿐 아니라 죄의 얼굴도 가려져 있습니다. 이러한 현실을 조금만 주의깊게 들여다보아도 우리는 그 속에서 우리 자신의 잘못은 물론 죄의 실체를 발견하고 당황하게 됩니다. 주님의 수난과 부활만이 이를 해명해 줄 유일한 답입니다. 그것은 인간의 지혜로는 깨달을 수 없습니다. 그러기에 바울로 사도는 "오! 하느님의 풍요와 지혜와 지식은 심오합니다"(로마 11.33)라고 외쳤지요.

때로는 구원과 혁명을 혼동하는 사람들이 우리의 신경을 자극시킵니다. 주님의 제자들은 그들 각자가 받은 은총과 성소가 어떤 것이든간에 인간문제에 관한 한 다른 차원에서 접근해야 합니다.

1972년, 파라과이, 산 이시도로에서, 하비에 형제가

내가 오늘 형제들과 나누고 싶은 것은 착취(제3세계가 그 희생자인)에 대한 문제의식에 눈뜰 때 따르는 것이 어떤 것인가에 대한 나의 소견입니다. 부요한 나라에서 제기되는 문제들이 우리와 무슨 상관이 있느냐고 생각할 수도 있겠지요. 그러나 그것이 정당하다고는 할 수 없습니다. 한 가지 확실한 것은 부요한 나라와 가난한 나라들간의 격차가 점점 더 벌어져가고 있다는 사실입니다. 이러한 의미에서 서로 다른 두 세계에 속해 있는 인류가 존립해 나가야 하는 관계에 대해 고려해 보는 것은 괴로운 일이 아닐 수 없습니다.

이러한 현실은 교회에 중대하고 민감한 문제들을 제기합니다. 이제 라틴아메리카 교회는 이 대륙이 안고 있는 공통 과제에 대해 본격적으로 눈뜨기 시작했습니다. 이 문제의 핵심은 공통성을 유지하기 위하여 각 나라들간의, 동일한 나라의 지역들간의 특성을 허락하지 않는다는 것입니다. 파라과이 교회는 그 고유의 심각한 상황으로 인해 전위적 입장을 취하지 않을 수 없으며, 그로 인해 교회의 각 구성원들(주교, 사제, 수도자, 평신도)과 단체들까지도 각기의 사명에 철저히 부응하는 철저한 의식이 요청됩니다. 이들 하나하나가 갈등 속에서 자신들의 역할을 다하기 위해 분투하는 모습은 매우 감동적입니다. 갈등 상황에서 복음을 선택한다는 것은 결코 쉬운 일이 아니기 때문입니다.

파라과이 주교회의의 입장은 분명하고 충분히 알려져 있습니다. 많은 수도회, 특히 여성 수도회들이 쇄신에 열의를 다하고 있습니다. 도시의 의료사업과 대학에 종사해 온 많은 수도회와 교회들이 시골이나 혹은 더 가난하고 도움이 필요한 사람들에게 봉사하기 위하여 사업을 보류하고 있습니다. 이러한 정황은 정치적 문제를 야기시키기에 충분합니다. 그렇다고 파라과이 교회가 사회주의 노선을 선호한다고 장담할 수는 없습니다만 교회는 자본주의 사회·경제·정치·문화 체제하에서 억압당하는 민중 편에 섰으며, 이는 필연적으로 더 정의로운 형태의 사회 추구와 창출을 향해 나아가려는 시도였다고 볼 수 있습니다.

이러한 정황에서 장 끌로드와 나는 1971년 성탄날 전야에 "농민연맹"이라는 의식화된 한 농민단체와 합류하였습니다. 그들은 자신들의 소유인 약간의 토지를 가지고 그들만의 안전과 영달을 위해 땀흘리고 투쟁하던 과거를 떨쳐버리고 농민들이 겪는 불의한 상황을 공동으로 극복하기 위해 분연히 일어난 사람들입니다. 이러한 투철한 이념과 그리스도인의 정신으로 뭉친 그들은 형제자매처럼 살기 시작했습니다. 우리가 이러한 농민 공동체에서 살게 된 것은 참으로 하느님의 섭리라고 생각합니다.

이 공동체는 복음 묵상에서 영감을 받은 그리스도인들의 의식화 운동 단체로서 키부츠 형식을 모방하고 있습니다. 공동으로 거주하면서 협동으로 노동하고 수확은 각자의 필요에 따라 분배합니다. 사회적·그리스도교적 차원에서는 훌륭하지만 자본과 기술 차원에서는 미흡한 점이 아직 많이 있습니다. 우리가 여기 도착했을 때는 25가구의 가족들이 그 구성원들이었는데 지금은 40가족으로 불어났습니다. 급속한 성장이 우리를 당황하게 만들기도 합니다. 굶주리는 사람들은 늘어나는데 일손은 모자랍니다. 앞으로 몇 년간은 고생할 각오를 해야겠지요. 좀더 기술적인 조직의 필요성을 절감하지만 우선은 구성원들의 생산 능력을 감안해야 하고 거기에 맞는 기술을 사용해야 합니다.

예를 들면 현대화가 — 소요될 재정을 우리가 조달할 수 있을지라도 — 우리 문제를 해결해 주리라 믿는 것은 잘못된 생각입니다. 변화란 하루아침에 이루어지는 것이 아닙니다. 괭이, 낫, 도끼, 삽을 사용하던 사람들이 갑자기 트랙터나 농기계들을 다룰 수 없습니다. 우리 공동체는 함께 살면서 발전을 도울 수 있는 기술자를 찾고 있습니다. 현재 많은 학생들이 이 문제에 뜻을 두고 관심을 보이고 있으니 장래를 기대할 수 있겠으나 우리는 한시가 급한 형편입니다.

우리는 없는 사람들 속에서 그들처럼 가난하게 살아가는 가난한 형제들입니다. 물질적으로는 그들보다 더 궁핍하게 살 때도 있습니다. 소박한 삶은 우리를 형제들의 사명에 충실히 머물게 해주고 우리가 서 있어야 하는 자리로 데려다 줍니다. 우리는 불우한 사람들 사이에서 겸손과 기도의 삶을 통해 해방에 대한 그들의 갈망에 동참하고 그들이 희구하는 것에 궁극적 의미를 찾아주려고 노력하면서 함께 길을 갑니다.

전국적·지역적 차원에서 우리는 공동체의 환영을 받으며 이들에게 잘 적응해 가고 있습니다. 우리의 선택이 몇몇 주교와 사제, 수도자, 평신도 들에게 현재 교회가 가고 있는 방향의 중요성과 의미를 일깨워주었다고 생각합니다. 여러 사람과 우정을 나누는 우리의 삶을 지켜보면서, 그들 가운데 작은 형제들의 현존과 역할을 깊이 이해하게 된 사람들도 있는 듯합니다. 그것은 곧 주님과의 인격적 관계를 증거하고 그들을 위한 사랑에 투신하며 그들의 길을 끝까지 동반하고 사랑하는 사명입니다. 우리 작은 형제 각자가 자신이 처한 위치에서 오늘날의 파라과이와, 파라과이 교회가 필요로 하는 기도생활과 복음 실천을 통해 증거의 삶에 충실하도록 도와주십시오.

1975년, 관구회의

원래는 관구회의를 작은 형제회의 총장이신 러네 형제를 모시고 파라과이에서 열기로 되어 있었으나 산 이시도로의 형제들이 감금되는 사건이 발생해 부에노스 아이레스에서 가지게 되었다. 샌 디에이고와 칠레의 형제들은 1973년 군사 반란 때 감금된 적이 있다.

러네 형제가

우리는 12시에 제라르의 차에서 감사의 미사를 드렸습니다(제라르 형제는 다리와 왼쪽 팔을 쓰지 못함). 이 미사에는 부에노스 아이레스에서 온 작은 자매들과 세 명의 복음의 작은 형제들 그리고 몇몇 친구들이 참석했습니다. 이 미사는 감사의 미사였습니다. 우리는 회의 동안에 하는 것처럼 복음 독서 후에 각자가 큰 소리로 자유기도를 드렸습니다. 우리의 나눔 속에는 형제의 우정, 작은 형제로 살아가는 기쁨, 그리고 수많은 사람들이 희생당하고 있는 시국 사건들에서 오는 긴장이 깔려 있었습니다.

예수께서는 제자들에게 "현세에서 박해도 받겠지만 집과 형제와 자매와 어머니와 자녀와 토지의 축복도 백 배나 받을 것이며 내세에서는 영원한 생명을 얻을 것이다"(마르 10,30)라고 약속하셨습니다. 때로는 박해와 함께 이 100배의 상이 한꺼번에 내려질 때도 있습니다. 복음을 이처럼 가까이 그리고 현실적으로 느끼며 살아가는 것은 얼마나 큰 행복입니까! 물론 일방적이면서 터무니없는 비방과 고소들이 들려옵니다. 이것은 견디기 어렵습니다. 이러한 일들이 형제들의 생활에 아무런 영향을 끼치지 않는다고 볼 수는 없으므로 우리는 당연히 이 문제에 관해 검토를 해보아야 할 것입니다.

형제들이 중상모략을 당하는 것이 고통스럽습니다. 피치 못할 상황에서 벌어지는 일이라 할지라도 나는 이것을 받아들일 수가 없습니다. 예수님은 중상모략에 의해 두 강도 사이에서 십자가에 달리셨습니다. 그때에 사람들은 예수보다 바라빠를 두둔했습니다. 당국자들의 눈에는 강도 바라빠보다 예수가 더 위험한 인물로 비쳤던 것입니다. 우리는 성인들이 아닙니다. 그러나 복음은 그대로 복음입니다. 지금도 2천 년 전과 다름없이 현실적으로 암울한 인간의 역사가 계속되고 있습니다. 회의 진행 동안 우리는 세상에 악이 존재하고 십자가로써만 악을 이길 수 있다는 사실을 재삼 확인했습니다.

금요일 미사중에 우리의 생명을 하느님께 새롭게 봉헌했습니다. 우리에게 십자가가 주어질 때 두려워하거나 물러서지 말아야 합니다. 우리가 처한 오늘의 현실 앞에서 "악은 예수님을 악인들과 같이 취급한 추하고 더러운 실체다"라는 샤를르 형제의 말씀의 의미를 다시 새겨봅니다. 예수님은 십자가를 받아들이셨습니다. 그분 홀로 십자가를 영광과 풍성한 결실의 도구로 만드셨습니다. 이것이 예수님의 뒤를 따르는 우리의 몫입니다. 고통을 끌어안는 사람에게 베풀어지는, 고통이 가지는 의미의 심오함과 그것이 가져다주는 기쁨이 어떤 것인지를 조금은 알 것 같습니다.

> 하느님,
> 하느님의 이름이 거룩히 빛나시고
> 당신의 뜻이 이루어지소서!
> 주 예수님,
> 우리를 찾아주시옵소서!

미겔 형제가

우리는 이번 지부회의에 큰 기대를 걸었습니다. 회의의 초점은 지부 조직에 관련된 문제들, 몇몇 형제집 창설에 대한 결정, 지역 출신 지원자들을 맞아들이는 일 등에 모아졌습니다. 우리는 또한 다함께 작은 형제들의 삶의 깊은 이유들을 재확인하고 다짐해야 할 필요성을 느꼈습니다. 하느님의 부르심이 우리를 한 형제자매로 묶어주었으니 함께 그분의 말씀에 귀를 기울이는 것은 자연스러운 일입니다. 하느님께서는 우리가 나누는 서로의 대화와 기도를 통해 당신 말씀을 들려주시며 크신 사랑을 보여주십니다.

우리가 라틴아메리카 민족들이 겪고 있는 인간적 모험에 더 깊이 동참하고 그들의 투쟁 안에서 더 정의롭고 형제적인 세상의 필요성을 절감하는 그만큼, 철저한 인간 소외의 죄악에서 우리를 해방시켜 줄 구원의 손길을 절실히 필요로 할 것입니다. 러네 형제가 언급한 것처럼 하느님을 위한 전적이고 완전한 삶에로 우리 각자를 초대하신 주님의 부르심은, 우리를 세상과 격리된 자가 아니라 하느님의 백성과 인류에 속한 자라는 사실을 확인시켜 줍니다. 하느님은 인간 역사에 무관심한 분이 아니십니다. 그러므로 인간 세계의 질서는 하느님 나라의 법을 따라 세워져야 할 것입니다.

파라과이 농민들은 복음의 이름으로 이웃과 형제자매로 살아가고 있으며 그들이 추구하는 이상과 목적을 나누러 오는 수도자들을 기꺼이 맞아줍니다. 그러나 권력자들은 무장을 하지 않은 이 공동체를 근본적으로 허용하지 않습니다. 그들은 확실히 이 농민들에게서 새로운 질서의 예고와 근본적 변화의 씨앗을 예견하고 있는 듯합니다. "내 영혼이 주를 찬양하며, 내 구세주 하느님을 생각하는 기쁨에 이 마음 설레입니다. 주님은 전능하신 팔을 펼치시어 마음이 교만한 자들을 흩으셨습니다. 권세있는 자를 그 자리에서 내치시고 보잘것없는 이들을 높이셨으며, 배고픈 사람을 좋은 것으로 배불리시고 부요한 사람을 빈 손으로 돌려 보내셨습니다"(루가 1.46-55).

라틴아메리카 대륙의 교회가 안고 있는 비극은 그리스도인들이 두 진영으로 갈라져 있는 것입니다. 그들은 계급적으로 대치해 있는 각자의 입장을 복음으로 정당화시키려 듭니다. 이는 제도교회와 예언직간의 분열을 말하는 것이 아니라 복음을 이해하는 두 가지 시각을 두고 하는 말입니다. 사실 교계 교회 자체가 이미 예언직과 운영직을 포함하고 있으니까요. Jejuy의 농민 공동체에서 압수당한 책들 중에 성서와 관련된 서적들이 상당수 발견되었다는 것은 결코 우연한 일이 아닙니다.

1978년, 페루, 리마에서, 베니토 형제가

4년 전, 하신토와 내가 리마의 빌라 엘 살바도르에 형제회를 창립한 이래 우리 생활은 계속되고 있습니다. 아직 도시화하지 않은 이 고장에서 나는 목수로, 하신토는 공장 용접공으로 생계를 꾸려가고 있습니다. 이렇게 우리는 직장 동료들과 더불어 나날의 삶 속에 뿌리내리고 있습니다. 주택이나 직장과 같은 생활의 외부 조건은 물론 삶의 질을 개선하려는 공동체적 노력이 차츰 가닥을 잡아가고 있습니다. 이러한 맥락에서 우리는 주민들이 스스로의 문제를 자율적으로, 공동체 차원에서 해결할 수 있도록 그들의 토론 참여와 자유로운 의견 개진을 장려하고 있습니다. 공장에서도 마찬가지로 노동조합 이외에도 모든 노동자들의 공동참여를 지향하는 일종의 공동관리 체제가 권장되고 있습니다.

이러한 시도들이 아직은 초기 단계에 있지만 이 지역 공동체와 노동계가 추구하는 향방을 가늠하게 해줍니다. 이러한 공동체 조직과 운영에 협력해 달라는 주민들의 요청에 우리도 모든 구성원들이 하는 것처럼 약 2년 동안 책임직을 맡았습니다. 나눔의 생활에서 오는 당연한 봉사를 어떻게 거절할 수 있겠습니까? 그것은 형제들에게 공동체가 추구하는 희망과 노력에 더 깊이 동참하는 계기가 되었으며, 모두의 참여를 이끌어내기 위해 공동체 구성원 개개인과 소극적이고 어울릴 줄 모르는 사람들에게까지 가까이 다가가는 기회가 되었습니다.

공동체 차원에서 제기되는 문제들은 새로운 것들이었습니다. 우리는 이 문제들을 함께 풀어나가려고 노력했습니다. 예를 들면 리마 시의 변두리 지역에 물과 전기를 끌어들이고 도로 시설을 위해 우리는 함께 머리를 맞대고 논의를 했습니다. 동민들 중에 개인적으로 이런 일을 추진할 수 있을 만큼 돈이 있는 사람이 없다는 현실을 강조하면서 똘똘 뭉치지 않으면 우리의 요구를 관철시킬 수 없고 필요한 것을 얻어낼 수 없다는 의식을 길러야 했습니다. 여기에 조직의 필요성이 있으며 우리는 능동적으로 이에 동참하려고 노력하고 있습니다.

공동체 봉사의 거부는 바로 우리가 몸담고 있는 사회에서의 소외를 뜻할 것입니다. 여기서 밀려난다면 이러한 상황과 사회구조 속에서의 형제회의 존재 이유를 어떻게 해석할 수 있겠습니까? 구체적인 동참 없이 형제회는 모든 이들(힘없는 자들과 가난한 이들을 포함한)에게 열려 있는 공동체라 할 수 없고 그 존재 이유를 상실할 것입니다. 그렇게 되면 형제회는 살아 숨쉬는 삶과 노력의 현장이라기보다 외부와의 공동생활을 차단시키는 것으로 전락할 것입니다.

나는 위의 특정한 예를 들어 이곳 상황을 요약해 보았습니다. 공동체 모임에서 제기되는 문제들 역시 거의 같은 성격의 것들이지만 어떤 면에서는 더 구체성을 띱니다. 우리는 이웃들에게서 참으로 많은 것을 배우고 있습니다. 우리를 그들 공동체에 우정으로 맞아준 이웃들은 이제 우리에게 그들의 꿈, 희망, 고충, 노력의 한몫을 차지하라 합니다. 말이나 논리로써가 아니라 단순한 삶의 나눔을 통해서 …

우리 생활에서 나눔은 본질적인 것이지만 그것만이 전부는 아닙니다. 우리는 주님과 형제들과 일치하여 형제회의 정신 안에서 이를 실천하지 않으면 안됩니다. 그러기에 우리는 서로 밀접한 관계에 놓인 이 두 가지 요구를 구체적인 삶 안에서 조화롭게 이루려고 노력합니다. 주위 사람들의 삶에 깊이 동참하면서 동시에 하신토와의 우정도 키워가야 합니다. 현상황 속에서 주님의 뜻에 따라 생각하고 행동하기 위해서 우리의 대화는 계속되어야 합니다.

　동료들과 더불어 당신을 따르라고 우리를 불러주신 주님께서 우리의 상황을 어떻게 보실까? 주님의 생애와 복음이 어떻게 우리의 빛이 되어줄 수 있을까? 이러한 물음 앞에서 우리는 기도와 그날그날의 주어진 삶에 충실하며 주님을 닮기 위하여 서로의 힘이 되어줄 것입니다. 세상에서 가장 헐벗은 자들에 대한 주님의 각별한 사랑, 모두에게 골고루 혜택이 돌아가도록 베풀어주신 자원에 대한 하느님의 본시 의도, 사람들간의 정의롭고 올바른 관계는 우리가 살고 있는 세계의 시각에서 바라볼 때 특별한 의미를 지닙니다. 일상의 사건들 안에서 이러한 의식으로 살아가려는 우리의 작은 노력들은 자연히 현재 라틴아메리카 교회가 제기하는 일부 신학적 성찰들과 맥을 같이합니다.

1979년, 조앙 페소아에서, 프란치스코 형제가

조앙 페소아의 형제회의 특징을 들자면 지역교회와의 친밀한 유대를 생각할 수 있을 것입니다. 따라서 형제회의 모습은 자연히 교회의 모습을 닮고 있습니다. 이것이 내가 형제들의 공동체에 앞서 먼저 교회에 관해 이야기하는 이유입니다.

　동북 브라질 교회는 한마디로 가난한 이들의 교회로 거듭 태어나고 있는 교회입니다. 이 교회는 스스로에게 이러한 진지한 질문으로 도전했습니다. "불의와 폭력이 난무하는 현대사회에서 교회가 예수 그리스도와 복음의 증인이 될 수 있는 길은 어떤 것인가?" 이는 교회가 나아갈 길과 선택에 대한 명백한 도전이었습니다. "교회는 모든 생산수단을 독점하고 있는 가진 자들의 편에 설 것인가? 아니면 모든 개인적·집단적 이기주의의 짐을 어깨에 걸머지고 힘겹게 살아가는 없는 자들의 편에 설 것인가?" 엄중한 질문이었습니다. 이러한 질문에 대해 네 개 주에 열아홉 개의 본당을 가진 동북 브라질 지역 주교회의는 1976년 1월에 있었던 남미 주교회의 총회에서 가난한 사람들의 편에 선다는 단호한 결단을 선포했습니다. 이에 덧붙여 조앙 페소아 본당은 교구회의에서 다음과 같은 요지의 입장을 밝혔습니다.

"성서의 하느님의 태도는 단호하십니다. 그분은 인간의 역사 안에 자유를 불러들이시는 인격적이고 자유로운 분이십니다. '나는 야훼다. 나는 내가 너희를 에집트인들의 종살이에서 빼내고 그 고역에서 건져내리라'(출애 6.6). 우리는 모든 굴종에서 인간을 자유롭게 하는 해방자로 자신을 드러내신 하느님을 흠숭합니다. 하느님께서 당신을 해방자로 자인하신다면, 해방된 백성은 역사 안에 해방을 지향하는 형제 공동체를 세우라는 부름을 받았습니다. 형제 공동체는 자유로 가는 단 하나의 길입니다. 하느님의 계명의 목적은 바로 해방입니다. 진정한 자유는 평등한 관계, 상호존중, 상호순종을 통해서만이 이루어지고 보존될 수 있습니다. 따라서 교회는 신자들에게 이웃과 더불어 사는 법을 가르침으로써 하느님의 약속이 이 땅 위에 실현되도록 해야 합니다.

하느님은 인간의 역사에 대해 계획을 가지고 계신 분으로 나타나십니다. 하느님의 백성은 역사의 하느님을 믿는 자들로 정의되며, 역사에 대한 하느님의 계획을 성사시키는 주인공들입니다. 이것이 계약의 의미입니다. 따라서 인간사회의 모든 계획과 활동들(경제, 정치, 문화, 종교)은 역사에 대한 하느님의 계획에 비추어 판단되고 평가되어야 합니다. 자유, 정의, 평화를 위한 인간 투쟁은 하느님의 의지입니다."

가난한 자들과 억압받는 자들을 위한 교회의 선택과 해방의 복음화가 지역교회 차원에서 어떻게 실현되어 갈 것인가?

도시 교회들은 여전히 잘 돌아가고 있습니다. 일부 사제들은 지금까지 해온 대로 기존의 틀 안에서 부유층과 중산층을 대상으로 사목하고 있지만, 지역교회 신자의 다수를 이루는 젊은 층은 분명히 교회의 새로운 노선을 지지합니다. 그것은 예수께서 가난하고 겸손한 자로 우리 가운데 오셨음과, 참된 변화는 가난한 이들을 통해 이루어진다는 확신에서, 없는 이들을 복음화의 우선 대상으로 선택함을 뜻합니다. 이 작업은 여러 가지 방법으로 이루어집니다.

ⓐ **구성원들을 중심으로 개성과 특성 있는 기초 공동체 조직을 권장함으로써**: 이러한 기초 공동체는 도시와 농촌 지역에 이미 널리 확산되어 있으며 각기 자기들의 역사를 지니고 있습니다. 기초 공동체에 대한 감동적이고 훌륭한 사례들은 얼마든지 있습니다. 자신의 가치를 무시하던 사람들이 기초 공동체 안에서 체험하는 형제적 사랑과 우정을 통해 다시 태어남으로써 인격체로서의 자신의 가치와 능력을 발견하고 자기 존재에 대한 자부심을 가지게 되는 사례가 그 하나입니다. 그들은 공동체 생활과 연대를 통해 많은 새로운 가치들을 발견합니다. 그것은 더 나은 형제적 사회의 건설을 위한 작은 씨앗들입니다. 기초 공동체의 근본 목적은 복음화를 통한 하느님과의 일치와 친교이며 이를 방해하는 모든 제도와 억압에서 해방되는 것입니다.

ⓑ **사목을 목적으로 하는 교구 차원의 인권보호 조직체를 통해**: 인권보호 단체는 독자적 교육 수단을 통해, 그리고 사목 활동가들과 연대하여 인간해방에 이바지하며 심리적·정신적·법률적 도움을 제공합니다. 이 단체는 변호사, 심리학자, 총무, 한 분의 사제로 구성된 팀으로 운영되며 신학자와 사회학자들이 포함된 자문회를 둡니다.

조앙 페소아의 형제회는 2년 전에 창설되었습니다. 이 집은 남의 손을 빌리지 않고 5개월 만에 우리 힘으로 손수 완성하여 1976년 성탄날 처음으로 성체를 모셨습니다. 우리가 이곳에 처음 도착했을 때 생활고에 찌든 이웃들의 경계의 시선을 의식하지 않을 수 없었습니다. 그들은 선뜻 접근할 수 없는 그런 사람들이었습니다. 그래서 우리는 이웃들에게 수도자의 신분을 감추기로 하고 어느 국제단체에 속하는 사람들이라고 소개했습니다. 몇몇 사람들에게는 복음에 따라 모든 것을 공동으로 소유하며 형제로서 살려고 노력하는 국제단체라고 몇마디 덧붙여 설명해야 할 지경이었습니다. 그들은 우리를 기존의 전통적 사제나 수도자들로 생각하지 않습니다. 그들에게 형제들의 생활에 관해 설명할 때 우리는 복음을 따르는 생활, 공동생활, 형제적 생활의 측면을 강조합니다. 몇몇 사람들과는 좀더 깊은 이야기를 나누기도 합니다.

1977년 사순시기 동안 본당에서 9일기도 운동이 일어났습니다. 한 조에 열 가족 단위로 나뉘어 9일기도 팀을 만들고, 그것이 끝나면 성서공부를 하기로 했습니다. 우리 이웃들 중 몇몇 가톨릭 신자들에게 이 모임에 들 것을 권고하게 되었고 이를 계기로 우리는 서로 알고 지내는 기회를 가지게 되었습니다. 사순시기가 끝나자 그들은 일주일에 한 번씩 성서 모임을 하기로 결정하였습니다. 이렇게 탄생한 성서 모임은 어려운 가운데서도 잘 되어가고 있습니다. 여기 나오는 동네 사람들의 대부분은 구차한 인생을 꾸려가는 사람들입니다. 때로는 지나칠 정도로 형제들에게 의존하려 듭니다. 이 사람들을 지원하는 방법의 하나로 우리는 그 중 3~4명에게 성서 모임 준비를 미리 시켜주기로 했습니다. 지도자 양성인 셈이지요. 그 결과 이제 자기들끼리 꽤 잘 이끌어가고 있습니다. 이 모임은 이제 우리 신앙생활의 일부가 되었습니다.

우리가 형제자매로서 더불어 산다는 것의 의미와 공동체의 의미에 대해 묵상하고 토의하기 시작했습니다. 그 중에는 이 모임의 도움으로 긴 침체에서 벗어나 해방을 맛본 사람도 있습니다. 조앙 페소아의 형제들의 삶은 이런 방향으로 진행되고 있습니다.

이 모임에 이어 1977년 5월 10일, 몇몇 노동자들로 구성된 노동자 모임이 조직되었습니다. 그들은 주 1회의 모임을 가지고 노동과 관련된 여러 문제점들, 더 형제적인 사회 건설, 인권, 인간 존엄, 행동 등에 대해 성찰하고 토의합니다. 이 모임은 상당히 발전하여 그동안 여러 가지 구체적인 성과를 일구어냈습니다. 노동자 모임에는 성서 모임 회원들도 여러 명 참여하는데, 실제로 이 두 그룹은 보완적 관계에 있습니다. 노동자 모임은 사회·정치·인권 차원에서, 성서 모임은 신앙·기도·복음 차원에서 서로 보완합니다.

이 두 모임은 형제들의 수도생활에 방해가 되기보다 보탬이 됩니다. 우리와 가까운 이웃들의 신앙을 발견하고 그들을 신앙 안에 만나게 해줍니다. 이렇듯 우리는 여러 차원에서 주민들의 해방의 과정에 동참하고 있습니다.

이 모임 외에도 우리는 일년에 두 번 수도자들의 모임에 참석합니다. 수도자들은 지역교회 차원에서 자신들의 수도생활을 성찰하고 현실과 조화시켜 나가려는 취지에서 이러한 모임을 가지게 되었습니다. 그리고 3개월마다 본당의 신앙쇄신 모임에 나갑니다. 3~4일 일정으로 열리는 이 모임은 본당 신자들의 신앙쇄신과 본당이 나아가야 할 방향에 대해 성찰하고 토의합니다. 금년의 주제는 "모든 이들을 위한 정의"였습니다. 주말에는 레시프의 샤를르 드 푸코 신부의 재속회 회원들의 모임이 있습니다. 여러 모로 우리에게 도움이 되는 이 모임 역시 우리 생활의 일부가 되었습니다. 회원들은 거의가 평범한 사람들입니다. 그들은 스스로 검소한 생활을 하며 기도에 전념하고 지역교회에 헌신합니다.

이러한 일들 외에도 형제들을 보러 오는 사람들, 친구들의 방문 등 일상의 생활 리듬이 있습니다. 이렇게 우리는 드러나지 않게 우리 고유의 신원과 낮은 자리를 지키면서 동시에 교회와 본당의 흐름을 알고 거기에 능동적으로 참여하고 있습니다.

1980년, 안데스로 가는 길에서, 앙리 형제가

볼리비아에 온 지 나흘이 되었습니다. 해발 400미터의 고지에 자리한 이곳은 하느님과 좀더 가까운 곳이 아닐까요? 팔랑이는 촛불 아래서 며칠 전에 떠난 칠레의 형제들, 그곳 친구들, 하느님의 길, 거기서 보낸 시간과 추억들을 되새겨보는 아름다운 밤입니다.

천국의 성인·성녀들과 하느님의 현존을 더욱 가깝게 느끼는 11월 1일 밤, 버터 바른 빵과 삶은 감자와 바나나 반 쪽이 담긴 접시와 포도주 병을 들고 와 "조심하세요. 술은 배신자이니까요. 그래도 여기서 한 밤 자고 나면 만취에서 홀가분하게 깨어날 거예요!"라고 하던 어느 마을의 어린 소년! 나무에서 딴 버찌 한줌과 물 한 컵을 대접해 주던 앳된 소녀. 나를 산타 할아버지라고 믿은 그 꼬마들. 2년째 여행을 하며 해산을 기다리고 있는, 뚤루즈에서 온 베아트리스와 그의 남자 친구인 아르헨티나의 라울이 보여준 브라질과 베네수엘라의 인디언들의 사진들 등. 아름다운 추억들이 주마등처럼 기억을 스치고 갑니다. 몸은 칠레에 있지만 마음은 줄곧 볼리비아에 가 있습니다.

다시 만난 볼리비아 친구들과 형제들 … 그 무엇과도 바꿀 수 없는 우정의 기쁨. 우리는 흔히 현실을 비껴가며 다른 것을 동경합니다. 그러나 결국 "그건 정말 굉장했었지!" 하고 감탄하지 않습니까? 구유 세트에 나오는 인물들 중에서 나는 아기 예수님께 드릴 밀가루 부대를 어깨에 지고 열심히 베들레헴을 찾아가고 있는 방앗간 주인을 생각해 봅니다. 밥상을 준비하던 마르타가 주님 곁에 앉아 있는 마리아를 보며 답답하게 여겼듯이 그 친구도 아기 예수님 앞에서 감탄하여 정신을 잃고 서 있는 "랍비"를 답답하게 생각했겠지요.

은하수 흐르는 황홀한 밤, 별들이 웃고 있는데 "주님, 감사합니다. 저도 그날 밤, 베들레헴의 구유를 찾아간 인물들 중에 끼여 있었으니까요"라며 기뻐 노래하는 암탕나귀 …. 나는 에르네스토 까르데날이 쓴 『사랑의 인생』이라는 책을 막 읽고 난 참입니다. 이 책에서 저자는 기쁨 역시 완전한 기도가 된다고 했습니다. 기쁨은 곧 이 세상에 불행이 닥치지 않으리라는 확신과 믿음이기 때문이라고 하는군요. 창조, 우주, 사랑, 하느님의 계획에 관해 그가 하고 있는 말을 미소 속에 머금고서 반복해 보고 싶은 생각이 드는군요.

어느 날 이냐시오 성인이 로마 거리를 거닐다가 새 세 마리, 사람 세 명, 하늘에 반짝이는 별 세 개, 뛰고 있는 세 명의 소녀를 보는 순간 이 셋이라는 숫자가 삼위이신 하느님의 사랑을 생각나게 해 눈물겨울 정도로 감격했다고 합니다. 80회 생일을 축하하는 칠레의 어느 노인, 성화의 인물들, 어린이들의 맑은 눈동자, 기쁨, 평화 … 이것들은 모두 인간들 속에 감추어져 있는 하느님의 사랑의 불씨, 곧 작은 불똥만 당겨져도 타오를 하느님 사랑의 불씨들입니다.

하느님의 뜻이라면 2월 말경에 지부회의가 열릴 리마로 갈 것입니다. 다른 형제들도 오겠지요. 굳이 참석하고 싶은 생각은 없지만 이 회의에 기대를 걸고 있습니다. 하느님은 위대하시니 그분을 믿읍시다. 지부회의는 샤를르 형제를 통해 받은 공동성소를 살아가는 우리 각자가 가슴을 열고 자신의 밝고 어두운 세계를 형제들과 나눔으로써 서로 더 잘 알고 사랑하기를 배우는 좋은 기회입니다.

아토스 산의 어느 한 수도승이 죽은 나무에게 하느님에 관해 이야기해 달라고 부탁하자 그 나무가 갑자기 꽃으로 뒤덮였다고 합니다. 이런 일이 여기서도 일어나고 있어요. 조그만 옹달샘 옆에 장미꽃이 향기를 뿜으며 활짝 웃고 있습니다. 하느님의 사랑과 자비하심을, 섬세하신 배려와 너그러우심을 속삭이며 …. 작년에 나는 성모님의 달을 두 번 지냈는데, 한 번은 페루에서 5월에, 또 한 번은 11월이 봄철인 칠레에서 맞이했습니다.

이바 형제, 딸카후아노에서 자네 생각을 많이 했구먼. 배를 타고 와서 작은 자매들 집에서 미사를 드리던 자네를 말일세. 그후 편지를 쓰고 싶었지만 … 용서하게나.

1982년, 파라과이, 벨렌 수련소에서, 마르첼로 형제가

많은 사건이 있었던 일년을 짧게 요약하여 글로 쓰는 일은 쉬운 일이 아니겠지요. 그러나 주님의 도우심에 힘입어 이 글을 읽을 형제들을 생각하며 시작해 보겠습니다.

한마디로 수련 기간은 모든 면에서 주님이 허락하신 신앙의 도전의 현장이었다고 할 수 있습니다. 때때로 고통스러웠던 일들이 지금 생각하면 하느님의 은총이었습니다. 작은 형제로서 당신을 따르라는 하느님의 부르심을 신앙 안에 확인하고부터 나는 마음의 평화를 찾았으니까요.

우리는 수련을 받기 위해 벨렌에 모였습니다. 수련자로는 토닌뇨(브라질), 라디슬라오(페루) 그리고 나, 이렇게 세 명이었고 자비에(프랑스) 형제가 수련장이었습니다. 이 이상 더 보편적일 수 있을는지요? 우리 각자가 다른 나라 출신이라는 그 자체가 이미 우리를 풍요롭게 해주었지만 다른 한편으로는 큰 어려움도 가져다주었습니다. 제일 어려웠던 것은 공동생활이었습니다.

나로 말하면 공동생활에 대한 온갖 이상을 꿈꾸고 있었지만 현실은 우리의 생각과 얼마나 먼 것인가를 실감해야 했습니다. 내가 특별히 관심을 가지고 발전시키고자 하는 나의 단면에 대해 무척 노력했음에도 불구하고 여기저기서 암초에 걸려들기 시작했습니다. 마음을 닫고 자신 안으로 위축되는 자세와 남의 잘못을 너그러이 용서하지 못하는 나의 결점은 기어코 나를 좌절로 몰고갔습니다. 나는 나 자신이 모순의 장본인이라는 사실을 미처 깨닫기 전에 다른 사람의 모순을 보면 그 즉시 비판의 손가락질 하기를 주저하지 않았습니다. "너를 용서한다"고 입으로는 말하지만 마음속 응어리는 그대로 있었습니다.

자신을 찾아헤매던 나! 드디어 나는 나 자신이 하느님의 은총이 얼마나 필요한 사람인가를 깨달았습니다. 주님께서 우리와 함께 계실 때 우리는 죄에서 해방될 수 있습니다. 그분과 함께하는 것만으로 우리는 집을 지을 수 있습니다. 나는 이상적인 공동체를 찾고자 부단히 기도하고 노력했습니다. 그러나 나는 이제 우리 안에 죄가 자리하고 있음을 알게 되었습니다. 또한 동시에 주님께서 우리의 죄를 이기셨음을 나는 알고 있습니다.

형제들과의 공동체 생활을 하는 것이 얼마나 어려운 것인지를 이제 깨달았습니다. 예수님께서는 각기 다른 개성을 가진 열두 사람을 불러모아 공동체를 만드셨습니다! 그분이 그렇게 하셨다면 그것이 가능하다는 것이겠지요. 나는 이제 나와 개성이 다른 형제를 알게 된 그 자체를 긍정적으로 보렵니다. 이러한 내 시각의 변화는 형제회라는 공동체를 한층 더 넓은 시각에서 바라보게 합니다. 특히 공동생활을 하는 사람들이 서로 같아지려 애쓰기보다는 오히려 각자에게 내려주신 하느님의 은총을 최대한 꽃피워 가도록 노력해야 한다는 것이지요. 한 분이신 주님, 하나인 세례, 모든 이의 아버지이신 한 분이신 하느님을 묵상하며 그렇게 마음을 정리합니다. "보완성 앞에서 왜 상이성을 논해야 합니까?" 하고 노엘 지부장이 말했지요.

무엇이나 터놓고 자유롭게 나눌 수 있는 젊은 형제들과 사는 것 역시 멋진 일이었습니다. 나이 든 형제들과 문제가 있다는 것이 아니라 같은 또래의 형제들과 훨씬 쉽게 통한다는 것은 당연한 일 아니겠어요?

기도 역시 신앙을 요구했습니다. 수련 기간 동안 기도하기 위해 앉아 있는 것이 그처럼 힘들기는 처음이었습니다. 매일 기도시간만 되면 나는 공허를 느껐고, 어두운 구석에 앉아 졸기가 일쑤였습니다. 이 문제에 관해 나는 여러 가지로 생각하며 고민했습니다. 나는 기도를 제대로 하기 위해 적절한 수단을 사용하고 있는가? 나는 기도시간에 밀려오는 환상과 분심들을 자제할 능력을 가진 사람인가? 나는 잠자기 위해 성당에 앉아 있는 것인가?

어느 날 나는 이러한 고충을 수련장에게 몽땅 털어놓았습니다. 조용히 내 말을 듣고 있던 수련장은 "기도를 '잘' 하고 싶어 고민한다는 것은 좋은 일입니다"라고 했습니다. 이 문제를 두고 얼마나 골똘히 생각하고 고심했던지 어느 날 밤 꿈에서 "성당에서 조는 일로 더 이상 신경쓸 것 없다"고 나를 위로해 주시는 예수님을 볼 정도였습니다. 이 꿈을 어떻게 해석해야 할지 나는 어리둥절했지요. 보아욤 신부님의 『가난한 이들의 기도』를 다시 읽으며 어느 정도 마음의 평화를 찾을 수 있었습니다. 우리가 말씀을 드려야지 하느님께서 비로소 아시는 것일까요? 그분은 이미 다 알고 계십니다. 내가 해야 할 일은 다만 희망하는 것, 그것뿐입니다.

벨렌에서의 수련생활은 2기로 진행되었습니다. 수련 제1기는 경관이 수려하면서도 마을에서 뚝 떨어진 한적한 곳에서 받았습니다. 거기서 우리는 밭일을 했는데, 나는 농촌생활에 매혹되었습니다. 나의 모습이 농민의 모습과 흡사했었는지는 장담할 수 없지만 아무튼 나는 그 생활이 그저 행복할 뿐이었습니다. 사람들과의 접촉은 매우 드물었지요. 수련 제2기는 마을에서 받았습니다.

우리 세 수련자들이 마을로 내려가 사람들과 섞여 살았습니다. 여기서 어려웠던 점은 노동, 독서, 기도생활을 규칙적으로 할 수 없는 것이었습니다. 반면 우리는 이웃들에게서 많은 것을 배웠고, 특히 하느님의 섭리를 믿는 그들의 확고부동한 신앙은 우리에게 시사하는 바가 많았습니다. 내일의 끼니를 걱정해야 할 그들이지만 여유로운 모습을 잃거나 결코 비관하는 일이 없습니다. 자신들의 힘든 처지에도 불구하고 그들은 이웃에게 불행한 일이 닥치면 두 발 벗고 나섭니다. 그들 안에서 나는 하느님을, 늘 하느님에게로 향해 있고 하느님을 생각하고 명상하는 영혼을 발견했습니다. 그들은 자연을 명상하며 창조주 하느님께로 갑니다. 자연은 그들을 하느님께로 인도하는 길입니다. 특히 나를 감동시킨 것은 그들의 소박하고 진실한 우정이었습니다. 하느님은 가난한 이들을 위해 자신을 내어주라고 우리를 보내셨지만 그들에게 주는 것보다 받은 것이 오히려 더 많습니다.

수련을 마무리하면서 우리는 분도회 수도원에서 한 달 피정을 했습니다. 그곳 수사님들과의 만남은 또 하나의 하느님의 섭리요 선물이었습니다. 수도원에 머무는 동안 우리 네 사람이 교회와 화해했다고 할까요. 우리는 내면의 눈으로 교회를 바라보며 우리가 그 일부분이라는 사실을 인식하게 되었고 작은 형제의 성소가 교회생활의 한 측면이며 교회의 얼굴이요 인류의 구원의 증표라는 사실을 깊이 깨달았습니다. 인류를 그리스도께 인도하는 것은 교회입니다. 우리가 그리스도의 모습의 일면을 드러내지만 전체의 모습을 제시하지 않습니다. 이러한 깨달음은 나에게 참신한 것이었습니다.

나는 가끔 오늘날 교회의 유일한 참 모습은 형제회의 방식일 수밖에 없다고 주장했으니까요. 마치 우리만이 모든 진리를 다 소유하고 있는 것처럼 말입니다. 물론 교회가 잘못한 것이 많이 있습니다. 그러나 형제회도 많은 잘못을 안은 채 살고 있지 않습니까? 이러한 성찰은 나를 교회와 모든 그리스도인들과의 친교에 한 걸음 바싹 다가서게 해주었습니다.

1982~1983년, 미쉘 S.B.의 메모에서

내 여행 초기에 일어난 중요한 사건은 장 사포레스의 죽음이었습니다. 내가 리마에 도착한 것이 12월 24일이었고 장은 29일에 눈을 감았습니다. 형제들에게 알려준 대로 장은 숨을 거두는 순간까지 의식이 맑았습니다. 내가 장을 마지막으로 본 것은 1966년이었는데, 그때가 장이 유럽을 마지막으로 여행한 것으로 기억하고 있습니다. 그후 4년 동안 우리는 서신 연락을 했는데, 때로는 아주 노골적인 표현도 주저하지 않았습니다. 편협한 그의 성격이 가끔 내 마음을 상하게 해준 것이 사실입니다. 그러나 그는 자신의 한계성을 초월하는 예리한 직관의 소유자였지요. "나자렛 예수의 사랑에 빠져든 사람들인 작은 형제의 성소의 핵심을 꿰뚫어보는 직관"을 가지고 있었습니다. 장은 죽기 얼마 전에 나에게 이렇게 써보냈습니다. 그의 편지 내용을 형제들과 나누는 것은 이번 여행 동안 그가 한 말을 깊이 되새겨보았기 때문입니다.

"나는 언제나 형제회의 초기 영감이 대단히 위대한 것이라고 생각해 왔습니다. 사실 형제회는 교회 안에서 보잘것없는 사람들로 이루어진 수도회이지만 큰 일을 해냈습니다. 우리는 형제들의 부족함이나 결점에 멈추어서는 안됩니다. 하느님의 사랑에 근거하는 형제회는 '영속'의 차원에 속하기 때문입니다. 사람들이 무어라 하건간에 목수의 아들 예수가 이름 없는 한 인간으로 사신 30년의 역사는 지워버릴 수 없는 것입니다.

가난한 이들(자기 관점에서 만들어지는 가난한 사람들과는 전혀 다른)에게 가지신 하느님의 사랑의 신비를 지워버리지 못할 것입니다. 인간적으로 볼 때 '형제회'는 많은 취약성과 결점을 안고 있습니다. 그렇다면 라틴아메리카 전역에 흩어져 있는 스무 개의 '형제집'(겉으로 근사하게 보이는)은 무엇을 의미합니까? 비록 이룩해 내는 것이 없다 하더라도 하느님과 교회가 형제회에 맡긴 사명에 충실할 때 형제들은 영성적 차원에서 '위대'하며 그 무엇과도 바꿀 수 없는 귀중한 것입니다. 물론 형제회의 정신에 충실히 살고 있는 형제들도 있지만, 우리의 현주소는 대개 이런 것이 아닐까 합니다."

리마에서

빌라 살바도르의 작은 성당 뒷벽에 그려진 벽화는 썩 아름답다고는 할 수 없으나 그것이 전달해 주는 메시지는 매우 감동적입니다. 한 무리의 남자와 여자와 아이들이 산과 바다와 사막을 지나 감실을 향해 걸어오고 있습니다. 그들은 모두가 헐벗고 가난한 사람들입니다. 그런데도 그들은 서로 의탁하면서 앞으로 걸어오고 있군요. 그들은 하느님의 백성입니다. 그들은 하느님 친히 선택하시어 돌보고 계시는 하느님의 가난한 사람들입니다. 그들은 굳게 결속되어 있습니다. 현재 라틴아메리카 교회의 성찰의 근저에는 하느님의 백성인 가난한 이들에 대한 참신한 의식이 깔려 있습니다. 따라서 가난하고 보잘것없는 작은 자들과의 연대가 활발히 일어나고 있습니다. 모름지기 이 벽화에 표현된 하느님 백성의 대열에 들지 않는 자는 그 누구도 하느님의 백성이라 자부할 수 없다는 것이지요! 그 대열에의 동참이야말로 하느님과 만나는 단 하나의 길인 것입니다. 그 길은 이웃의 도움을 받거나 도움을 주지 않고서는 한 걸음도 앞으로 나갈 수 없는 "공동체의 행진"입니다.

소박한 이 그림의 속뜻에 위대한 진리가 담겨 있습니다.

— 우리는 가난한 이들과 함께하는 삶의 체험 안에서 예수님을 따르지 않고서는 그분을 알 길이 없습니다. 가난한 이들은 가난한 그들의 삶 자체를 통하여 자기도 모르는 사이에 인간으로 고통당하시는 하느님의 모습과 십자가의 신비로 이어지는 나자렛의 삶을 선택하신 하느님의 육화의 의미를 우리에게 보여줍니다. 이러한 뜻에서 가난한 사람들의 생활은 우리에게 복음을 제시하고 가르쳐주며 하느님의 놀라우신 모습을 보여줍니다. 가난하신 하느님, 사랑하기에 우리를 위해 간청하시는 하느님! 그리고 가난한 자들에 대한 이야기는 바로 기도에 대한 이야기입니다.

— 인간이 연대하지 않고는 살아갈 수 없다는 사실, 그것은 곧 그 누구도 이 세상에서 독보적인 존재라고 자부할 수 없음을 말해줍니다. 이를 거부하는 사람은 사랑의 법칙을 어기는 사람입니다. 성서에 나타난 아벨과 카인의 이야기를 보십시오. 자기 형제를 돌보지 않은 것이 지구상에 나타난 최초의 죄악이 아니었습니까?

— 우리 모두는 우리의 "근원"을 찾아 걸어가고 있는 순례자들입니다. 남미인들의 말을 빌리자면 "까미난도", 곧 "걸어가고 있는 사람들"입니다. 남미 교회에 약간의 오류와 흠이 있는 것은 사실이지만 그보다 더 중요한 "겸손됨"이 이 교회의 깊숙한 저변에 깔려 있는 것 또한 사실입니다. 페루의 해방신학자 구스타보 구티에레즈는 이를 이렇게 표현했습니다.

"역사 안에 현존하시는 하느님과의 만남에는 신앙의 자세가 함축되어 있습니다. 자기 입맛에 따라 자기 식의 정당한 하느님을 만들어낸다거나 주님을 이용할 수 없다는 것을 인식하는 것은 새로움과 신비에 열려 있는 신앙의 자세에서 옵니다. 하느님의 도전을 받아들이려는 신앙인의 자세는 침묵의 명상 속에서 하느님의 신비에 접근합니다. 하느님은 가난하고 억압받는 형제들에게 보이시는, 눈에 보이지 않는 사랑을 통해 이 신비에의 접근을 허락하십니다."

장의 장례식에 온 친지들과 빌라 살바도르 본당 내의 여러 모임의 구성원들을 접하면서 나는 인간적으로 따지면 별것 아니지만, 형제회가 차지하고 있는 중요성을 다시 한번 확인할 수 있었습니다. 지금의 페루 교회가 추구하고 있는 것에 형제회가 응답하고 있음을, 가난한 이들과 연대된 삶을 통해 거룩하신 신비의 하느님을 증거하는 삶을 살고 있음을 확인했습니다. 하느님은 임마누엘, 곧 우리 가운데 계시는 분이시며, 자신의 온전한 봉헌으로 세상을 구원하시는 나자렛의 예수님이시기 때문입니다.

샌 디에이고에서

1952년에 창설된 이곳 형제회는 오랜 역사를 가지고 있습니다. 형제들도 짐작하듯이 칠레 사람들과 운명을 함께 해온 30년이란 세월이 순탄한 것만은 아니었습니다. 실업난이 극심한 곳이라 직장문제를 해결하기 위해 한 가지 고안을 해냈습니다. 그것은 몇몇 동네 사람들과 더불어 일종의 주택 수리 협동조합을 만들자는 것이었습니다. 이렇게 시작한 조합이 성장해 지금은 40여 명의 일꾼들이 조합원으로 활동하고 있습니다. 개인 집 수리는 물론 꽤 큰 건물 수리도 맡아 하고 있습니다. 이 조합에서 베니토는 조정관으로, 노엘은 용접 기술자로 일하고 있습니다.

여러 면으로 힘든 상황 속에서도 우리 협동조합이 성공적으로 운영되는 것은 놀라운 일이 아닐 수 없습니다. 그것은 임금 책정이나 중대한 결정들을 내려야 할 때 조합원들이 함께 의논하여 합의하는 협동정신을 실천하고 있기 때문일 것입니다. 또한 아침부터 저녁 늦게까지 여러 공사장을 돌며 자재 조달자와 고객들간의 조정관으로 열심히 뛰고 있는 베니토의 공헌도 한몫 할 것입니다.

조합이 잘 되어가는 것은 다행한 일이지만 베니토가 이 일에 너무 얽매이고 과로에 시달리다 보니 정상적 생활을 유지하기가 힘듭니다. 이러한 현실을 감안하여 베니토는 점차적으로 자기 직무를 다른 사람들에게 이양하기로 했습니다. 다행히 큰 공사에는 손을 대지 않고 페인트칠만 하는 엘리아는 비교적 안정된 생활을 하고 있습니다. 엘리아는 이웃들과 보낼 시간적 여유도 있습니다. 잘된 일이지요. 나도 여기 머무는 동안 엘리아와 여유로운 좋은 시간을 가졌고, 그는 나에게 이 나라 사람들의 새로운 면모를 발견하게 도와주었습니다. 나는 **쏠리다리다**(연대) 본부에서 보낸 오후를 잊을 수 없습니다. **쏠리다리다**는 시국 사건으로 행방불명된 사람들의 문제를 규명하고, 빈민들의 실직문제를 다루기 위해 생겨난 교구 소속의 조직입니다. 100명이 넘는 회원들이 어려운 상황 속에서 열심히 뛰고 있습니다.

남미의 대부분 형제회들과 마찬가지로 샌 디에이고 형제회 역시 생활 리듬 문제를 안고 있습니다. 나이가 들수록 형제들은 어느 정도 숨돌릴 수 있는 여유로운 생활의 필요성을 공감하게 됩니다. 인간 차원에서 요구되는 휴식과 여유, 신앙생활에서 요구되는 침묵과 여유, 공동체 차원에서 형제들과의 친교의 여유 등 이러한 필요성이 결코 이기주의적 발상에서 비롯된 것이 아니며 이웃과의 연대를 피하거나 우리 생활에 보호막을 치려는 것 또한 아닙니다. 오히려 있는 그대로의 우리 현실을 받아들이고 우리의 삶을 이끌어주는 가치를 현실 안에서 살아가려는 것입니다. 그것은 쉽지 않을 뿐더러 이상적인 해결책이 아니라는 것 또한 잘 알고 있습니다. 기실 중요한 것은 각 형제들이 규칙적으로 그들의 현주소를 점검하고 확인함으로써 그에 부응하는 현실을 살아가는 것입니다.

작은 형제들은 삶을 체계적으로 꾸려가는 일에 서투른 듯합니다. 무릇 우리에게 중요한 것은 하느님께 드리는 믿음과 사랑의 증거, 인간에 대한 하느님의 뜻과 그분이 원하시는 것을 실천하는 태도, 기도와 관상과 헌신입니다. 이를 통해 우리는 자신들의 항해를 계속합니다. 작은 형제의 성소를 더욱더 깊이 이해하기 위하여 규칙적으로 한적한 곳으로 피해 머물지 않는다면 성소의 유지가 어렵게 될지도 모릅니다. 형제적 삶의 역할이 여기에 있습니다. 형제적 생활을 통해 우리는 구체적인 삶의 차원에서 도출되는 문제점들을 규칙적으로 점검하고 평가함으로써 말만 늘어놓는 사람이 되지 않도록 서로 도와야 합니다.

부에노스 아이레스에서

이곳에 형제회가 시작된 지도 꽤 오래되었습니다. 남미의 가난한 민족들의 역사 속에 각 형제회가 깊숙히 들어가 함께 걸어온 파란만장한 긴 수난의 역사는 남미 형제회의 특징이라 할 수 있습니다. 마지막 자리를 선택하신 예수님께 대한 샤를르 형제의 직관과 가난한 민중들과 연대하시는 하느님께 대한 남미 교회의 예리한 직관 사이에는 깊은 연관이 있습니다.

나자렛이 우리를 감동시키는 것은 예수님의 침묵이지만, 그보다 더 감동적인 것은 사람이 되신 하느님(육화)의 현실입니다. 예수님은 구체적인 역사 안에서, 갈릴래아의 나자렛 마을에서 목수의 아들이 되는 길을 배웠습니다. 그리고 그 현실 안에서 십자가를 통해 자신을 드러내보이셨습니다. 이 계시는 역사적 공간과 시간 속에서 이루어졌습니다. 그분의 제자들인 작은 형제들은 예수님의 삶을 시간과 공간 속에 지속하면서 이를 재현하는 사람들입니다.

예수님의 나자렛 삶이 우리에게 계시하는 것은 "사랑의 실천"입니다. 그 삶은 각 인간이 지닌 무한한 가치와 존엄을 선포합니다. 그리고 모든 인간은 목적이 아무리 고귀하다손치더라도 그 목적의 달성을 위한 도구로서의 인간이 아니라, 존재 그 자체로서 사랑받을 가치를 지닌 고귀한 존재임을 확언합니다.

예수님의 목적은 단 하나입니다. 곧 흩어진 사람들을 한 곳에 모아들여 그들의 죄를 사해주고 하느님의 새로운 계약의 백성으로 만드시는 것입니다. 믿음을 불러일으키고, 죄악을 폭로하여 각 인간을 회개로 부르심으로써 앞날을 열어주시고, 궁극적으로는 생명을 주는 것입니다. 이 길은 권세와 다스림을 피하고 세상의 가난하고 작은 자들과의 연대로 이어진다는 것을 우리는 잘 알고 있습니다. 예수께서 그렇게 사랑하셨기 때문입니다.

파라과이, 벨렌에서

부에노스 아이레스의 형제회와 파라과이의 벨렌 형제회는 그 성격이 아주 다릅니다. 같은 언어를 사용하지만 전혀 별개의 것이라 할까요. 벨렌 형제회는 주변 지역들의 발전에서 소외되어 무시를 당하며 농사 반 사냥 반으로 살아가는 인디언들 사이에서 살고 있습니다. 이곳 생활은 여러 면에서 아주 단순합니다. 하비에는 낚시와 낚시 그물을 짜서 이웃 마을에 나가 파는 일을, 후안치토는 농사를 짓습니다. 괭이로 땅을 갈아야 하는 형편이니 무슨 수확을 기대하겠습니까. 그러나 이 지역 농민들은 모두 그렇게 살아가고 있습니다.

이곳 형제회는 작은 형제들의 정신과 생활의 중요한 한 측면인 "무상의 생활", 곧 대가를 바라지 않고 거저 주는 생활에 초점을 두고 있습니다. 형제들이 여기서 이 사람들과 이렇게 살고 있는 의미를 누가 이해할 수 있겠습니까! 그런 의미에서 이곳 형제들의 현존은 많은 사람들에게 하나의 "질문"을 던져줍니다. 우리의 목적은 복잡하지 않습니다. 인간을 생산의 도구로 삼거나 이용하는 것을 거부하고 그들 자신을 위해 그들을 사랑하는 것입니다. 여기서 형제들이 무상의 생활을 선택한 것은, 우리에게 거저 베풀어주시는 하느님의 사랑의 연장선 위에 있습니다. 또한 기도와도 관련이 있습니다.

아무도 그것을 가르쳐 줄 수 없습니다. 스스로 터득하고 스스로 살아갈 뿐입니다. 기도를 통해서만이 우리는 인간과 세상을 올바로 볼 수 있고 자신과 이웃들, 사회와 사건들에 대한 분별력과 시각을 기를 수 있습니다. 다원화되어 가는 정치와 사회 앞에서 신앙의 시각은 진정한 인간해방의 현주소를 밝혀주고 어떤 길을 선택해야 할지 우리를 도와줍니다.

오늘 내가 강조하고 싶은 것은 우리 삶의 한가운데에 자리잡고 있는 기도의 신비입니다. 때로는 감미로움 속에, 그러나 대개는 일방적이고도 무미건조한 하느님과의 만남인 기도의 신비에 관한 것입니다. 참 사랑이신 그분만이 기도하는 법을 우리에게 가르쳐 주실 수 있습니다. 바꾸어 말해 육화와 동떨어진 기도란 있을 수 없다는 것입니다. 기도와 육화는 긴밀한 관계에 있으며, 형제들의 육화는 나자렛 예수님의 삶을 본받음으로써 이루어집니다. 형제들의 기도의 육화는 이웃들과의 연대에 동참하는 생활 속에서 이루어집니다. 따라서 하느님의 현존이자 사랑의 표현인 성체성사는 우리 모든 것의 중심입니다.

주님은 죽음과 부활의 신비를 통해 하느님과 형제자매들을 위한 삶에 투신하라고 우리를 초대하십니다. 이러한 의미에서 나는 남미에서 기도의 방랑생활을 하고 있는 앙리에게 그의 삶이 형제회 차원에서 얼마나 귀중하고 보배로운 것인가를 거듭 강조했습니다.

브라질에서

조앙 페소아 형제집은 상 파울로에서 버스로 계속 달려 이틀이 걸리는 거리에 있습니다. 연락하기 힘든 먼 거리입니다. 프란치스코와 마르코, 그리고 파라과이에서 수련을 마치고 갓 돌아온 토닌뇨와 지원자 두 사람이 살고 있습니다.

우리는 대체로 남미 동북 지방에서 해방신학자들이 말하는, 가난한 자들을 우선적으로 선택한 브라질 교회의 모습을 찾아볼 수 있습니다. 가난한 자들에 대한 우선적 선택은 브라질의 여러 지방, 특히 상 파울로에서 활발히 일어나고 있으며 동북 지역의 여러 본당들이 같은 방향을 향해 나아가고 있습니다. 기초 공동체에서 주교님들에 이르기까지 모두가 일치와 결속을 위해 열심히 노력하는 모습을 볼 수 있습니다. 복음의 빛 아래 교회 안에 이러한 운동이 일고 있고 "진지한 질문"이 교회로부터 제기되었다는 사실은 퍽 감동적입니다.

현재 남미 대륙은 복음을 묵상하고, 그 묵상을 통해 복음과 일치하고, 복음으로 강화되는 근본적이고 절실한 과도기를 겪고 있습니다. 1980년에 피살되신 오스카 로메로 주교님의 말씀 몇 마디를 적어보겠습니다. 여기서 주교님은 현재 남미 대륙이 추구하는 길의 방향을 명시해 주고 계십니다.

"초대교회의 이레네우스 성인은 '하느님의 영광은 바로 살아 있는 사람들'이라고 했습니다. 우리는 이 말씀을 '하느님의 영광은 바로 살아 있는 가난한 사람들'이라고 구체화할 수 있을 것입니다. 복음의 초월성에 의거해서 우리는 가난한 사람들의 삶에 담긴 진실에 감사드려야 합니다. 또한 우리 자신이 가난한 이들의 편에서 그들에게 생명을 주고자 노력할 때 바로 우리는 복음이 제시하는 영원한 생명이 무엇인지를 이해할 것입니다. … 복음은 투쟁의 참 의미를 축소시키지 않습니다. 고통에 울부짖는 사람들이 왜 존재합니까? 그들의 고통은 죄악을 고발합니다. 모름지기 해방의 초월성은 죄와 단절을 의미합니다. 이에 교회는 끊임없이 '죄를 뉘우치라'고 호소합니다. 하느님과의 결속을 가볍게 치부하는 모든 사람들에게 그 중요성을 일깨워주고 싶습니다. 해방에 대한 참 개념은 하느님을 떠나서는 있을 수 없습니다."

조앙 페소아 형제회를 중심으로 형성된 기초 공동체는 회원들의 신앙생활에 결정적 영향을 주었고, 신앙이 요구하는 실천의 의의를 강화시켜 주었습니다. 나는 철거 협박을 받고 있는 농민 보호를 위해 기초 공동체가 조직한 비폭력 시위에 형제들과 참여했습니다. 약 5,000명의 농민과 시민이 참여한 이 시위의 열기는 대단히 진지했습니다.

현재 남미에서는 폭력에 비폭력으로 대응하는 그리스도인들의 운동이 확산되고 있습니다. 브라질의 동북부에서는 "비폭력"이라는 용어가 자칫 수동적 행위로 해석될 수 있다 하여 "결연한 확신"이라는 용어로 대치했습니다. 『고통의 종』에 대한 깊은 묵상과 공부가 활발히 진행되고 있습니다. 예수님을 따르는 길을 형제회의 카리스마에 비추어 묵상할 때 우리는 남미 교회와 형제회 사이에 나란히 가는 몇몇 공통점을 발견합니다.

형제들은 사람들, 특히 가난한 사람들을 대하시는 예수님의 모습을 본받고자 부름에 응답한 사람들입니다. 그러나 우리가 첫째 명심해야 할 점은 그 누구도 하느님의 나라로부터 배제되지 않았다는 것, 하느님의 나라에서는 모든 사람이 동등한 자격의 자녀로 부름받았다는 것입니다. 믿음과 희망의 메시지는 모든 사람의 것입니다. 죄에서의 승리야말로 하느님의 사랑의 업적임을 예수님께서 보여주셨습니다. 예수님의 태도는 죄악의 고발인 동시에 회개로의 초대입니다.

우리는 주님의 십자가의 신비와, 하느님의 나라를 위해 자신의 전부를, 생명까지 바치신 그 신비를 묵상해야 합니다. 그것은 우리에게 삶의 자세를 가르쳐줄 뿐 아니라 인생 전체를 밝혀주고 인간해방의 원칙과 수단을 가늠하는 분별력을 길러줍니다. 이곳에서는 또한 신학생들과 사목자들을 위한 신학의 방향에 대한 연구가 활발히 진행되고 있습니다. 조앙 페소아에서 만난 마리아-안또니아 자매가 이에 대한 나의 이해를 도와주었습니다. 교회쇄신의 발돋움이자 도전인 이 모든 노력들은 깊은 신앙과 복음의 열정으로 남미 교회 안에 약동하고 있습니다.

우리는 형제들의 집을 떠나 한적한 곳에서 여러 주말을 함께 보냈습니다. 모든 형제들이 이러한 시간의 필요성을 실감하고 있었지요. 우리의 나눔과 토론은 각 형제가 느끼는 아주 구체적인 일들에서 출발하여 전개해 갔습니다. 조합과 마을 일의 참여와 투신, 형제들간의 만남, 나눔의 필요성, 기도와 침묵시간 등. 생활 리듬에 대한 구체적인 문제는 형제적 삶의 동기와 중요성에 대한 나눔으로 이어졌습니다. 진지하고 깊은 나눔이었습니다. 이 나눔은 우리 각자에게 충실성의 초석과 같습니다.

남미 교회의 일각에서 불고 있는 가난한 이들을 위한 선택의 바람은 연대와 결속으로 표출되고 있습니다. 이 연대는 하느님과의 만남과 신앙을 묶어주는 연결고리와도 같습니다. 작은 형제들의 연대를 세상의 모든 형제자매들, 특히 형제들의 이웃들에게로 확산해 가야 합니다. 형제회 역시 하느님의 백성의 한 부분이기 때문입니다. 형제들의 생활은 우리 삶의 존재 이유요 전부이신 하느님과의 만남이며 그 실천입니다. 여기서도 역시 우리는 "걸어가고 있는 사람들"입니다. 우리가 서로를 이해하고 있다 해도 대인관계에서 부닥치는 어려움들은 있게 마련입니다. 완전한 해결책은 존재하지 않을 것입니다. 중요한 것은 우리의 구체적 노력을 날마다 꾸준히 계속하는 것입니다. 이번에 동북 지역 형제들과 함께 보낸 3주간을 매우 흡족하게 생각합니다.

북아메리카

1967년, 미국, 디트로이트에서, 로제 형제가

우리집 부근에 접근을 금지하는 바리케이트가 세워지고 경찰과 전경대가 출동했습니다. 군중들이 여기 저기서 모여들고 있었지요. 저만치 떨어져 있는 가게에서는 훔친 식료품과 음료수 궤짝을 나르는 젊은이들이 분주히 움직이고 있었습니다. 그것이 미국을 치명적인 인명 피해와 폐허로 몰고간 인종 폭동의 전주곡이었습니다.

가장 피해가 심했던 12가街에서 불과 200미터 지점에 위치해 있는 우리집 앞 거리는 심한 타격을 입었습니다. 폭동은 토요일 밤에 일어났습니다. 나는 다음 날인 일요일 아침에 출근을 하고서야 우리집 거리 모퉁이에 있는 약국이 불에 타고 약탈당했다는 소식을 들었고, 집에 와서야 비로소 지난 밤 사건이 몰고 온 파괴와 사태의 진상과 심각성을 깨달을 수 있었습니다. 그 다음날 나는 여느 때와 마찬가지로 걸어서 10분 거리에 있는 병원에 출근했습니다. 직원들이 출근하지 않았기 때문에 병원 일은 종일 손이 딸렸고 교통이 단절되었으며 거리는 위험으로 술렁거렸습니다. TV를 통해 소식을 들은 친구들이 그들의 집으로 피신오라는 전화벨을 연신 울려댔습니다.

일주일 이상 밖에서는 거의 밤마다 방화와 살인극이 벌어지고 있었습니다. 소방차가 분주히 드나들며 진화작업을 하였지만 사방에서 폭발하는 불길을 잡기에는 역부족이었습니다. 폭도들은 심지어 소방대원들까지 체포하고 총을 마구 쏘아댔으므로 소방대원들의 생명이 위태로웠습니다. 우리 동네의 식료품 가게들은 모조리 불타버렸고, 단 하나 남은 상점마저 약탈을 모면할 수 없었습니다. 군대의 투입 이후 폭동은 곧 진압되었지만 거리는 마치 큰 전쟁을 치르고 난 것 같았습니다. 발포 자세를 한 군인들을 가득 태운 지프 차들이 거리를 순회하고 있었고, 하늘에는 밤낮을 가리지 않고 헬리콥터가 날고 있었습니다. 군력 동원에도 불구하고 거리의 혼란은 일주일 이상 계속되었습니다.

그동안 형제들의 생활도 순탄할 수 없었습니다. 때로는 이웃 흑인들의 분노를 피부로 느낄 수 있었지만 심각한 위험이나 위협은 받지 않았습니다. 다른 백인들 집처럼 창문을 파괴한다거나 자동차 타이어를 망가뜨리지도 않았습니다. 이 동네에는 빈곤이 배태하는 위험이 상존하는 것입니다. 사실 가난하고 힘없는 사람들은 거의가 언제나 위험 속에 방치되어 살고 있습니다. 빈곤에서 오는 위험을 무릅쓰지 않고 작은 형제들이 어떻게 가난한 사람들의 삶을 나눌 수 있겠습니까?

우리는 북미 문화의 건설적인 가치와 양상들, 그리고 그러한 배경 안에서 가지는 작은 형제들의 현존의 의미에 관해 반성해 보았습니다. 우리 성찰의 초점은 이 문화가 북미에 사는 작은 형제들의 정신과 자세에 어떤 영향을 미치며 동시에 형제들의 현존이 이 사회의 허위 가치들과 불의에 맞서 어떻게 대항하고, 또 왜 그래야만 하는지에 모아졌습니다.

이 사회에서 노동은 가난을 의미하지 않습니다. 자격을 갖춘 사람은 수입이 많으므로 중산층에 속하지만 공장, 공사장, 병원의 잡무 같은 전문직이 아닌 곳에서는 인간의 착취가 매우 심각합니다. 특히 노조가 없는 곳에서는 더 심합니다. 이런 직장에서 일하는 사람들은 이민들과 사회에서 소외된 계층의 사람들입니다. 적절한 노동의 선택은 형제들 각자에게 매우 중요한 문제이며, 전문직이 아닌 직종에서 균형을 계속 유지하기란 매우 힘들다는 결론을 우리는 얻었습니다. 대개의 경우, 극빈자들이란 사회로부터 완전히 소외된 자들이거나 노동이 불가능한 사람들입니다. 국가에서 지급하는 실업 수당은 그들에게 어느 정도의 물질적 보장을 해주지만 이러한 제도는 또 하나의 빈곤과 인간 파괴를 초래합니다. 그 영향은 대단히 심각합니다. 따라서 노동은 가난한 이들의 사회에 동참하는 소극적 행위에 불과합니다. 동네의 선택도 중요합니다. 형제회의 문은 누구에게나 열려 있어야 합니다. 찾아오는 사람들이 누가 되었건 그들이 오직 인간이라는 이유 하나만으로 형제들의 환대를 받아야 합니다. 그 중에서도 사회에서 버림받고 사회에 적응할 수 없는 사람들에게는 특별한 관심과 주의를 기울여야 합니다.

샘은 우리에게 현대가 몰입해 있는 팝 문화 — TV, 맥주, 스포츠 등 — 를 너무 쉽게 거부하거나 무시해 버리는 경향이 있음을 지적했습니다. 이런 것에 신경쓴다는 것이 우리에게는 흔히 시간 낭비처럼 여겨지지만(그것은 아마 분명하겠지요) 그렇다고 이를 너무 도외시하면 주위의 사람들과 어울릴 수 없는 국외자가 될 위험이 있습니다. 여기서도 균형이 요청됩니다.

우리는 개인주의와 능력 위주의 자본주의를 전폭적으로 지지할 수 없습니다. 교회 역시 이러한 사고방식에 젖어 있기는 매한가지입니다. 모두가 공정하게 누릴 수 없는 북미의 풍요는 거의가 제3세계의 착취로부터 얻은 산물입니다. 형제들의 현안의 하나인 제3세계에 관한 숱한 문제들에 있어 심도깊은 의견을 나누었습니다. 형제들은 이민들과 정치 망명가들과 끈끈한 유대를 유지하고 있습니다. 아무튼 북미에 사는 형제들은 제3세계가 존재한다는 현실을 염두에 둔 생활방식에 충실할 필요가 있습니다.

1979년, 디트로이트, 미쉘 S.B.의 메모 중에서

뉴욕에서와 같은 폭력의 분위기를 디트로이트에서도 느끼게 되지만 그 양상은 다릅니다. 디트로이트는 무한히 확장된 대도시로 주민들은 거의가 정원이 딸린 개인 주택에서 생활합니다. 자동차 생산 도시인 이곳에서는 모두 자기 차를 가지고 있으므로 대중교통 수단은 거의 없는 형편입니다. 그들에게 승용차는 집만큼이나 중요합니다. 작은 형제들이 살고 있는 동네는, 이를테면 디트로이트의 브룩크린과 흡사합니다. 시 외곽 부촌들과 마찬가지로 여기도 두세 명의 가족들이 살고 있는, 정원으로 둘러싸인 작은 주택들을 볼 수 있습니다. 색다른 것이 있다면 그것은 가꾸지 않은 정원과 무너져가는 집들입니다. 목재 주택들은 손을 보지 않으면 오래 유지될 수 없으니까요. 여기엔 눈에 보이지 않는, 그러나 구획을 가르는 매우 현실적인 장벽이 엄연히 존재합니다. 종족이나 피부색에 따라 선을 넘을 수 있거나 넘어서는 안되는 구획이 있습니다. 그 경계선은 인종을 갈라놓는 육안으로 보이지 않는 경계선입니다.

흑인 공동체는 이곳에서 아주 중요한 위치를 차지하고 있습니다. 시민의 절반 이상이 흑인으로 1965~1970년 사이에 일어났던 인종 분규는 지금까지도 불신과 공포로 표출되고 있습니다. 거의가 멕시코인들로 구성된 약 10만에 달하는 남미인들도 주목을 끕니다.

형제들의 집은 흑인 게토와 맞물린 지역에 있는데 여기서는 흑인과 백인이 공존하고 있습니다. 이러한 상황 아래서 형제들의 집은 상당한 의미를 지닙니다. 형제들은 이 동네에 깊숙히 뿌리내려야 함을 잘 알고 있습니다. 때로는 모든 인종의 벽을 뛰어넘어 우리 시야를 넓히는 데 방해가 될 수 있는 몇몇 친구들과 특별히 가까이 지내는 위험을 경계해야 하지만 이 역시 그리 쉬운 일이 아닙니다. 이곳의 가난한 사람들은 고정된 직업이 없는 사람들로서 형편이 허락하면 곧 어디로인지 이주해 버리곤 합니다. 그럼에도 이곳에 눌러 사는 사람들은 이사갈 능력이 없거나 제도사회로 편입되기를 거부하는 사람들입니다. 이들의 도피처는 별수 없이 알코올과 마약과 섹스입니다. 대인관계는 흔히 폭력으로 분출됩니다. 에릭과 샘은 이런 상황을 속속들이 알고 있습니다. 내가 여기 도착하던 날 우리집에서 불과 몇 미터 떨어진 곳에서 한 청년이 피살당했습니다.

내가 여기 왔을 때 형제들과 여섯 달 이상을 같이 살던 지원자가 있었는데 며칠 후 그는 갑작스런 아버지의 부고를 받고 집으로 갔습니다. 얼마 후에 돌아온 그는 결혼하겠다며 다시 훌쩍 떠나버렸습니다. 샘과 에릭에게는 지원자가 없는 것이 문제가 되지 않을 수 없습니다.

분열이 극심한 사회, 이기적이고도 자기중심적인 물질 개발에만 모든 희망을 내건 이 나라가 길을 잘못 들었다는 것을 의식하기 시작했습니다. 이 기회에 형제회가 이 사회에 이바지할 수 있는 것이 무엇인지 모색해 보아야 할 것입니다. 내 표현이 지나쳤는지 모르겠습니다. 그러나 솔직히 말해 나는 캐나다의 토론토나 디트로이트의 최첨단 기술 시장을 둘러보면서 구토증이 날 정도로 충격을 받았습니다. 인간의 최첨단 기술과 세련미의 마지막 외침 … 소위 풍요와 더 나은 삶의 추구라는 것! 도대체 무엇이 그 기준입니까? 정말 너무 심하다는 생각을 떨쳐버릴 수 없었습니다. 인간에게는 물질적 풍요가 아닌 다른 가치가 존재한다고 외치고픈 욕구가 목까지 치밀어올랐습니다. 이렇게 느끼는 사람은 나 혼자만이 아닐 것입니다. 아직은 젊은 이 나라에 대한 우려의 목소리가 들려오기 시작합니다. 교황님의 말씀을 귀담아듣는 사람들은 이 사실의 증인들입니다.

1979년, 캐나다, 써브버리, 미쉘 S.B.의 메모 중에서

이곳 형제회는 아카디아(캐나다 남동부의 옛 프랑스 식민지)인들 사회에 탄탄히 뿌리내린 공동체입니다. 페르난도는 원래 아카디아 출신으로 그의 출현은 형제회의 진출에 한몫을 했습니다. 바브는 창고지기로, 페르난도는 석공으로 일하고 있습니다. 써브버리 형제회는 북미에 있는 형제회들 중에서 유일하게도 교구장과 가까운 사이입니다. 제라르 다이온 주교님이시지요. 나도 그 주교님과 만나 많은 대화를 나누었는데 써브버리 형제회는 마치 두 형제와 한 분 주교님이 살고 있다고 해도 과언이 아닐 듯합니다.

각 형제들의 성격을 속속들이 알고 나면 형제들의 생활이 언제나 쉬운 것만은 아닐 것이라는 추측을 할 수 있습니다. 내가 이곳 형제들에게서 받은 좋은 인상은 침착하게 서로 노력하며 살려는 결단입니다. 상대방을 깊이 이해하고 장점들을 차츰 발견, 인정함으로써 감정을 극복하려는 노력입니다. 위험한 것은 이러한 노력을 중단하고 대화를 피하며 각기 자기대로 사는 것입니다. 이 점을 인정하는 형제들과 나는 마음을 열고 이 문제에 대한 의견을 나누었습니다. 대화에서 부딪치게 될 어려움들은 형제들이 자기 자신을 잘 알고 상대방을 잘 알 때 비로소 극복될 수 있다고 생각합니다. 형제 앞에서 나 자신을 돌아보고 그와 함께 문제를 풀겠다는 결단과 마음의 자세가 없이 진지한 대화에 들어갈 수 없습니다. 우리는 나누려는 의도가 없는 교만한 자세로 형제의 말을 들을 수 있습니다. 그러한 태도는 물론 좌절을 수반합니다. 형제들이 함께 길을 간다는 것 자체가 기실 참된 행복의 첫째 행복인 그 가난에서 기인하는 것 아닐까요?

여기 머물며 주말을 함께 보내는 동안 형제들과 나는 이웃과 직장 동료 그리고 남녀 친구들과의 대인관계에서 얻은 각자의 체험을 나누며 "우정"에 관한 성찰을 했습니다.

형제들이 "우정"이라는 단어를 너무 자주, 그리고 너무 마구 사용하기 때문에 이 말에 담긴 깊은 의미와 참된 가치를 희석시키고 있지 않은가라는 질문이 제기되었습니다. 그럼에도 나는 내 삶의 의미를 한마디로 요약해야 한다면 결국 "우정"이라고 생각합니다. 우선 주님께 대한 나의 삶(우정)에 관해 언급하자면 이를 요구하시는 분은 주님이십니다. 이러한 특별한 상황에서 나의 응답은 그분이 원하시는 대로 나를 맡겨드리는 것입니다. 나 자신, 인간, 사건들을 바라보는 시선에 차츰 변화를 가져다주는 내 안에 머무르시는 그분의 현존과, 때로는 어디로 가고 있는지 알 수 없을 정도로 암담한 순간에도 내 안에 자라나는 기쁨 안에서 나를 위탁하는 것입니다. 내가 만나게 되는 모든 남녀와의 관계 역시 우정을 지향합니다. 형제들과의 관계도 마찬가지입니다.

그러나 개별적 대인관계는 모험이 따르며 그 결과가 언제나 흡족한 것만은 아닙니다. 왜일까요? 이유는 우리의 기대가 지나쳤거나 우정을 키워가기 위한 노력과 기다리는 인내심이 없기 때문입니다. 사실 "우정"이란 어려움이나 시련에서 오는 감정 이상의 것입니다. 우정은 감정보다 강합니다. 그것은 진실을 바탕으로 이루어지는 것이기 때문입니다. 그러나 우정은 인내와 존중, 지속하고픈 열망이 요구됩니다. 이것은 누구나 체험하는 것입니다. 여성들과의 우정일 경우에는 혼자 감당하기보다는 형제 중의 어느 한 사람과 나누면 도움이 될 것입니다. 우리의 장애 요인은 흔히 교만, 두려움, 집중, 혼자 감당하려는 고집 같은 것입니다. 이러한 발상은 매우 위험합니다. 많은 사람의 체험이 이를 대변해 주고 있습니다.

결국 우리는 어느 선까지, 그리고 어떻게 사랑해야 하는지 묻게 됩니다. 예수께서 우리에게 요구하시는 사랑, 즉 조건과 한계가 없는 사랑을 이해하기 위해서 우리는 그분을 바라보아야 합니다. 어떻게 사랑해야 하는가의 질문은 몹시 미묘한 문제입니다. 그것은 내편의 우정과 이에 대한 상대편의 응답간에 오해가 있을 수 있기 때문입니다. 명확히 판단하기 어렵습니다. 길을 밝혀주는 빛을 무시하지 말아야 한다고 생각합니다.

먼저 인간적인 차원에서 두려움 없이 자신과 자신의 정서적 반응에 대한 객관적 인식이 필요합니다. 왜냐하면 우리 모두는 결국 약간 발을 절면서 생긴 대로 살아가는 사람들이며, 우리가 추구하는 그 사람으로 살 수는 없기 때문입니다. 여기서 내 형제의 판단과 배려는 나에게 없어서는 안될 귀중한 도움입니다. 그것은 하루아침에 이루어지는 것이 아닙니다. 그러나 이를 시도하려는 용단과 대가를 치를 각오가 되어 있어야 합니다. 하느님과의 우정에서 오는 다른 빛이 있습니다. 이와 관련하여 성체에 대해 한마디 언급하고자 합니다. 성체는 우정의 방향을 제시해 줍니다. 성찬 거행은 우리의 사랑의 기능에 생명을 주기 위해 제정되었습니다. 예수께서 당신 제자들에게 "기념"으로 성체성사를 거행하라고 하셨을 때 그 본뜻이 거행에만 있지 않았습니다. 그것은 깊은 존중심으로 하느님 아버지와 모든 것을 나누면서 섬김과 우정을 실천하라는 것이었습니다.

하느님의 사랑과, 사랑을 향한 인간들의 노력 사이의 상호작용에 관해 매우 어설프게 표현하고 있는 기분입니다. 인간의 현실적 차원에서 자신과 이웃들에 대한 인식, 그리고 하느님께서 초대하시는 삶과 그에 따르는 생활양식에 대한 성찰은 매우 중요합니다.

1980년, 캐나다, 토론토에서, 베르나르 형제가

"세속화된 사회에서의 영성"이라는 주제의 세미나에서 발표된 증언들을 중심으로

현실 안에서 진리 추구에 우리의 지성과 마음을 열고 살 때, 조만간 우리는 깊은 불안감에 빠지게 될 것입니다. 특히 현대사회에서 더욱 그렇습니다. 이 불안은 우리 생활의 모든 분야는 물론 우리 존재의 한복판 깊숙히 파고듭니다. 우리의 사회는 오늘날 극심한 변화 속에서 존속하는 가치의 거부, 세속화, 물질주의 그리고 여기서 오는 결과인 개인주의, 정체성의 위기, 가정생활의 붕

---

* "하찮은 인간들": 우리 사회에서 명성과 영향력이 없는 부류의 군상들을 적절하게 표현해 주는 말을 찾기가 힘들다. 나도 이 사람들 중의 하나이다. 사람들은 흔히 자신을 다른 사람들과 비교함으로써 자신을 평가하려 한다. 이러한 표현이 그 사람들을 비웃으려는 의도가 없음을 밝혀둔다.

괴, 경제적 불안 등의 소용돌이 속에 휘말려 있습니다. 한마디로 서구 사회의 불안은 현대인, 특히 북미 전역의 사람들에게 심각한 영향을 끼치고 있습니다. 이 불안은 우선 가난한 사람들, "하찮은 인간들"* 현대가 제시하는 수단으로 성공하기를 거부하거나 성공할 수 없는 사람들에게 큰 타격을 줍니다. 그 수단은 돈, 성공, 명예, 사회적 출세 혹은 광란적 쾌락의 추구를 통한 현실 도피와 같은 것들입니다.

일상생활에서 만나는 불안의 체험을 하느님과의 관계를 추구하는 영성, 곧 사랑의 인식에 근거한 영성과 어떻게 조화시킬 수 있을까요?

교회는 자신이 그 누구에게보다도 가난한 자들에게 파견되었음과 복음이 가난한 사람들에게 먼저 선포되었다는 사실을 알고 있으며, 이러한 인식은 과거 어느 때보다 절실히 요청되고 있습니다. 이에 대한 교회의 의식은 우리가 처한 딜레머를 해결해 줄 실마리를 어디서 찾아야 하는지를 예언자적으로 제시해 줍니다.

우리의 불안을 어떤 형태의 영성으로 풀어가야 합니까? 그 답은 예수께서 선언하신 참된 행복 안에 이미 들어 있습니다. "가난한 사람들은 행복합니다. 하늘나라가 그들의 것입니다"(루가 6.20). 우리는 가난한 사람들과 더불어 그들의 생활 조건을 우리의 것으로 받아들이면서 그리스도인으로 살아가기를 원합니다. 이러한 실천은 매우 어려운 것이지만 우리의 삶을 항상 풍요롭게 해줍니다. 청빈의 실천은 우리의 출발점이자 복음 묵상과 주님의 현존을 만나는 영성 생활의 장입니다. 우리는 주님께서 이 모든 것을 통해 우리를 사랑과 자유의 길로 인도해 주시도록 현실을 영성생활과 접목시켜 가야 합니다.

그렇다면 그것은 토론토의 형제들에게 구체적으로 무엇을 의미합니까?

이곳 형제들은 노동자들이 사는 동네의 어느 골동품 가게 위에 있는 아파트에 살고 있습니다. 이 아파트는 크기로나 모든 면에서 우리에게 적절하다고 봅니다(집세가 내 월급의 1/3에 해당하지만). 한참 산 후에야 우리는 공장과 대로변들 사이에 위치한 이 집이 굉장히 답답하다는 것을 알게 되었지요(아파트 전체에 열 수 있는 창문이라고는 단 하나밖에 없음).

우리는 "수도자"의 신분을 드러내지 않고 이 동네에 들어와 살기 시작했는데, 이것이 몇몇 이웃 사람들에게 오해를 불러일으켰습니다. "남자들끼리 살고 있는 저 사람들의 신원이 도대체 무엇이냐?"는 것이었지요. 그러나 그러한 오해는 오래 가지 않았습니다. 이웃들과의 접촉이 잦아지면서 우리는 차츰 작은 형제들의 신원과 생활에 관해 알아듣도록 설명해 주었으니까요. 그럼에도 일부 사람들은 아직도 우리를 이해할 수 없는 사람 취급을 합니다. 우리가 그들이 알고 있는 사제나 수도자들과 여러 면에서 다르기 때문일 것입니다. 우리는 여느 사람들과 똑같이 아침 일찍 일어나 샌드위치를 싸들고 출근을 하고 종일 서서 단순노동을 합니다. 공장에서 우리 위치는 아무 때라도 해고당할 수 있는 노동자입니다. 급여는 집세를 겨우 지불할 정도입니다. 손수 옷을 빨아입고 청소를 하며, 어쩔 수 없이 살아야 하는 삶이 어떤 것인지를 체험하는 평범한 사람입니다.

시간이 가면서 이웃들과 알게 되고 신뢰와 우정이 싹트기 시작했습니다. 종교에 관한 화제는 거의 없는 편으로 꺼낼 필요조차 없습니다. 가끔 형제들의 저녁기도에 참석하는 사람들이 있습니다.

노동은 우리 생활의 대부분을 차지합니다. 한 형제는 공장 직공으로, 또 한 형제는 페인트공으로 그리고 나는 분양 아파트 관리인으로 일하고 있으며, 주 5일에 하루 여덟 시간 근무를 합니다. 때로는 육체적으로 지칠 때도 있지만 새로 알게 된 친구들과 우정을 다져가는 기쁨도 있습니다. 2주에 한 번씩 우리는 근로자 계급의 그리스도 신자들과 모임을 가집니다. 우리의 화제는 주로 일상사로부터 시작해서 그리스도인의 신앙 실천, 정의를 위한 투쟁, 근로자들간의 연대 강화 등으로 이어집니다. 모임에 참석하는 신부님이 계실 때 사정이 허락하면 기꺼이 미사 봉헌을 합니다.

직장 근무 외의 여가시간은 이웃이나 친구들과 보내기도 하고 집안일을 하기도 합니다. 독서와 기도의 시간을 걸르지 않기 위해 노력이 필요합니다. 기도와 활동의 조화를 유지하기란 쉬운 일이 아니군요!

성서 묵상, 공동체 기도, 개인기도, 성체조배, 미사, 공동생활, 이웃 사람들과의 관계 유지 등, 하느님의 뜻을 찾는 이러한 노력들을 우리의 현상황에서 이루어가야 합니다. 이러한 삶의 의미와 목적에 관해 나누기란 쉬운 일이 아닙니다. 이 길은 형제들 개개인이 걸어가야 할 길이면서도 형제들과 더불어 걸어가는 길입니다. 이 두 가지 길은 유사한 공통점을 가지고 있습니다. 불안한 현대가 추구하는 영성에 응답하려는 우리의 의지와 노력을 점검해 보기 위해 그 공통점에 대해 성찰해 보도록 하겠습니다.

우리는 예수님을 따르기 위해 모든 것을 버리라는 부름을 받고 나자렛의 신비가 밝혀주는 그분의 삶에 동참하기 위하여 형제회에 들어온 사람들입니다. 형제들의 삶은 아주 평범한 것입니다. 그 삶을 통해 우리는 사랑으로 자신을 내어주시는 성삼위의 하느님을 만납니다. 달리 표현하자면 우리는 초월자이신 하느님, 유일하신 하느님을 매일의 일상적이고 평범한 생활 속에서 만납니다. 아니 그분이 우리를 만나러 오십니다.

형제생활의 초기는 그분의 부르심의 매력과 신선함에 취해 별 어려움 없이 지나갑니다. 그러나 시간이 흐르면서 차츰 기도생활이 힘들게 되고 형제들과의 관계에 문제가 생기기 시작합니다. 흥미없고 지치게 하는 따분한 노동생활이 왠지 불안하고 격에 맞지 않게 여겨집니다. 이웃들에 대한 봉사생활은 자칫 환멸스럽고 서민들과 관계가 어려워집니다. 형제들의 삶의 당위성에 관해 질문을 걸어오는 소박한 사람들로 빼앗기는 여가시간들, 덧대어 형제들의 변덕스러운 감정이 신경을 건드립니다. 우리 각자에게 보내시는 하느님의 시련과 실패와 난관의 체험은 또 하나의 다른 현실, 곧 우리의 "자아"로 시선을 돌리게 합니다. 환상의 삶을 떠나 책임있는 인생을 살아가려면 우선 "자아"를 극복하는 법을 배워야 합니다. 아름다움이 깃든, 그러나 동시에 적나라한 모습으로 자신을 내던지는 것이 두려워 주저하게 되는 한계를 지닌 "자아" ….

형제생활 초기에는 우리 모두 스스로 작은 자가 되리라 자부합니다. 그토록 당당히 선택한 인생이지만 자신의 실체를 발견하기 시작하면서 우리는 우리의 삶이 이토록 일고의 가치도 없이 보잘것없는 것인 줄을 깨닫게 됩니다. 우리가 진정으로 다른 사람들과 조금도 다를 바 없는 평범한 사람들임을 발견합니다. 만사가 불안하고 뿌리부터 흔들리면서 "세상"이 내려앉는 듯합니다. 이때 우리는 자신의 실체와 마주앉아 자신을 조용히 들여다봅니다. … 바로 이때 하느님께서는 우리 안에 철저한 자기 정화를 이루어주시며 우리 각자가 걸어가야 할 작은 형제의 성소를 깊이 깨닫게 인도해 주십니다.

하느님께서 우리에게 요청하시는 것이 무엇입니까? 과거를 깨끗이 청산하고 외형적으로 그럴싸한 성공적인 삶을 살라고 하십니까? 아닙니다. 하느님께서는 오히려 그에 맞서 도전하라고 하십니다. 하느님께서 원하시는 것은 이것 아니겠습니까? "이 사람아, 야훼께서 무엇을 좋아하시는지, 무엇을 원하시는지 들어서 알지 않느냐? 정의를 실천하는 일, 기꺼이 은덕에 보답하는 일, 조심스레 하느님과 함께 살아가는 일, 그 일밖에 무엇이 더 있겠느냐?"(미가 6.8).

우리는 불로 정화되어야 합니다. 우리는 우리 삶을 불태우기 위해 스스로 이 길에 들어섰습니다. 우리가 달아나지만 않는다면 하느님께서는 우리 삶을 통해 놀라운 일을 이루실 것입니다. 우리 모습이 하느님 모습을 닮아갈 때 그분께서는 우리 자신의 가난을 자연스레 끌어안도록 우리를 이끌어주시고 우리가 특별한 인간이 아니라는 진실을 받아들이게 도와주실 것입니다. 또한 우리가 가난을 선택했기 때문이 아니라 그것이 바로 우리의 현실이자 모습이기 때문에 이 가난을 사랑하라고 하십니다. 아주 구체적인 사회적 가난을 통해 우리 자신의 진실된 내적 가난에 이르도록 이끌어주는 것이 형제회의 카리스마가 아닐는지요.

솔직히 털어놓자면 우리가 이 생활을 선택했을 때 우리 안에 위선이 깃들어 있지는 않았는지요? "보통 사람"의 삶에로 부름받았다고 생각하면서도 정작 마음으로는 "나는 보통 사람과 다르다"고 생각하는 것 역시 어쩔 수 없는 우리의 모습입니다. 하느님의 은총과 우리 생활에서 일어나는 사건들이 우리를 현실적으로 겸손한 사람이 되도록 도와주며 마리아와 함께 하느님께 감사의 노래를 부르게 해줍니다.

모든 차원의 가난을 받아들일 때 우리는 하느님 앞에 설 수 있습니다. 하느님 대전에는 환상이나 착각이 용납되지 않습니다. 바리사이와 세리를 두고 예수님은 말씀하셨습니다. "잘 들어라. 하느님께 올바른 사람으로 인정받고 돌아간 사람은 바리사이파 사람이 아니라 바로 그 세리였다. 누구든지 자기를 높이면 낮아지고 자기를 낮추면 높아질 것이다"(루가 18,14). 이것이 의미하는 바는 곧, 불안이 가득 깃든 우리의 가려진 자아를 보호하기 위해서라도 사람들 앞에서 쓰고 있는 가면을 벗어버릴 것을 과감히 받아들여야 한다는 것입니다.

이 작업은 일평생 걸리는 것이지만 하느님께서도 우리에게 서서히 당신의 모습을 보이실 것입니다. 우리에게 다가오시는 하느님은 우리가 서 있는 그 지점에서 당신을 드러내보이시고 아울러 우리 모습을 보게 해주십니다. 그분은 우리 곁에서 함께 걸으시며 우리의 모습을 예수님의 모습으로 빚어주시는 아버지이십니다(골로 3,9-10 참조). 우리에게 오신 하느님의 아들 예수는 권력을 가진 자도, 사회의 엘리트도 아니었습니다. 그분은 단지 아버지이신 하느님의 일을 하면서 그분의 모습을 우리에게 보여주셨습니다. 주님은 자신을 십자가로 내어주시기까지 우리 인간을 사랑하셨습니다. 그러기에 십자가에 죽으시고 부활하신 파스카의 신비는 그리스도인들의 삶의 핵심입니다.

3차원의 발견과도 같은 이것을 나는 "소속"이라 부르고 싶습니다. 이 소속은 형제, 친구, 이웃, 사회를 향한 우리의 접근을 아름답고 풍요롭게 꾸며줍니다. 자비하신 하느님과 우리의 참 "자아"와의 만남은 하느님을 추구하는 여정에서 우리가 홀로가 아님을 깨닫게 해줍니다. 수많은 형제자매들이 우리와 길을 함께 걸어가고 있습니다. 그 길은 모든 사람과의 연대를 점점 더 굳혀주고 우리 각자를 그리스도의 모습을 닮게 이끌어줌으로써 그리스도의 신비체를 이루는 하느님의 백성이 되게 합니다. 이 점은 우리의 영성생활과 하느님과의 관계를 조명해 볼 때 매우 중요한 것입니다. 우리는 혜택을 받지 못하는 서민들과 연대하고 그들과의 관계를 두텁게 하는 길을 배우면서 우리 가운데 계시는 하느님의 현존을 체험할 것입니다.

우리는 현대의 자본주의, 물질주의, 개인주의가 배태하는 파괴적 관계의 결과들을 우리 삶 안에서 체험합니다. 모든 서민들처럼 형제들 역시 일개 노동수단 이상의 취급을 받지 못합니다. 예를 들면 아파트 페인트 칠을 하는 앙또완 형제는 종일 잠시도 쉴 수 없습니다. 간식이나 커피를 마실 시간마저도 허락되지 않습니다. 이렇듯 많은 동료들의 삶이 거의 비인간적인 것으로 전락하였습니다. 우리 사회와 우리 자신 안에 깊숙히 침투해 있는 이 죄악은 형제들에게까지 영향을 미치고 있습니다. 형제들도 때로는 더 편한 생활이나 좀더 조용하고 규칙적인 기도시간을 가지기 위해 하층민들과의 연대를 끊고 싶은 유혹을 받습니다. 이 악의 뿌리는 금전과 성공, 권력, 현실의 도피처가 되는 온갖 종류의 쾌락과 향유의 매력을 풍기며 불안을 숨기려고 애쓰는 모든 시스템 안에 자리하고 있다고 생각합니다. 이러한 요인들은 형제들 사이에 분열을 초래할 수 있을 뿐 아니라 자유와 진실을 찾는 능력까지도 마비시킬 수 있습니다.

모세는 이스라엘 백성이 그를 배반한 다음(출애 32장 참조) 하느님의 제의, 곧 "내가 진노를 내려 저들을 모조리 쓸어버리리라"(출애 32.10)를 받아들일 수도 있었을 것입니다. 그러나 모세와 백성들간의 유대가 모세에게 그것을 허락지 않았습니다. 모세는 하느님의 제안에 반기를 들면서까지 자신의 생명을 담보로 걸고 백성들을 위해 간구합니다. "만일 용서해 주지 않으시려거든 당신께서 손수 쓰신 기록에서 제 이름을 지워주십시오"(출애 32.32). 이렇게 인간에 대한 우리의 자세는 "형제"라는 한마디로 요약됩니다.

우리가 되고 싶은 사람은 바로 이런 사람입니다. 이런 종류의 관계만이 하느님의 나라가 충만히 이루어질 때에 존속될 관계입니다. "그러나 너희는 스승 소리를 듣지 말아라. 너희의 스승은 오직 한 분뿐이고 너희는 모두 형제들이다. 또 이 세상 누구를 보고도 아버지라 부르지 말아라. 너희의 아버지는 하늘에 계신 아버지 한 분뿐이시다"(마태 23.8). 이것은 우리에게 큰 도전입니다. 우리는 이웃을 자신의 그릇된 정체성을 조장하거나 불안한 자신의 보호책으로 이용하려는 사심을 버리고 순수한 우정과 연대를 위하여 모든 것으로부터 자유로워져야 하며 존재의 뿌리까지 정하되어야 하기 때문입니다. 이러한 정신에서 우리는 지, 스티브, 바브와 같이 우리 생활 속에 가까이 들어와 있는 사람들과 인격적 관계를 유지하려고 노력합니다.

가난한 자들은 예수님의 특별한 사랑을 받는 사람들입니다. 그들은 또한 우리와 가까울 뿐 아니라 우리 역시 그들 가운데의 한 사람이기 때문입니다. 그들과의 만남에서 우리가 기대하는 것은 아무것도 없습니다. 우리는 사람들을 변화시키려 들지 않습니다. 다만 바르고 존중스러운 우정을 그들에게 주고 싶을 뿐입니다. 우리 사회의 가장 큰 결핍은 바로 이러한 우정입니다. 이 우정은 "사랑"이신 하느님께서 모두의 모두가 되시는, 하늘나라의 연결고리입니다. 우정에서 얻는 것은 깊은 의미의 "연대"와 "소속"임을 다시 강조하고 싶습니다. 중요한 것은 우리가 남에게 베푸는 것이 아니라 그들에 대한 우리의 존재양식입니다. 더 정의롭고 더 자유로운 세상을 향하여 함께 걸어가는 우리의 자세, 건설적 유대를 일구어가는 자세입니다. 한마디로 "한 백성"을 이루는 것입니다.

"소속"은 영성생활의 중요한 공간으로 우리를 데리고 갑니다. 즉, "중재의 신비" 속으로 말입니다. 희망을 잃은 좌절의 상황이나 죄의 결과를 피부로 느끼는 환경 속에서 우리의 기도는 구속자이신 예수님의 기도와 일치되어 아버지께로 향하는 절규가 됩니다. 그것은 기도 의향의 확대가 아니라 죄에 물든 인간 조건을 가슴으로 끌어안는 내면의 자세입니다. 이러한 자세는 개인적으로나 사회적으로 형제들의 모습이자 예수님 안에 당신 나라를 이루시려는 자비로운 하느님의 모습입니다. 이렇게 순수한 희망과 하느님의 자비로운 사랑에 대한 온전한 신뢰심이 우리 영성생활의 핵심이 되어야 합니다.

마지막으로 "하느님에 대한 체험"에 관해 한마디 덧붙이고 싶습니다. 하느님의 체험은 주로 우리가 "영성"에 관해 논할 때 생각해야 하는 주제이니까요.

"영성"이란 단어가 과연 우리가 추구하고 노력하는 삶을 표현해 주는 적절한 단어입니까? 나는 그렇게 생각지 않습니다. 우리의 삶을 형성하는 것은 무엇보다 위험, 행과 불행, 발견, 인내와 기다림 … 이러한 것들이기 때문입니다. 우리의 인생은 하나의 "모험"입니다. 하느님께서는 이 모험을 통해 우리를 당신의 생명 한가운데로 데리고 가십니다. 우리는 조용히 기도할 수 있는 조건을 챙기지 않습니다. 또한 우리의 생활양식은 지성과 의지로 하느님의 체험에 이르게 하는 데에 전혀 도움이 되지 않습니다. 가난한 사람들의 사회적 조건에 발벗고 들어가 있는 우리의 삶은 혼란스럽습니다. 그러기에 침묵, 오랜 피정, "사막"의 시간, 특히 "성체" 앞의 묵도시간은 우리에게 필수적입니다. 우리는 필요한 휴식을 취하고 기도에 잠기는 시간을 가져야 합니다. 그로써 우리는 사람들 서리에서 체험하는 그 하느님의 신비에 다가갑니다.

이러한 "영성의 길"이 세속화된 사회 안에서 불편스럽지 않은 것은 선택, 절제, 철저한 생활양식을 통한 긍정적 가치들의 수용이 있기 때문입니다. 고심거리는 우리 삶 안에 찾아오시는 하느님은 어떤 분이신가? 하는 것입니다. 우리가 만나는 하느님은 가난한 사람들, 서민들에게 관심을 보이시고 배려하시는 하느님, 각 인간에게 실재로 관심을 가지시는 하느님, 사랑스럽지 못한 사람들을 특별히 사랑하시는 하느님, 그리고 높은 곳에서 만나는 분이 아니라 낮은 일상 속에서 만나는, 자비와 사랑의 하느님입니다.

십자가 위의 예수님의 무력하심 안에 드러나는 하느님의 전능, 정의롭고 엄하신 하느님, 예수님 안에서 인간을 선택하신 하느님, 자비를 보이시려 예수님을 그토록 처절하게 파괴하신 하느님입니다. 그분은 서울의 김수환 추기경님 말씀대로 "예수님 안에 가난하신 모습으로 당신을 드러내시는" 참된 행복의 하느님이십니다.

중앙아시아

1971년, 알람푼디(인도)에서, 미쉘 형제가

우리는 알람푼디 형제회의 창립 7주년을 맞이했습니다. 물론 다른 형제회에 비해 7년이라는 역사는 그리 긴 것이 못 되지만 우리가 이곳에 도착했을 때 만난 어린아이들이 어느덧 어머니와 아버지가 되고, 어른들이 노인들 세대로 접어드는 것을 보며 세월의 흐름을 실감하게 됩니다. 우리가 걸어온 길을 회상할 때 여러 어려운 상황 가운데서도 형제회를 이끌어주신 하느님의 은총에 감사드리지 않을 수가 없습니다.

이곳의 세 형제들의 성격과 개성은 몹시도 뚜렷하여 서로간에 현격한 차이는 물론 완전히 상반된 성격을 가진 사람도 있습니다. 모름지기 이런 우리들이 지금까지 함께 살고 있다는 믿기 어려운 사실에 대해 하느님께 감사드리지 않을 수 없습니다. 때로는 형제집 공기가 폭발할 듯한 긴장감으로 팽팽합니다. 그렇습니다. 우리는 이웃을 있는 그대로 받아들이고 서로를 용납하며, 모든 면에서 서로 도움이 되기를 바라고 노력하며 사랑하는 법을 배우는 사람들입니다.

알람푼디라는 마을에서 간호사로 살아가도록 섭리하신 하느님께 감사드립니다. 외국인들의 인도 영주권 획득이 하늘의 별따기인 이 나라에서, 하물며 전문직이나 높은 보수의 고급 직종에 종사하는 외국인들이 발붙일 수 없는 이 나라의 현실에 비추어볼 때 우리가 이렇게 "시골 간호사"로 여지껏 살고 있다는 사실이 놀랍기만 합니다. 허나 여하한 문제가 전혀 없는 것은 아닙니다. 우리가 도무지 받아들일 수 없는 치료 방법 등을 두고 자주 병원 당국과 미묘한 갈등관계에 처하게 됩니다.

우선 인간 생명의 가치에 대한 개념의 차이에서 빚어지는 어려움을 들 수 있습니다. 이러한 견해의 차이는 의학적 차원에서 중요합니다. 병원측은 나름대로의 개념과 견지에서 우리를 "이방인"으로 취급하려 듭니다. 이런 경우에 적응하며 살기란 쉬운 일이 아닙니다. 삶이 고달프게 느껴지지요. 게다가 우리 직업이 마을 사람들과 우리를 버성기게 합니다. 직업을 엄격히 구분하는 카스트 제도하에서 대개의 마을 주민들은 밭일에 종사하는 데 비해 우리의 일은 특권 계층의 사람들이 종사하는 직종에 속하기 때문입니다. 마을 교사들과 동등한 자격에 있는 우리는 돈을 꾸어줄 수 있는 사람들 축에 끼는데, 그것이 주민들과 우리들 사이에 복잡한 문제를 일으키는 원인이 되고 있습니다. 인도의 시골생활은 돈을 빌려주는 채권자와 일반적으로 50%의 이자를 물고서 돈을 빌려 쓰는 채무자 사이의 미묘한 관계가 지배합니다. 우리도 여기서 제외될 수는 없으므로 사람들 사이에 질투심이 일지 않도록 다독거리며 언제나 최선을 다하려고 노력합니다.

때때로 우리가 끈기있게 참고 견뎌내야 하는 문제는 사람의 마음을 상하게 하고 상처를 주는, 눈앞에 보이는 빈곤에 관한 것입니다. 우리는 사람이 살아가는 데 없어서는 안될 것만을 지니고, 더러는 그 생필품조차 없이 사는 사람들 틈에서 살고 있습니다. 토지의 소유자, 일컬어 수익이 있는 사람들의 생활 역시 우리가 상상할 수 없으리만큼 조촐합니다. 마을에서 잘산다는 사람들 집에서조차도 생활에 편리한 물건들을 찾아볼 수 없습니다. 굳이 들추고자 한다면 시멘트로 바른 방바닥과 벽 따위가 전부인데 이것은 일종의 사치품에 속합니다.

이러한 사람들 앞에서 우리는 아직도 "그것 없이는 살 수 없다"는 사고방식을 가지고 있습니다. 아슈람에서 지낸 간디는 이런 말을 했습니다. 일년 동안 한 번도 사용되지 않은 물건을 소유한다는 것은 바로 그 물건을 필요로 하는 사람들의 소유물을 탈취한 것과 같은 것이라고. 이것은 소유에 관한 특별한 원리겠지요. 그러나 우리를 비우기 위한 데에는 더할 나위 없는 원리로 생각됩니다. 가난은 물질적인 것에만 국한되는 문제가 아닙니다. 한 나라에서 늘상 스스로를 이방인으로 느끼며 살아가는 것 역시 현실적 가난 아니겠습니까? 형제들은 더욱 더 철저하게 물질적 가난을 삶을 통해 증언해야 한다고 생각합니다. 그러나 직업으로 인해 어쩔 수 없이 좀더 철저한 가난의 증인들이 될 수 없는 현실 속에 살고 있는 우리이기에 더욱 책임있는 성찰과 실천에 힘을 모아야 할 것입니다.

우리 생활에 관심이 있는 젊은 사람들이 우리를 찾아옵니다. 이 친구들은 우리보다 더 처절한 가난을 체험한 사람들입니다. 이러한 그들에게 가난한 이들의 삶에 동참하는 수도생활의 이상을 이해시키고 권하려 드는 것은 모순이 아닐까 하는 생각이 들 때도 있습니다.

우리는 자전거를 타고 우리 관할에 속한 40개의 마을을 순회합니다. 이 40개의 마을 안에 우리가 알고 있는 환자들의 수만 해도 무려 1,600여 명이 됩니다. 그 가운데 약 500명은 병이 완치된 사람으로 간주되므로 이 사람들에게는 일년에 한 번 정도 진료를 해주면 됩니다. 병이 재발하는 경우가 허다하니까요. 나머지 1,100명 가운데의 35%에 달하는 대부분은 우리에게 치료받기를 거부합니다. 이미 다른 곳에서 치료를 받고 있거나 아니면 나환자라는 신원이 밝혀지는 것을 두려워하기 때문입니다(특히 혼기가 된 젊은 사람들 중에 이런 사람들이 많이 있습니다). 개중에는 자기들의 병세를 전혀 심각하게 여기지 않는 사람들도 있으므로, 우리는 이 사람들을 규칙적으로 방문하여 증세의 악화를 진단하고 직접적 치료법을 거부하지 말고 받아들이도록 설득합니다. 그외의 환자들에게는 규칙적 치료를 제공하고 장기간의 치료에 지치거나 좌절에 빠져 있는 사람들에게는 최선을 다해 용기를 주려고 노력합니다.

몇몇 환자들과 가깝게 지내는 사이인데 이 사람들은 지나치리만큼 친절합니다. 아무튼 친절은 흐뭇하고 따뜻한 인간미를 키워줍니다. 그것은 의무적인 진료나 이미 짜여진 계획과는 무관하게 마음을 써주고 돌보는 기회를 주니까요.

1976년, 마드라스(인도)에서, 마니 형제가

정신장애자 학원에서 근무한 것이 10개월 정도에 지나지 않지만 아주 오래된 것 같은 느낌입니다. 원생들과 부모들의 모습이 잠시도 뇌리에서 떠나지 않는 것은 학원문제에 대한 나의 각별한 관심 때문일 것입니다. 이 학원은 정신연령이 보통 수준의 절반 내지는 그 이하인 장애인들을 대상으로 하기 때문에 정상적인 교육을 한다는 것은 불가능합니다. 여기서 하는 일이란 옷을 입고 벗는 일, 밥술을 제대로 뜨는 일, 세수하는 일 등과 같은 극히 초보적인 행동을 교육하는 것입니다. 첫단추는 제 구멍을 찾아 끼울 수 있는 원생이지만 끝까지 끼울 수 있으려면 앞으로 4개월의 기간이 소요될 것입니다. 그외에도 정신박약성, 신경과민성, 마비증, 시각과 언어장애 등을 들 수 있습니다.

그 아이들을 좀더 도와줄 수 없다는 사실이 괴로운 일이 아닐 수 없습니다. 이들은 인간의 정상적 기능을 상실한 가난한, 참으로 가난한 사람들입니다. 인도 정부는 정신박약아들을 위해 거의 손을 쓸 수 없는 형편이라고 합니다. 따라서 부모들은 보잘것없는 외부의 손길에 의지하면서 기대할 뿐입니다. 가난한 가정들에게 이것은 대단히 심각한 문제입니다. 그 부모들과 이야기를 나누노라면 이 아이들이 과연 생명을 누리기 위해 이 세상에 태어났는지 의심스러울 정도입니다.

그밖에도 정신박약아 문제에 따른 가정과 사회 문제들이 산더미처럼 누적되어 있습니다. 가난은 인간의 비극입니다. 나는 스스로 가난을 선택하여 이를 살겠다고 열망해 온 사람입니다. 그러나 나는 이제 사회적인 빈곤에 내팽개쳐진 가난의 무게에 짓눌려 사는 사람들 앞에 있습니다. 더러는 내가 스스로 선택한 가난에서 오는, 마음깊은 곳의 평화를 맛볼 때가 있습니다. 그러나 빈곤이 인간을 불행으로 몰고가는 준엄한 현실 앞에서 이러한 생각은 말끔히 사라집니다. 어느 날 식민지하의 인도 투쟁사를 다룬 『이 밤에 자유』를 뒤적이다가 간디의 사진을 보았습니다. 하의에 쇼올만을 걸친 반나체의 간디가 인도 국민의 해방을 협상하기 위하여 영국 국회의사당을 향해 런던의 거리를 걸어가고 있는 모습이었습니다! 당당하고 진지한, 위엄에 찬 그의 모습은 나에게 가난과 사랑에 대해 시사해 주는 바가 컸습니다.

1977년, 알람푼디(인도)에서, 아룰 형제가

형제들 중에서 복음적 가난에 매혹되어 더욱더 가난한 나라 사람들에게 다가가려는 열망에 사로잡힌 사람이 있다면 그것은 물질적 차원이 아닌, 정신적 차원의 가치를 중요시하는 나라와 국민들에 대한 동경과 열망에서일 것입니다. 그 가치는 이를 발견한 사람의 마음을 사로잡는 법입니다.

1. 우리는 그 가치들을 발견했습니까?

우리가 발견한 것은 우리의 예상을 훨씬 능가하는 것입니다. 인간 이하의 절대빈곤은 언제 어디서나 인간의 존재를 파괴합니다. 우리가 그 빈곤에 동참하지 못할 형편일 때 우리 정신은 갈등을 일으킵니다. 빈곤에 짓눌린 사람 하나하나가 마치 나 대신 벌을 받는 사람처럼 여겨지니까요! 우리는 이 사람들과

"동떨어진" 삶을 박차고 일어서는 것을 주저하고 있습니다. 우리는 연극 공연을 하고 있는 것일까요? 이 빈곤을 끌어안고 살 수는 없을까요? 구태여 빈곤과 씨름하지 않아도 되는 해결책은 없을까요? 이러한 질문들이 머리를 산란하게 합니다. 우리는 이러한 문제들에 대한 질문을 할 권리를 가지고 있습니까? 샤를르 형제는 스스로에게 "그리스도께서 우리 자리에 계셨다면 무엇을 하셨을까?"라고 질문했습니다.

하느님의 자비와 용서의 길은 비참과 죄의 한가운데 있다는 생각이 듭니다. 하느님의 자비와 용서를 극적으로 보여줄 수 있는 분은 물론 하느님 자신이십니다. 그리스도는 부활에 대한 확고한 믿음 안에 죽음까지 받아들였습니다. 하느님께 대한 모독인 십자가의 죽음까지 … 하느님은 정말 그렇게까지 하셨습니다.

그러나 우리는 인간이고, 그것도 몹시 취약한 인간에 지나지 않습니다. 그래서 우리는 자기 나름대로 중요하다고 생각하는 눈금에 따라 건강, 수명, 현실 거부, 인간성, 존경, 인간 품위를 재어봅니다.

그 결과 우리는 이곳에서 일반적인 수준의 생활을 하기로 합의를 보았습니다. 불과 얼마 떨어지지 않은 곳의 빈민들에 비해 잘사는 마을에 자리잡았습니다. 이 지역 집들에 비해 다소 여유있는 공간의 집을 마련했습니다. 월급을 받으니 굶어죽을 위험도 없습니다. 게다가 형제들과 나누는 실질적이고 풍요로운 공동체 생활이 있습니다. 주위 사람들과 어떤 면으로 견주어 보더라도 우리는 부유한 계층에 속합니다. 우리 몸이 깡말랐다는 소문이 행여 나돌더라도 그것이 먹거리가 없어서거나 고생을 해서가 아니라는 것을 알아주십시오. 불필요한 지방이 빠졌다고 해석하면 가장 정확할 것입니다. 보다시피 우리 생활은 여전히 이기심으로 가득하고, 이웃들의 고된 생활과는 비교할 수 없으리만큼 거리가 먼 그런 생활입니다.

사실 거의 모든 나라에서 같겠지만 가난한 사람들의 생활을 그대로 표방한다는 것은 죽음을 재촉하는 것이나 다름없을 것입니다. 이유를 들자면 여러 가지가 있겠지만 그 중에서도 가장 큰 원인은 우리의 이웃들이 감내하며 살아가는 고된 생활에 우리가 익숙하지 않다는 사실입니다.

바로 여기서 우리 삶의 핵심을 자리매김해야 합니다. 그것은 곧 우리의 죽음에 대한 의미의 깨달음입니다. 죽음을 원하고 또 그것을 받아들여야 합니다. 프란치스코 성인의 말씀처럼 죽음은 우리의 자매입니다. 신앙의 정신으로 자아해탈에 우리의 모든 열정과 존재를 투신한다면 죽음은 우리를 참된 기쁨과 하느님의 나라로 인도해 줄 것입니다. 하느님의 나라가 우리 안에, 그리고 우리 사이에 있다면 그것은 또한 부활로 이어지는 죽음 안에도 내재하고 있을 것이기 때문입니다. 그렇다면 현실적인 의미의 죽음의 길에 빠져들 권리가 있습니까? 고통의 극복이 바로 인간 구원, 인간 해방, 인류 해방의 한 부분이 아닙니까? 불의에서 오는 인간 고통에 힘과 폭력으로 대응할 권리는 없을까요? 아무런 힘 한 번 써보지도 않고 고스란히 죽어갈 권리가 과연 우리에게 있는가 하는 것입니다.

자기의 인생에서 죽음의 가치를 깨달은 후에 새로운 눈으로 세상을 바라보는 시각은 불의와 어둠을 타파하는 빛의 원천일 수 있습니다. 불가능이 없으신 전능하신 하느님, 만물의 주인이신 하느님을 위하여 죽음을 바라는 자에게 불의가 승리할 수 없음을 우리의 큰 형이신 샤를르 형제가 증언해 줍니다. 절망의 빈곤 속에서 희망의 시선을 지키는 것은 형제들의 소명입니다. 이러한 일은 형제들만이 할 수 있습니다. 아무도 형제들을 대신해 줄 수 없을 것입니다.

사회 구조의 변화는 국가, 노동조합, 압력단체들도 얼마든지 해낼 수 있습니다. 그러나 앞으로 다가올 하느님의 나라와 죽음의 승리, 우리의 눈물을 말끔히 씻겨주실 하느님 나라에 대한 진실하고 확고부동한 희망은 하느님께 미쳐버린 사람들만 누릴 수 있고 세상에 증언할 수 있습니다.

이러한 믿음이 이곳의 우리의 삶을 이끌어가는 원동력입니다. 죽음을 바라보는 이러한 시각이 없다면 우리는 다른 모습으로 살아갈 것입니다. 우리는 예수님의 능력을 가지고 불우한 이들에게 가까이 다가갑니다. 이곳 사람들은 죽음을 두려워하지 않습니다. 그들에게는 죽음이 빼앗아갈 수 있는 것조차도 남아있지 않으니까요. 그들의 전재산은 항아리 두서너 개, 지붕으로 얹은 나뭇가지, 흙담장이 고작입니다! 형제들의 현존은 그들에게 하느님 나라의 예시가 되어야 합니다. 하느님의 나라를 바로 지금, 여기에 현존하게 하는 것은 우리 형제들에게 달려 있습니다.

이 현존은 어떤 형태로 나타나야 합니까? 그것은 가장 헐벗은 자들에 대한 우정, 이 사람 저 사람을 도와주는 것, 환자를 병원에 데리고 가는 일, 상처를 치료해 주는 일, 어려움에 처한 젊은이들을 격려해 주며 현실을 극복하고 직장을 구하도록 그들을 이끄는 일, 펠리그라(이탈리아 문둥병)에 걸린 어린 소녀에게 매일 고기즙을 먹여주는 일, 우리를 찾아오는 방문객들과 나누는 대화 등. 그렇습니다. 우리는 이 세상에서 하느님의 나라는 가난하고 작은 자들의 나라임을 우리의 삶을 통해 보여주어야 합니다. 그것은 이미 우리 사이에 와 있는 참된 하느님의 나라입니다.

그러나 우리의 삶은 응달진 곳에만 현존해 있지 않습니다. 우리에게 덤벼드는 어린아이들의 기쁨, 천국을 반영하는 그들의 천진난만한 눈망울의 얼굴들, 청순한 어린이의 이마를 덮고 있는 귀여운 머리카락, 분분한 미소를 지그시 감추는 누더기옷, 태초의 물처럼 맑은 눈으로 우리를 주시하는 눈동자, 세상을 놀라게 하는 사건, 레옹 블로아가 언급한 "땅에 구멍을 내는" 짓거리 등 …. 예수님을 위해 가난한 자 된 기쁨과 자신의 존재가 대양의 물 한 방울에 지나지 않음을 아는 기쁨이 있습니다. 또한 존중과 침묵 속에 다져가는 인간의 참 가치의 발견이 있습니다. 기도에 몰입하는 군중들의 숭고한 평화와 기쁨이 묻어나는 기쁨이 있습니다. 정답게 나누는 축일 잔치에서 묻어나는 우정과 기쁨이 있습니다. 나누지 않고서는 견딜 수 없는 성탄의 기쁨이 있습니다. 이 크고 작은 모든 기쁨들은 우리 기쁨의 원천이신 예수님과 통하는 것입니다.

2. 우리 앞에 대두된 힌두교

이곳 알람푼디 사람들이 신봉하는 힌두교는 복잡한 교리나 격조 높은 종교라기보다는 오히려 기복종교에 가깝다고 할 수 있습니다. 흔히 미신적이고 현세 지향적이지요. 그러나 사람들과 가까이 있는, 인간미 넘치는 종교입니다. 이 지방은 재앙이 끊이지 않습니다. 한 해는 홍수가 덮치더니 그 이듬해부터는

2년 동안 가뭄이 계속되고 있습니다. 늦은 비는 수확에 아무런 도움을 주지 못합니다. 사람들은 비를 다스리는 신에게 애걸하며 기우제를 올리고 신통력이나 마법을 써 비내리는 시기를 알아내려고 안달을 합니다. 그들은 점성술과 별자리를 신봉합니다. 모두가 자연과 연결되어 있고 자연에 가깝습니다.

병이 들면 병을 다스리는 신에게로 달려가 재물을 바치고 보호를 청합니다. 장님이 되면 자기의 재산을 다 바치고 신전이나 움막에 들어가 눈이 보이기를 기다립니다. 임신을 못하는 사람은, 자기 소원이 채워져 아기를 가지게 된다면 세상의 무슨 일이나 하겠다는 서원을 구원의 신에게 합니다. 힘든 마차를 맨 몸으로 끌겠다는 등.

이렇게 반은 미신적이고 반은 현실적인 잡다한 일들 속에 종교가 깊숙히 자리하고 있습니다. 동이 틀 때부터 질 때까지, 이 세상에 태어나면서부터 죽을 때까지, 아니 이 세상에 태어나기 그 이전부터 아들이나 손자가 지피는 장작 화염불 속에 화장될 때까지 … 그들의 인생은 종교, 즉 신성한 것의 지배를 받습니다.

우리는 인도 남부에 위치한 이 작은 마을에서 이런 인생을 살아가는 사람들과 14년을 살아왔습니다. 물론 도시나 북부 지방에서는 상황이 다르겠지요. 우리는 알람푼디라는 곳에서 작은 형제의 성소를 살라는 부름을 받았습니다. 우리에게 나자렛은 알람푼디로 표현됩니다. 우리는 차츰 주위의 이름 없는 사람들의 세계에로 더 깊숙히, 더 현실적으로 다가갑니다. 그들의 출생, 병, 죽음은 우리를 그들과 하나로 묶어주면서 초월의 세계로 가는 순례의 길이 되어줍니다.

인간의 삶은 마치 타오르는 불꽃과도 같은 은총과 축제의 꽃다발입니다. 그것이 우리가 살아온 삶이었고 지금도 그렇게 살고 있습니다. 이제 힌두교는 우리의 기도, 행동, 기억 안에 살아 숨쉬는 우리의 "고향"이 되었습니다. 우리의 바람이 있다면 그것은 우리의 사랑의 현존과 주 예수님의 구원과 해방을 통해 이 세상의 가난한 모든 이들을 몸으로 끌어안는 것입니다. 오직 예수님 홀로 거룩하신 분이시고 주님이시며 만물의 해방자이십니다. 그분은 만물을 이미 구원하시고 해방시키셨습니다.

1980년, 아룰 형제가

우리가 변화라고는 없는 알람푼디에서 똑같은 이웃 사람들과 똑같은 나환우들과 더불어 산 것이 벌써 15년이나 됩니다. 이러한 우리의 삶이 단조롭다기보다는 농부들과 함께 자연의 리듬에 따라 사는 평화로운 삶이라 하는 것이 옳겠지요. 많은 말이 필요하지 않은, 생각할 시간과 기도할 시간을 맘껏 누릴 수 있는 혜택받은 삶입니다.

이웃들과 작은 형제들의 우정 이야기를 장황하게 늘어놓는 것이 무슨 의미가 있겠습니까? 다만 우리 삶의 일화나 우리의 일에 관해 들려주는 것이 나으리라 여겨집니다. 이웃들에게서 체험하는 놀라운 은총과 고통을 감내하고, 죽음을 받아들이며 묵묵히 살아가는 친구들의 이야기를 나누는 일, 우리가 걸어가는 인생길을 아름답게 수놓아 주는 장밋빛 이야기들을 이야기하고 어둠 속에서 놀라운 기적을 일구어내시는 창조주를 찬미하며 노래하는 일, 이런 일들은 나에게 의미있는 역사를 기록하게 합니다.

여기 우리와 함께 험한 오솔길을 직접 걸어보지 않고는, 우리의 자전거 여행을 해보지 않고는, 묵묵히 참고 견디는 우리 환자들의 고통과 아픔 앞에 놀라움을 체험해 보지 않고는, 커다란 고목 그늘 아래 웅크리고 앉아 있는 환자들에게 약을 먹여주고 붕대를 감아주기 위해 발을 멈추어보지 않고는, 다정한 마음으로 그들의 아픔을 들어주고 위로와 격려의 말을 나누어보지 않고는 내 말을 이해하기 어려울 것입니다. 어느 날 진흙구덩이에 빠져 당한 고생이 어떤 것인지, 인간의 본성은 물론 끝내 목숨까지 앗아가는 병마 앞에서 당해야 하는 인간의 무력함이 정말 어떤 것인지, 알람푼디의 후미진 골목 한구석에서 환자들을 돌보는 간호사의 소임이 도대체 어떤 것인지를 형제들은 알지 못할 것입니다!

작은 형제 개개인이 살아가는 인생 여정은 문학작품으로 포장되거나 또는 그래야만 할 아무런 이유가 없는 무수한 내밀의 이야기들을 저마다 가지고 있을 것입니다. 그러나 우리는 이 여정의 베일을 벗길 필요가 없습니다. 인생은 살아가는 것이지 이야기하는 것이 아닐 테니까요. 그렇지만 내가 생생하게 체험한 인생 살아가는 법에 대해 한마디 하고 싶습니다. 근래 나에게 일어난 아주 개인적 체험에 관한 이야기로 시작해 보기로 하지요.

나는 15일간의 유급 휴가를 얻어 베나레스로 향했습니다. 이 성스러운 도시를 내 기억에서 지울 수 없음을 미리 말해두고 싶군요. 나는 이 세상의 두 곳에서 일평생 잊을 수 없는 충격적인 체험을 하였습니다. 내 영혼 깊숙히 각인된 이 체험은 내 안에서 언제나 생생히 살아 숨쉬고 있습니다.

첫번째 체험은 아세크렘에서였습니다. "사막의 해"였지요. 절대자이신 신의 지고의 아름다움, 침묵, 위대하심의 체험. 그외에는 아무것도 존재하지 않는! 신의 현존과 사랑으로 가득한 공간. 그 신비에 몰입하는 순수한 희열 … 모두가 절대절명한 하느님의 손자국을 지니고 있었습니다. 깊은 침묵, 색채, 형상, 곡선 … 그 속에 담긴 신비. 창조주와 창조물의 완전한 조화! 잿빛 돌틈 사이에 떨어진 한 톨의 모래알이 되는 가슴 벅찬 환희!

두번째 체험은 올해 베나레스 순례에서였습니다. 나는 베나레스의 무수한 순례자들 틈바구니 속에서 하느님의 은총에 화답하는 인간의 위대함, 영혼의 소리, 숭고한 온유의 충격적인 체험을 하였습니다. 여기에도 창조주와 창조물의 완전한 조화가 아닌 것이라고는 아무것도 없었습니다. 절대자를 찾는 순례자들의 대행렬 … 그 속에 낀 이름 없는 가난한 순례자가 되는 가슴 벅찬 환희! 그외엔 아무것도, 아무것도 존재하지 않는! 갠지스의 물 속에 몸을 담그고 은총의 목욕을 하는 희열! 여기서도 모두가 하느님의 손자국이 묻어 있었습니다.

물, 정화, 끊이지 않고 올려지는 순례자들의 기도와 찬미의 소리, 신을 향한 흠숭과 봉헌의 몸짓들, 부자와 가난한 자들의 평등, 떠오르는 태양 앞에 맨몸으로 기도하는 순례자들, 즐겁게 뛰어다니는 아이들, 빛을 찬미하는 부인들의 찬가 ….

알람푼디로 돌아왔습니다. 미쉘이 총장에 선출되어 떠나고 샨티는 수련장이 되어 파수말라이탕갈로 갔습니다. 나 혼자 남게 되었지요. 샨티가 간 곳은 알람푼디에서 십리 떨어진 곳입니다. 10리 정도는 두 집을 두어도 무관한 가까운 거리입니다. 나는 이렇게 1년을 살았지요. 셋이 살다 혼자 남게 되니 일을 해내기가 힘이 듭니다.

형제들의 공동생활에서 우정을 어떤 형식으로 실천할 수 있을까요? 가까운 사람들과의 우정을 통해서? 물론 그렇습니다. 공동생활이 이웃 사람들과의 우정을 방해해서는 안되겠지요. 그러나 공동체 차원의 우정의 증거 역시 작은 형제들에게 매우 중요합니다.

기도생활 역시 그렇습니다. 우리는 침묵과 흠숭기도의 중요성을 잘 알고 있습니다. 그러나 형제들과 공동으로 드리는 기도가 침묵의 기도나 개인기도를 방해하지 않습니다. 공동체 기도가 없으면 우리 생활의 중요한 한 부분이 빠지게 됩니다. 공동체적으로 표현하는 기도의 증거 역시 매우 중요하기 때문입니다.

우리집을 찾아오는 친구들까지도 형제들이 함께 사는 것과 혼자 사는 차이를 확연히 느낍니다. 그것은 형제들이 셋에서 하나로 줄어든 까닭에서가 아니라 나 혼자 그들을 맞이하기 때문에서지요. 각 형제는 형제들의 생활에서 자기 고유의 운율을 가지고 있습니다. 공동생활 그 자체가 이미 화답하는 협주곡이 아니겠습니까? 형제들의 삶은 현존하시는 삼위일체이신 하느님의 사랑의 증거입니다. 나는 오래 전부터 "형제들이 함께 모여 오손도손 사는 것은 얼마나 좋은가"라고 노래한 시편의 말씀이 공동생활의 행복을 확인시켜 주는 것이라 믿어왔습니다.

나는 여기서 또 하나의 의미를 발견합니다. 그것은 형제들이 함께 사는 것은 서로에게도 아주 유익이 된다는 것이지요. 더불어 함께하는 삶에는 기쁨과 유익함의 조화가 깃들어 있습니다.

1984년의 총회 보고 기록 중에서

I. 몇 가지 문제점

1. 종교적 현실

인도는 종교적 신앙이 국민정신을 지배하는 나라입니다. 유물론이나 무신론 등의 이론은 도시에서나 거론되는 미미한 현상에 지나지 않습니다. 인도인들의 한 사람 한 사람의 정신과 인생을 지배하는 것은 종교입니다. 그뿐 아니라 인도는 위대한 고대종교는 물론 그외의 다른 숱한 종교들의 발상지이기도 합니다. 인도 종교의 주류를 이루고 있는 힌두교를 중심으로 이슬람교, 시크교, 그리스도교, 조로아스터교, 불교가 나란히 존재하고 있습니다. 종교적으로 다원화한 이러한 사회 현실은 통일성이 없고 다소 복잡할 수 있습니다. 힌두교 역시 다양한 신앙과 종교의 집산이니까요. 신화, 철학, 공동체 축제와 사건들, 시, 행렬, 신전, 순례 … 등은 지식인들뿐 아니라 인도의 일반 서민들에게서도 비롯하는 것입니다.

종교와 미신, 관용과 편협이 서로 어우러져 공존하고 있습니다. 인도는 지고의 순수를 추구하는 자들과 제설 혼합주의자들이 마찰하지 않고 서로 나란히 살아가고 있는 사회입니다.

우리는 이러한 놀라운 현상들 속에 살고 있습니다. 그리스도인으로서 그리고 작은 형제로서 우리는 이러한 현실에 끊임없이 직면해 있습니다. 우리는 이러한 현실의 당위성을 찾아야 하고 그들의 종교적 깊은 체험을 수용하는 안테나 역할을 해야 합니다. 이 나라에서 그리스도교는 소수종교에 불과합니다. 그리스도교와 마찬가지로 힌두교 역시 이교도들의 구원문제에 부응하는 신학을 가지고 있습니다. 그렇다면 신앙인들인 이들과 우리가 조화를 이루며 살아가는 방법은 어떤 것일까요? 이 다양한 종교들, 특히 힌두교 안에 활동하시는 성령께 주의를 기울이면서 인도의 보편적 현실의 핵심을 갈파할 수 있는 길은 무엇입니까? 이 세계 속으로 깊이 들어갈 때 우리는 놀라움을 발견하게 될 것이며, 그것은 진실된 하느님의 사람이 되도록 우리를 이끌어주리라 믿습니다.

2. 사회적 현실

사회적 현실은 인도에 있어서 두번째로 중요한 현실입니다. 극심한 빈부의 차이는 인도 전역에 퍼져 있는 보편적인 현상입니다. 금전과 권력을 누리는 인도인들이 있는가 하면 그야말로 아무것도 없는, 째지게 가난한 사람들도 있습니다. 중산층이 서서히 대두되고 있다지만 대부분의 인도인들은 생존을 위해 빈곤과 맞서 싸워야 하는 실정에 있습니다.

절대빈곤이라는 현실에 카스트 제도라는 시대착오적인 현실이 겹쳐 있다는 사실을 상상해 보십시오. 이 제도에 대한 문제성이 몇몇 사람들에 의해 제기되고 있다고는 하지만 천민들은 여전히 천민일 따름입니다. 굴욕의 상처와 우월주의의 콤플렉스는 인류의 시초부터 존재해 왔습니다. 이 문제는 법으로 해결되는 것도 아니요 또 쉽사리 사라질 성질의 것도 아닙니다. 대부분의 마을 주민들과 빈민가의 사람들은 사회적으로 인간 이하의 사람들이며 이것은 인도 사회에서 엄연한 현실입니다.

작은 형제들인 우리는 이러한 현실에 무관심할 수 없습니다. 여기서 형제들의 첫번째 과제는 이 사람들의 가난에 동참하고 나누는 것이요, 두번째 과제는 가난 그 자체에 대한 질문을 제시하는 것입니다. 비참과 가난의 현실을 우리는 과연 정당화할 수 있는가? 불평등 앞에서 우리는 무엇을 해야 하며 가난과 굴욕 속에 살아가는 이 사람들을 위해 우리가 할 수 있는 일은 무엇인가?

가톨릭 교회는 인도 사회에서 물질적으로 부요한 집단으로 인식되어 있으며 현실적으로 부요한 자들 축에 듭니다. 그 이유는 교회가 사회사업이나 원조에 관여하기 때문입니다. 교회 당국자들과 대표들, 교회 지도자들, 남녀 신자들은 대개가 외국의 힘을 빌려 물질적 안정을 이룬 사람들입니다. 인도 사회에서 교회는 보건과 교육과 관련된 원조사업을 하는, 훌륭하고 막강한 조직체로 알려져 있습니다. 예수님의 복음이 사업이라는 이러한 틀 속에 한정된다면 작은 형제들이 설 자리는 어디에 위치합니까?

3. 교회적 현실

정치적인 독립운동은 인도인들에게 경제적 독립의 필요성과 아울러 자신들의 문화 유산에 대한 자부심을 일깨워주었습니다. 영국의 식민정책은 경제·문화적으로 인도에 큰 타격을 주었고, 그 상처는 인도 국민들의 가슴속에 아직도 생생히 남아 있습니다. 그럼에도 인도인들은 현대 문명과 서구 세계에 매우 개방된 민족입니다.

과거의 전통과 뿌리를 간직하면서 동시에 현재와 미래에 대한 비전을 가지고 열린 자세로 선조들의 문화의 맥을 이어가는 일은 그들에게 매우 중요한 과제입니다. 따라서 이 길을 모색하고 창조하려는 정신운동은 인도에서 큰 호응을 받고 있습니다. 이 운동은 제3세계 국가들과 사회주의 국가들의 협조하에 인도 경제의 독립을 추구하는 투쟁과도 연계됩니다. 그러나 유감스럽게도 인도 천주교회는 이 운동에 동참하지 않고 있습니다. 인도 문화에 뿌리내린 교회와 복음의 토착화와 같은 문제에 대해 고민하고 이를 진지하게 생각하는 사람은 극소수에 지나지 않습니다. 일반 사람들은 그리스도교를 서구적 가치와 외부로부터 유입된 신앙을 제시하는 종교 정도로 인식하고 있을 뿐입니다.

그리스도인들의 축제, 교회가 제시하는 가치, 교회의 관심사, 교회정책, 성직자와 수도자들의 양성, 평신도 교육 등, 이 모든 것들이 가톨릭 교회를 서방식의 교회라는 평가를 내리게 하는 데 일조합니다.

이러한 상황 앞에서 작은 형제들은 어떤 자세를 취해야 합니까? 바로 오늘, 이 나라, 이 자리에서 이루어져야 할 하느님의 육화의 의미는 무엇입니까? 인간이 되시어 가난한 사람들 틈에서 그들의 인간 조건과 긍정적 가치를 수용하며 사신 하느님의 육화에 근거한 "나자렛"의 의미는 무엇입니까?

이러한 질문의 바탕에는 작은 형제들을 통하여 나자렛 정신이 인도에 뿌리내리기를 열망하는 우리의 바람이 깔려 있습니다. 우리는 자유와 인간 존엄을 위한 인도인들의 투쟁에 뛰어들고, 그들의 가슴속에 살아 숨쉬는 영원에 대한 동경을 나눔으로써 인도 교회의 한 부분이 되어야 합니다. 그것이 아무리 어렵고 고통을 동반하는 모순처럼 보일지라도 ….

이러한 진지한 열망과 맥락에서 우리는 인도의 형제회가 지역 출신의 성소자들에 의해 인도의 모습으로 표현되고 태어나기를 바라며, 외국 형제들에 의해 시작된 단계에 머물러 있지 않기를 바랍니다. 이 말은 물론 초창기 형제들의 노고와 업적을 축소하거나 부인하려는 것이 아닙니다. 이러한 과정은 모든 수도가족들이 짚고 넘어가야 할 정상적인 과정이라 생각됩니다. 이를 실현하기 위하여 우리는 무엇을 어떻게 해야 합니까? 지난 20년 동안 형제회가 체험한 우리의 취약성들을 통해 성령께서 우리에게 무엇을 말씀하고 계십니까?

<h2 style="text-align:center">II. 몇 가지 답변</h2>

1. 종교문제에 대한 답변

인도 국민들의 종교생활에 동참하기 위한 우리의 노력은 인도의 전통적·대중적 힌두교에 대한 이해와 연구에 모아졌습니다. 매우 복잡미묘한 이 종교는 대중문화를 기저로 표현됩니다.

"바크타스", 즉 절대자를 추구하는 "신의 아들"들은 그들의 종교체험을 대중시에 담아 읊어왔습니다. 이 시구들은 공적이나 사적으로 거행되는 모든 종교 예식에 사용됨은 물론 학교의 교과목으로 가르칩니다. 이렇게 종교의식과 문화적 상징주의는 인도의 지리와 역사의 한 부분으로 용해되어 서사시, 철학적 성찰, 도덕, 사원과 축제에 관련된 전설 등을 통하여 지역 전통 속에 깊이 뿌리내리게 되었습니다. 이런 방식으로 힌두교는 대중들의 의식 속으로 깊숙히 스며들어 새로운 가치를 창조하고 살아 있는 믿음이 됩니다.

바크타스들은 아직도 주변의 신앙을 이끌어가는 카리스마적 지도자들입니다. 따라서 자연히 일반 서민들이 쉽게 접근할 수 있는 종교 문화 센터들이 그들 주위에 형성됩니다. 그외에도 힌두교인들의 순례단 조직 단체들이나 "찬송기도단"들이 수없이 산재해 있습니다. 힌두교는 이렇듯 다양한 모습으로 실천되는 인상깊은 종교입니다. 이러한 양상은 인도의 다른 모든 종교에서도 찾아볼 수 있습니다. 아룰 형제의 일기는 형제들에게 인도 종교의 다양한 모습에 대한 인식을 심어주려는 시도를 하고 있습니다.

형제들의 노력은 이러한 상황 속에서 기도와 생활양식을 통해 인도 사회에 적응하고 맞추어가는 데 있습니다. 지역 종교의 분위기에 맞추어 경당을 꾸미고 기도와 전례에 있어서도 그렇게 하려는 노력을 하고 있습니다. 다시 말해 우리는 힌두교인들의 종교적 자세와 기도 형식을 도입한 것이지요. 제일 큰 문제는 역시 언어입니다. 아직도 타물 지역에서는 유럽 출신 형제들은 물론 인도 형제들까지도 이방인에 지나지 않습니다. 이방인의 신분에서 벗어나기 위하여 우리는 많은 노력을 기울이지 않으면 안됩니다. 타종교와의 관계는 구분이나 혼합이 아닌 조화 속에 맺어지고 조화 속에 이어가야 합니다.

우리는 지역교회의 도움을 별로 받지 못하고 있습니다. 필요한 경우에 같은 분야에 관심을 가진 몇몇 신부나 수도자들의 이해와 도움을 구할 정도입니다. 대체로 주교나 신부, 평신도들은 우리의 관심거리와는 거리가 먼 사람들입니다.

인도 성현들의 어록에 담긴 지혜와 그들이 갈파한 진리의 순수성은 우리를 감동시키고 우리의 기도를 풍요롭게 해줍니다. 인도의 작은 형제들의 성소는 바크타스들과 가깝다고 말할 수 있을 것입니다. 힌두교 전통 신앙에 뿌리박고 있는 그들의 생활양식, 아슈람, 기도와 신심 단체들은 우리에게 많은 영감을 줍니다. 현재 이곳에서는 "그리스도인들의 아슈람" 운동이 일어나고 있는데, 형제들도 이 운동에 동참하고 있으며 아룰은 그 회원입니다.

마을 차원에서라도 형제들은 이 기도운동에 동참함으로써 우리가 같은 신앙을 가진 한 아버지의 자녀들임을 세상에 증언해야 합니다. 인도에 사는 우리는 종교성이 짙은 사회적 분위기에 밀려서라도 하느님의 사람들이 되도록 고무받고 있습니다. 우리의 신앙은 일상의 삶을 통해 표현되어야 합니다.

2. 사회적 문제점

이 나라의 사회적 현실과 카스트 제도에 대한 우리의 체험에 진전이 있었습니다. 과거에는 우리 삶의 초점이 가난한 이들과 함께하는 데 맞추어졌습니다. 그것은 우리가 나자렛의 예수님처럼 절대자에게 종속된 사람들이며 가난한 사람들과 함께하는 자들이라는 것을 생활로 증거하기 위해서였습니다. 그러나 우리의 이러한 이념은 몇 가지 한계와 모순을 드러내게 되었습니다. 그 하나는 초기의 형제들이 모두 유럽 출신의 형제들이었다는 것입니다. 이곳 사람들에게 유럽 사람은 "가진 자"를 의미합니다. 두번째는 알람푼디의 나환자들을 돌보는 의료직으로 인해 마을 사람들이 형제들을 "의사"로 보는 것입니다. 유럽 형제들에 끼여 인도 출신 형제들까지도 특수계층의 사람으로 비춰진 것입니다.

가난한 이들의 삶에 동참하는 가장 바람직하고 자연스런 방법은 육체노동이나 밭일, 혹은 도시에서 막노동직에 종사하는 것입니다. 인도 출신 형제들이 알람푼디, 마드라스, 방갈로, 호시코테에서 이러한 직업을 구하기 위한 노력을 시도했었지요. 그럼에도 불구하고 아직까지도 육체노동직을 구하지 못하고 있습니다.

인도에서 가난한 자로 살아간다는 것은 빈민들의 옷을 걸치고 그들의 음식을 먹으며 몇 푼 안되는 돈으로 살아가는 것을 말합니다. 그것은 또한 극히 제한된 사회와 접촉, 낮은 신분, 고된 육체노동, 작은 주거 공간, 거의 원시적 보건환경 등, 이러한 생활 조건 속에서 사는 것을 뜻합니다. 방갈로의 젊은 형제들이 이러한 생활을 해보려고 무척 애를 썼지만 지금까지 아무도 충분히 해낼 수 없었습니다. 어느 정도까지는 가능했지만 한계에 부딪칠 수밖에 없었지요. 지쳐버린 형제들은 잠시 빈곤을 떠나 다른 환경에서 기운을 차리지 않으면 안될 정도였으니까요. 가난한 사람들의 삶에 완전히 동참하는 것을 목표로 삼았지만 그 목적이 실현된 적이 한 번도 없었습니다. 형제들의 수가 많아지는 날 이러한 생활이 가능하게 되기를 바랍니다. 우리가 할 수 있는 일은, 우리의 한계성을 받아들이면서 최선을 다해 꾸준히 작은 형제의 성소를 성실히 살아가는 것입니다.

3년 동안 비 한방울 떨어지지 않은 알람푼디의 가뭄, 기아, 날로 증가하는 인구, 장애자(나환자, 신체 또는 정신 장애자, 소아마비자)들을 위한 시설물의 턱없는 부족, 무방비 상태로 버려진 빈민 대책 등의 현실은 우리에게 새로운 도전의 촉매제가 되었습니다. 샨티가 한 가지 좋은 구상을 제시했습니다. 그것은 마을의 가난한 집 처녀들과 부녀자들, 장애자들에게 편물 기술을 가르쳐 주자는 것이었습니다. 이렇게 하여 우리는 일종의 편물 학원을 개설하게 되었습니다. 이 작업실에서는 인도의 최하층민들과 특권계급(카스트)의 사람들이 한상에 마주앉아 식사를 합니다. 이것이 바로 작은 혁명이 아니고 무엇이겠습니까!

마니는 중학교에 진학할 수 없는 마을 청년들과 교육의 혜택을 받지 못한 사람들을 모아놓고 글을 가르치기로 했습니다. 몸이 성한 사람이나 불구자들이 한자리에 어울리는 공동체, 함께 배우고 일하며 나누는 공동체, 이러한 공동체의 창설은 이 사회가 안고 있는 문제들에 대한 우리 응답의 하나입니다. 우리가 시도한 이러한 일에 대해 많은 사람들이 의문을 제기하면서도 결국 지지와 동의를 합니다. 우리는 사회문제의 핵심을 의식하고 눈을 뜨기 시작한 마을 청년들과 연대하며 직조계와 협동조합의 전문가들, 초등교육에 종사하는 인사들,

정부 혹은 개인 단체들의 협조를 받아내고 있습니다. 이러한 협조는 형제들이 수년간 노력하며 다져온 그들과의 인간관계와 상호신뢰의 결실입니다.

3. 교회와 관계

교회와 형제들의 관계는 다소 힘든 체험이었습니다. 단순한 일례를 들자면 이렇습니다. 우리는 형제회의 책을 타물어로 번역하고 싶었습니다. 지금까지 몇몇 신부님들이 해놓은 번역서들 중에는 마음에 드는 것이 하나도 없기 때문입니다. 이유는 우리 성소의 핵심 부분이 제대로 전달되지 않았기 때문이지요. 작은 형제들의 성소가 전혀 이해되지 않은 것입니다!

토착화나 적응에 대한 우리의 노력은 사실 사제들이나 평신도들의 이해나 호응을 받지 못하고 있습니다. 대부분의 그리스도교 단체들처럼 사람들에게 직접적으로 도움되는 일은 하지 않고 힌두인들 틈에 끼여 살겠다는 우리의 의도를 도저히 알아들을 수 없다는 것이지요. 작은 형제들의 이러한 생활 형태가 그들에게 의문거리입니다. 그러나 우리는 열린 마음으로 사제들이나 수도자들과 접근하려고 노력하면서 교회의 토착화 세미나에도 여러 번 참석했습니다. 형제들은 그리스도인들의 아슈람 운동에 참여하고 있으며 그 회원이기도 합니다.

우리 생활을 이해하고 지지하는 친구들도 있긴 하지만 무엇보다 가난한 사람들 사이에서 가난한 삶을 통해 살아가는 관상생활은 여전히 이해받지 못하고 있는 부분입니다. 다른 수도회는 성소자들이 넘치는 데에 비해 형제회에는 지원자가 없다는 사실이 많은 사람들에게 의문을 품게 하는 또 하나의 요인입니다. 우리는 이러한 소외된 상황을 받아들이려고 노력하면서 교회 인사들과 원만한 우정관계를 유지해 가는 일에 신경을 쓰고 있습니다. 그리스도인들이 밀집해 있는 큰 마을에 살지 않고 오히려 그들과 동떨어진 힌두인들의 마을에 사는 것이 우리에게 지역 성소자를 얻는 데 장애물이 될 수도 있습니다. 우리는 기회가 있는 대로 친구들과 공동체들을 방문하면서 형제회 정신을 이해시키려고 노력하고 있습니다. 이유 불문하고 우리는 지역교회와의 관계를 공고히 다져야 함에는 두말할 나위가 없습니다.

1985년, S.B. 미쉘 형제가

인도에서 6주를 보내고 돌아왔습니다. 알람푼디를 떠난 지 6년 만에 처음으로 가본 것이었어요. 마치 "고향"에 되돌아온 기분이었습니다. 변함없는 우정과 인간미 넘치는 분위기가 나를 흐뭇하게 해주었습니다.

6년 동안 이곳 이웃들에게 많은 변화가 있었지만 그들의 삶과 관습은 여전하고, 특히 농민들의 생활수준은 나아진 것이 전혀 없는 듯 보였습니다. 오히려 더 나빠지지 않았나 싶었어요. 6주간의 재적응은 6년간의 공백을 가시게 해주었고, 내가 이곳을 떠난 1978년의 시점에서 멈추어진 생활을 곧바로 이어주었습니다. 내가 이런 말을 하는 것은 여러 가지 어려움을 무릅쓰고 이 생활에 다시 적응할 수 있었다는 것과 적응의 가능성 확인이 나를 인도로 다시 돌아오게 하는 계기가 되었다는 것입니다.

인도 관구의 형제들은 이러한 나눔을 계속 유지하기 위하여 매 2년마다 와달라고 부탁했습니다. 형제들의 구체적인 삶의 현장을 방문하고 접촉을 가지는 것은 형제회 전체 운영에 관여하는 나에게 매우 중요한 것입니다. 그 필요성에 관해서는 자타가 인정하는 것이지만 이를 실현시키기 위하여서는 시간이 필요하고 계획을 짜야 합니다.

알람푼디 마을의 새로운 것 중에서 나에게 인상적인 것은, 아직은 미흡하지만 사회생활과 정치에 관심을 가진 젊은이들의 수가 부쩍 늘어났다는 것입니다. 이런 바람직한 현상이 여러 곳에서 일어나고 있다고 합니다. 알람푼디에는 마을 학교에서 교육을 받았지만 일거리를 구하지 못하고 놀고 있는 젊은 남녀들이 꽤 있습니다. 사회·경제적 현실에 대한 의식이 깨어 있는 이 청년들은 사회개선책을 모색합니다. 그들 중에는 밭일을 마치고 돌아온 젊은이들을 모아 놓고 글을 가르치는 일에 헌신하는 사람도 있습니다. 마을 청년들의 반이 이 야간학교에 나오고 있습니다. 이웃 마을에는 여성해방을 목적으로 하는 그룹 운동이 일어나고 있습니다.

젊은이들의 이러한 의식 변화는 몇 년 후면 마을 사람들의 생활에 상당한 영향을 미치게 될 것입니다. 그것은 전통생활에 대한 큰 변화를 예고해 줍니다. 외국 재단의 재정적 도움을 받는 개발 조직체들이 청년들에게 약간의 보수와 양성 실습을 제공하면서 이러한 운동에 관심을 보이고 있습니다. 물론 이러한 사업은 사회와 인간 개발에 대한 포괄적 안목 없이 이루어질 수 없습니다. 나는 어느 정도 마르크스 사상에 기울어져 있는 청년들과 남미에서 일어나고 있는 그리스도교적 영감에 민감한 젊은이들을 만났습니다. 그런가 하면 내가 이곳을 떠날 당시에 소년이었던 애들이 어느새 결혼을 하고 의젓한 어른이 되어 사회운동에 뛰어든 젊은이들도 만났습니다. 그들은 문맹퇴치 운동에 앞장서기 위하여 어려운 상황을 무릅쓰고 마을로 내려간다고 했습니다.

그리스도인들은 극히 소수에 불과하고, 게다가 이러한 문제에 대해 의식이 깨어 있는 사람은 더구나 몇 되지 않습니다. 문자교육의 초기 단계에 불과합니다. 그러나 이 교육을 통해서나마 사람들이 벌써 인간의 존엄성과 숭고한 가치에 대해 의식하기 시작했다는 것이 얼마나 보람있는 일입니까! 그들은 인간 생명의 의미와 개발이라는 요술 같은 말의 의미를 알아듣기 시작한 것입니다. 그것은 인간과 인간의 정신이 지닌 탁월한 능력과 잠재력에 대한 신뢰이며, 물질적 개발뿐만 아니라 하느님과 타인들과의 관계 안에 살도록 초대된 인격 양성에 힘을 기울여야 한다는 깨달음이기도 합니다.

인도 문화의 풍요로움을 어느 정도나마 알게 되면서 나는 모든 사람이 혜택을 받을 수 있는 참된 개발은 인구의 80%가 머물고 있는 시골에서 이루어져야 하고 또 그렇게 되리라는 희망과 낙관을 가지게 되었습니다. 인도의 인구는 6억이며 그 중의 과반수가 30세 이하의 젊은 층입니다.

형제회가 알람푼디에 자리잡은 것은 20년 전입니다. 이렇듯 긴 세월의 현존은 문화와 교육의 차이에서 오는 온갖 어려움에도 불구하고 형제들에게 인도 사회에 대한 이해와 더불어 주위 사람들의 문제와 반응에 민감하게 해주었습니다. 4년 전부터 형제들은 무수한 실직 젊은이들이 제기하는 문제들에 대해 최선을 다해 응답하려고 노력해 왔습니다. 그 노력의 결과가 바로 편물점 개설입니다.

시골 마을에 작은 가내공업을 일구는 일은 인도 정부가 시골 경제책의 일환으로 적극 권장하는 일이기도 합니다. 이러한 종류의 시도들은 그것이 무엇이 되었든간에 모두 환영을 받습니다. 우리의 자그마한 편물 학원(약 15대의 편물기가 나란히 있는 작은 작업실)은 인도인들의 경탄의 대상이 되었고, 자발적으로 이 일을 돕겠다고 나서는 몇몇 유럽인들도 있습니다. 이러한 일이 아니고서는 이 마을에 발을 들여놓을 리 없는 공무원들과 외국인들의 발길이 요즘 부쩍 잦아지고 있습니다.

이러한 공동사업에 형제회가 개입하는 일과 지도자 위치에 있는 것, 특히 편물점 운영에 대해 우리는 어떻게 생각해야 합니까?

이 문제에 대해서는 형제들이 처음부터 분명히 해야 합니다. 여기서 한 가지 명백한 것은 오랜 세월, 그들 속에서 일상의 삶을 함께 나누며 살아온 형제들과 주민들 사이에 다져진 우정 없이는 이러한 일이 절대로 이루어질 수 없었다는 것입니다. 외형적인 공동투신은 빙산의 일각에 지나지 않을 뿐, 더욱 중요하고 큰 부분은 물 밑에 깊숙히 감추어져 있습니다! 이러한 차원의 연대는 아주 특별한 상황에서만 있을 수 있는 것입니다. 다른 많은 나라에서도 이런 일이 가능할까요? 이러한 일은 관련 국가의 상황과 형제회의 연륜, 형제들의 개인적 능력에 따라 달라지겠지요.

우리는 모든 것이 일상생활의 나눔 안에 점차적으로 다져진 우정에서 우러나와야 한다는 것에 깊이 동의합니다. 이 우정은 모든 인류에 대한 예수님의 우정의 반영입니다. 우리는 끊임없이 예수님을 바라보며 모든 지식을 능가하는 이 사랑의 위대함과 깊이를 그분께 배워야 합니다. 우리의 연대는 구세주이신 나자렛 예수님의 사랑의 표현이 되어야 합니다. 중요한 것은 나자렛 예수님을 따르려는 열망에서 기원한 우리의 특별한 연대의식에 맞갖은 방식을 택해야 한다는 것입니다. 선택된 방식이 어떻든간에 우리의 연대는 반드시 이러한 특징을 지녀야 합니다.

작은 형제들의 성소와 정신에 비추어 연대방식을 밝히는 데 도움이 될 밀라드 형제의 메모를 발견했습니다. 이 귀중한 메모를 형제들과 그대로 나누겠습니다.

"관상"의 뜻

— 관상은 사물을 바라보는 태도이며 우리는 사물을 보는 시각에 따라 행동을
한다.

— 관상은 모든 사물 안에서 그리고 모든 곳에서 하느님을 보는 것이며, 관상자
는 언제나 주님의 뜻에 따라 행동한다. 그러나 성령의 은총 없이 관상과 행동
은 불가능하며 성령의 은총은 다양하다(예: 성 빈센트 폴, 아빌라의 데레사).

— 관상은 하느님의 선물이다. 우리는 이 선물을 받아들일 자세가 되어 있는가?

① 우리의 삶 전체를 예수님께 대한 인식과 사랑으로 향하게 하는 것. 이것이
성인들의 특징이다

② 무엇을 이루려는 것보다 먼저 인간에게 관심을 가지고 인간을 중요시할 것

③ 우리의 모두를 하느님의 자유에 맡겨드릴 것

④ 유용성보다 대가를 바라지 않는 무상의 사랑을 추구할 것

⑤ 베풀려고만 하지 말고 받는 법을 배울 것

⑥ 모든 순간을 하느님의 선물을 받아들이는 어린이처럼 살아갈 것

밀라드 형제의 이 메모가 알람푼디의 작은 형제들의 생활을 돌아보고 평가하는
데 도움이 되리라 생각합니다. 이 평가는 한 번에 그치는 것이 아니라 자주 해
야 합니다. 알람푼디의 체험은 다른 형제들의 집에서도 찾아볼 수 있습니다.
형식은 다르지만 본질에 있어서는 같은 것이니까요. 그것은 곧 인류의 구원자
이신 나자렛 예수님의 메시지에 따라, 그리고 주님과의 친밀한 우정 안에서 살
아가는 작은 자들과의 연대입니다. 그것은 관상생활의 쇄신, 작은 노력들과 실
패 안에서 신비스럽게 성장하는 하느님의 나라와 희망에 형제회 전체를 초대합
니다. 하느님께서 우리 가운데 계시기에 ….

회의록에서 "연대"에 관한 장에 대해 중동의 한 형제가 나에게 이런 글을 보
내왔습니다. "연대에 관한 부분을 잘 읽었습니다. 하지만 행동적이고 실천적인
연대를 강조하는 데에는 문제가 있다고 생각합니다. 우리 나라가 처한 상황과

특별한 정치적 배경 속에서는 가난한 자들의 권리를 보호하기 위해 '행동'하기보다는 '존재하는 것', 소리 없이 그들의 삶을 나누는 것, 무엇보다 그들의 정신적 어려움과 고통을 나누는 것이 더 중요하다고 생각합니다. 물론 함께 희망을 나누는 가운데서 그들을 도와야 합니다. 본문 속에서 잠깐 언급된 '종'의 모습은 기도와 함께 실천해야 할 연대의 깊은 의미가 어떤 것이어야 하는가를 더 잘 말해주는 것 같습니다. …"

형제의 글은 중동 형제들뿐 아니라 우리 모두가 부름받은 연대정신을 상기시켜 주고 있습니다. 이것이 내가 앞에서 언급한, 보이지 않는 빙산의 기반입니다. 이러한 기반 없이는 행동적이고 실천적 연대란 있을 수 없으며, 그러한 연대는 우리에게 무의미한 것입니다.

알람푼디의 형제들의 삶에서 주목되는 몇 가지 점에 관해 좀더 언급하고 싶습니다. 20년 전부터 우리가 이러한 삶을 유지할 수 있었고 사비 형제가 연수차 유럽으로 떠난 후 마니 형제가 방갈로의 직장을 포기할 수 있었던 것은 우리 모두가 일상생활 안에서 형제적 사랑의 필요성을 절감했기 때문입니다. 나는 형제들의 상호의존 관계의 가치를 굳게 믿습니다. 인간적으로 생각할 때 6년이라는 긴 세월 동안의 부재, 성격의 차이, 나의 재선을 받아들이기 어려워하는 형제들 … 이러한 장애물에도 불구하고 나는 책임자로서 형제들의 배려의 대상이 되었고 형제들의 손에 맡겨진 사람이 되었습니다. 때로는 이러한 현실이 따분하게 여겨질 때도 있지만 나를 다시 받아들여 준 형제들의 배려에 깊이 감사하고 있습니다. 그 힘으로 나는 살아가고 있습니다.

알람푼디의 생활이 쉽지만은 않습니다. 형제들의 성격, 정서, 문화, 연령이 제각각이니까요. 게다가 형제들 각자는 다른 인간적 욕구와 필요성을 가지고 있습니다. 그럼에도 형제들은 자신을 열고 상대방을 이해하려는 의지와 또한 신뢰하고 신뢰받기를 원합니다. 하지만 그것은 저절로 되는 것이 아닙니다. 형제들간에는 짚고 넘어가야 할 어려운 문제들도 있습니다. 이러한 문제들의 해결은 상대방에 군림하는 자가 아니라 "섬기는 자"라는 것을 확실히 믿을 때에만 가능합니다. 섬기는 자의 자세는 상대방이 하느님이 원하시는 대로의 길을 따라 상대방이 성장하기를 기원하고 그의 성장이 나 자신의 성장만큼 귀중한 것으로 되어질 때 가능합니다. 우리 각자의 마음속에 깊숙히 자리하고 있는 질투심은 솔직히 이웃이 잘될 때 나 자신이 더욱 왜소해짐을 느끼는 데에서 비롯됩니다! 이를 극복하는 길은 먼 길일 터이나 필연적으로 우정의 길입니다. 우정의 여정에서 우리가 어느 지점에 와 있는지 잘 알 수 없지만 이는 틀림없이 인간 본성의 요구에 부응하는 것입니다. 우리를 같은 길에 불러주신 하느님께서 원하시는 연대를 실현해야 합니다. 그것은 극히 미미하지만 삼위일체이신 하느님의 반영입니다.

알람푼디의 형제들은 다른 곳에서 흔히 볼 수 있는 같은 문제를 안고 있습니다. 그것은 형제들의 연령이 비교적 높다는 것입니다. 적어도 아룰과 샨티의 경우가 그렇습니다. 샨티는 노년을 은둔소에서 보내고 싶어하고, 아룰은 나환우촌에서 살고 싶어합니다. 이러한 소망들은 우리 각자의 마음속에 살아 계시는 성령의 증표입니다. 어느 정도나 실현 가능할지 알 수 없지만 되도록 많은 형제들이 자신들의 이상을 실현시킬 수 있기를 바랍니다.

나이가 들수록 더욱 소중히 간직해야 할 우리의 젊음은 열려 있는 마음에 달려 있다고 생각합니다. 열려 있는 자세는 현실과 연관되어 있습니다. 우리는 우리의 몸, 정신, 신경, 심리적 한계에 대해 잘 알고 있지만 열려 있는 자세를 적극적으로 지켜야 합니다. 이 적극성은 어떤 형제는 형제들을 위한 봉사로, 또 어떤 형제는 더 고독한 생활로, 다른 형제는 자기가 사는 곳에 머물러 있게 이끌어줍니다.

노년기에 접어들수록 참된 "쇄신"이 필요합니다. 쇄신은 "예고"(예수 탄생 예고)와 같은 것이라고 말한 형제가 있지요. 한계성의 무게에 짓눌리지 말아야 합니다. 인도에 다녀온 김에 라빈드라나트 타골의 말을 적어봅니다. "인생의 막바지에 도달한 나, 능력의 마지막 한계점에 서 있는 나, 내 앞에 길이 끝나고 비축해 두었던 물건들은 모조리 떨어졌느니, 이제 조용한 은닉처로 떠날 시간이 되었습니다. 그러나 내 욕구는 끝을 모릅니다. 옛말들이 입술에서 떨어지면 새로운 멜로디가 가슴에서 솟아납니다. 옛길이 사라진 곳에 새 세계가 놀라움으로 나타납니다."

파키스탄

작은 형제들이 파키스탄에 진출한 것은 1954년으로, 그후 다양한 변천 과정을 거친 후에 카라치의 두 집에서 살게 되었다. 이렇게 된 데에는 형제들의 건강문제가 크게 작용했다. 1987년에 파키스탄에 사는 약 60명의 친지들에게 아래와 같은 회람편지를 보냈다. 그들은 그리스도인이건 이슬람 교인이건 모두 형제들과 옛날부터 잘 아는 친구들이다.

친애하는 친구들,

야코브, 코르반, 필부스, 미카일 형제들은 이미 여러분들의 가족의 일원이 되었습니다. 우리는 동등한 입장에서 나누는 인간애와 우정을 믿습니다. 여러분들과 우리 사이에는 상이점을 능가하는, 한결 더 내밀한 일치가 자리하고 있습니다. 여러분들의 덕택으로 우리는 파키스탄 국민의 일원이라는 소속감을 가지게 되었고 그 자신감으로 우리는 이웃들의 생활에 동참할 수 있게 되었습니다.

여러분은 우리를 있는 그대로 받아주셨습니다. 그러기에 우리의 생활에 관해 더 깊이 알고 싶어하실 것입니다. 이미 알고 계시듯이 우리는 사람들 앞에서 우리의 견해를 고집하는 사람들이 아닙니다. 그뿐 아니라 우리는 사람들을 우리의 추종자들로 만들려 하지 않습니다.

오늘 이런 성격의 편지를 쓰게 만든 것은 우리와 나누어 준 여러분들의 우정입니다. 앞으로 가끔 이런 편지를 보내드리고 싶습니다. 이 편지를 통해 여러분 개개인 모두가 우리에게 얼마나 귀중한 사람인가를 느끼실 것이며, 이 집에 살고 있는 우리 네 형제들이 어느 만큼 "여러분들의 뼈와 살"의 일부인지를 알게 될 것입니다.

다른 형제들에 앞서 카라치에 도착한 코르반과 필부스는 몇 년간 파이살라바드에서 살았고, 다시 카라치로 돌아와 비하르와 아그라 타즈에서도 살았으며, 나중에는 이스트에 정착하게 되었습니다. 아그라 타즈에서 같이 살던 미카일과 야코브는 1972년부터 카라치-리아리에서 지금까지 살고 있습니다. 이 형제들은 바크라 피르히의 조그만 집에서 살면서 발루치스탄 사람들과 가깝게 지내고 있습니다.

오늘날 파키스탄의 대부분 가족들이 겪고 있는 변화에도 불구하고 우리의 삶은 한결같습니다. 코르반과 필부스는 1954년에 형제회가 파키스탄에 처음 진출했을 당시부터 알고 지내는 고아내즈 가문의 성벽 안쪽 소유지에 있는 조그만 집에서 살고 있습니다. 이 동네는 쉽게 접근할 수 있는 곳으로 종교와 인종이 다른 사람들도 형제들을 찾아옵니다. 서로에 대한 존경과 가족애가 점점 깊어지고 있습니다. 여기 오는 사람들은 맑고 시원한 공기, 숲, 조용한 분위기를 좋아합니다.

지금은 유명을 달리하셨지만 형제들이 리아리에 진출했을 당시 큰 힘이 되어주신 다니엘 선생님의 가족에 대한 감사의 정을 잊을 수가 없습니다. 그리고 우리에게 거처를 제공한 나환자 센터의 환자들과 직원들과 지금 그곳에 살고

있는 여러분 또한 잊을 수 없습니다. 나환자 센터의 사람들은 대부분이 발루치
스탄인들입니다. 오히려 사회적으로 무시받는 이 동네 주민들이 우리를 받아준
것은 우리에게 큰 특혜였습니다. 여기는 외부 사람들의 방문이 드문 곳이지만
가끔씩 찾아오는 사람들은 누구나 이웃들의 활기찬 모습에 깊은 인상을 받고
돌아갑니다.

이제 형제들 각자의 말을 들어보기로 하지요.

미카일:

우리 마을의 일과는 회교 사원에서 들려오는 기도소리와 함께 시작됩니다.
이른 새벽, 그 기도소리와 함께 우리 작은 성당에서도 성찬의 전례가 거행됩니
다. 이웃들의 기도와 그들의 생활에서 일어나는 사건들이 이 성찬의 탁자에서
하느님께 봉헌됩니다. 이는 우리가 성사를 통해 이웃들의 이름으로 하느님께
전구하는 가장 힘있는 방법입니다. 이것은 우리가 이웃을 위해 하는 중요한 봉
사의 하나입니다.

미사가 끝나면 각자는 자신들의 일터로 갑니다. 야코브가 병원에 출근하고
나면 나는 자질구레한 집안일을 시작합니다. 가사일이란 원래 무의미하고 하찮
은 일들이지만 필요한 것이지요. 이 일을 통해 나는 가사를 돌보는 남녀들의
소외감을 이해할 수 있습니다.

오후에는 학원에서 일을 합니다. 이 일은 내 존재의 중요성을 느끼게 해줍니
다. 학원에서 여러 연령층의 남녀들을 만나는데, 그들의 대부분은 부유한 계층
의 사람들입니다. 그들 중에는 외국인들도 있습니다. 이러한 일과 체험은 이
나라에 발을 디딘 지 18년이 지난 후에 하는 것입니다. 여기서 나는 프랑스어
를 10년 동안 가르쳤지요. 지금은 도서관에서 책 대여 직원으로 일하고 있습니
다. 문학에 조예가 깊은 지식층 사람들과 접촉할 수 있는 좋은 기회입니다.

그러나 나의 관심사는 하느님의 말씀과 하느님과의 관계 속에 사는 것입니
다. 하느님의 살아 있는 메시지를 정감어리게 듣는 것은 사실 그 메시지 전달
의 시작이라는 사실을 체험하고 있습니다.

잠자리에 들기 전에 우리는 하루의 일과와 이웃들과의 체험을 형제들과 나누고, 죽은 이들과 살아 있는 자들, 자유로운 자와 수감자들, 그리스도인들과 비그리스도인들, 가난한 사람들과 부자들, 배운 자들과 배우지 못한 자들을 하느님 앞에서 낱낱이 기억하며 바쳐드립니다. 그리고 샤를르 형제의 기도로 하루를 마칩니다: "아버지, 나를 당신께 맡기오니 ….."

야코브:

나는 이슬람 교도들과 살기를 선택했습니다. 이유는 알제리에서 군대생활을 하는 동안 종교라는 것이 인간을 하나로 묶어주기보다 오히려 인간을 분열시키는, 곧 박애정신의 장애물이라는 것을 알게 되었기 때문입니다. 인간은 모든 창조물과 더불어 창조자에게로 돌아갑니다. 그러나 인간의 내면은 자신의 고유한 길, 즉 하느님께서 주시는 신앙에 따라 하느님께로 나아갑니다.

하느님께서는 모든 것을 공유하며 사랑과 우정으로 살아가는 작은 형제들의 공동체로 나를 불러주셨습니다. 형제들의 공동체의 목적은 우리가 그리스도인이 되도록 서로 도와주는 것입니다. 즉, 만유 위에 하느님을 사랑하고 우리의 삶을 통해 그분의 사랑을 세상에 드러내보이는 것입니다. 예수님께서 우리에게 요청하십니다. "내가 너희를 사랑한 것처럼 너희도 서로 사랑하여라"(요한 13,35).

우리는 누구나 하느님의 창조물이며, 그러기에 하느님 앞에 모두 동등한 사람들입니다. 우리 모두는 그분의 도우심을 구걸하며 살아가는 가난한 자들입니다. 우리의 힘은 척박한 현실을 헤쳐나가기 위하여 하느님을 믿고 그분께 의지하는 데 있습니다. 교육을 받았거나 배짱이 좋은 사람은 자신의 권익을 지킬 힘이 없는 약한 자들을 이용하려 듭니다. 그러나 약한 자의 힘은 전지전능하신 하느님께 의지하고 그분께 자신의 비참한 처지를 호소하는 것에 있습니다.

나는 8년 전부터 구역 의료원인 리아리 병원에서 보조 약사로 근무하고 있습니다. 이 병원에서 내가 가장 신경을 쓰는 부분은 천민계급의 바루치-마크라니들과 부정한 자로 취급되는 청소부 힌두 사람들을 더 비참하게 만들지 않는 것입니다. 힌두교도인 의사는 때때로 자기 공동체 회원들에게 혜택을 베풀기 때

문에 민족주의자라는 평을 받습니다. 성당에 다니는 한 청소부는 내가 그리스
도 신자라는 것을 알아채고 나의 도움을 기대합니다. 상대방을 존중하고 인간
적으로 대할 때 그 사람은 가면을 벗고 자신의 가장 귀한 부분을 나눈다는 것
을 나는 이곳의 일상생활 속에서 자주 목격합니다.

환자들은 자신들의 처지를 신의 섭리에 맡기고 삽니다. 하느님은 병을 낫게
해주시는 분이시니 그분의 뜻이 이루어집소사 빕니다. 그런가 하면 안면 피부
암으로 고생하는 부인은 "가련한 내 신세여 … 나에게 무슨 잘못이 있어 이런
병에 걸렸는가"라며 절규합니다. 몸이 쇠약한 소녀와 폐병에 시달리는 창백한
모습의 청년도 있습니다.

균형잡힌 생활을 하도록 나에게 신경을 써주는 동료 직원들의 친절과 나 자신
에 대한 깊은 인식은 나에게 평화를 가져다줍니다. 나는 나 자신에 대해 얼마나
알고 있을까? 자문해 보지요. 하루의 일과가 끝나고 기도시간이 오면 나는 하느
님께 나의 가난과 환자들의 고통을 귀중한 봉헌물로 바쳐드립니다. 하느님께서
는 가난한 자들의 절규를 귀담아들으신다는 것을 굳게 믿기 때문에 ….

그렇습니다. 하느님의 사랑은 우리의 가슴을 뜨겁게 해줍니다. 우리를 끌어
당기는 분은 하느님이시지요. 하느님은 우리만을 당기지 않으시고 우리와 함께
이웃들도 당신께 당기십니다.

코르반:

1961년, 폴-무스타파와 함께 카라치에 도착한 이래 나는 하룬, 미카일, 필부
스처럼 케타에서 카라치로, 카라치에서 파이살라바드로 그리고 다시 카라치로
옮겨와 살고 있습니다.

그 당시 나는 파키스탄에 관해 아는 것이라곤 아무것도 없었습니다. 파키스
탄은 어떤 나라인가? 여기서 나는 무엇을 할 수 있을 것인가? 질문을 던져보지
만 아무런 생각이 떠오르지 않고 다만 하느님과 형제들 그리고 이웃들의 뜻에
완전히 내맡길 수밖에 없다는 생각뿐이었습니다. 그들이 나에게 가야 할 길을
보여주고 이끌어줄 것이라 믿었지요. 그러면서도 나는 가끔 그러한 처지를 거

부하고 혼자 버텨보려 한 적도 있습니다. 어쩔 수 없이 말입니다. 이제 파키스탄이라는 나라에 습관이 되었지만 힘들기는 마찬가지입니다. 이 사람들에게서 배운 것과 받은 것을 일일이 다 나열하기란 불가능하겠지요.

성서와 신앙 공동체의 예배를 통해 우리에게 빛과 힘을 주시는 분, 우리를 변화시키고 인도하시는 분은 하느님이십니다. 하느님께서는 이러한 작업을 우리가 만나는 모든 사건들을 통해서 하십니다. 여러분들을 알게 된 그 사실과, 이웃들과 나누는 극히 평범한 일들은 나로 하여금 새로운 눈으로 성서를 이해하게 하였고 새로운 내용들을 발견하게 해주었습니다. 이 나눔은 흔히 나의 기도에 활력과 의미를 불어넣어 줍니다.

해가 지나면서 나는 페인트직과 인쇄공 일을 그만두어야 했습니다. 인쇄공은 내가 무척 좋아하는 일이었지요. 근래 몇 년간은 초등학교 교사들을 대상으로 한 이동교육자 팀의 일원으로 활동하다가 지금은 나환자 자녀들과 가난한 그리스도교 자녀들을 위한 사립학교에서 일을 하고 있습니다. 어린 학생들과 보내는 시간은 소중합니다. 그들은 나를 젊게 해주는 것 같아요!

필부스:

나는 1983년초에 카라치로 돌아와 케타에서 알게 된 친구인 유싸프 반가슈 차고에서 근무했습니다. 그러나 일년 후에 이 친구가 중증 심장병에 걸리게 되자 영국에서 심장수술을 받기 위해 상점을 팔아야 했습니다. 그후 나는 정신장애자 학교에 취직하였습니다.

여기서 하는 일은 아이들을 학교에 데려다주고 데려오는 일과, 학교 자동차 세 대에 대한 수리를 책임지고 하는 일입니다. 이 일 외에도 학생들과 교사들 그리고 때로는 학부모들의 일도 도와줍니다. 퍽 마음에 드는 일입니다. 아이들과 학부모들과의 관계는 나에게 매우 고무적인 체험이 되니까요. 고통을 받아들이는 사람은 확실히 더 인간적인 사람이 되고 하느님과 가까운 자라는 것을 체험으로 알게 되었습니다. 그러나 그들 자신은 이러한 사실을 전혀 의식하지 못합니다. 그들은 지속적으로 고통을 감수해야 한다는 비참하고 지겨운 처지를 고통스러워하고 있습니다.

현사회가 안고 있는 여러 가지 부정적 요소들 가운데서도 나는 이 아이들과 학부모들, 이들을 위해 일하고 있는 사람들을 통해 인간의 새로운 아름다움에 접하고 있습니다. 이것이 내가 당신의 자녀들을 한 사람도 버리지 않으시는 하느님께 감사를 드리는 이유입니다.

동아시아

가와사끼(일본)에서, 앙드레 형제가

일과에 주력하다 보면 다른 일을 할 시간이 거의 없습니다. 현재 내가 하고 있는 일은 인조 콩팥과 관련된 일입니다. 이 일의 진행 과정에 관해서는 생략하기로 하지요. 피를 조혈하는 긴 장면을 조금이나마 이해하는 데만도 무려 2년이 걸렸으니까요. 때로는 의료진들의 수가 팔과 다리에 동맥주사를 꽂고 있는

20명의 환자수보다 더 많을 경우도 허다합니다. 기술의 발전과 함께 의술 역시 놀라운 발전을 거듭하고 있습니다. 그렇다 할지라도 기술이 인간의 콩팥 기능을 대신하기에는 아직도 요원합니다. 나와 세 명의 젊은 보조원들은 의료진들의 수발을 들며 종일 어질러진 병실을 정리하고 청소하기에 여념이 없습니다. 거기다 매일 기계로 씻어내는 물청소를 해야 합니다.

한가한 시간도 있지만 그럴 때는 병상에서 움직이지 못하는 환자들의 시중을 들어야 합니다. 심한 경련과 두통, 가려움과 구토증에 시달리는 환자들에게 맛사지를 해주고 가려운 곳을 긁어주고 변기를 비워주는 등의 … 때로는 치료를 하면서 환자들의 말동무가 되어주기도 합니다. 환자들은 매일 같은 사람들입니다. 이들은 죽는 날까지 매주 두 번씩 병원에 와서 외래치료를 받아야 하는 사람들입니다. 콩팥 이식의 가능성은 거의 미지수라고 합니다. 소수의 사람들만이 손이 더 필요한 가정치료 쪽을 택합니다. 가정치료는 치료 동안 일어날 수 있는 돌발적인 사태에 대처할 안정책이 거의 없습니다. 환자들 한 사람 한 사람에 대해, 그리고 목욕을 시켜주어야 하는 몇몇 장애자들에 관해 일일이 다 이야기할 수 없지만, 한마디로 인간관계가 그리 순조롭지만은 않습니다.

치료를 받는 환자들은 그들 나름대로의 어려움과 번민을 안고 있는가 하면 치료를 해주는 의료인들은, 그들이 아무리 친절한 사람이라 할지라도 신경질을 내게 마련입니다. 나 역시 예외일 수 없지요. 인내심을 가지고 참으면서 이 직장을 뛰쳐나가지 않기 위해 자신과 힘겨운 투쟁을 한 적도 한두 번이 아니었습니다. 시간이 지나면서 이런 환경에 다소 익숙해지긴 했지만 ….

적어도 같은 병실에서 일하는 동료들과 살아가는 법은 어느 정도 배운 듯합니다. 작업 분담을 한 이후로 마음이 잘 맞는 것 같습니다. 서로 마음을 맞추어 일을 할 수 있다면 이 일을 계속할 수 있을 것도 같은데 ….

제철소 일을 그만둔 것을 후회하지 않습니다. 환자들을 위한 시간과 사랑의 부족, 그리고 이를 위한 자신의 무능력을 매순간 절감케 해주는 이 직장이 제철소 일에 비해 훨씬 더 어려운 것은 사실입니다. 그저 지나치면서 5분간 친절하기란 쉬운 일이지요. 그러나 가장 바쁜 시간에, 같은 사람이 같은 일로 매번 귀찮게 군다면 신경질이 나지 않겠습니까! 게다가 어느 한 사람에게 좀 잘해주면 다른 환자들이 즉시 질투를 하니 자연 머리가 복잡해집니다. 진료시간이 끝나 환자들이 떠난 후, 산더미처럼 널려진 쓰레기를 치우고 치료실 바닥을 반질반질하게 닦고 있는 시간은 오히려 정신적 휴식의 시간이라고 할까요. 대체적으로 퇴근 전 45분간은 가장 견디기 힘들고 피로가 엄습해 오는 순간입니다.

하루 종일 직원들간에 눈길 한 번 마주치는 일 없이 침울한 표정으로 보내는 날은 내 우울한 감정을 감당해 낼 수 없게 합니다. 이웃에게 매력을 잃었다고 생각되는 순간 나는 사람들의 관심과 사랑을 더 목말라합니다. 그들에게는 시시한 일을 하고 있는 늙은 외국인이 수수께끼의 주인공이겠지요. 내 영혼을 어둠으로 몰고가는 좌절의 순간을 환자에게 한 컵의 물을 따라주며 자신을 달랩니다. 속내 어려움들을 잔뜩 늘어놓아 미안합니다.

내가 젊은 형제였을 시절에 나는 잘 처신하지 못하는 나이 든 형제들을 이해하지 못했던 것을 기억합니다. 이제 내 차례가 되었군요. "내가 해야겠다고 생각하는 일은 하지 않고 도리어 해서는 안되겠다고 생각하는 일을 하고 있습니다"(로마 7,15). 지금부터 나는 살얼음 위에서 걸음마를 다시 배워야 할까 봅니다.

언어, 문화, 현실에서 오는 거리감은 제쳐두고 이 친구들과 어울리는 시간과 장소에 관해 어떻게 설명해야 할까요? 고독에 짓눌리는 괴로운 순간에 우리는 흔히 친구들과 어울려 노래를 부르거나 한바탕 웃거나 한 잔의 술로 버텨낼 수 있습니다. 그렇지만 보통은 미친 듯 일에 몰두하거나 지칠 정도로 육신을 혹사시키면서 헤어나려 합니다. 성격상 나는 이런 부류에 속하는 사람이지요. 이런 처신이 이웃들과의 관계를 얼마나 무겁게 만드는지 잘 알고 있으면서도 어쩔 수 없습니다. 그러나 이러한 감정이 만남에 도움이 될 때도 있습니다. 문제는 거기에 말려드는 위험입니다.

내 삶의 스케치가 다소 어두운 것이라 할지라도 이것이 우리의 현실입니다. 일년 동안 직장생활을 한 기 형제도 이런 체험을 하기 시작했습니다. 기 형제는 줄곧 나에게 "다른 곳에 가면 자네는 불행할 거야!"라고 합니다. 기의 말이

맞겠지요. 긴 세월 제자리 걸음을 하고 있다는 느낌이지만 어쨌든 나는 "길을 가고" 있는 중이니까요.

1977년, 노조미 형제가

우리가 쯔루가에 도착한 것이 1975년이었으니, 여기에 정착한 지도 벌써 일년 반이 되었습니다. 유럽으로 떠나기 전에 형제들에게 이곳의 최근 소식을 보냅니다.

쯔루가 시는 60,000의 인구를 가진 항구도시로 시베리아의 목재를 싣고 오는 소련 선박들이 왕래하는 산과 바다로 둘러싸인 한적한 소도시 항구입니다. 일본의 뒤편이라고 부르는 이 지방은 긴 강을 낀 아름다운 풍광의, 눈이 많이 내리는 곳입니다. 이런 기후에 적응할 수 없는 사람은 살기 힘든 곳이지요. 우리가 이 지방을 선택한 이유는 이 지방 사람들에게 이끌린 때문입니다. 게다가 불교가 왕성하고, 특히 아미다 숭배가 살아 숨쉬는 곳입니다. 이러한 이유로 그리스도교 신자들의 수는 극히 적은 편입니다. 하기야 일본에서는 나가사끼를 제외하고는 그리스도인들은 어디나 소수에 지나지 않지만 …. 이런 상황이 수도회라고는 하나도 없는 쯔루가에 작은 형제들이 살게 된 이유를 충분히 설명해 주리라 믿습니다. 사제는 통틀어 세 명뿐.

형제들의 집은 도시 한구석, 후미진 곳에 있습니다. 낡은 일본식 가옥 일층에 두 칸의 방이 전부입니다. 다다미 여덟 장이 깔린 큰 방은 식당·거실·침실로 사용하고, 다른 작은 방은 성당을 만들었습니다. 계단 위층은 젊은 부부의 살림집이고 밑층에는 그물을 수선하며 연금으로 생계를 꾸려가는 어부 노인이 살고 있습니다. 우리 마을에는 한국 사람들이 많이 있습니다. 무시당하며 살아가는 이 사람들과 일본인들이 진정한 우정 속에 살 수 있기를 기도합니다.

형제들의 직업에 관해 말하자면 루도가 종업원 수가 20여 명인 소형 압착기(콤프레스) 조립 공장에 다닙니다. 여기서 루도는 트럭에 짐을 싣고 하역하는 작업을 합니다. 루도 형제가 조만간 이곳 소식을 보낼 것입니다. 내 직업은 지붕에 함석을 덮고, 처마 빗물받이를 만들며, 외부벽을 함석으로 덮는 함석장이 일입니다. 비나 눈이 내리는 궂은 날에는 매우 힘든 일이지요. 매일 작업장을 옮겨다니며 하는 이 일이 내 마음에 듭니다. 그러나 궂은 날에 "비와 바람아, 하느님을 찬미하여라. 눈과 진눈깨비도 하느님을 찬미하여라"고 노래하려면 더 깊은 관상자가 되어야겠지요.

우리 팀은 여덟 명으로, 한 동료가 지붕에서 추락사고를 당해 두 달 동안 입원 가료 후에 복직을 했지만 3일 후에 다시 일을 중단하지 않으면 안되었습니다. 이렇게 해서 우리는 일곱 명이 되었습니다. 동료들은 모두 흥미있는 사람들이지요. 특히 공장 주인과 그의 세 아들은 종교에 매우 깊은 관심을 가지고 있습니다. 세 아들 중 두 명은 충실한 불교 신도들입니다(조도 신슈 — 1244년에 신란이 창설한 신 정토불교). 트럭 안에서나 휴식시간에 우리는 자주 인생과 인간, 사회문제에 대한 견해를 나눕니다. 대화를 통해 많은 것을 배웠지요. 나의 인생에서 잊을 수 없는 한 해였습니다. 2미터에서 10미터의 지붕 위에서 작업하면서 보여준 동료들의 친절과 배려는 모든 것에 비판적인 나의 태도를 느긋하게 누그러뜨려 주었습니다. 성령의 작업이라고 말할 수 있겠지요.

많은 사람들이 형제들을 찾아오는 것을 보고 사람들은 놀랍니다. 보통 일본 사람들은 이러한 면에 매우 조심을 하는 사람들이니까요. 그들은 이웃의 정원을 지나갈 때에도 연신 허리를 굽혀 절을 하면서 미안하다는 양해를 구합니다. 한마디로 이웃간에 서로 방문하는 경우가 극히 드물다는 말이지요. 그런데 작은 형제들은 다릅니다. 우리는 찾아오는 손님들을 맞이하기에 분주합니다. 정말 놀라운 일이 아닐 수 없습니다! 직장 동료 중의 한 사람은 일주일에 두 번씩 차를 가지고 우리를 데리러 오는가 하면, 자기집에 와 목욕을 하라고 합니다. 아주 친절하고 자연스럽게 이런 호의를 베풉니다. 아무 때나 불쑥 찾아오는 신자들도 있습니다. 이런 상황은 물론 우리의 기도, 독서, 반성 시간 등 공동생활에 영향을 줍니다. 그러나 "하느님, 내 제물은 찢어진 마음뿐"(시편 51,19)이라고 한 시편의 노래를 우리의 상황에서 재음미해 봄이 어떨까요?

1984년 작은 형제회 총회를 위해 준비한 벵상 형제의 노트

I. 형제회와 한국 문화

형제들이 살고 있는 한국 사회와 문화는 형제회가 창립된 나라의 사회와 문화와는 현격하게 다르다는 사실은 강조할 필요가 없을 것입니다. 이러한 현실은 외국 형제들에게는 한국어를 배우고 젓가락으로 밥을 떠먹어야 하는 것 이상의 적응과 노력을, 한국 형제들에게는 그들의 고유한 문화의 가치와 형제회의 본질적 가치를 존중하면서 한국인으로의 소명을 살아갈 것을 요청합니다. 또한 복음의 빛 아래 한국 문화의 일부 양상에 대해 형제회가 제시하는 질문에 응해야 합니다.

　1975년부터 5년간은 힘은 들었지만 아래와 같은 축복도 받았습니다:

— 관심있는 젊은이들, 수련자, 지원자들이 계속 있었고

— 자신의 의사를 표현할 수 있는 개성과 연륜을 겸비한 주홉 형제가 양성을 마치고 귀국했으며

— 한국인 형제들 수가 외국인 형제들에 비해 언제나 더 많았다는 것입니다

외국인 형제로는 나와 삐에르 형제뿐이었으므로, 삐에르가 떠나면 언제나 나 혼자였지요. 우리 두 사람이 있을 때도 우리는 서로 다른 집에서 한국 형제들과 살았습니다. 그것은 우리가 한국생활에 적응하는 데 큰 도움을 주었고, 한국 형제들의 일상생활이나 결정에 유럽 형제들이 너무 많은 자리를 차지하지 않게 해주었습니다.

우리는 일종의 교류에 관해 논할 수 있을 것입니다: ① 한국 사회가 형제회에 미치는 영향, ② 형제회가 한국인들의 삶에 미치는 영향

1. 한국 사회가 형제회에 미치는 영향: 일상생활에서 이웃에게 자상함과 시간을 베풀 줄 아는 한국인들의 사회생활은 형제들의 삶에 푸근하고 따뜻한 인정을 더해 줍니다. 한국인들의 소박한 전통생활(예: 모든 식구들이 한 칸 방에서 살고, 그 방은 여러 용도로 사용되며 가구와 장식이 소박하다)과 개인 소유에 대한 폭넓은 개념(예: 속옷이나 의복의 공유)은 형제들의 생활에 영향을 줍니다. 한국인들은 이웃과 대화를 할 줄 아는 지혜를 가지고 있습니다. 상대방이 의사를 표현할 때 그것을 경청하고 말을 중단하지 않으며 상대방의 의사를 반대하지 않습니다.

2. 형제회가 한국인들의 삶에 미치는 영향: 하느님 앞에 모든 인간은 동등하고 형제자매들임을 인식하는 형제회는, 연령이나 학력과 같은 이차적인 가치에 의해 신분이 구별되는 한국의 유교사회에 다른 가치를 제시할 수 있습니다. 그러나 언어 표현에 있어서는 상대가 누구인가에 따라 그 어조가 달라집니다. 한국 형제들은 언어 표현상 동등하지 못합니다. 우리는 자연스레 상대방의 이름을 부를 수 없으며 또한 그것이 몹시 어색합니다. 따라서 말의 상대인 형제가 누구인가에 따라 말씨나 말투가 달라져야 합니다.

언어 표현상의 동등은 없다 하더라도 본질적으로 동등함을 드러내는 몇 가지 사실을 볼 수 있습니다. 예를 들면 나는 자기들보다 학력이 뒤지는 영택 형이 하는 말을 현재의 세 명의 수련자 형제들이 아주 주의깊게 경청하는 것을 보고 놀랐습니다. 몇 년 전, 주흡 형제의 사제품 문제가 제기되었을 때 우리는 모두 (지원자, 수련자, 서원자) 한자리에 모여 이를 놓고 의견을 나누었습니다. 이

모임이 있은 후에 주흡 형제는 사제서품과 같은 극히 개인적 문제에 대해 젊은 형제들이 자기 앞에서 거리낌없이 의사 표명을 했다는 점을 가리켜 한국에서 보기 드문 일을 해냈다고 지적했습니다. 내가 "사막의 해"를 보내는 동안 주흡, 영택, 명준 형제가 한국 형제회를 이끌어갔습니다. 영택 형이 책임을 맡았는데 그것은 명분에 그치는 것이 아니었습니다.

세 명의 지원자들이 수련에 들어가기 전에 집에 다녀왔는데, 사람들과의 대인관계가 이전에 비해 훨씬 자유로워졌다고 그들이 돌아와 방문의 소감을 나누었습니다. 그것은 형제들이 예비 기간 동안 예수의 한 형제로, 그리고 모든 사람의 형제로, 윗사람과 아랫사람의 관계가 아닌 형제의 관계 안에 생활하는 노력을 한 결과가 아니었나 짐작합니다.

II. 젊은이들에게 문을 열다

젊은이들의 입회는 1975년 이래 이곳 형제회의 생활에 큰 영향을 미쳤습니다. 1979년의 몇 달을 제외하고는 서원을 한 형제들과, 젊은 지원자들과 수련자들의 수는 거의 비등했습니다. 현재 한국에는 세 명의 서원자들과 세 명의 수련자와 한 명의 지원자가 있습니다.

양성에는 시간이 필요합니다. 기존의 양성 이외에도 한국 형제들이 다른 나라 형제들과 형제회 전체의 일원으로 관계를 나누기 위해서 필요한 형제회의 공통 언어 공부도 해야 하니까요. 가시적 차원에서는 두드러지게 성공했다고 말할 수 없습니다. 1975년에서 1982년 사이에 약 열두 명의 형제들이 입회하여 여덟 명이 수련을 받았지만 두 명만 서원을 했으니까요.

그럼에도 불구하고 형제회에서 함께 보낸 시간들은 형제회를 떠난 사람들이나 우리에게 결코 낭비가 아니었습니다. 그 젊은이들의 현존은 우리를 깨어 있게 해주었습니다. 그들 대부분은 새로 입교한 사람들로서 3년의 병역의무는 물론 형제회에 입회하기 전에 직장생활을 경험한 사람들이었습니다. 따라서 이 젊은이들이 던지는 질문, 그들의 시각, 그들의 인간체험과 살아 있는 목소리는 우리에게 참신한 주의력을 요구했습니다.

III. 몇 안되는 형제들

몇 안되는 형제들의 생활은 우리가 서로를 속속들이 알게 되는 좋은 기회였고 형제회와 형제, 수련자, 지원자들에게 제기되는 문제들을 함께 모색하고 풀어가는 기회를 주었습니다. 모두가 자기 일처럼 생각하고 관심을 가지게 되었지요. 그런 반면 우리는 신학이나 여러 주제의 연수회는 고사하고 관구회의와 같은 정식 회의조차 가지지 못하고 있습니다. 여기에는 협소한 장소나 짧은 기간의 휴가문제도 있겠지만 한편으로는 다른 방법, 즉 더 실용적인 방안으로 문제를 해석하기 때문일지도 모릅니다.

IV. 친구들

형제들에게는 많은 친구들이 있고 방문객들도 꽤 됩니다. 그들의 대부분은 비교적 근래에 입교한 신자들입니다. 친구들은 소박한 생활 속에서 행복하게 살아가는 수도자들을 보고 놀라기도 합니다. 격식이 필요치 않은 자유로운 대화와 식사와 기도 등, 형제들의 삶의 한 부분에 동참할 수 있는 것을 신기하게 여깁니다. 형제들은 그들의 본당생활과 본분에 소홀하지 않지만 그들은 우리 생활 속에서 복음을 말해주는 소박함을 만납니다. 재속회에 뜻을 둔 분들을 중심으로 재속회 창설을 위한 모임도 계획하고 있습니다. 몇몇 분은 이미 몇 년 전부터 재속회 창립을 고려하고 있습니다.

한 공동체로서의 이곳 형제회는 비그리스도인들이나 노동세계와의 접촉은 거의 없는 상태입니다. 우리를 찾아오는 사람들은 주흡 형제가 병원에 근무하기 전에 다니던 사업장의 친구들을 제외하면 거의가 다양한 계층의 사람들입니다. 그 이유의 하나는 형제들이 한국에 진출하여 살아온 생활방식과, 내가 여기 온 이후로 직장생활을 전혀 하지 않은 데 있을 것입니다. 게다가 소박한 한국인들은 유난히 남의 눈에 드러나는 것을 싫어하기 때문입니다. 영택 형이나 막노동을 하는 형제들은 작은 형제의 신분을 거의 밝히지 않고 있습니다. 수도자라는 사실이 동료들과의 관계를 어색하게 만들 수 있으니까요.

1966년, 칸토(베트남)에서, 기 형제가

유감스럽게도 우리는 죽음과 파괴의 전쟁에 대해 언급하지 않고 베트남 형제들의 삶을 이야기할 수 없습니다. 전쟁은 바로 우리가 몸담고 있는 이 나라의 현실이요 배경이기 때문입니다. 입을 여는 것조차 수치스럽습니다. 그럼에도 사람들은 여전히 살아가고 있습니다.

형제들의 새 집은 사람들이 많이 드나드는 작은 개천을 끼고 있는 긴 골목 안쪽에 있습니다. 이 개천은 200미터쯤 밑에서 큰 강과 합류합니다. 좁은 개천의 둑을 따라 작은 정원이 있는 초가집들이 거의 1킬로미터나 줄지어 있습니다. 형제들의 집 뒤로는 집 앞을 흐르는 개천과 나란히 또 하나의 작은 개천이 흐르고 있습니다.

우리는 강 언덕의 말뚝 옆에서 밥을 짓고, 일터에서 돌아오면 나무 그늘 아래 앉아 숨을 돌립니다. 작은 마당에서 내다보이는 강 건너편에는 대나무, 바나나, 야자나무의 큰 호아호아 정원이 있습니다. 캄캄한 밤이면 반딧불이 은하수를 이루어 하늘의 별들을 대신해 줍니다. 황홀한 정경입니다! 그러나 불행히도 이처럼 아름답고 평온한 마을에 거의 밤마다 들리는 총성, 박격포, 대포소리는 전쟁이 대문 안에 들어와 있음을 알려줍니다. 현실을 피부로 느끼게 하는 것이지요! 다음날 아침, 동이 트면 사람들은 통나무배에 몸을 싣고 일터로 나가며 지난 밤에 있었던 전쟁 이야기를 합니다.

대충 이런 것이 현재 우리가 살고 있는 환경입니다. 그러나 이 모든 것 중에서 중요한 것, 기실 말로 형언하기 어려운 중요한 것은 주님과 나의 "둘만의 생활"에 대한 진실입니다. 이러한 정황 속에서 예수님과 일치하여 온종일 드리는 전구의 기도, 이 기도는 우리를 하나로 묶어주며 페루·레바논·벨기에·호가르 그리고 전세계의 형제들과 일치 안에 살게 합니다. 나는 온 마음과 열정으로 이 삶을 하루하루 살아가고 있습니다.

페인트공이 사다리 위에서 노래를 부릅니다. 세상의 모든 페인트공들처럼 말입니다. 나는 옛날, 화장실 문에 터키 옥색 페인트칠을 하면서 성탄 노래를 부른 적이 있지요. "아기가 태어난 밤, 그 밤은 매우 춥고 세상은 음산했지. 천국을 말해주는 것이라곤 아무것도 없었지 …." 우리 생활은 베들레헴의 말구유 같습니다(터키 옥색 페인트칠을 할 때에도!). 성탄, 하느님께서 매일 우리 가운데 계시는 그 성탄입니다! 또한 천국은 우리 마음속에 있어 매일의 삶에 빛을 던져주며 변화시켜 줍니다. 무미건조한 일상생활은 전구의 기도가 올려지는 고귀한 장이요, 사랑으로 십자가에 못박히신 구세주 예수님과 만나는 특별한 은혜의 공간입니다. 주님과의 만남을 자주 놓치는 경망한 자가 되지 않기를 바랍니다!

1970년, 사이공(베트남)에서, 이브 형제가

꽤 오랫동안 사이공 형제회의 소식을 전하지 못한 것 같습니다. 그것은 우편상황이 나쁜 이유만은 아니었을 것입니다. 사실 이곳 형제회에는 아무런 일도 일어나지 않는, 아주 단조롭고 무난한 생활의 계속이니까요. 이러한 무미건조한 생활이 오히려 견디기 힘들 때도 있습니다. 아무튼 우리의 나날을 무겁게 짓누르고 있는 것은 끝없이 계속되는 전쟁입니다. 말로 표현할 수 없는 비극! 미래는 캄캄하게 꽉 막혀 있고, 그것이 군사적인 것이든 정치적인 것이든 국민들은 앞으로 닥칠 일들에 대한 불안과 공포 속에 하루하루 연명해 가고 있습니다.

작은 형제들은 이런 현실을 어떤 자세로 살아가야 하는지 잘 알고 있습니다. 좌절하지 않고 오직 희망을 버리지 않는 것이지요. 그럼에도 우리는 주위의 고통에 자주 압도당하고 맙니다. 아니, "예수님 때문에" 이 고통을 끌어안아야겠지요. 주님의 사랑의 신비가 드러나도록 인간의 고통을 예수님의 고통으로 끌어안고 모든 곳, 모든 사람들에게로 다가가야겠지요. 그러기 위해서는 "언제나 깨어" 있어야 합니다.

암울한 현실 속에서 이웃들의 세상 살아가는 자세는 우리에게 큰 힘과 도움이 됩니다. 난국을 슬기롭게 헤쳐가는 그들의 의지력과 지혜는 실로 놀랍습니다. 이러한 비극적 상황 속에서도 하느님은 부드러운 사랑의 손길로 우리의 영혼을 찾아오십니다. 평화의 손님의 손길에 우리는 행복을 느낍니다.

그러나 복음에 의거한 참 행복에 인생을 걸었다고 자부하는 우리가 과연 예수님의 기쁨을 위해 자신을 전적으로 투신하고 있는가고 누군가 묻는다면? 그 질문에 대한 답은 늘상 충격일 것입니다. 우리는 과연 사랑하고 헌신하기 위하여 예수님처럼 내면적으로 자유로운 사람들입니까? 우리 영혼이 잡동사니들의 사슬에 묶여 방황하는 것은 아닐까요 ….

겉으로는 평온하게 보이는 나날의 이면에는 비참, 폭력, 상처, 불의, 증오, 속된 쾌락, 전쟁, 박해가 가득합니다. 우리는 왜 거기에서 참된 청빈, 온유, 양심, 정의의 목마름, 자비, 평화 … 이를테면 하느님 나라의 "기름진 땅"을 끌어내지 못하는 것일까요? 모름지기 나는 자비로운 자들에게 약속된 행복을 되뇌어봅니다. 나는 일상생활에서 마주치는 도덕적 부패와 비참 앞에서 분노를 느끼기보다는 얼마나 쉽사리 무관심으로 지나쳐 버렸던가요!

주님은 "평화를 위하여 일하는 사람은 행복하다"(마태 5.9)고 하셨습니다. 이에 대한 현실적인 해결책을 추구하기에 앞서 우리는 불의에 맞서 싸워야 합니다. 우선 자기 자신에서부터 … 형제의 입장에서 현실을 보려면 먼저 형제들의 의견을 존중하고 이해하려는 노력이 있어야 하는데, 그것은 결코 쉬운 일이 아닙니다. 우리는 즉각적으로 어느 한편으로 치우치는 경향이 너무 강하기 때문입니다.

그 누구도 우리를 논쟁의 심판자로 세우지 않았습니다. 다만 각 인간들을 있는 그대로 받아들이고 존중할 따름입니다. 그럼에도 우리는 "중립"을 지킬 수 없다는 것이지요. 평화의 일꾼으로 그 속에 뛰어들어야 합니다. 어떤 방법으로 그렇게 할 수 있습니까? 이곳 사람들은 작은 형제들을 "수도자" 혹은 "평화의 사람"이라 부르며 평화를 위한 기도를 부탁합니다. 그들의 눈에 "수도자"란 "온유"한 사람을 의미합니다. 수도자는 모든 일을 감수하고, 언성을 높이지 말아야 하고, 그 누구의 마음도 상하게 해서는 안됩니다. 수도자에 대한 이러한 정의는 우리를 침체시키거나 우직한 사람으로 만들 위험을 내포하고 있습니다. 이러한 개념 속에는 절제라는 근사하고도 이상적인 이면에 이 세상 것들을 하나의 현상에 불과한 것으로 도외시하려는 뜻이 담겨 있습니다.

복음적 온유는 이 세상의 땅을 다스리게 합니다. 야훼의 종이 "소리를 지르지도 … 부서진 갈대를 꺾지도 않는 것"은 성령의 작업, 당신의 방법으로 정의를 이 세상에 가져오는 하느님의 능력을 뜻합니다. 다른 한편으로 불교 신도들, 때로는 그리스도인들까지도 우리를 이 세상과 그 안의 역사를 포기한 사람들이라고 말합니다. 따라서 영혼의 평화를 어지럽히는 것은 무엇이나 멀리하고 영적인 선만을 추구해야 한다고 생각합니다(적어도 전통적 불교에서는 그렇게 설파합니다. 그러나 비참과 고통의 세상을 내면으로부터 혁신시키기 위해 사람이 된 "신"을 설파하는 현대적 시각도 있습니다).

그래서 사람들은 형제들이 동네 사람들의 싸움을 말리려 드는 것을 보면 깜짝 놀랍니다. 때로는 유혈전이 될 수도 있는 싸움인데도 말입니다. 이러한 일이 벌어지면 형제들은 무작정 뛰어듭니다. 그래서 삐에르 형제는 싸움을 말리는 전문가가 되었어요! 형제들은 이웃 사람들의 충돌과 싸움을 "지나쳐서도", "심판하려" 들어서도 안됩니다. 형제들은 그 중도에 서 있어야 합니다.

형제들은 히브리서의 말씀처럼 사건을 피하는 자들이 아니라 신앙의 사람들이 되어야 합니다. 우리는 두발 벗고 세상의 비참 속으로 뛰어들어, 죄만 제외한 모든 점에 있어 우리와 같으셨던 주님의 뒤를 따라 그들을 "형제"라 불러야 합니다. 그것을 수치스럽게 여기지 말아야 합니다. 즉, 하느님의 관용과 자비를 실천하는 것입니다. 샤를르 형제처럼 죽어 자신의 생명을 바치려는 열망과 사막에 대한 동경에 사로잡히게 될 때 우리는 이 점을 재확인할 수 있을 것입니다. 사막이 우리 삶의 중요한 일부이고 사막을 그리워함은 물론 좋은 것입니다. 그러나 현실에 지치고 좌절할 때 사막은 기도와 간청으로 족한 현실 도피나 휴식처로 우리에게 다가올 수 있습니다.

만약 "순교"에 대한 열망이 지배적이라면 그것은 분명 귀중한 은총일 것이며, 이에 대한 판정은 오직 주님만이 내리실 수 있습니다. 한 신자가 "형제님이 어느 날 로켓탄이나 폭탄을 맞아 죽게 된다면, 그것은 형제에게 있어서는 인생의 완성이 되겠지만·나에게 그런 일이 닥친다면 내 가족은 어떻게 되지요?"라고 했습니다. 진정 평화와 정의의 일꾼이 되려면 우리는 "신앙의 주인이시며 완성자이신 분을 바라보며" 죄악이 낳는 모든 모순을 감내할 각오가 되어 있어야 할 것입니다. 샤를르 형제는 이 모든 것을 깊이 감지했습니다. "온갖 추태와 비열과 과오들을 목격해야 하는 비관론"에서 헤어나기 위해서는 하느님께 대한 신뢰만으로는 부족하며, 모든 일에서 무한한 사랑과 지혜의 근원이신 하느님의 의지와 허락을 발견하는 신앙의 눈이 바로 여기에서 필요합니다. 그때 모든 것이 일신하여 새로운 빛으로 조명될 것입니다.

인간적으로는 설명이 되지 않는 끔찍한 범죄와 불행, 인간의 비참과 괴로움이 뒤얽혀 있는 현실 너머로 빛나는 하느님의 태양과 아름다움을 볼 수 있습니다. 그렇다 해서 인간사에 무관심할 수는 없습니다. 왜냐하면 하느님은 사랑하는 자들에게 선과 악을 판가름하도록 하시기 때문이라고 샤를르 형제는 지적합니다. 급박한 상황에서도 샤를르 형제는 평온한 마음으로 이웃들의 어려움을 덜어주기 위하여 자기 위치에서 할 수 있는 모든 일을 합니다. 특히 자신의 자세에 신경을 씁니다. 사람들을 접대하는 태도, 관용, 온유, 겸손, 자비의 자세 등. 그의 사랑이 커감에 따라 사랑하는 자들에 대한 관심도 커갑니다. "사랑할 때, 사랑하는 자들의 가정에 닥치는 불행을 어떻게 보고 있을 수 있습니까?"

그렇습니다. 때때로 우리는 예수님과 어우러져 이 모든 "수난과 불행"을 함께 겪으며, 이에 대항하여 서슴없이 투쟁에 나서기 위해 자신과 씨름을 해야 할 때도 있습니다. 예수 성심의 사랑으로 인간의 고난과 불행을 불사르고 그것들이 구원과 선의 열매를 맺고 기쁨의 행동으로 태어나도록 하기 위하여 우리 몸을 바쳐야 합니다. 우리 주위와 자신 안에서 활개치는 죄악, 우리가 매일 마주 대해야 하는 세상의 이러한 죄악의 무게에 어떻게 짓눌리지 않을 수 있겠습니까? 부와 권력과 폭력만이 성공이라는 생각을 어떻게 떨쳐버릴 수 있겠습니까? 신앙은 악과 선, 죽음과 생명이 서로간에 뒤섞인 채로 얽혀 있음을 반드시 꿰뚫어볼 수 있습니다. 그리고 복음은 인간이 단순한 세속적 혁명이나 정신적 구원을 통해서만 이를 극복할 수 있다는 유혹으로부터 보호해 줄 수 있을 것입니다. 그럼에도 때로는 극단적 상황에 처하게 될 때의 눈물, 굶주림, 정의와 평화에 대한 목마름으로부터 행복을 절실히 추구할 때가 있습니다.

참 행복은 언제나 밑바닥에서부터 발견하는 재출발에서 시작한다는 느낌을 받습니다. 평화를 위해 기도합시다. 그리고 "사랑과 희망을 낳는" 샤를르 형제의 신앙을 조금이나마 가지도록 기도합시다.

1974년, 사이공에서, 이브 형제가

우리집 뜰에 "젖가슴"이라 불리는 나무가 한 그루 있습니다. 이 나무는 수령이 꽤 오래인데도 열매가 열리지 않다가 작년에 딱 한 개가 열렸는데, 탐스럽지도 아름답지도 않은 그저그런 모양을 하고 있었습니다. 우리는 이 열매가 썩기 전에 빨리 땄습니다. 열매 맺기를 포기한 줄 알았던 이 나무가 유일하게 맺은 과실은 기실 무엇인가 굉장한 것의 전조이기도 한 것같이 여겨졌습니다.

만물은 하늘과 땅의 조화로 생겨나고 "해탈자"들은 신비스러운 방법으로 우주에 생명을 불어넣어 줍니다. 이들은 현상적인 변화의 세계를 초월하여 순전히 우주적인 질서의 "논리"에 따라 이를 드러냅니다. 형제들과 친구들은 바라지 않았던 이 열매에서 평화의 징표를 갈구했습니다. 아니나다를까 몇 달 후에 진정한 평화는 아닐지라도 휴전이 되었습니다. 계절풍이 불어오고 첫비가 대지를 적시기 시작하자 우리 나무에도 지난해처럼 잎새와 가지가 돋아났습니다. 그런데 어느 날 잎사귀와 가지들이 하나씩 떨어져 죽기 시작했습니다. 마치 버거운 노력에 기진맥진해 버렸다는 듯이 말입니다. 우리는 혹시나 가지에 물이 다시 오르고 싹이 틀지 모른다고 생각하며 죽은 가지들을 톱으로 잘라주었습니다. 그후 몇 개월이 지났건만 아직 아무런 소식이 없습니다. 그렇다고 이 나무가 다시 살아나지 않으리라고 누가 단언할 수 있겠습니까?

이것이 이곳에 사는 우리의 현실입니다.

또 무슨 말을 더 할까요? 대결 상태에 놓인 두 세력과 딱 잘라 정의내리기 힘든, 겉보기엔 수동적인 민중이 있습니다. 두 세력은 서로 상대방을 끌어들이려 하지만 결국 서로 미워하게 마련입니다. 어쩔 수 없이 말입니다. 나는 정확히 어느 편이 강세에 있으며 어느 편이 외세를 업고 있는지 단정지을 수 없고, 언급할 자격 또한 없습니다. 하물며 진정한 민족주의자들의 수가 정확하게 얼마가 되는지 알지도 못합니다. 자유를 바라는 그들의 수가 어느 정도인지? 이미 드러났거나 또는 지하의 해방전선에 가담한 자들의 수가 얼마나 되는지? 그리고 그들이 공산주의의 대안으로 제시하는 참된 해방이 정확히 무엇을 의미하는지?

내가 아는 것이 있다면 그것은 전쟁과 비참 속에 허덕이는 서민들(국민의 대부분)이 하루 속히 정상적 삶을 되찾기를 고대하고 있다는 것입니다. 서민들은 양 세력의 정략을 가까이에서 지켜본 사람들로, 현재로서는 이편도 저편도 아닙니다. 또한 "히피"나 "마약" 복용자들을 제외한 젊은이들은 정치적 이념보다는 자신들의 미래를 위해 투쟁하기를 원하고 있습니다. 그들의 대부분은 좌절에 빠져 있으며 자신들이 이용당하고 있다는 사실을 알고 있습니다. 그리고 프랑스 식민주의자들을 몰아내는 데 공헌을 한 세대의 사람들은 지금의 상황에 이를 수밖에 없게 된 월남 자체에 대해 분노와 "역겨움"을 느끼고 있습니다.

그들의 일부는 자신과 가족들의 생존의 위험을 무릅쓰고 아직 투쟁을 계속하고 있습니다. 그 중에는 공산주의 전선에 깊이 연루된 그리스도인들도 있습니다. 교회의 협력은 차치하고라도 심지어는 배척당하는 처지에 놓인 그들의 신앙은 수난을 겪고 있습니다. 마르크스주의자들과의 만남은 그들에게 그리스도교 신앙이 무엇이며 그리스도인의 투신이 무엇인가에 대해 거듭 자문케 했습니다.

교회의 입장은 무엇입니까? 유물론적 공산주의와 무신론적 자본주의, 둘 모두 압제자들이며 인간을 제외시킨다는 것이 교회의 정론입니다. 월남이 거진 30여 년 간이나 분열되어 오늘 이 지경에까지 이른 원인은 이 두 가지 이념의 대립에서 기인한다고 교회 지도자들은 보는 것이지요. 그렇다면 두 개의 악 중에서 하나를 선택해야 할 테고 그 선택은 더 작은 악이어야 하므로 그것은 필연적으로 공산주의가 아닌 쪽으로 기울 수밖에 없을 것입니다. 교회는 반공 이념을 표방하는 정치에 대한 조건 없는 동조는 피하면서도 반공을 선호합니다. 그러면서도 교회는 반공 진영이 저지르는 온갖 불의와 착취에 대해서는 굳은 침묵으로 일관합니다. 고발로 인해 반공 진영이 힘을 잃거나 공산 진영에 이득이 되는 논란을 일으킬까 두려운 것이겠지요. 결국 교회가 무언중에 취하는 정치적 입장은 교회를 현실로부터 멀어지게 하고 소극적이게 만들어 갑니다.

여기에서 나는 교회를 비판하려는 것은 아닙니다. 교회 현실에 대한 책임은 나에게도 있으니까요. 외국에서 월남 그리스도인들에 대해 많은 비평을 하고 있다는 것을 잘 알고 있습니다. 사람들은 월남을 잠시 스쳐간 방문객들의 진술 — 어느 정도 정확한 것이라 할지라도 언제나 정치색이 가미된 — 에 입각해서 자신의 언어로 그렇게들 말합니다. 틀림없이 좋은 의향의 하나로 연대적인 발상에 의해서겠지만, 많은 경우에 그들의 진술은 문제를 더욱 복잡하게 만들 뿐입니다. 근래에 있었던 정치범들의 문제가 바로 그 일례일 것입니다.

세계는 우리 나라가 처한 비극을 깊이 감싸안아야 합니다. 교회는 지금까지 이에 대비한 어떤 작업도 하지 않았습니다. 교회는 자신을 벗어나지 못한 채 지금껏 교회 내부 문제나 외적 신장에만 연연하고 있습니다. 그럼에도 교회는 더는 시기를 기다리지 않고서 복음의 가치를 전파하고 인간을 짓밟는 원인들을 고발해야 하는 자신의 의무를 서서히 깨우쳐 가고 있습니다. 1970년에 마닐라에 모인 아시아 주교들은 「아시아의 그리스도인들에게」라는 메시지를 통해 "교회는 가난한 자들과 청소년들의 교회가 되어야 한다"고 천명했습니다.

그러나 변화는 하루아침에 이루어지는 것이 아닙니다. 아무튼 우리 교회는 서서히 기지개를 켜며 좀더 자유로워지려 합니다. 물론 현시점에서 우리가 교회에 바라는 것은 아죠르나멘토의 속도를 좀더 빨리하고, "혁명가"로 나서주는 것입니다. 일부 그리스도인들은 교회의 태도에 조급증을 느끼면서 좌절에 빠져들고 있습니다. 교회가 "화해의 말"을 언급하지 않으며 자멸을 자초하고, 훌륭한 국민들의 가슴속에 고동치는 해방의 힘을 외면하고 있다고 절규합니다.

사건들 속에서 우리가 어떻게 자신의 정체성을 발견하고 우리 고유의 방식으로 복음을 증거하며, 전쟁과 고통이라는 최악의 설정 안에서도 어떻게 해서든 그리스도와 인간에게 유익이 되는 것을 모색할 수 있을 것인지 고민해야 합니다. 교회에서와 마찬가지로 이 나라에 있어서도 작은 형제들은 그다지 중요한 존재들이 아닙니다. 잘난 것 없는 몇몇 형제들이 가난한 이들 서리에서 그들의 생활 조건과 고단함, 희망을 함께 나누며 사는 것이 무어 그리 대단합니까? 그러나 우리의 소명에 충실할 때 우리는 그리스도의 동반자들이 될 것입니다(히브 3,14 참조). 우리가 살아 계시는 하느님의 현존 앞에 거한다면 우리는 진실하고 살아 있는 연대와 자비와 화해의 증표가 될 수 있을 것입니다.

지난 10월에 이곳을 방문한 러네 형제가 그리스도의 표양에 따라 약속한 삶의 복음적 의미에 대한 이해를 도와주었습니다. 이에 잇대어 나는 개인적 차원에서 세계와 교회 안에서의 나의 위치에 관해 성찰해 보았습니다. 오늘의 세계와 월남의 상황 속에서 어떻게 복음과 소망에 관해 말할 수 있을까요? 하느님의 영광과 아울러 새로운 세상을 향한 소망은 지상의 정의와 평화와 형제애의 소망과는 구별되는 두 실체이지만 신비로운 방법으로 서로 맺어져 있습니다.

복음의 빛은 "정의와 진리와 자유와 사랑"의 원천입니다. 그리스도인의 소망은 신앙에 의거합니다. 그러나 이 소망을 매일 가꾸지 않는다면, 나의 일상생활과 내가 삶을 나누는 사람들 안에서 실천하지 않는다면, 그것이 무슨 소용이 있겠습니까? 어떠한 절망 앞에서도 우리는 하늘과 땅을 향한 소망을 지켜야 합니다. 그러나 때로는 의지할 것을 찾아 방황하며 양극 사이를 오가기도 합니다. 한에 사무친 반항아가 되어 부랑되이 행동하고 싶은 충동에 빠지는가 하면, 망상에서 깨어나 일상의 현실에 파묻혀 살기로 만족하고픈 어리석음을 자초하기도 하지만, 그러나 마음 깊은 곳은 생각보다 사뭇 평화롭습니다.

아무쪼록 자제력을 잃게 되는 사건들 앞에서 좀더 침착하고 평온한 자세를 견지할 수 있으면 좋겠습니다. 결국 완성된 해결책이란 존재하지 않습니다. 다만 사람들 서리에서 하느님에게 모든 것을 맡긴 한 예수의 작은 형제인 나의 소망을 "행동"으로 옮길 수 있는 "길잡이"가 무엇인지 분명히할 필요는 있습니다.

유럽 (프랑스)

1968년, 농촌 형제집에서, 앙드레 형제가

우리 지방은 비그리스도화된 농촌, 아니 전형적 비신자 농촌이라고 할 수 있습니다. 우리 형제회가 있어야 할 자리는 바로 이런 특별한 환경이 아닐까 합니다.

사회적이고 직업적이고 조합적인 차원에서 일어나는 일이란 거의 전무합니다. 사회적 투쟁은 물론 시위나 파업조차도 없습니다(지난 10월 2일 행사에는 아주 평온한 분위기에서 약 2,000명이 결집한 일이 있었지만).

형제들 역시 조용합니다. 우리는 농촌생활에 깊숙히 파고들어 목소리를 낮추고 살라는 부름을 받았으니까요. 아무튼 언어의 어려움도 없고 농촌일에 낯설지 않은 우리 두 형제들에게는 이곳 생활이 힘들지 않습니다. 지역 주민들과 대인관계도 무난하고 적응에도 문제가 없습니다. 그러나 형제회의 진출 초기부터 주민들의 생활 조건을 나누고 그들 속에 묻혀 사는 생활을 순수한 정신으로 해내지는 못했다는 아쉬움이 있습니다. 다시 말해 "공짜"가 아니었지요. 사람들을 섬겨야 한다는 시각에서 본다면 우리의 이런 태도는 유감스러운 일일는지 모르나 하느님께서 애초에 달리 섭리해 주셨으니 그것은 "세상에 알려지지 않고 영향력도 없는" 농민 가족들만이 알고 있는 숨은 헌신이었습니다.

외부적 차원에서도 우리는 책임질 일도 얼굴을 내보일 일도 없으며, 이 지역 밖에서는 우리들에 대해 언급해야 할 거리가 없는 사람들입니다. 이것이 하느님께 모든 것을 바친 우리 삶의 올바른 자세가 아닐까 합니다. 모두가 우리를 그 방향으로 밀어줍니다. 그러나 한 가지 커다란 위험은 단조로운 일상생활로 폐쇄적이 되거나, 아니면 그 반작용으로 거기서 뛰쳐나오려는 일일 테지요. 모임이나 외부 사람들과의 토론 같은 것도 없이 같은 일을 하며 달과 해를 보내는 우리는 심지어는 "외출"할 까닭조차도 없습니다. 그 어떠한 어려움도, 심각한 문제도, 특별한 고심거리도 없이 사는 것이 이곳 우리에게 주어진 몫인지도 모릅니다.

그러나 주님은 우리에게, 적어도 지금 이 순간에는 소박한 사람들과 소박한 삶을 살아가라고 하십니다. 변함없는 마음으로 주님의 사랑 안에 그들 하나하나를 깊이 이해하고 사랑하려는 노력 … 그것만이 우리에게 중요한 것 같습니다.

단조로운 환경에 깊숙이 파묻혀 말없이 살아가는 형제들과 이 지역의 특별한 성격을 이해하는 데 도움이 되도록 나는 형제들에게 이 글을 쓰고 있습니다. 우리 지역은 인간을 구원하기 위하여 세상에 오신 하느님의 빛을 통해서 조명할 때만이 비로소 의미를 가지게 될 것입니다. 교리나 이념, 논리 같은 것은 여기서 문제시되지 않습니다. 다만 인간의 삶, 우리가 신앙의 눈으로 바라보고자 하는 그 삶 자체만이 중요할 따름입니다. 이러한 생각들을 종이 위에 기록

하는 일이 그리 쉽지만은 않군요. 내가 말하려는 것은 삐에르와 나의 직감에서 감지된 생각들입니다. 우리의 가난과 함께 우리의 생각들을 주님께 바쳐드리렵니다.

이 고장 농민들은 악착스레 오직 일에만 매달려 살아가는 "소박한" 농민들입니다. 언젠가는 이 일에서 놓여나리라는 희망 따위는 가히 꿈에도 생각지 못합니다. 얼마 전에 나는 허리가 굽은, 팔순이 넘은 할아버지 한 분이 채소밭에서 한 손으로는 지팡이로 몸을 가누고 다른 한 손으로는 삽질을 하는 광경을 보았습니다. 또 한 번은 꼬부라진 허리에 골반이 비틀어진 할머니가 염소들의 먹이인 홍당무가 넘칠 듯이 가득 담긴 무거운 바구니를 들고 힘겹게 걸어가는 것을 보았습니다. 염소 우리에 도착한 할머니는 땅바닥에 두 무릎을 꿇고 엎드려 염소젖을 짰습니다. 투쟁에 가까운 생존이지요. 이 고장에서 자살하는 사람은 찾아볼 수 없습니다.

다른 농촌에서처럼 허물어질 때까지 버티고 선 집들이 즐비합니다. 전혀 손보지 않고 살다가 허물어지면 떠나버리는 폐가들이지요. 쓰러져가는 집은 이곳 농민들에게 있어 어쩌면 저항할 수 없는 보이지 않는 힘, "초월"적인 힘의 증표인지 모릅니다. 저항할 수도 맞서 싸울 필요도 없는 큰 "힘" 말이지요. 이 힘 앞에서는 무력하여 그저 받아들이고 따르는 길 외에 다른 방도가 없는 듯, 그들은 저항하려 들지 않습니다. 이 고장 농민들은 이렇게 그들의 삶을 운명으로 알고 살아갈 뿐입니다.

묵묵히 십자가를 지고 가시는 주님을 눈앞에 그려봅니다. 주님은 피치 못해서가 아니라 당신의 십자가를 스스로 지고 가십니다. 자비로운 사랑의 힘으로 인간들의 모든 비참을, 육체적·정신적 비참, 눈에 드러나거나 감추어진 비참을 그 홀로 걸머지고 십자가의 길을 가십니다.

어떤 차원에서든 우리는 이 가련한 형제자매들을 각별히 사랑하라는, 그 중에서도 가장 가난한 형제들을 날이 갈수록 더 진실되고 더 깊이 사랑하라는 주님의 초대를 받았습니다. 사랑할 기회가 모자라는 일은 결코 없을 것입니다. 우리의 기도는 이들을 위한 것입니다.

1977년, 삐에르-마리 형제가

형제들에게 소식을 보낼 때가 되었군요. 드-쎄브르 시골 구석에 틀어박혀 16년
이란 세월을 살고 나니 막바지에 다다른 느낌입니다. 틀림없이 많은 형제들이
내가 이미 죽었거나 아니면 마음이 변해 형제회를 떠났을 거라고 생각했을 것
입니다.

　사실, 내 마음이 변한 것은 아니지만 어쨌든 떠나야겠습니다. 평온한 마음으
로 말없이 이곳을 떠나고 싶습니다. 그 누구도 그 무엇도 나를 이곳에 잡아두
려 들진 않겠지만 반드시 알려야 할 사람 이외에는 나의 의중을 드러내지 않고
있습니다. 줄줄이 이어질 친구들의 작별인사나 초대를 피하고 싶기 때문이지
요. 다만 내 출발을 지연시키고 있는 것은 직장입니다. 형제들에게 직장은 중
요한 것이기에 한 형제가 어느 날 갑자기 사라졌다는 인상을 남기기보다 마지
막 순간까지 맡은바 직무에 충실하는 유종의 미를 거두고 싶으니까요.

　나에 대해 잘 모르는 형제들을 위하여 한마디 덧붙이자면 나는 이미 몇 년
전부터 줄곧 내 생애를 철저한 고독 속에 마치고 싶다는 생각을 해왔습니다.
이러한 바람을 형제들에게 종종 드러낸 적이 있었지요. 긴 세월, 고달픈 인생
을 살아가는 사람들의 삶을 나눈 후 조용히 물러나는 것은 한 작은 형제의 성
소의 귀결점이라고. 주님의 현존 안에서 기도생활로 여생을 조용히 보내는 것
은 얼마나 감미로운 은총입니까!

　몇 년 전부터 나는 건강관계로 직장생활의 어려움을 느껴왔습니다. 물러나야
할 시간이 이르렀다고 생각했지요. 한쪽 다리가 말썽을 부리며 생활에 불편을
가중시켰고, 습기찬 여름철에는 더 그랬습니다.

　앙드레가 나에게 이곳을 떠나기 전에 형제들에게 일기를 쓰라는 부탁을 했습
니다. 사실 지난 7월 7일은 앙드레와 내가 멀로아에 도착한 지 16주년이 되는
날이었습니다. 새 형제집에서는 언제나 이야깃거리가 넘칩니다. 모두가 새로운
것들이니까요. 그러나 16년이나 묵은 집과 어떠한 사건도 발생할 리 만무한 단
조로운 날들의 연속인 우리 생활에 무슨 이야깃거리가 있겠습니까.

농촌이나 시골의 인간관계는 도시나 노동자 마을의 인간관계와는 사뭇 다릅니다. 시골에서는 모르는 사람이 없고, 모르는 일이라고는 없게 마련입니다. 여기에는 마을 사람들을 친밀하게 엮어주는 장점도 있지만 그것이 마음을 상해주는 계기가 되는 단점도 있습니다. 우리가 이 마을에 진출했을 때도 그랬습니다. 형제들의 얼굴이 금방 알려졌지요. 형제회의 창설은 단순히 형제들이 생활을 시작한다는 외형뿐만이 아니라 교회의 현존을 곁들여오는 것이기도 합니다. 특히 "뽀와뚜의 작은 중국"이라는 별명이 붙을 정도로 교회에 대한 감정이 좋지 않은 이 마을과 같은 곳에 교회의 현존을 나르는 것일 터입니다.

이곳은 종교적 면에서 개신교 신자들이 우세한 지역입니다. 그것은 개신교가 이 지역 주민들에게 특별한 영향력을 행사해서라기보다 그들 자신이 대부분 종교전쟁으로 많은 고통을 당한 사람들의 후손들이기 때문입니다. 세례를 거부하는 사람들 중에도 이런 사람들이 많이 있습니다.

우리가 여기 처음 도착했을 때 인근 마을의 신부님들이 시골에 흩어져 있는 그리스도인들에게 교리를 가르치거나 장례미사를 드리러 갈 때 겪게 되는 고충을 호소했습니다. 게다가 지난 몇 해 동안, 지금은 다소 기세가 수그러지긴 했지만 자유사상이 기승을 부리며 이곳 주민들에게 적지않은 영향을 끼쳤습니다. 이것은 1961년, 형제회가 진출했을 당시의 어려웠던 상황을 말해줍니다. 우리는 두려운 마음으로 조심스레 작은 문으로 들어가야 했습니다.

우리에게 중요한 것은 노동이었습니다. 노동은 사람들과의 접촉은 물론 그들의 생활에서 오는 기쁨과 고충을 나누는 기회를 제공하기 때문입니다. 그것은 어쩌면 가장 조심스럽고 힘든 일이었을지도 모릅니다. 우리는 우리에게 일거리를 제공한 사람들이 따가운 주위의 눈총을 각오해야 한다는 사실을 이미 알고 있었으므로 무엇보다 입조심을 해야 했습니다. 시골에서는 으레 소문이 금방 번지니까요. 우리를 신학생으로 여기는 사람들도 있었기 때문에 경우에 따라서는 우리의 신원을 밝혀야 했습니다. 아무튼 무엇이든 모른 척해야 했습니다. 어리숙한 사람은 남에게 해를 덜 끼치리라는 것이 인지상정이니까요.

노동을 하는 또 한 가지 이유로는, 소박한 일꾼들인 농민들은 노동을 중히 여기는 사람을 신뢰하기 때문입니다.

세월과 함께 많은 것이 변했습니다. 오늘의 농민들은 더 이상 일기의 첫부분에서 묘사한 그런 사람들이 아닙니다. 그들의 고유한 사고방식과 의식구조도 변화하고 있습니다. 그러한 변화는 그들 가정의 뿌리까지 변모시키고 있습니다. 우리가 아는 많은 젊은이들이 농촌을 떠나고 있습니다. 땅 파는 일 외에 다른 능력이 없는 부모들은 연금 탈 나이가 될 때까지 일에 매달려야 한다는 것을 알고 있습니다. 옛날처럼 자식들이 농사를 이어가리라는 희망도 더 이상 부질없음을 그들이 아는 까닭입니다.

솔직히 말해 형제들의 생활은 그다지 변한 것이라고는 없습니다. 사람들이 우리에게 기대하는 것이 무엇일 수 있겠습니까? 어쩌면 어떠한 것도, 그 무엇도 기대하지 않을지 모릅니다. 우리가 아는 것은 그들이 우리를 "본당신부"라는 호칭에서 지금은 "형제"라는 호의적인 명칭으로 바꾸어 부른다는 사실입니다. 이는 대단한 변화로서 그들이 형제회를 받아들이고, 형제들이 그들의 일원이 되었음을 반증해 줍니다. 눈에 드러나지 않게 소리없이 우리를 도와준 많은 친구들, 생활비를 벌 수 있도록 일거리를 준 사람들에게 깊이 감사합니다. 그것은 참되고 성실한 우정의 표시였습니다. 그렇습니다. 그들은 주님의 이름으로 우리를 받아들였으며 주님의 사랑으로 우리에게 존경과 우정을 건네주었습니다.

1970년, 란느머쟝에서, 알랭 형제가

나는 여전히 도립 정신병원 아동실의 간호사로 일하고 있습니다. 이 일은 한마디로 정의할 수 없는, 마치 어머니와 아버지의 일과 같은 육친적인 정감을 물씬 풍기는 일입니다. 아이들의 일부는 병동을 떠났고 어떤 아이들은 하느님 곁으로 갔습니다. 그러나 작년에 들어온 아이들의 대부분이 아직 남아 있습니다.

여섯 살에서 열 살짜리가 16명이 있는데 아주 영리한 아이들입니다. 우리는 이 아이들을 "큰 아기들"이라고 부릅니다. 왜냐하면 얼굴을 씻기고 밥을 먹여 주는 일에서 휠체어에 태워 움직이게 하는 일에까지, 모조리 일일이 보살핌 가운데 이루어지지 않으면 안되는 나이 든 아이들에 비한다면 이 아이들은 100배나 넘게 자기 일을 스스로 해나가기 때문입니다. 전체 아이들 중에서 이 16명만이 혼자 밥을 먹을 수 있으며, 지껄이고 걸어다니고 뛰어다니고 깔끔하고 옷을 입을 줄 압니다.

노란 머리의 에릭은 언제 보아도 귀엽고 심부름도 잘합니다. 가끔 란느머쟝에 사는 한 가족이 에릭을 데리고 나가 일요일 산보를 시켜줍니다. 그 가족이 문에 들어서면 벌써 좋아라 어쩔 줄 몰라하지요. 자기 어머니와 아버지처럼 그 부부를 따릅니다.

까르멘은 내가 한 발자국도 떼놓을 수 없을 정도로 졸졸 따라다닙니다. 성격이 활발하고 신경이 날카로운 까르멘은 미사시간을 제외하고는 잠시도 제자리에 가만히 있질 못합니다. 수도꼭지를 혼자 틀 만큼 힘이 세고 물장난을 좋아합니다. 한쪽 다리를 저는 파트릭은 산보만 나가자면 신나합니다. 사람들의 신경을 긁어놓는 묘한 재주를 가지고 있지요. 스페인에서 온 어린 알프레도는 오른편 다리와 왼편 다리를 가려내지 못할 정도로 몸이 뒤틀린 아이입니다. 이야기를 들려주면 재미있게 웃습니다.

47명의 이름을 다 열거하지 않겠어요. 이만하지요!

내가 여기 온 지 벌써 8년이 다 되어갑니다. 후회 없이 만족한 가운데 살아가고 있습니다. 그것이 힘든 순간이 전혀 없었다는 말은 아니겠지요. 나는 자주 내 직업과 "복음전파"를 두고 생각해 봅니다. 내가 한 분이신 하느님께 충실하고, 그 충실의 정도에 따라 내가 세상을 변화시킬 수 있다는 확신을 얻습니다. 모름지기 내 일과 세상의 변화 사이에는 깊은 관련이 있다고 보는 것이지요. 적응이 불가능한 정신장애 아동들을 돌보는 일, 그 자체가 물질적 차원이 아닌, 인간적이고도 존재론적인 차원에로 나를 끌어올려 줍니다.

이 아이들 하나하나에서 유일하고도 개성적이며 그 누구도 대신하지 못할 인격체를 만납니다. 아무리 심한 장애자도 인간의 존엄과 생존의 권리와 교육받을 권리를 가진 엄연한 인격체입니다. 적응 불능아를 존중과 사랑으로 감싸안는 자는 세상을 변화시키는 사람입니다. 왜냐하면 그는 한 보잘것없는 인간의 생존 권리를 존중하고 그에게 인간의 품위를 찾아주어 더 나은 인격적 대우와 존중을 받게 하며, 자아를 실현시켜 더 아름답게 피어나도록 수고하는 사람이기 때문입니다. 그는 적응 불능아들의 풍요로운 정신적 삶을 위하여 자기 자신을 희생하는 사람입니다. 아무리 표현이 없는 사람들이라 할지라도 아무도 침해할 수 없는 자신만의 영역과 신비를 가지고 있습니다. 치유가 거의 불가능하고 어떠한 능력도 도무지 계발시킬 수 없는 무능력한 사람들을 위해 자신의 시간과 에너지를 소비하는 그 자체로 이미 있는 그대로의 인간의 가치를 인정한 행위가 되는 것입니다.

1974년, 마르세이유에서, 쟈끄 형제가

형제회가 뷔써린 주택단지로 옮겨온 지 어느새 7년이 되어갑니다. 차츰 자리를 잡아가고 있지만 작은 형제들이 거대한 주택단지에 입주해 사는 것에 대한 논란의 여지들이 끊임없이 제기되고 있습니다.

우리가 여기 온 이후 처음 몇 년간은 사귀는 사람도 제한되고 비교적 조용히 지냈습니다. 그렇게 사는 동안 우리는 자기 옆집 이웃이 누군지도 모르고 또 알려고도 않으면서 무관심 속에 살아가는 현대인들의 생활의 일면을 실감할 수 있었습니다. 이러한 현실과 고독이 우리 마음을 무겁게 짓누릅니다. 어떤 형제들은 이런 인간 조건과 생활 환경을 일컬어 "각박한 사막"이라 했습니다. 이 표현은 약간 지나친 감이 듭니다만. 작은 형제들에게는 언제나 친구가 있었으니까요. 이사온 후 얼마 동안 조용히 지내야 한 것은 생소한 주택단지 내의 생활에 대한 준비가 되어 있지 않았기 때문이었습니다. 제일 어려운 것은 역시 대인관계가 아닌가 합니다.

이곳 거주민들의 대부분은 배경과 뿌리가 없는 사람들로, 공통점에서 출발하

는 연대감이 없습니다. 인종, 계급, 종교, 문화 배경이 서로 다른 이유 하나만
으로도 사귐과 교류는 어려워집니다. 많은 사람들은 내성적이고 자기만의 안락
을 추구하며 살아갑니다. 가족과 친척, 오랜 친구들과의 관계는 유지하지만 신
도시 사람들에게는 관심이 없습니다. 이 사람들과 가까워지는 데는 상당한 시
간이 걸리겠지요.

지난 11월, 새로운 가능성이 보이기 시작했습니다. 나는 일년 전부터 지역 조
합이나 협회 같은 곳에서 일자리를 알아보는 참이었습니다. 사람도 사귀고 서로
의 협력을 도모할 수 있는 좋은 자리라고 생각했기 때문이었지요. 그런 성격의
모임이 이웃 단지에는 있었지만 우리 단지에는 없었습니다. 그러나 그러한 제안
을 내가 주도하고 싶지는 않았어요. 그런데 뜻밖에도 7~8명의 공산당원과 그리
스도인들의 친목 모임에서 그런 조직을 만들자는 합의를 보았습니다. 여러 사람
들에게 내 의견을 비친 적이 있으므로 이 모임에 나를 초청해 주었습니다. 취지
와 목적에 전회원이 동의했습니다. 이 조직의 목적은 우리 288세대를 대상으로
한 주거 환경의 향상, 파벌주의 타파, 공동선에 대한 의식 강화였습니다.

우리 활동은 개별과 단체 활동이 있습니다. 한 가족의 예를 들자면, 그들이
사는 아파트의 방 칸막이 상태가 허술해 아이들이 다른 방에서 비좁게 붐비며
살고 있습니다. 지배인에게 이 문제에 관해 여러 번 건의했지만 미동도 하지 않
았습니다. 없는 사람들이 관료들에게서 더 이상 무엇을 기대할 수 있겠습니까.

단체활동에 관해 한마디 덧붙이자면, 우리는 아파트 단지 관리사무국과 인터
뷰를 가지기로 했습니다. 그들은 우리의 어려움들을 주의깊게 들으며 인터뷰
내용을 기록했습니다. 인터뷰는 대개 아래과 같은 취지에 모아졌습니다. 즉,
인접한 도시의 건축 작업장에서 쏟아져 나온 흙더미로 인해 때아닌 늪지가 생
겼고, 이 늪지는 6개월 동안이나 방치되었습니다. 이러한 비위생적인 환경을
척결하기 위해 나는 사방으로 발벗고 뛰어다녀야 했습니다. 게다가 자주 고장
이 나는 엘리베이터와 청결 문제도 있습니다. 관리 당국은 돈을 아끼려고 제대
로 청소를 하지 않고, 쓰레기통 소독도 한 달에 한 번이 고작이었습니다. 청소
년들의 놀이터도 필요합니다. 주차 장소는 있지만 아이들이 뛰어놀 공간은 없

습니다.

우리 조직의 역할은 일종의 봉사로서 세입자들간의 협력을 도모하는 것입니다. 모든 주민들의 성원과 참여 속에 일이 순조롭게 진행되고 있습니다. 없는 이들은 가진 자들에 비해 한결 순수의 혜택을 받은 사람들입니다.

작은 형제들은 사랑의 이름으로 이러한 인간 환경과 장소에 현존해야 한다고 생각합니다. 기욤과 의논한 후에 이 일에는 나만 개입하기로 합의했습니다. 비록 나 혼자 개입된 일이지만 나를 통해 형제회 전체가 이 일에 연루됩니다. 그 결과는 아무도 장담할 수 없지만 현재로 보아서는 긍정적이라 할 수 있습니다.

1977년, 기욤 형제가

주택단지 내의 일들과 형제들의 생활에 대한 묘사가 부정적 상황으로 비쳐졌을지 모르겠습니다. 실제로 도시화와 소수 계층의 인간문제들, 특히 주거 밀집 지역과 실업자들, 결핍이 부추기는 청소년 범죄가 심각한 문제로 대두되고 있습니다. 최선을 다하고 있다고는 하지만 이에 대한 사회적인 대책은 거의 무력하고 비능률적입니다.

고쳐야 할 많은 결점에도 불구하고 나는 이런 주택단지가 마음에 듭니다. 대중적이고 젊고 생기 넘치기 때문입니다. 그리고 거기엔 "해야 할" 일이 있습니다. 결국 형제들에게 적절한 자리라고 생각됩니다. 5년 전부터 형제회의 모습에 변화가 생기기 시작했습니다. 사실 주위의 모든 것이 변하고 있으며 우리는 이러한 배경을 감안하려고 노력했습니다. 우리의 충실을 판단하시는 분은 하느님이십니다. 그러나 한걸음 물러나 지난날을 돌이켜볼 때 우리는 궁극적으로 현실을 도외시할 수 없었던 것 같습니다. 과연 우리는 분위기에 휘말려들지 않고 적절히 처신했는가? 하는 의례적인 질문을 던질 수 있을 것입니다. 솔직히 말해 우리는 언제나 긴장 속에서 위기의 삶을 살아가고 있습니다.

복음에서 우리는 기도하기 위하여 한적한 곳을 찾아가시는 예수님을 만납니다. 그것은 하느님께 흠승의 기도를 바치기 위해서였지만 동시에 한 인간으로서, 어려운 과업을 수행하기 앞서 하느님 아버지의 뜻을 헤아리고 성령의 빛을 구하기 위해서였습니다. 우리의 해답 역시 성령께서 밝혀주시고 다스리시는 깨끗한 마음속에서 찾아야 하지 않을까 합니다. 그렇게 할 때 우리는 우리가 과연 어디까지 갈 수 있는가에 대해 더 이상 고민하지 않아도 될 것입니다. 그렇지 않으면 우리는 성가신 것들을 피해 가면서 형제들의 생활을 위해 주위의 상황을 이용한다는 비난을 받게 될지도 모릅니다.

1987년

수련소 생활과 "사막의 해"를 보낸 후 6년 만에 뷔써린에서 다시 직장에 나가고 있습니다. 일을 시작한 지가 엊그제 같은데 벌써 3개월이 흘렀습니다. 50줄에 들어선 나에게 정식 직원의 노동량이 버겁게 느껴지고 온종일 건축 사업장에서 일한다는 것이, 과거의 경험에 비추어볼 때 약간 두렵게 생각되기도 했습니다. 게다가 트인 공간, 푸른 환경에서 조용히 살던 농민 출신인 내 심성에 이런 어마어마한 도심생활이 내심 두렵게 여겨질 수밖에 없었을 것입니다. 허나 이런 삶이 전혀 생소한 것은 아닙니다. 이러한 거대한 주택단지는 기본적으로 안고 있는 문제들이 산적해 있는 반면 거기에는 또한 활기찬 생동력과 젊음, 인간관계, 친구들이 있습니다. 나는 이러한 가치들을 발견하고 싶습니다.

나는 전에 하던 건축일을 다시 하기로 했지만 세월이 많이 바뀌었습니다. 경제 불황이 타격을 제일 많이 받은 분야가 건축사업입니다. 일부 사업상은 아예 문을 닫았습니다. 일을 계속하는 사업장에서도 일꾼을 많이 채용하지 않습니다. 임시 대리점이 현장 유지를 해가고 있는 형편입니다. 내 목적은 일 자체가 아닙니다. 우리 모두가 그렇듯이 말입니다. 내가 원한다면 나는 보수가 더 높고 더 흥미로운 전문직인 장식공으로 채용될 수 있기 때문입니다.

나의 바람은 언제나 큰 사업장에서 많은 사람들을 만나고 접촉하면서 그들의 삶에 동참하는 것이었습니다. 노동자들의 대부분은 외국인들입니다. 내가 일하는 공사장에는 약 스무 명의 노동자가 있는데 그 중 열 명이 일용직이며 프랑스 출신은 겨우 두 명에 불과합니다. 감독들은 일용직들을 완전히 무능력자로 (야, 너 이거 할 줄 아냐? 식으로) 취급하고, 회사 직원들은 거만하게 굽니다. 나는 한 공사장에서 3주를 보냈지만 아무도 나에게 일거리를 주지 않았고 내 이름을 알려고 하지도 않았습니다. 심지어 감독까지도 ….

"세상에서 이름도 영향력도 없는 사람"이라는 회헌 구절이 머리에 떠올랐습니다. 다른 사람의 눈에 이름조차 가지지 않은 무명인으로 비치고, 제대로의 인간으로서 대우를 받지 못하는 사람은 참으로 가난한 자입니다. 얼마나 많은 남녀들, 특히 외국인들이 이러한 처지에서 살아가고 있습니까? 이러한 상황은 같은 처지에 놓인 사람들끼리 서로의 마음을 터놓게 하고 밀착시킵니다. 그러나 유감스러운 일은 같은 작업장에서 오래 머무를 수 없다는 것입니다. 늘 다시 일거리를 찾아 다른 공사장으로 떠나야 하니까요.

나는 이러한 처지의 사람들의 삶 속으로 기꺼이 뛰어들었습니다. 그것은 내가 작은 형제가 된 목적의 하나이기도 합니다. 나는 하느님 앞에서 이 삶의 가치와 결실을 믿습니다. 없는 자들의 중재자가 되시기 위하여 주님은 가난한 자 되셨습니다. 구원에 대한 명백한 신앙이 없는 사람들과의 생활이 때로는 무겁게 느껴지기도 합니다. 그러나 "우리를 위하여, 우리의 구원을 위하여" 사신 예수님께서 내면의 빛으로 밝혀주실 뿐 아니라 살아갈 힘까지 주십니다. 아니 그분께서 직접 내 안에서 이 삶을 살고 계십니다. 그렇지 않다면 우리의 삶을 어떻게 지탱해 살 수 있겠습니까? 여기에 우리의 순수한 희망의 원천이 있습니다.

이 빛 아래 나는 사랑과 연대의 성사인 성체성사 — 우리의 삶처럼 단순하게 거행되는 — 를 새로운 눈으로 이해하게 됩니다. 땅을 가꾸어 얻은 열매인 이 빵은 단지 현존의 장만을 의미하지는 않습니다. 그것은 인간의 역사이면서 빵의 역사의 재현이요 신성화입니다. 그러한 이유로 우리는 연대와 성체성사를 분리하여 생각할 수 없습니다. 또한 현실적 삶에 동참하지 않고 성체와 기도를 이해할 수 없습니다. 내가 궁지에서 빠져나올 궁리나 일삼고 내 삶을 나누지 않는다면 "이는 너희를 위하여 바친 내 몸"이라고 하신 분의 말씀을 어떻게 이해할 수 있겠습니까? 이는 끊임없이 싸워야 할 나의 표적물입니다.

1975년, 쌩 드니에서, 끌로드 형제가

다음은 쌩 드니 교구장이 교구 수도 공동체들에게 보낸 질문서에 대한 답이다.

형제회는 18년 전에 이 교구에 진출하였습니다. 저의 생각으로는 현재 이 교구에서 기도를 하느님의 백성을 위한 봉사의 주임무로 삼는 수도 공동체는 우리 형제회뿐이라고 생각합니다. 노동자들의 평범한 생활 속에서 이루어지는 우리의 기도생활은 노동사목에 대한 교회의 관심에 부응한다고 생각합니다. 노동자들은 교회 안에서 사심없이 하느님을 위해 헌신하는 사람들을 보고 싶어합니다.

저는 이 말을 "두려움과 삼가는 마음으로" 합니다. 왜냐하면 누가 자기 삶을 들어 하느님의 빛나는 징표라 장담할 수 있겠는지요? 형제들이 추구하는 것은 무엇을 이루고자 함이 아니라 하느님의 부르심에 대한 응답입니다. 기도, 형제적 삶, 수도서약을 통한 봉헌생활, 참된 행복에서 영감을 받은 생활의 실천 등이 우리가 찾는 삶의 증거들입니다. "노동 장년회"의 표현대로 우리 식으로 "하느님을 찾는 사람들", 그리고 푸코 신부님의 표현대로 "예수님과 함께 구속자들"이 되는 것이 우리의 바람이자 희망입니다. 작은 형제들은 이러한 이상을 그들이 사는 장소와 일터에서 실현합니다.

지나간 18년을 돌이켜보건대, 전달하기 어려운 추억들이 많이 있습니다. 우리는 체험보다는 상황이나 행동에 대해 말하게 됩니다. 특히 그것이 하느님, 즉 "우리는 그분이 참으로 세상의 구원자임을 알고 있습니다"(요한 4,42)라고 한 그 구원자의 추구에 관한 체험일 때 더욱 그렇습니다. 해방을 위해 투쟁하는 노동계급 안에서

— 모든 것 위에 하느님을 선택했다는 자세는 구체적으로 무엇인가?

— 수도생활 자체로서 어떻게 노동세계의 요구에 응할 것인가?

— 사회와 교회가 처한 심각한 위기와 혼란, 흔히 "암흑"이라 불리는 이 시대
에 신앙의 빛으로 살아가는 생활과 결부시킬 문제들은 어떤 것이 있는가?

우리 친구들이나 동료들에게 형제들의 생활은, 접촉의 한계를 고수하는 수도원
담장 안의 가려진 비밀이 아닙니다. 형제집 안에는 형제들이 오랜 시간을 머무
는 작은 성당이 있다는 것도 사람들은 알고 있습니다. 기도는 "우리를 구원할
수 있는 이름은 이 이름밖에 없다"(사도 4.12)라고 한 예수 그리스도께 대한 신앙
을 나타내는 가장 근본행위입니다. 기도는 또한 하느님의 나라를 확장시키는
능력은 오로지 하느님의 선물이라는 사실을 밝히 보여줍니다. 바로 이러한 차
원에서 작은 형제들은 교구의 선교와 그 노력에 참여한다고 생각합니다.

서약을 통한 봉헌생활을 평범한 노동생활 안에서 살아가는 것은 하느님의 사랑
을 선택한 자들의 가시적 증언이며 그것은 금전의 공동사용, 장상에 대한 자발적
순종, 독신생활 등에서도 나타납니다. 이는 노동계급의 요구에 대한 하나의 응답
이자 거짓 신들에 대한 근본적 부인, 곧 금전이 모든 것을 지배하고 독점하는 사
회에 대한 거부입니다. 또한 파시즘과 독재자들을 양산시키는 사회의 권력에 대한
거부이며, 성이 모든 해방의 물결의 기치가 되는 사회에 대한 부인입니다.

노동자들의 열망들을 진지하게 수용하고 그들의 희망과 꿈을 대변하는 노조운
동에 동참함으로써 80%가 이민이며 99%가 문맹인 노동자들을 결속하고 여러
기회에 그들을 도와주게 되었습니다. 노조 대표가 되어달라는 요청을 받았지만
사양했습니다. 왜냐하면 우리에게 중요한 것은 활동에 앞서 수도생활이기 때문
입니다. 아울러 활동이나 투신, 정치 등과 같은 사회 현안들이 우리 삶의 지향에
주요 요인들이 아니라는 것을 동료들에게 행동으로 보여주고 싶었기 때문입니
다. 그러나 얼마 가지 않아 집단 해고 사태가 발생했고, 그 와중에는 노조 대표
들이 여러 명 포함되어 있었습니다. 그러한 상황에서 나는 1969년에 노조 간부
로 선출되었고 후에 대표직을 맡게 되었습니다. 대부분의 간부들이 대표직을 수
행하기에 역부족인 데다 그들 자체가 그 일을 원하지 않았기 때문이었습니다.

후임자가 나타나자 나는 다시 돌아오리라는 희망을 간직하고 일년간의 말미를 얻어 사하라로 떠나기로 했습니다. 이러한 결단에서 필연적인, 동료들과 헤어져야 하는 뼈저리는 아픔은 수도생활의 핵심이 무엇인가를 재확인하게 해주었습니다. 나의 동료들은 말로써보다 가슴으로 서운함을 표현했습니다.

작은 형제가 되어 12년에서 15년의 생활을 거친 후 "사막의 해"라는 긴 피정의 기간을 가지게 된 것은 약 10년 전부터입니다. "사막의 해"는 고독을 찾아가는 시간입니다. 먼저 엘 아비요드에서 일정 기간을 보낸 후 샤를르 형제가 살았던 곳으로 갑니다. 베니 아베스, 타만라셋 등. 기도와 하느님 말씀을 묵상하며 고독 속에서 하느님께 가까이 다가가는 은총의 시간입니다. 이 특별한 시기 동안 우리는 사랑하는 이들과 멀리 떨어져 있지만, 전구의 기도 안에서 신비적으로 그들과 더욱 가까이 있습니다.

1977년

"사막의 해"를 마치고 돌아와 나는 다시 직장문제를 고려해야 했습니다. 전에 일하던 곳으로 다시 돌아가야 하는지?

구체적인 상황 속에서 답을 얻으려는 자세로 일단 옛 직장에 원서를 제출했습니다. 내가 다시 복귀되도록 옛 동료들도 힘쓰고 있었지만 회사측의 입장은 확고했습니다. 나를 다시 채용하지 않겠다는 것이었습니다. 그것은 어쩌면 다른 곳에서 일하기를 바라시는 주님의 섭리였겠지요. 약 3주간을 무직자로 보낸 후 나는 "제너럴 모터" 회사에 5개월간 임시직원으로 채용되었습니다. 이 회사는 미국, 특히 디트로이트와 직접 연결되어 있습니다! 5개월이 끝난 다음 6개월이 연장되었고 이어서 정식 직원이 되었습니다.

세계 각지에 750,000명의 직원을 보유하고 있는 굴지의 대기업체인 이 회사의 직원이 되는 일은 결코 쉬운 일이 아닙니다. 회사 당국이 내가 수도자라는 것과 과거에 노조활동을 한 경력을 알아냈을 때 나는 회사에서 바로 쫓겨날 줄 알았습니다. 그러나 막강한 힘을 발휘하는 이 회사의 노조가 모든 임시직원들을 정식직원으로 채용하라는 압력을 넣고 있던 때였으므로 나도 그 덕을 톡톡히 보았지 뭡니까.

얼마 전의 일이었습니다. 한 동료의 부인이 밤에 우리집을 찾아왔습니다. 그의 기색이 매우 당황하고 탈진상태인 것 같았습니다. 그 부인의 모습에 놀란 나는 어디가 아프냐고, 아니면 무슨 변을 당했느냐고 물었습니다. 한참 동안 입을 열지 않고 묵묵히 앉아 있던 부인은 귀찮게 해 미안하다며 입을 열었습니다.

"형제님, 형제님의 생각에 '선'은 무엇이며 '악'은 무엇입니까?"

공산당원인 그는 공부를 시작했지만 경제 사정으로 인해 시작한 공부를 중도에 그만두고 관공서에서 일을 했습니다. 곧은 성격과 명석한 두뇌의 소유자인 그는 무슨 일에나 철저했으므로 대충 넘어가는 성격이 아니었습니다.

그는 엷은 미소를 머금고서 말을 이었습니다.

"살기가 힘들어요! 우리 마음속에 왜 양심이라는 것이 있지요? 우리는 왜 양심을 따라야 합니까? 양심의 소리를 거부할 때 왜 자신에 대한 배신감을 느끼지요? 나는 무엇 때문에 항상 '왜'라는 질문을 스스로에게 해야만 하지요?"

그렇습니다. 이 공산당원의 삶은 그 자신의 질문에 스스로 답을 해줄 수 없었습니다. 그 무능은 틀림없이 정치나 사회 문제보다 그에게 더 괴로운 것이었을 터입니다. 우리 사회는 그의 물음에 답을 제시하지도, 지표를 제공해 주지도 못합니다.

"얼마 전에 샬트르에 갔는데 내가 대성당의 상징물들을 도무지 이해할 수 없다는 사실을 문득 깨달았습니다. 나는 그리스도교 교육을 받았는데도 말입니다. 특히 뇌리를 사로잡는 생각은 '우리는 이런 것들에 대해 점점 더 상관하지 않게 될 것이다. 머지않아 대성당이 왜 존재하는지에 대해서조차도 이해하지 못할 때가 올 것이다'라는 것이었지요."

개인주의와 소비주의가 극성을 부리며 열성분자들이 정력을 아낌없이 쏟고 있는 이 변두리 지역에는 정신세계에 대한 갈증이 있지만 적당한 자양분을 발견하지 못하고 있습니다. 악과 고통과 죽음은 더 이상 도덕적 문제에 머무르지 않는, 더 정확히 말해 사회의 부조리와 직결되어 정치적 해결을 요구하는 정의의 문제가 된 지 오래입니다. 이러한 맥락에서 볼 때 공산당원들이 육성되고 공산당의 존재에 의의를 부여할 수가 있게 되는 것입니다.

우리는 해야 할 일이 많습니다. 참으로 그러함에도 불구하고 인간의 마음은 다른 차원의 깊이를 가지고 있습니다. 그 깊이는 사람에 따라 강도가 다릅니다. 따라서 우리 각자에게 주어진 특별한 은총의 시간에 그 은총을 받을 수 있습니다. 그렇지 않다면 무엇 때문에 우리가 이 모든 노력을 합니까? 또 무엇 때문에 타인의 행복을 위해 고심해야 합니까?

그는 이렇게 말했습니다.

"그래요. 중요한 것은 이웃의 행복을 위하여 일하는 것입니다! 그러나 왜 그렇게 해야 합니까? 또 사람들은 왜 그토록 비굴합니까?"

우리 주위의 사람들이 문제를 제기할 때 우리는 응답해야 합니다. 성령께서 우리에게 원하시는 길이 무엇인지 식별하기 위하여 노력합시다.

1985년, 쟝 뽈 형제가

야간 근무를 시작할 때 나는 "밤을 지새는 것"이 두려웠습니다. "파수꾼아, 얼마나 있으면 밤이 새겠느냐?"(이사 21,11). 그러나 지금은 밤샘을 거뜬히 해낼 수 있습니다. 하지만 몸을 녹초로 만드는 피로는 아직도 두렵습니다. 아무튼 사람들이 생각하는 정도로 야간 작업이 힘든 것은 아닌 듯싶습니다. 물론 불리한 점도 있습니다. 예를 들면 행사나 노조활동에 참여할 수 없기 때문에 자연 전반적인 회사 분위기에서 소외되게 마련입니다.

형제들과의 생활에서도 그렇습니다. 저녁에 손님이 찾아오는 경우, 오래 앉아 버틸 수 없거나 흔히 대화가 열기를 띠어갈 때쯤이면 나는 출근하기 위해 일어나야 하니까요. 다른 사람들이 한 주간의 노동을 마치는 금요일과 토요일 사이의 밤에도 출근을 해야 합니다. 게다가 끌로드 형제의 일과는 이른 아침부터 시작되기 때문에 우리는 아마 형제들 중에서 가장 짧은 공동생활 시간을 가진 사람들일 것입니다. 재미있는 면도 많습니다. 새벽에 내가 문에 들어서는 순간에 끌로드는 집을 나섭니다. 오후에 내가 침대에서 몸을 일으키는 그 순간에 끌로드가 문을 열고 들어오거나 아직 자고 있는 나를 깨우기도 합니다. 나를 잠에서 깨워주고 현실에 두 발을 딛고 살게 도와주는 형제가 있다는 것은 얼마나 큰 행운입니까!

공장 굴뚝이 빽빽히 들어선 검은 거리, 회색 건물들, 붉은색 정치 깃발, 이민 노동자들의 갈색 얼굴로 넘치는 도시! 그렇습니다. 이 도시가 얼굴 없는 도시라면 적어도 색깔만은 뚜렷한 세계입니다. 오늘날 노동자들의 현실은 어떻게 돌아가고 있습니까? 경제성장에만 치중하고 정당화하는 생산논리에 의해 생채기만 그득한 사람들입니다. 사업체가 이동하면 노동력도 덩달아 이동하며, 버려진 공장들은 금세 다른 곳에서 생산된 물품창고로 전락합니다. 노동자들을 하나로 묶어주었던 결속과 연대정신은 해체되어 무용지물이 되고 인종탄압이 고개를 쳐들면서 청소년 범죄가 증가하고 있습니다. 어디에도 미래는 없는 듯한 사회!

이 사회는 신앙을 잃었습니다. 나는 신앙이 없는 대중사회에 대한 연구가 부족하거나 거의 없다는 사실에 심히 놀라고 있습니다. 역사적으로 무신앙을 일부 귀족계급이나 유물론의 타락이라고 말하고 있을지라도 그러한 현상은 고유한 특징을 가지고 있습니다. 나는 노동에 종사하고 있는 우리 작은 형제들이 이 점에 대한 깊이있는 성찰과 체험을 나누기 위해 만남을 시도한 것을 매우 흡족하게 생각합니다.

이러한 발상이 프랑스적 사고방식이라고 이의를 제기할지도 모릅니다. 그러나 사실 그렇습니다. 우리는 프랑스 노동자들의 세계, 곧 "종교의 황무지"에서 살고 있으니까요. 냉담자들은 한때 자신이 신자였을 때처럼 떳떳하거나 공격적이지 않습니다.

주말에 한 잔 들이킨 배짱으로 모리스가 말했습니다. "나는 신자이지만 냉담했어요." 이어 필립이 말합니다. "난 사실 성당에 가고 싶긴 하지만, 체면 때문에 성당에 드나드는 인사들의 꼴이 싫어서 … 교회는 그런 자들을 우선 걸러내야 해요." 그렇습니다. 많은 경우에 그들이 냉담한 것은 자신의 기준에 의한 선택에서가 아닙니다. 차라리 선택이었다면 당당한 이유라도 있을 터이니 말입니다. 공기를 들이키듯이 그들은 자연스럽게 교회로부터 발길을 끊었습니다. 여기에는 군중심리도 작용합니다. 신앙 실천을 거부한 자들의 이치를 따져보면 그것은 일부 불가지론이나 해방론에서 기인하고 있습니다.

"인생은 짧고 힘들거든. 그러니 신나는 인생을 살아야잖아. 후세에 신경쓸 이유가 무엇이람? 우리 노동자들은 좋은 세상 타고났어. 하느님에 관해 누가 무엇을 장담할 수 있담? 종교? 그럼 어떤 종교가 참종교인지 자넨 아는가? 딱 깨놓고 보자면 기실 종교란 언제나 현세의 기득권자들과 금력 편에 서지 않던가? 허나 제한된 자유에 지나지 않더라도 자유는 항상 무신론자 편에 서 있지. 모두가 떠받드는 그 복음이라는 것도 하나의 윤리강령일 뿐, 그것은 이미 이토록 비인간화된 세상에서는 실천 불가능한 것으로 전락해 버렸지 않은가 …."

겉으로 보기엔 당당하고 신념에 차 있는 것 같으면서도 그 내면은 지치고 허탈감에 빠진 대중. 그들에게 살아 있는 복음실천을 통해 희망과 인생의 의미를 밝혀주는 일 이외에 우리가 할 일이 무엇이 더 있겠습니까? "누가 억지로 오 리를 가자고 하거든 십 리를 같이 가주어라. …"(마태 5,41). 아니 이십 리, 삼십 리라도, 우리는 같이 가주어야 합니다. 나는 그들의 신앙에 관계없이, 노동세계에 묻혀 사는 사람들과 노동운동가들에 대한 감탄을 금할 길 없습니다. 우리 신앙의 초석인 그 사건, 곧 인류 역사의 밭두렁 사이에 뿌려진 씨앗인 예수님의 죽음과 부활의 사건을 생각하며 나는 신의 죽음을 절규한 철저한 무신론자, 니체의 말을 상기합니다: "그 굉장한 사건은 아직도 일어나고 있으며 그 여정은 지금도 계속되고 있다. 그 사건의 진가는 아직 인간들의 귓전에 도달하지 못했다. 천둥번개가, 별들의 광채가, 성취된 일이 사람들의 눈에 들어오고 귀에 들리기까지는 시간이 필요하다. 그 실천은 가장 멀리 있는 별들보다 더 멀리 있는 요원한 것이다."

나의 기도는 내가 의식하는 것 이상으로 이 "무신앙"에 대한 깊은 체험의 색조를 띠고 있습니다. 눈에 띄지 않지만 지속적으로 … 그들과 하느님 사이의 지점에 "존재"하는 것. 이로써 작은 형제로서의 나의 존재 이유가 충분하지 않을까요? 그것은 "기도할 수 있을 정도의 신앙을 가진 사람"이 되는 것입니다.

형제들이 살고 있는 대부분의 지역, 문화, 전통에서는 기도가 자연스러울 것입니다. 그러나 내가 살고 있는 이곳 사람들에게는 기도한다는 그 자체가 터무니없고 상식을 벗어난, 조소받아 마땅한 일입니다. 형제들은 나의 이러한 말을 이해할 수 있겠는지요?

"흠숭"이라는 말이 마음에 와닿는군요. "당신의 면전에 어떻게 서 있을 수 있겠습니까?"comment tenir devant ta face?, "거룩하신 아버지!"(요한 17,11), "예수께서는 기도를 하시러 조용한 산으로 가셨다"(루가 5,16; 6,12). 나에게 예수님은 기도의 "모범"이라기보다 기도의 "보증인"이라는 기분이 듭니다.

우리의 기도를 받으시는 하느님 아버지와 동등하신 성자께서 우리 사이에 오시어 가장 낮고 비천한 인간의 살과 피를 취하셨다면 우리가 어찌 감히 그렇게 되기를 거부할 수 있겠습니까? 주께서 우리에게 끊임없이 기도하라고 가르치신 것은 그분 스스로 항구한 기도의 필요성을 느끼셨기 때문일 것입니다. 누가 기도하는 겁니까? 그분입니까? 나입니까? 성령에 "힘입지"(로마 8,12) 않는다면 우리가 어떻게 살 수 있습니까? 나를 난처하게 만드는 사람들은 기도를 휴식으로 생각하는 사람들입니다. 오늘날 논란의 대상이 되고 있는 갈멜 수도원의 봉쇄구역을 생각해 보세요. 울타리를 치는 것은 인간입니까? 답답한 봉쇄구역에서 도망가지 못하도록 자비와 기쁨의 울타리를 치시는 분은 바로 그분이 아닐까요?

나는 또한 자신들의 죄를 뉘우치며 하느님 앞에 서 있기에 부당한 자들임을 통감했던 성인·성녀들을 생각합니다. 그들이 통렬히 느낀 자신들의 추한 양심은 결국 그들의 고귀하고 존엄한 양심의 일면이었음을. 그렇다고 그들이 자기도취에 빠져들지 않았다고 누가 장담할 수 있겠습니까? "너희의 율법서를 보면 '내가 너희를 신이라 불렀다' 하신 기록이 있지 않느냐?"(요한 10,34-35). 우리는 성서를 피해 갈 수 없습니다(요한 6,45 참조).

나의 우직한 생각들을 용서하십시오. 형제들에게 속마음을 전달하기가 어렵군요. 부활 인사로 이 글을 마치렵니다.

호숫가에 나타나신 주님을 생각합니다(요한 21.1-4 참조). 제자들이 그들의 생업인 고기잡이에 매달릴 때 예수께서 호숫가 저편에 서 계셨습니다. 희미하게 밝아오는 여명 속에 그분은 눈익은 모습으로 서 계셨습니다. 하지만 그분의 모습은 몹시 신비로웠습니다. 주님이심에 틀림없는데 … 이쪽을 향해 눈에 익은 손짓을 하셨습니다. "아무도 감히 '당신이 누구십니까' 하고 묻지 않았습니다. 제자들은 그분이 누구인지 알고 있었으니까요."

1982년, 루베에서, 로랑 형제가

나는 2년 전부터 보건안전위원회 대표직을 수행하고 있습니다. 사실 CGT와 CFDT 노조의 공식 대표직을 수락한 것은 이번이 처음입니다.

나는 노조 대표직이 작은 형제의 성소와 상충된다고 느낀 적이 한 번도 없었다는 사실을 형제들에게 미리 고백합니다. 내 소임은 직장의 산업재해를 미연에 방지하는 것으로 주로 노동환경 개선과 관련된 일입니다. 회사 내에서는 사원들을 대표한다는 그 자체로 동료들과 새로운 관계가 형성됩니다. 엄밀한 의미에서 나는 노동자들의 개인문제로부터 안전한 작업환경과 노동조건의 개선에 이르기까지 전반적인 문제를 다루고 있습니다. 노동환경 개선과 그외 노동자들의 모든 권익은 작업장에 흩어져 일하는 동료들간의 결속의 중요성을 인식시키고, 토의를 거쳐 전체적 합의를 끌어내어 회사측과 협상하는 단체행동에 따라 좌우됩니다.

고용주는 정부가 최근에 채택한 산업정책과 이에 따른 기술 도입으로 생산율을 높이고 의료보험 지출을 줄이기 위한 산업재해 방지에 주력하고 있습니다. 내가 일하는 공장을 예로 들자면, 절단 속도는 빠르지만 기관사의 피부에 가려움증을 일으키는 윤활제를 사용하거나 X선 상품검사를 합니다. 따라서 이 작업을 하는 노동자들은 건강에 해로운(백혈병 유발) X선에 진종일 노출되어 있습니다.

관리측의 산업재해 방지책은 결국 생산성이 주목적이며, 그것도 작업이 진행중일 때에 발생한 사고에 대해서만 산업재해 보상 자격이 있습니다. 휴식시간마저도 생산 능률에 지장이 된다는 것이 사업자측의 집요한 입장입니다.

이 모든 점을 고려할 때 우리는 노조 없이 노동자들이 살아남을 수 없다는 것과, 동시에 산업재해와 보건정책의 전반적 향상의 필요성을 깨닫습니다. 산재에서 자신을 보호하는 것은 자신은 물론, 가족 모두의 인생에 대한 책임입니다. 노동하는 인간의 궁극적 목적은 자아성취입니다. 나는 날로 발전을 거듭하는 산업사회에서의 노조의 필요성과 중요성에 대한 주장을 거듭 강조합니다. 의심쩍게 들리는 이러한 이슈들이 형제들 사이에 알력을 일으킬 수도 있겠지요. 그러나 우리가 가난한 자가 되기를 선택했다면 가난에 따르는 결과들을 받아들이는 것 외에 다른 대안이 없지 않습니까? 하느님께서 인간을 사랑하시는 것처럼 우리도 이웃을 사랑해야 함은 당연한 일입니다. 이 말은 곧 아래로 내려가는 것을 말하며 혜택받지 못하는 사람들에 대해 관심을 가져야 한다는 것을 의미합니다. 그것은 또 하느님의 나라를 위해 수고하는 것을 말합니다. 우리가 아무리 작은 돌멩이에 불과할지라도 …

내가 노조 책임을 맡은 것이 2년밖에 안되었다는 말은, 그전의 7년간은 노조에 무관심했다는 뜻이 아닙니다.

투신은 곧 현존이라는 것이 나의 신념입니다. 그것은 물론 능동적 현존을 말하고, 우리가 노동세계라고 부르는 세계의 다양한 현실과 시각을 이해하려는 열정을 말합니다. 그것은 또한 노동자의 의식을 키워가는 것을 의미합니다. 여기서 우리는 자신의 정체성을 확인하고, 이에 투신하거나 "중립"을 선택해야 합니다. 노동자의 투신은 노동운동의 참여와 노동 역사와 노동자의 정서의 이해를 수반합니다.

우리는 1968년 5월, 프랑스에서 체험한 사건을 바탕으로 의견을 나눌 수 있을 것입니다. 그 현장에 있었던 형제들은 누구나 용광로처럼 폭발하는 사건들을 피부로 체험했을 것입니다. 노동자들과 함께 있었던 형제들은 자기의 역할을 해냈을 것이고 사람들이 그들에게 기대하는 일을 했을 것입니다. 현존 그 자체를 통해 형제들은 그리스도께서 선언하신 그 절대적 인간해방에 대한 관심을 표명합니다.

때때로 사람들은 형제들의 소극적이고 조용한 처신에 불만을 토로합니다. 그렇습니다. 형제들은 각기 다른 성격을 가진 사람들이고, 게다가 기질적으로 운동가인 사람은 극히 소수입니다. 그러나 우리의 신념이 동료들에게 무시당해본 적이 없습니다. 우리가 비난받아야 할 점이 있다면 그것은 그리스도인이건 비그리스도인이건 운동가들과 유대관계를 키우지 않았다는 것과, 그들을 깊이 이해하고 협력하려는 관심과 노력의 부족일 것입니다.

나에게 투신은, 무엇보다 하느님 앞에 드리는 기도와 침묵을 의미합니다. 주님께서는 내가 만나는 모든 동료들을 진심으로 사랑할 수 있게 도와주십니다. 주님만이 내가 살아가는 세계에서 알아들을 수 없는 일들을 깨우쳐 주시고 나의 삶을 지탱해 나갈 힘을 주십니다.

사람들 서리에서의 삶은 우리에게 우리 자신의 실체를 발견하게 해줍니다. 우리는 다른 사람보다 우리가 추호도 잘난 것이 없다는 진실과 마주칩니다. 동료들의 지적과 비판을 받고 개인적으로는 관리자측의 압력을 받습니다. 이런 모든 여건들은 나를 성숙한 노동자, 성숙한 인간이 되게 합니다.

공장이나 동네에서 어떤 책임을 맡고 있다는 현실이 나로 하여금 그 모든 것을 형제들과 나누도록 촉구합니다. 물론 다른 처지에서도 그렇게 해야겠지만 … 궁극적으로 한 형제의 책임은 모든 형제들이 함께 지는 것이고 친교 안에 수행해 나가는 몫이니까요. 나이가 들수록, 더러는 쓸모없는 자존심이 이런 나눔이나 친교의 생활을 어렵게 만들 때가 있습니다. 인생의 여정에서 배우고 발견하는 시기에 선 사람보다 나이 든 사람에게 이런 실천이 더 어려운 것인지도 모릅니다.

1983년, 릴르에서, 마르끄 형제가

나는 사실 공부가 끝나는 대로 프랑스 관구로 가기로 되어 있었으나 계획에 차질이 생겼습니다. 형제들의 수는 많지만 과반수가 50줄에 들어선 형제들이 있는 관구에 젊은 형제들에게 어울리는 "새" 집을 만들자는 제안이 있었기 때문입니다. 이를테면 우리 앞을 걸어간 형제들이 "그들의 시대"에 맞는 길을 걸었던 것처럼 우리도 오늘에 맞는 길을 열어가자는 것이었지요.

이러한 제안은 8년이라는 긴 날들을 "특별"한 생활, 즉 학생 형제들을 위한 봉사에 바친 나에게는 마치 "정상"의 형제생활로 돌아가는 느낌을 안겨주었습니다. 변화가 두려운 것은 아니었지만 약간 힘들 거라는 예상도 했지만 결국 모든 것이 놀라울 정도로 순조롭게 진행되었습니다. 레지스 형제의 도착을 기다리는 동안 노동자들의 숙소에서 보낸 시기가 나에게 큰 도움이 되었다고 생각합니다. 그 노동자들의 세계는 메마른 인정, 좁은 공간, 실업, 이민들의 게토 등에서 오는 문제를 안고 있지만 동시에 인간적이고 따뜻한 면도 있었습니다.

나를 친절하게 받아준, 이층 침대에서 자는 어느 모로코인 동료가 생각납니다. 그리고 나와 깊은 대화를 나눈 몇몇 동료들도 잊을 수 없습니다. 직장이나 동네에서 알게 된 사람들 앞에 있으면 나는 세상 물정을 모르는 어린이처럼 느껴집니다. 힘든 풍랑의 인생을 헤치고 살아온 그들이 내 앞에 우뚝 서 있습니다. 강인한 생존 의지와 결연한 정신으로! 나는 감탄하면서 그러한 힘과 용기를 주시는 하느님께 감사드릴 뿐입니다.

동료들 중에는 이슬람 교인들도 있습니다. 이들과는 특히 우리 삶에 의미를 드리우는 하느님에 대한 추구와 기도, 아울러 우리 생활에서 기도가 가지는 의미와 가치를 화두로 다양한 대화를 나눕니다. 깊이있는 대화는 보람과 기쁨을 안겨줍니다. 이슬람교와 가톨릭간에 깊은 골이 가로놓여 있는 것은 사실이지만, 반면에 우리는 함께 나눌 수 있는 공통점 또한 많습니다. 기도시간에 방문 온 이슬람 친구들이 조용히 성당으로 들어서는 모습을 볼 때, 그들이 존경스럽고 더욱 친근하게 느껴집니다.

어느 날 모로코인 친구가 우리집에 들러서 나더러 "형제님이 하느님과 한 약속에 충실하기를 바랍니다"라고 말해주었을 때 나는 정말 얼마나 고맙고 흐뭇했는지 모릅니다. 이 친구가 찾아와 형제들과 이야기를 나누면서 여러 가지 질문을 했어요. 그때 나는 하느님을 위하여 그리고 예수님의 뒤를 따르기 위하여 독신으로 살고 있다는 것과, 일평생 이 생활을 하기로 하느님과 교회 앞에서 엄숙히 서약했다고 했습니다. 그러나 이슬람 교인들에게 우리의 독신생활을 납득시키기는 어렵습니다. 그들에게 그것이 얼마나 난해한 문제인지는 하느님 홀로 알고 계십니다!

우연인지 하느님의 섭리인지 알 수 없으나 형제들이 사는 동네와 모로코인들 간에 특별한 인연이 있었습니다. 얼마 전에 몇몇 모로코인 가족들이 이 동네에 살았는데 그것을 계기로 이곳 주민들과 친분관계를 맺게 되었습니다. 이러한 인연은 그들과 우정을 넓히는 데 많은 도움이 되었습니다.

이 편지를 마치면서 나는 우리 생활을 점검할 때 자주 부닥치게 되는 몇 가지 명제에 관해 형제들과 나누고 싶습니다.

첫째, 가난한 사람들의 생활을 나누는 일입니다. 물론 그것은 그 사람들이 하는 노동에 동참하는 것이지요. 그러나 무직 상태에서 사소한 일거리로 불안한 생활을 근근히 이어가야 할 때는 어떻게 합니까? 레지스 형제의 경우처럼 말입니다. 물론 힘은 들겠지만 작은 형제가 이런 상황에 부딪쳐보는 것도 어떤 면에서는 잘된 일인지 모릅니다. 형제들의 식구가 넷일 때, 네 명이 전부 직장 일을 해야 합니까? 만일 네 명이 모두 직장을 가져서 네 명분의 월급을 받는다면, 실직했거나 또는 쥐꼬리만한 월급으로 많은 식구를 먹여살려야 하는 노동자들에게 달리 미치는 영향은 없을까요? 또 직장이 없을 때에 생활의 균형을 잃지 않기 위해서는 어떻게 시간 관리를 해야 합니까? 가난에 동참하는 다른 길은 없을까요? 이런 종류의 질문을 처음으로 하는 것은 아닙니다. 이에 대한 좋은 생각이나 경험담을 들려주면 고맙겠습니다.

둘째, 우리 모두는 하느님께 자기 자신을 선물하기로 결정한, 모험의 인생을 택한 사람들입니다. 자기의 결단과 선택에 대해 합리적인 사람이라면 이 선물은 용기와 인내를 필요로 하고 자신을 진실로 내어줄 각오의 필요성을 받아들일 것입니다. 형제들의 삶에서 이 부분은 매우 개인적이고 중요한 것입니다. 우리는 어떻게 하느님과의 관계를 형제들에게 열어보이고, 나와 하느님과의 개인적 관계에 대해 격려와 충고를 해주도록 다른 형제에게 나를 열고 내맡길 수 있습니까? 그것은 우정을 전제로 한 용기와 겸손을 요구합니다. 우리는 다른 형제에게 자신의 흉금을 털어놓을 때나 다른 형제의 말을 들어주어야 할 때, 상대방이 하는 말을 주의깊게 들어야 합니다. 우리는 이 분야에 노력과 정진을 해야 하지 않을까요?

우리의 관심이 부족하고 소홀히하는 부분을 들어보겠습니다. 그것은 먼저 우리가 살고 있는 곳의 지역교회에 대한 관심입니다. 교회와 동떨어져 있는 사람들과 이슬람 교인들에게 우리의 관심이 우선되어야 하겠지만 그렇다고 지역교회에 소홀해서는 안됩니다. 형제들은 지역교회의 일원으로서 마땅히 교회에 관심을 가져야 합니다. 다음으로는 주위 사람들의 생활조건의 개선(동네, 노조, 이민 문제 등)을 위하여 공동으로 할 수 있는 일에 대한 관심입니다. 이러한 점들에도 우리의 관심과 시간과 노력을 투자해야 합니다.

릴에서 보낸 일년 동안의 소감을 대충 적어보았습니다. 개인적으로 많은 발견과 깨우침의 한 해였으며 즐거운 시간이었습니다. 주님의 도우심과 친구들의 협력으로 일년을 잘 보냈습니다. 이제부터는 더 깊이있고 꾸준한 삶을 꾸려가도록 모든 힘을 모으겠습니다.

1986년, 마르끄 형제가

나는 최근에 노조 참사위원회의 위원에 선출되었습니다. 이 직책이 힘은 들지만 동시에 나에게 주는 것 또한 많습니다. 이 노조의 특징 두 가지를 꼽자면 첫째로, 노조 간부들의 대다수가 그리스도인들이거나 가톨릭 노동 액션 멤버들로 인격, 상식, 아량, 정열을 골고루 겸비한 품위있는 사람들이라는 것과 둘째로, 릴 노조원들 가운데는 가정적으로 어려운 사람들과 알코올 중독이거나 휴직 등으로 해서 경제적으로 어려운 문제를 안고 있는, 신분이 낮은 사람들이 많다는 것입니다.

아파트나 계단 근처에 집합하여 벌이는 농성이 대개의 경우에 그들에게 재출발의 계기가 되어주었으므로 그들은 노조에 매우 협력적입니다. 자기들이 할 수 있는 일에 기꺼이 협조하고 관심을 보입니다.

노동조합에 투신하는 일은 나에게 물론 많은 문제를 안겨줍니다. 여러 가지 도전에 부딪치게 마련이지요. 바꾸어 말해서 내가 하는 일과 관련하여 형제회에서 제기하는 도전이 있고 나는 이에 응수합니다. 첫번째 도전은 "나자렛 생활"로부터 옵니다. 노조 간부의 책임직을 허용한 사람이 나자렛 예수의 제자, 손에 가진 것 없는 가난한 자, 힘없는 이웃과 동등한 위치에서 이웃을 섬기는 사람으로 자부할 수 있는가 하는 문제입니다. 사회적 책임은 작은 형제로 살아가는 데 위험과 부담을 주기 때문입니다. 즉, 동네에서 유명인사 취급을 받거나, "잘난 사람" 행세를 하거나, 일부 권력의 농간에 말려들 위험이 있을 수 있으니까요. 또한 능력이나 활동 위주의 사람이 되어 이웃 사람들이나 친구들과 여유있는 시간을 나눌 수 없는 바쁜 사람이 될 소지도 있습니다.

나는 우선 이웃을 섬기는 사람이 되려는 바람을 가지고 내가 직면하고 있는 도전을 짚어보겠습니다. 내 개인적 시각에서 볼 때 세상 사람들의 삶에 동참하기를 원하는 우리로서 더 나은 삶을 위하여 투쟁하는 그들의 조직에 동참하는 일은 극히 자연스러운 일이라 생각됩니다. 또한 노동자들의 삶의 현장에 뛰어든 나 자신의 행위가 나에게는 자연스럽게 여겨집니다. 이 말은 곧 내가 지닌 개별적 능력을 노조 봉사에 활용하는 것이 자연스럽지 않느냐는 것입니다.

이 경우 나의 모든 행동양식은 식별과 판단을 요구하겠지요. 나는 이 직무를 나눔의 정신으로 수행해야 하고 모든 회원들이 자신의 역량을 최대한 발휘하게 도와주어야 합니다. 또한 내 능력을 다른 사람들에게 전수하고 그들로 하여금 스스로 주체가 되게 하며, 특히 한 직장에서 일하는 프랑스인들과 아랍 노동자들간에 차별없는 분위기와 노동환경을 조성하는 데 신경을 써야 합니다. 이것은 긴 시간을 요하겠지요. 노조 제1차 참사회의에 레지스 형제가 한 명의 대리인을 동반하고 대표로 참석한 것은 이러한 노력의 작은 성과였습니다. 이번 회의 때는 한 젊은 알제리인이 대리인으로 선출되었습니다.

날이 갈수록 동료들과의 상호보완적인 중요성에 대해 깊이 깨닫게 됩니다. 사실 자신이 무용한 존재이고 이웃을 위해 할 일이 없다고 느끼는 것처럼 한 인간에게 더 비참한 일이 있을까요? 한 알제리인 동료에게 내 대신 참사회의에 참석해 달라고 청했을 때 기뻐하던 그의 모습을 나는 지금도 잊을 수 없습니다. "형제는 내 사기를 북돋아주었습니다"라고 그 친구가 말했습니다. 내 자존심은 내 일을 남에게 부탁하는 것을 좀처럼 허락하지 않지만 차츰 나아지고 있습니다. 나에게 한 잔의 물을 건네준 것이 곧바로 그 사람의 사랑의 실천이 되게 할 만큼 우리는 충분히 겸손해야 합니다. 밀라르 형제가 이 주제에 관해 형제들에게 한 말이 머리에 떠오릅니다. 그는 이러한 겸손을 들어 관상자로서의 작은 형제들이 지녀야 할 자세의 특징이라고 강조했습니다.

두번째 도전은 바로 관상생활에서 오는 도전입니다. 그것은 형제들 모두에게 본질적인 도전이겠지요. 사람들의 삶에 직접 동참하면서 관상생활을 과연 제대로 할 수 있느냐 하는 것입니다. 위험은 현저합니다. 거의 언제나 내 머리와 가슴속에는 내가 접하는 사람들의 문제들로 가득 차 있습니다. 노조 간부인 내 관심은 업무 진행과 해결해야 할 문제들에 쏠려 있습니다. 그렇다면 하느님을 위한 자유로운 마음과 여유를 어떻게 가질 수 있겠습니까? 솔직히 나는 나의 활동이 하느님에게로 향한 문을 닫는 것이 아니라 오히려 나를 하느님에게로 향하게 하는 문이라고 확신합니다. 그것은 관상이나 명상을 통해서라기보다 연민, 전구, 사람들과의 연대를 통해 이루어집니다.

동료와 이웃들이 내게 털어놓는 개개의 사정들과 그들이 쌓아올리는 훌륭한 일들은 나를 경탄하게 합니다. 그들을 짓누르는 불의, 주거, 경제, 직장, 헤쳐나가야 하는 일상의 난관들, 취약성 등 이 모든 것들이 내 피부 속으로 스미어 모든 형태의 불의에 맞서려는 투쟁심을 고무시키고 가슴의 피를 끓게 합니다. 그러면서 나를 하느님께로 데려가 줍니다. 때때로 그것은 터질 듯한 절규로 다가옵니다. 시편 저자의 "하느님, 주무시고 계십니까!"나 마르타의 "주님, 주님이 사랑하시는 이가 병들었습니다"(요한 11,3). 이슬람 교인들의 "엘 함두 릴-라, 하느님께 영광!" 같은 … 모든 일에 해결책이 있는 것은 아니지만 자기도 모르는 중에 하느님의 시선 아래 길을 걸어가는 사람들이 있고 이웃을 섬기는 귀중한 삶이 존재합니다.

나는 기도합니다. "주님, 당신 백성들의 삶을 눈여겨보아 주십시오. 동네 사람들과 직장 동료들이 저의 조언을 구합니다. 그러나 저에게 무엇보다 중요한 것은 그것이 아닌 줄 아시지요. 그것들은 단지 공존의 부분적 요소일 뿐입니다. 중요한 것은 저의 노력과 동참으로 그 사람들이 당신의 사랑에 이르는 것입니다. 당신이 허락하신다면, 저를 통해 하느님의 사랑이 실천되고, 나타나고, 이해되게 해주십시오."

나를 에워싸고 있는 인간 현실들을 통해 하느님을 만나고 하느님의 모습을 발견합니다. 인간의 삶에 동참하기까지 하신 자비의 하느님, 인간들에게 언제나 손을 주시는 우리의 친구 하느님, 계약의 파괴에도 체념하지 않으시고 인간을 포기하지 않으시는 하느님, 그 어떤 실패도 마지막 절망이지 않게 만드시는 하느님, 길잃은 양과 탕자의 하느님, 잘난 체하는 사람들과 거만한 자들을 역겨워하시는 하느님(루가 16,15; 마르 2,15)의 모습을 만납니다.

그리스도를 믿는 우리는 우리의 자세에서 "완전한 사람들"만이 하느님께 가까이 가는 이미지를 형성함으로써 사람들이 하느님께로 이르는 길에 장애물을 가로놓았습니다.

예수님의 친구들은 의인들이 아닌 죄인들이었습니다. 성덕은 하느님 앞에 깨끗한 자로 나타나는 것이 아니라 하느님에 의해 정화되도록 자신을 내어맡기는 것입니다(루가 18,9-14 참조). 그것은 하느님과 우리 삶의 만남에서 이루어집니다. 곧, 인간을 찾고 계시는 하느님과 길을 알지 못하고 찾아헤매는 인간들의 호소와 절규의 만남에서. 나의 기도는 흔히 "주님, 제 마음을 변하시켜 주십시오"라는 단순한 한마디입니다. "주님, 쟈끄 마리땡 씨의 아름다운 표현대로 제 마음을 '십자가 모양의 깊은 보금자리'로 변화시켜 주십시오. 거기에 '성령과 비참에 짓눌린 저의 모든 이웃들이 들어와 쉴 수 있도록', 그리고 만날 수 있도록 해주십시오." 이러한 나의 기도가 나도 모르는 사이에 조금씩 영글어 가는 느낌을 받습니다.

나는 매일 정화되도록 나 자신을 내어맡겨야 한다고 했지요. 바로 그것이,

내가 수도원의 봉쇄구역 안에서가 아니라 이 세상의 남녀 인간들 사이에서 이루어지기를 원하는 바입니다. 그러나 군중들 틈바구니 속에 끼여 복음에 따라 사는 것은 그리 쉬운 일이 아닙니다. 누가 나에게 변화를 가져다줄 수 있습니까? 내가 동네 아이들에게 소리지르며 악을 쓰는 저 다리 저는 부인을 멸시하지 않고 겸허한 마음으로 그를 사랑할 수 있도록 말입니다. 누가 나에게 하느님께서는 사랑으로 그 부인을 기다리고 계시고, 그 역시 자기 나름대로의 아름다운 자태로 하느님과 사람들을 사랑하고 있음을 믿도록 도와줄 수 있을까요? 마음속에 원한을 품지 않고 정의를 위해 매일 싸울 수 있도록 누가 나를 붙들어 줄 수 있을까요? 의로운 투쟁에 손가락 하나 까딱 않는 그 친구를 어떻게 비방과 욕설 없이 용서해 줄 수 있겠습니까? 어떻게 평화의 일꾼이 됩니까? 어떻게 "골목대장"의 티를 내지 않고 나의 봉사직을 겸허히 실천할 수 있겠습니까? 오늘 저녁, 내가 최소한의 고즈넉한 시간에 잠긴 그때 문을 두드리는 소리를 듣고 선뜻 대문을 열어줄 용기가 있을까요? 이웃에게 용서를 청할 수 있는 믿음과 용기를 누가 줄 수 있습니까?

남성만의 집단의 일원인 나에게는 비열함과 결점이 있습니다. 내 안에서 남성적인 허영과 폭력성을 느낍니다. 나는 하느님 대전에 이를 이겨낼 수 있는 힘을 구걸하는 걸인이 되어 매일 새롭게 시작해야 합니다. 나는 유혹중에 기도할 힘을 다시 발견하고 "덕행"의 중요성을 거듭 깨닫습니다. 그것들은 하느님께로 내 마음을 다시 돌려놓는 표지들이지요. 나는 나의 내면에 자리하고 있는 귀한 침묵의 공간을 즐깁니다. 특히 동틀녘에, 마을은 아직 미몽에 잠겨 있고 그 이른 새벽에 드리는 아침기도의 감미로움을 깊이 음미합니다.

일기가 길어졌군요. 그러나 세번째 도전에 관해 한마디 해야겠습니다. 그것은 형제들과의 생활입니다. 이 부분은 들추기에 상당히 미묘한 부분이기도 합니다. 이곳 형제들은 가끔 매우 힘든 생활을 했습니다. 어떻게 하면 대문을 활짝 열어놓아 이웃들에게 개방된 생활을 할 수 있습니까? 어떻게 하면 외부 책임을 완수하면서 동시에 형제들과의 자리를 지킬 수 있습니까? 공동체 생활의 조화와 상호협력, 공동기도를 방해받지 않기 위해서 어떻게 해야 합니까?

형제들의 잦은 이동은 안정과 조화로운 생활에 보탬이 되지 못했습니다. 4년 동안 네 명의 형제와 네 명의 지원자가 거쳐가고 정착해 사는 사람은 나 혼자 뿐이었습니다. 나는 매번 새로 온 형제와 생활을 다시 시작해야 했습니다. 수련소에서 갓 나온 형제들이거나 수련소로 향하는 형제들과 살아야 했으므로, 특히 그 형제들과는 규칙적으로 의견을 교환하고 들어주는 시간이 필요합니다. "아니오"라고 잘라 거절할 수 없는 나의 성격은 형제들에게 따라오기 힘든 벅찬 일과의 리듬을 강요했습니다. 새로운 형제가 올 때마다 우리는 규칙적으로 모임을 가지기로 결정을 하곤 했지만 그런 약속은 얼마 가지 않아 물거품이 되고 말았습니다.

그럼에도 나는 형제들이 한자리에 앉아 대화를 나누고 서로의 이야기를 들어주며 우리의 삶을 복음에 비추어 성찰하는 시간의 필요성과, 각 형제가 자기에게 적합한 위치에서 적당한 리듬으로 살아가고 있는지를 점검해 보기 위해 잠깐 멈추어야 할 필요성을 누구보다 깊이 깨닫고 있습니다. 그러한 필요성은 우리끼리의 오붓한 생활을 위해서가 아니라 이웃 형제들의 손에 우리 삶을 내어 맡기기 위해서 더욱 그렇습니다. 공동체의 기도도 중요합니다. 공동체 기도가 일련의 시간 개념에 그쳐서는 안되고, 우리의 고유한 공동기도가 되어야 한다는 것이 내 의견입니다. 사람들 서리에서 살아가는 우리의 생활과, 그 생활을 예수님과 하느님 아버지와의 관계에서 살아가는 자세가 공동기도에 표현되고 공동기도로 바쳐져야 한다고 생각합니다.

이 일기를 마치면서 형제들에게 양해를 구하고 싶은 것이 있습니다. 그것은 내 일기를 읽으면서 자신의 인생을 하찮은 것에 허비한다고 느껴진다든가, 하느님과 친구들을 위해 숨은 생활과 진실을 사는 삶이 쓸데없는 짓으로 받아들여지거나, 혹은 자신이 만에 하나라도 잘못된 길을 들어선 것은 아닌지 의구심이 생기거나, 사람들의 삶에 동참한다면서 우리 자신은 길을 잃지 않았나 하는 불안을 느낀 형제가 있다면 용서를 청합니다. 형제회는 이 여러 모습들까지도 끌어안아야 한다고 생각합니다. 이제 나는 내 삶에 충실하기 위하여 형제들의 기도와 우정이 필요함을 잘 알고 있습니다. 기도를 부탁합니다.

1984년, 파리에서

마도로스 생활로 20년을 보낸 이바 형제는 드디어 그 생활을 마감하고 6년 전부터 파리의 삐갈 거리에 있는 "실로에" 식당에서 일하고 있습니다.

"실로에"의 역사는 1966년에 어느 가수가 쌩 장 드 몽마르트르 본당신부에게 동네 사람들을 돌볼 수 있게 해달라는 요청에서 시작되었습니다. 교회는 그 가수의 요청을 수락하여 삐갈 거리의 문턱에 위치한 이 작은 바아 레스토랑을 섭리적으로 취득하게 되었고 그곳이 형제들의 일터가 되었습니다.

여느 음식점과 마찬가지로 누구나, 언제든지 올 수 있는 곳입니다. 술집이나 레스토랑 안내원이 갖추어야 할 기본적인 자세에서 우리는 손님들을 친절히 대할 것과 이야기를 나누고 싶어하는 사람, 특히 매춘가 사람들의 이야기에 열심히 귀기울이라는 요구를 직원들에게 당부합니다.

하루 평균 100명의 손님을 치르면서 동시에 바아도 경영해야 하는 우리 일과가 언제나 쉽지만은 않습니다. 전반적인 운영은 반느 교구의 삥사르 신부님이 담당하고 계십니다. 신부님께서는 처음부터 이 집 운영을 도와주셨습니다. 동네 사람들이 이곳을 본당신부 술집이라고 부르는 연유도 바로 그것 때문입니다. 바아 위층에는 밤낮으로 성체가 현시된 조촐한 경당이 있습니다.

12시부터 23시 사이에 이 거리에서 벌어지는 혼탁한 세계는 이루 묘사하기 힘들 정도입니다. 대도시의 이런 부류의 장소에서는 어디서나 볼 수 있는 세계입니다. 문제는 용기를 가지고 일을 감당하는 것입니다. 가장 심각한 문제는 마약을 원하는 만큼, 누구나 손쉽게 구할 수 있다는 것이지요. 작년 7월에는 바아가 마약 거래소가 되는 것을 막기 위하여 형제들이 이곳에 상주하며 일을 도맡아야 할 정도였습니다. 마약 거래는 사사롭게 이루어집니다. 사람들은 골목에서 마약을 사고 팔거나, 사들였다가 곧 되팔기도 합니다. 마약 살 돈을 벌기 위하여 윤락행위를 하는 사람도 있습니다. 마약 거래로 벌어들이는 돈은 하루에 평균 200 내지는 1,000프랑 정도라고 합니다. 북아프리카인들은 마약 복용자들이라기보다 마약 공급자들입니다. 마약은 그들의 직업에 대한 고민을 해결해 주지만 그로 인한 피해는 비극적입니다. 마약 거래와 그 피해는 눈에 드러날 정도로 점점 더 심각해지고 있습니다. 바아에 드나들던 젊은이들 거의가 중독에 걸려 있고 과다한 양을 주입하여 사고로 죽거나, 그런 식으로 스스로 목숨을 끊었습니다.

마약 중독자들뿐 아니라 상당수의 남성 매춘과 동성연애자들도 있습니다. 변장을 한 그들이지만 어딘지 모르게 유난히 어색하고 고독해 보입니다. 친구가 없는 그들은 자기들끼리 어울립니다. 사회에서 배척받는, 버려진 사람들입니다. 바아 주위에는 젊은이들이 판을 치고 있습니다. 그들의 일부는 미성년들이지요. 취미나 희망이 없는 그들은 길거리에서 그날그날을 살아갑니다. 때때로 변장한 사람, 즉 기부妓夫들이 그 소년들 틈에 섞여 있습니다. 변두리로 가면 그런 사람들이 더 많다고 합니다. 기 질베르가 그의 저서에서 언급하고 있는 소위 "사팔뜨기"들입니다.

이런 사람들에 출소자들까지 가세합니다. 우리는 동네 사람들이 투옥되거나 하면 그 사람에게 특별한 관심을 가지고 프레스네 형무소를 방문합니다. 몇 개월 혹은 몇 년이 지나서 그 친구들은 이 거리에 다시 나타납니다. 출소한 날 밤은 축제 분위기가 감돌지만 결코 좋게 끝나는 법이 없습니다. 그들은 보통 머물 집이나 직장은 고사하고 걸칠 옷조차도 없습니다. 결국 그들은 기부들이나 매춘부의 하수인 노릇을 하는 외의 다른 도리가 없습니다. 바아를 찾는 사람들 중에는 매춘부들보다 매춘남들이 더 많습니다.

우리 단골 손님들에 대한 간단한 묘사를 끝내면서 덧붙이고 싶은 것은 "창부 단골손님"(미슈똥)에 관한 것입니다. "미슈똥"이라는 이 지방 용어는 자기들의 "필요"에 의해 거의 규칙적으로 젊은이들을 구하러 오는 도시의 부유층, 때로는 매우 정상적인 가정생활을 꾸려가는 사람들을 의미합니다. 이런 사람들은 일을 해야 할 한창 나이의 젊은이들에게 자기들의 행동이 얼마나 무서운 해악을 끼치고 있는가 하는 것에는 아랑곳하지 않습니다. 그 사람들에 관해 속속들이 알 수는 없지만 아무튼 그들의 타락과 비참을 확인하는 것은 정말 서글픈 일입니다. 심지어는 70~80세의 노인들도 있습니다! 슬픈 일입니다.

우리가 사랑하고 도와주고 이야기를 들어주어야 하는 사람들은 바아를 드나드는 여러 부류의 사람들입니다. 다섯 분의 교육자, 즉 범죄 예방 전문가들이 이 일을 돕고 있습니다. 이 교육자들은 상황을 인간적 시각으로만 바라보려 합니다. 그들은 무조건 "문제를 해결해야 한다"고 주장합니다. 많은 사람들이 "심리"psy라는 용어로 이루어진 글자를 사용하기를 좋아하는데, 현실적으로 우리가 만나는 사람들은 주로 사랑받지 못한 사람들, 밝은 내일을 기약할 수 없는 떳떳지 못한 사람들로, 기실 정신요법이나 정신분석에 의한 도움을 받을 수 있는 경우는 극히 드뭅니다.

그들은 자신들의 생존에 대해 근본적으로 의구심을 품은 사람들입니다. 그 중 일부는 헤어날 수 없는 비참 속에서 하느님께 의탁합니다. 한마디로 그 친구들은 용기와 이해가 필요한 사람들입니다. 신앙이 없는 교육자들은 이러한 상황에 답을 제시할 수 없습니다. 신앙을 배제시킨 그들이 어떻게 약한 인간들을 따뜻이 맞아들이고 그들에게 한가닥 희망의 빛줄기를 되살려줄 수 있겠습니까?

우리의 일은 형제적 우정과 진리의 빛을 요구합니다. 우리는 교육자들과 좋은 인간관계를 유지하고 있으며 그것은 필수적이기도 합니다. 우리가 비록 서로 다른 시야로 사물을 볼지라도 함께 나눈 어려운 시간들은 우리를 깊은 결속으로 묶어주었습니다. 우리는 형제들처럼 가까운 사이가 되었습니다. 우리의 일은 진지한 자세와 투신을 요구합니다. 힘든 것은, 직원들이 어려운 상황을 견디지 못하고 떠나면 새로 오는 사람과 처음부터 다시 시작해야 하는 경우입니다. 새로 온 직원이 다시 처음부터 일을 익혀야 하는 것도 있지만 그보다 더 어려운 것은 이 거리 사람들이 새 직원을 받아들이는 태도에 따라 모든 것이 좌우된다는 점입니다.

손님이 많은 시간은 정신을 차릴 수 없을 정도입니다. 한 손님과 말이 끝나기가 무섭게 다른 손님이 자신의 인생사를 늘어놓습니다. 손님들 개개인은 형제들이 언제나 환한 미소로 기분좋게 자기만을 대해주기를 바랍니다. 자신만이 큰 존재이기를 바라는 것이지요. 우리는 그들의 이러한 요구에 최선을 다합니다.

확실한 것은 하느님께서 모든 사람을 사랑하신다는 진리입니다. 그러나 마약에 취한 위협적이고 추근거리는 친구 앞에서는, 속으로 예수께서 누구나 있는 그대로 받아들이시고 그들과 가까이 계시다는 것을 자신에게 재다짐해야 합니다!

어느 날 바아 문을 닫게 되었습니다. 뜻밖의 일이었지요. 일자리를 잃게 된 나는 "가나고비 사막"이라고 부르는 프로방스에서 긴 피정에 들어갔습니다.

수도원 생활이 나와 썩 부합하는 것은 아니지만 이곳 생활에 만족하고 있습니다. 수도원은 형제회와 다르니까요. 수도원의 수도자와 도심 한가운데서 사는 수도자인 작은 형제는 다를 수밖에 없겠지요. 수도원 규칙들이 엄격하고 전례는 복잡합니다. 그러나 수도승들의 기도는 나를 자극하여 기도생활에 대한 나의 현주소를 점검해 보게 합니다. 작은 형제들은 기도를 충분히 하지 않는다는 부정적 평들이 사방에서 들려오고 있는 시점이기에 더욱 그렇습니다. 사실 그것은 언제나 맞는 말이겠지요. 매주 뻬에르 러루에 있는 형제집에 들르는데 그곳 형제들의 기도생활을 보며 나는 내 기도생활이 얼마나 무질서한 것인가를 깨닫게 됩니다. 구멍투성이입니다. 그러나 그것이 과연 문제가 될까요?

나는 혼자 있어도 고독하다거나 외로움을 느끼지 않습니다. 형제회의 규칙에는 유연성이 있고 그것은 형제회의 특징이기도 합니다. 경우에 따라서는 우리 생활이 느슨하게 보일지라도 형제들은 인내와 끈기를 가지고 이 점을 기꺼이 지켜나갈 것입니다. 어떻게 표현해야 좋을까요? 나는 "가난한 자들의 기도"의 내용에 동의합니다. 작은 형제들의 기도에 방향을 제시해 준 이 기도는 나에게 언제나 현실성으로 다가옵니다. 그것은 하느님께 다가가는 지름길로, 생존을 같이 하는 자들과 친교 안에 나아가는 기도의 길입니다. 사람들과의 접촉만을 중요시 하는 활동주의라고 형제들은 평가할지 모릅니다. 하지만 이런 생활이야말로 주님이 함께하지 않으시고, 주님 스스로 우리의 길을 인도하지 않으시고, 하느님 아버지께서 우리를 찾아나서지 않으신다면 해낼 수 없는 것이라 생각합니다.

우리는 격식이나 많은 말이 필요치 않은 그분과의 친밀 안에서, "네가 부르짖으면 야훼가 대답해 주리라. 살려달라고 외치면 '내가 살려주마' 하리라"(이사 58.9)라고 하신 주님을 향해 이웃들 안에서 하느님 아버지를 부릅니다. 여기서 나는 기도와 우정에 삶을 건 도미니끄 형제에 전적으로 동의합니다. 우리 생활의 태도에 대한 도전은 우리에게 유익한 것입니다. 우리에 대한 지적들을 겸허하게 받아들여야 합니다.

수감자들과 함께, 앙톤 형제가

앙톤 형제는 스위스의 어느 교도소에서 거의 10년을 산 후, 현재는 프랑스의 한 형제집에 살고 있다.

1970년

감옥생활이 마음에 든다고 말한다면 그것은 형제들을 속이는 것이 되겠지요. 감방이 두려워서가 아니라 마치 하나의 거대한 로봇처럼 기계적으로 돌아가는 생활을 해야 한다는 생각이 뜨끔하게 느껴지기 때문입니다. 주님께 대한 사랑과 주께서 내게 보내신 자들에 대한 뜨거운 사랑이 없다면 이런 생활이 무슨 의미가 있을 것이며 또 과연 가능할까요? 그런 의미에서 나는 "그곳 생활이 너무 힘들지 않아요?", "감옥생활이 마음에 드십니까?"라는 등의 질문이나 위로의 말을 들을 때 정말 곤란한 느낌이 듭니다. 솔직히 나에게 감옥생활 그 자체는 그리 힘들지 않습니다. 다른 죄수들도 아마 그럴 것입니다. 이렇게 말한다해서 감옥생활이 좋다는 뜻은 아니라 그저 일반적으로 사람들이 생각하는 감옥생활에 비해 그렇다는 뜻입니다. 감옥이라는 곳은 결코 즐기기 위해 만들어진 곳이 아니니까요!

　지난 몇 달 동안 여섯 명의 죄수들이 연이어 세상을 떠났습니다. 그 중 하나는 스스로 생명을 끊었고 나머지 다른 사람도 모두 비참하게 죽었습니다. 이 친구들은 고독, 그 끔찍스러운 고독과 절망 속에서 한많은 생을 살아온 사람들입니다. 나는 고통 앞에 매우 약한 사람입니다. 나의 모든 사랑과 열성을 다해 불행한 그 친구들을 위해 기도하며 하느님께서 빛과 평화와 안식을 그들에게 주실 것을 간청합니다. 그들이 내 곁을 영원히 떠났다는 것이 믿어지지 않습니다. 어제까지도 국 배급을 받으러 내 뒤에서 줄을 서 있던 친구가 이 세상에서 다시는 볼 수 없게 되었다는 사실을 어떻게 받아들일 수 있겠습니까? 또 이틀 전에는 뼈만 앙상하게 남아 축 늘어진, 힘없는 그의 손목을 꼭 잡아주었을 때 장애자로 외롭게 살아가는 자기 어머니 얘기를 웅얼거리듯 해주던 그 친구 … 다행히 그들이나 나나 매한가지로 우리 모두는 하늘에 계시는 한 분의 아버지를 모시고 있습니다. "하늘에 계신 우리 아버지 …" 주님의 기도의 이 첫부분만을 되풀이하며 기도하는 것이 언제부터인가 나의 습관이 되어버렸어요.

성탄이 다가오고 있습니다. 내가 감옥생활을 한 지도 벌써 여러 해가 되었습니다. 사랑하는 가족들과 모여 성탄을 보낼 수 없는 나의 외로운 친구들과 함께 이 축일을 보내게 된 것을 감사히 생각합니다. 외로운 성탄절은 이들을 더욱 초라하게 만듭니다. 쓸쓸한 감옥의 성탄절보다 차라리 더 견디기 힘든 것은 성탄시기의 거리와 상점에 넘쳐날 듯 쌓여 있는 상품더미들입니다.

물론 형제들과 함께 이 축일을 보낼 수 없는 아쉬움은 어쩔 수 없는 것이지만 감방의 창살 너머, 베들레헴의 구유 곁에 마음으로 함께 있을 것입니다. 그 빛의 밤에 … 아기 예수님을 경배하고 기도하고 사랑하기 위하여.

1973년

현재 돌아가고 있는 상황을 보면서 나는 수감이나 사형집행 같은 것들이 과연 무슨 의미가 있을까 자문하게 됩니다. 경범자들에게 재교육의 기회를 제공하고 이들을 순화시켜 사회에 적응케 만들겠다는 그럴싸한 말들로 떠들어댑니다. 그러나 말과 현실 사이에는 깊은 골이 있습니다! 사회질서와 안정을 해치는 행위를 단속하는 것은 당연합니다. 그러나 논란의 화제로 거론되고 있는, 사법적인 징계개혁은 사회의 개혁 없이 이루어질 수 없다는 것이 나의 견해입니다. 죄수들은 한편으로는 직·간접적으로 사회의 구조악적인 소산들이고, 다른 한편으로는 그들에 대한 그릇된 사회 인식의 결과들이기 때문입니다. 적어도 내 소견으로 문제점들을 지적해 보자면 그렇다는 것입니다.

하느님께서 허락하신다면 나는 감옥이 이 세상에 존속하는 한 그 속에 사는 사람들과 생을 함께할 것입니다. 이것은 친구들이 두 팔을 벌리고 나를 학수고대한다는 뜻이 아닙니다. 수감자들에게 내가 누구이며 무엇을 하는 사람인지 얘기하면 그들은 도무지 알아들을 수 없다는 표정으로 어깨를 치켜올립니다. 우리와 농담도 하며 친하게 지내지만 형제들의 생활은 그들에게 이해될 수 없을 뿐 아니라 도무지 상관없는 것이기도 합니다. 우리 생활은 정말 그들의 관심사와는 거리가 먼 것입니다.

인간적 그리고 심리적 차원에서 볼 때 형제들의 생활은 몹시 외롭고 엄격하지 않나 싶습니다. 그러나 마음속 깊이로는 이 생활을 행복하게 느낍니다. 환상을 가지거나 비현실적인 감상에 젖어서는 안되겠지만, 내가 밤이면 우리 건물과 주위를 "음향과 조명"의 무대로 여기는 것을 막을 사람은 아무도 없겠지요. 이를테면 조명의 색상이 다양하지 않아 오히려 나에게 어울립니다. 음향으로 말하자면 큰 열쇠로 자물쇠를 잠그는 소리, 복도를 가르는 쇠창살문에 설치하는 보조 쇠줄의 금속성 등이 있습니다. 신경이 아주 예민한 사람을 제외하고는 시간이 감에 따라 죄수들은 이런 소리에 익숙하게 됩니다. 태양이 열흘 동안이나 얼굴을 내밀지 않을 때엔 밖의 마당을 거닐며 안개 속 물방울을 애무하며 즐길 권리가 나에게 있지 않겠어요?

인간의 가슴속 깊숙이 숨겨진 고통과 저항, 한의 원인을 무관심하게 넘겨버리면 안됩니다. 작년에 일련의 자살소동이 일어났었지요. 한 남자 죄수는 여기서 그리 멀지 않은 숲속으로 달아나 나무에 목을 매달았습니다! 가끔 이해할 수 없는 사건들이 일어납니다. 이러한 상황 속에서 한 작은 형제가 해야 할 일은 무엇입니까? 그것은 연민의 정으로 그들의 고통을 나누는 것입니다. 불의, 거짓, 실수는 어느 한 계층의 독점물이 아닌, 우리 모두의 것입니다.

반면에 해마다 차츰 보건과 식생활이 개선되고 있습니다. 전에는 주 3회 식탁에 오르던 고기가 지금은 점심으로 자주 나옵니다. 전과 달리 지금은 구내에서 개인 속옷, 잠옷, 스웨터도 사용할 수 있습니다. 친구들은 단색 죄수복보다 개성적 분위기가 감도는 밝은 색 복장을 좋아합니다. 지난주에는 각 수감자에게 롤 화장지를 하나씩 주었습니다! 문제는 다만 다른 곳에 있다는 것입니다.

파리, 뤼 삐에르 러루 형제들의 집

형제회는 세계 곳곳에 흩어져 있지만 그 창설 역사로 인해 아직도 형제들은 프랑스와 특별한 관계를 맺은 채 살고 있습니다. 이 특별한 상황 아래서 형제회 전체를 위한 형제집이 프랑스 안에 있어야 할 필요성이 생겼습니다. 그 중 제일 오래 된 것은 마르세이유의 따뻬 베르와 파리의 뤼 삐에르 러루 형제집입니다.

1985년, 쟈끄 형제가

나는 퐁뗀 블루 숲속에 자리한 베들레헴 수녀원에서 15일 동안의 피정을 마치고 돌아왔습니다. 조용한 틈을 이용해 여기서 보낸 2년 동안의 생활을 정리할 겸 형제들에게 이 일기를 씁니다.

내가 처음 도착했을 때 나에게 힘이 되어준 것은 형제들간의 우애와 더불어 잘 조화된 개인기도와 공동체 기도였습니다. 가끔 이곳을 지나가는 형제들은 내가 이런 봉사의 집에 살고 있는 것을 안타깝게 여겼습니다. 그러나 나는 세계 곳곳에 흩어져 살고 있는 형제들을 위한 봉사 안에서 형제들과 접촉하며 그들의 생활을 계속할 수 있도록 작은 노력을 기울이는 것을 기쁘게 생각합니다. 형제들도 알고 있듯이 우리는 이 봉사를 "습관적"으로 하지 않습니다. 우리의 기도가 설령 몹시 빈약한 것에 지나지 않을지라도 우리는 전세계 형제들을 위해 기도할 의무를 느낍니다.

이곳 형제들은 형제들뿐 아니라 다른 많은 사람들과도 접하고 있습니다. 그들은 형제들의 가족, 친지, 이웃들, 우리집 문을 두드리는 불쌍한 사람들입니다. 게다가 우리는 파리의 시민이기도 합니다.

이 점에 관해 나는 파리 시장이 요한 바오로 2세 교황께 보낸 서간에서 파리를 20세기의 예술, 과학, 사상의 "인류 문화의 보배"로 소개한 일을 자주 떠올립니다. 교황 성하께서는 이 거대한 도시에 살고 있는 무수한 남녀들, 곧 실직자들, 이상을 잃고 방황하는 청소년들, 점점 증가하고 있는 가난한 자들과 이민들, 세계 도처에서 모여드는 난민들, 이름 없는 얼굴들, 그 무엇인가를 찾아 헤매는 군중들을 상기하며 그들을 한마디로 일컬어 "하느님을 필요로 하면서도 그 희망을 표현할 방법을 잃어버린 사람들"이라고 하셨습니다. 그 도시가 바로 파리입니다. 작은 형제들인 우리는 이 점을 유념해야 합니다.

지하철이나 거리에서 마주치는 축 늘어지고 초점을 잃은 시선들 … 위험에 처한 사람을 죽기까지 내버려두는 무관심 속에서 익명의 인간으로 살아가는 것을 바라는 사람은 아무도 없을 것입니다. 신앙은 여기서 더 멀리, 더 깊이 볼 것을 종용합니다. 신앙은 각 사람 안에서 실체를 보게 하고 그들 각자의 역사와 신비를 존중하게 합니다.

일상생활(시장 보기와 모든 잡다한 용건들) 속에서 우리는 파리 사람들의 틈바구니에 끼여 살고 있습니다. 우리는 그 사람들과 신비스러운, 그러나 현실적인 연대 안에서 살라는 하느님의 부르심에 의해 이곳에 몸담고 있습니다. 이 연대는 가시적 차원에서뿐 아니라 기도와 봉헌의 차원에서두 실현됩니다. 형제들은 세상의 구원과 용서를 위해 자신을 바쳐 일하는 사람들입니다.

우리는 매일 신앙의 눈을 주시기를 하느님께 청합니다. 궁극적으로 우리가 처한 장소가 중요한 것이 아닙니다. 주께서 우리 안에 생활하고 계시다면 우리는 그 모든 얼굴들 — 인생사의 희노애락을 몸으로 말해주는 그들의 밝고 어두운 모습 — 을 사랑하고 그들을 위해 기도하며 우리의 마음을 예수 성심의 지평으로 열게 될 것입니다.

북 유 럽

1965년, 벨기에, 꾸이예-샤를로아에서, 보브 형제가

1년간이 엔 아비오드 생활을 마치고 꾸이예로 다시 온 것은 기쁘게 생각합니다. 형제의 생활을 묵묵히 살아가고 있는 마르끄와 앙리를 다시 만났습니다. 도착한 지 3일 만에 전에 일하던 광산일을 시작하게 되었습니다. 내가 알고 있던 광부들 가운데(특히 이탈리아인 광부들) 상당수가 퇴직을 했고 그 자리에 터키, 스페인, 모로코 사람들이 와 있었습니다. 새로 온 이들은 자기들 나라에 일거리가 없는 탓에서도 그렇겠지만 언젠가는 광부의 생활을 마감하리라는 생각을 품고 있는 사람들입니다.

나는 처음 6개월간 정해진 일 없이 여기저기서 막노동을 하다가 석탄광에서 일하겠다는 청원서를 관리국에 제출했습니다. 그리하여 4년 전, 무릎 수술을 받기 전에 근무한 채굴 작업장에 배치를 받았습니다. 무릎은 그런대로 견딜 만합니다. 체질적으로 단단하지 못한 근육의 소유자인 나는 건강을 회복하는 데 많은 고생을 했습니다. 피로를 빨리 느끼는 육체가 스무 살의 청년이 아니라는 것을 말해주지만 그런대로 건강합니다.

내가 채굴작업을 좋아하는 이유는 다른 일에 비해 자유로운 편이고 리듬 조절을 할 수 있기 때문입니다. 채굴장 분위기 또한 뜨겁습니다. 온도 때문이기도 하지만 같은 운명의 공동체 의식으로 굳게 뭉친 동료들이 하나로 결속되어 있기 때문이지요. 험한 탄광생활이란 참으로 그런 것입니다. 똘똘 뭉쳐야 살수 있으니까요. 가족들을 먹여살리기 위해, 어쩔 수 없이 한 푼이라도 더 벌기 위하여 이 일을 택한 동료들은 자원해서 석탄 광부 노릇을 하고 있는 나의 입장을 이해하지 못합니다. 당연하지요. 그들이 내가 왜 이 자리에서 이 일을 하고 있는지 알아듣고 못하고는 그다지 중요하지 않습니다. 동료들은 내가 쉽고 편한 일자리를 팽개치고 자기들 곁에서 거칠고 위험한 일을 함께하는 데 대해 내심 기뻐하고 있다는 사실을 잘 알고 있습니다.

자신의 노동에서 느낄 수 있는 자부심이나 만족은 자취도 없이, 남은 것이라고는 매일 아침 똑같은 작업을 다시 시작하지 않으면 안되는 육중한 노동의 무게만 남아 있을 때 좌절에 부딪칩니다. 어쩌면 그것은 내 존재 자체마저 차츰 매장되고 있다는 표식이 아닐는지요?

꾸이예 형제들에게는 좋은 친구들이 있습니다. 이들을 일컬어 쟈끄 마리땡은 "하느님의 미소"라고 표현했지요. 그럼에도 정작 깊이있는 대화를 나눌 수 있는 친구는 손꼽을 정도입니다. 오래 전부터 잘 알고 있는 친구들과도 종교에 관한 대화를 나누어본 적이 없습니다. 그럼에도 그들은 하느님께서 마련하신 선물인 "길동무들"입니다. 귀중한 은총입니다. 우리는 이 은총을 통하여 많은 것을 얻지만 동시에 요구도 따릅니다. 우선 우정에 성실해야 하는 점입니다.

언제나 쉬운 일이 아니지요. 인내가 요구됩니다. 그들에 대한 인내라기보다 오히려 그들에게 실망을 안겨주는 우리 자신들에 대한 인내일 것입니다. 우리에게는 우정의 요구에 대답하는 충분한 여유가 없습니다.

그들을 있는 그대로 사랑하지 않고 우리가 바라는 사람이 되어주기를 요구합니다. 반면에 그들은 우리가 줄 수 있는 것보다 한층 깊은 애정과 배려를 기대합니다. 그들은 형제들이 자기만을 각별히 대해주기를 바라지만 우리는 누구에게나 공평해야 하니까요. 꾸이에 형제들의 위험은 대인관계를 넓히지 않는 것에 있습니다. 시간이 없다지만 사실은 마음의 아량이 부족하거나 시간 관리에 잘못이 있는 때문은 아닐까요? 보아움 신부님의 월남에 관한 글에 그렇게 씌어 있습니다. 사실 몇 안되는 친구들과 친교를 유지하는 것은 어려운 일이 아닙니다. 성실한 노력은 각 형제들에게 처음부터 부여된 임무입니다. 인간적으로 접근하기 어려운 동료들에게도 신경을 쓰는 일 역시 마찬가지일 터입니다.

근래 몇 해를 기해 사람들의 생활수준이 높아지고 편리해졌습니다. 텔레비전, 자가용 등. 이러한 아류에서도 우리는 주위 사람들의 처지를 잠시 망각하고 더 편한 생활을 추구하는 일반적인 추세에 영합할 위험이 있습니다.

1969년, 영국, 리즈에서, 기 형제가

나는 8년 전부터 같은 작업장에서 일하고 있는데, 올 2월이면 만 8년이 됩니다. 내년이 되면 드디어 나는 새출발을 위한 "사막의 해"를 보내기 위해 이곳을 떠나게 될 것입니다. 이곳에 다시 돌아온 때는 새로운 집과 새로운 지장을 가지게 되겠지요. 형제들은 1971년말에나 돌아오게 될 내가 벌써부터 너무 성급히 군다고 하겠지만 무릇 시간은 빨리 지나가니까요. 시간 개념의 상실은 직장생활에서 오는 결과일 수도 있을 것입니다.

나는 원래 선반공으로 채용되었습니다. 그러나 공장이 부품 생산에 돌입하면서 선반공의 일이 점차 줄어들게 되었습니다. 예를 들면 총 열 가지 형태에 이르는 부품 주문이 주기적으로 들어옵니다. 소량 주문은 주로 2,000~3,000개 정도이고 많을 때는 130,000개까지 한꺼번에 주문받은 적도 있습니다. 그 중에서 내 손을 거쳐간 것은 무려 수천 개에 달합니다. 단조롭고 신경을 피곤하게 만드는 일이 아닐 수 없습니다.

매일 일정의 부품을 생산해야 하고 그 숫자에 따라 보수를 받기 때문에 중요한 것은 오직 부품의 개수일 뿐입니다. 보수는 좋은 편입니다. 일주일이 눈깜빡할 사이에 지나가 버리고 달과 해도 그렇게 바뀌지만, 하루는 길고 지루합니다. 매일 반복되는 똑같은 일이 10년이 흘러도 변함이 없습니다. 한 사건이 2년 전에 일어났는지 5년 전에 일어났는지 분간할 수 없을 정도로 획일화된 일과는 시간의 개념을 상실하게 합니다. 지겹도록 단조로운 이 손작업은, 나를 가난한 이들의 운명에 한데 묶으시려고 하느님께서 선택하신 방법일지도 모릅니다.

생산세계에서 인간은 한낱 기계 부품에 불과하고, 실제로 순수한 기계 취급을 받습니다. 이 "기계"의 생산력에 따라 보수가 지불됩니다.

카메룬의 품반 사람들은 정신없이 설치는 선진국 사람들에 비해 훨씬 더 인간적입니다. 현대사회는 사람들에게 논리와 법을 강요하고 이를 따를 수 없는 사람은 거기서 자연히 도태됩니다. 그런 사람들을 우리는 "주변 인간들" 또는 "소외된 자들"이라 부릅니다. 그들은 현대사회가 배척한 사람들입니다.

나의 좁은 세계에서 단조롭고 권태로운 일을 통해 느낀 감성은 히피들, 부랑자들 그리고 사회를 거부하고 자기식의 세계를 고집하는 사람들의 태도를 이해하는 데 도움을 주었습니다. 더군다나 작년에 프랑스에서 일어난 "5월의 저항"에 대해서도 포괄적으로 이해할 수 있게 되었습니다.

나는 이 생활을 직장 동료들, 특히 물질주의로 인해 파괴된 노동자 가족들을 위해 바칩니다. 종신서원 때 나는 이런 의향으로 나를 바쳤습니다.

문제는 노동의 단조로움과 무관심이 내 삶의 다른 분야에까지 스며드는 것입니다. 이런 의미에서 "사막의 해"가 나에게 다가오고 있음을 기쁘게 생각합니다. "사막의 해"는 나에게 새 출발과 새 활력을 가져다줄 것으로 기대합니다.

1976년, 상선 승무원 죠르쥬 형제가

1975년 9월 24일, 톤스버그(노르웨이), M/T 피난게르 호에서

언제나 그렇듯이 베르겐 출항은 급작스러운 것이었습니다. 회사의 통보를 받은 후 필요한 서류 수속과 내가 없는 동안 비어 있을 아파트 정리 등을 하고 남부에 위치한 피난게르에 도착, 출항 준비를 끝내기까지 24시간이 걸렸고 4일 후에 유조선에 도착했습니다. 33,000톤급의 이 거대한 유조선은 6개월 전에 바로 이 도시에서 완성된 것으로, 첫 출항을 기다리고 있습니다. 편리한 선실과 선원들의 공동거실 등으로 새롭게 단장한 훌륭한 유조선입니다.

전직원을 위한 미사가 거행되었습니다. 총 선원수는 27명으로, 한 명의 프랑스인과 필리핀인 그리고 나를 제외하면 모두가 노르웨이인들입니다. 처음으로 대면하는 사람들이라 약간 어색하지만 자연스러운 분위기입니다. 오늘 아침, 네 대의 견인선으로 출항을 시도했지만 강풍fjord을 뚫지 못해 출항은 다음 토요일로 연기되었습니다. 내가 근무하는 주방에는 젊은 부인과 함께 동승한 친절한 요리 견습생이 있습니다. 호감이 가는 친구입니다.

1976년 1월 18일, 인도양에서

쌘토스(브라질)를 출항하여 항해 20일이 되는 날입니다. 쌘토 안드레(상 파울루)의 형제들과 만날 것을 기대했지만 허탕이었습니다. 우리가 부두에 도착한 것이 12월 27일이었으니까 나의 도착을 알리는 편지가 아직 그들 손에 닿지 않았는지 모릅니다. 형제들의 집으로 곧장 향하고 싶었지만 출항시간을 가늠할 수 없어 포기하기로 했습니다. 48시간 후면 호주 서해안에 닿을 것입니다. 거기서 걷는 운동을 할 수 있겠지요. 남단 희망봉을 거친 후 금년들어 한 번도 땅을 밟아보지 못했습니다. 성탄과 신년 휴가 후 정상 근무 개시. 보통 하루

10시간 근무지만 가끔 좀 일찍 빠져나오기도 합니다. 저녁 휴식시간에 머리에 떠오르는 대로 몇 가지 적습니다. 일과를 마친 후의 형제들이 한가한 마음으로 읽어주기 바라면서.

얼마 전에 고립되어 살고 있는 형제들에 관해 쓰기 시작한 일기를 계속하겠습니다. 이 대화는 정말 재미있었어요. 물론 산 체험에서 우러나오는 형제들의 이야기는 언제나 마음에 와닿는 바이지만, 문득 이바 형제의 말이 되살아납니다. "우리는 세상의 현실 속에 살고 있습니다. 나는 현실을 있는 그대로 받아들입니다. 세속화된 세상을 부정적으로만 보려는 것은 문제가 있다고 봅니다. 사람들은 과거에 대한 향수에 사로잡혀 있는 것일까요? …" 두세 명의 형제들과 더불어 성찬과 복음을 나누는 것은 즐거운 일이 아닐 수 없습니다. 그러나 우리가 혼자일 때 혼자된 것을 문제삼지 말아야 합니다. 형제들과 살 때 나는 혼자 사는 형제들의 고독과 거기서 빚어질 결과에 대해, 그리고 그러한 조건 속에서 어떻게 형제적 사랑을 실천할 수 있는가에 대해 토론한 적이 있습니다. 모든 선원들처럼 작은 형제도 선원의 고독을 피할 수 없습니다. 그들 모두는 사랑하는 사람들을 만날 수 없는 외로움과 고독을 안고 삽니다.

여기서 한 가지 덧붙이고 싶은 것은 내가 공부를 마칠 무렵 형제회가 나에게 이 길을 적극적으로 주선했다는 사실입니다. 나는 이러한 생활에 대해 생각해 본 일이 결코 없었는 데도 말입니다. 나는 이러한 형제회의 권유를 나에 대한 신뢰와 격려의 표시로 받아들였습니다. 자신의 삶에서 형제들의 이해와 연대를 확인하는 것은 얼마나 큰 행복입니까? 나는 형제들과 멀리 떨어져 있지만 정신 세계에는 거리가 존재하지 않습니다.

1976년 1월 19일

내일이면 호주에 도착합니다. 이바 형제와 나눈 대화를 회상하며 과거로 돌아가 봅니다. 1974년이었지요. 우리는 6개월 동안 Siranger호를 탔습니다. 북미와 남미간의 항해였지요. 그 항해 동안 자기 휴가를 줄인 한 선원과 나는 50명 선원의 식사를 담당해야 하는 큰 책임을 맡아야 했습니다. 나는 가끔 "우리 형제회는 무엇일까?" 하는 생각을 해봅니다. 아무튼 형제회는 사회적으로 눈에 드러나는 무엇이 아닙니다.

그 당시 깨달은 것이 하나 있는데, 그것은 형제들간의 관계와 선원들과의 관계가 분리시킬 수 없는 것처럼 맺어져 있다는 사실과, 이바와 나는 동료 선원들과는 유별한, 개인적 관계를 맺고 있다는 것이었습니다. 하나의 공동체로 볼 수 있는 선원들과의 생활에서 작은 형제들의 공동체를 따로 가져야 한다는 발상은 용납하기 어려운 것입니다. 그렇다고 우리 두 형제간의 친교가 중요하지 않다는 것이 아닙니다. 이바와 나는 가끔 성찬예식을 거행하기 전에 서로의 삶을 나누고 선원들 안에서 취해야 할 우리의 자세, 우리 주위에서 저질러지는 불의, 상사들에게 받는 압력, 경력이 없는 젊은 선원들이 당하는 착취 등에 대해 긴 대화를 나눕니다.

Siranger에서 보낸 시간은 보람있고 즐거운 시간이었습니다. 이바와 나는 각자의 위치에서 자기 일에 만족하며 자기 친구들을 가지고 있었습니다. 사실 육지에 외출 나갈 때 이바와 함께 가기보다 주방 동료들과 나가는 편이 더 많습니다. 우리 두 형제가 자주 회우하지 못하는 것은 작업시간이 다른 이유도 있습니다.

나에게 중요한 것은 심리적·정신적 자유입니다. 작은 형제들은 자기 식으로 자유롭게 분위기에 적응해야 한다고 생각합니다. 이러한 지식은 경험에서 오는 것입니다.

나는 이러한 구체적인 경우들을 강조합니다 이는 넓은 의미로 공동체 내의 공동생활과 관련된 문제이기 때문입니다. 공동체라는 틀이 없을 경우에는 무엇을 공유하고 무엇을 공동으로 하기를 원하는지를 스스로 알아내야 합니다. 또 이웃의 자유로운 처신을 방해하지 않는 참된 관계(사실 다른 형제가 자유롭게 말하고 행동하는 것을 보는 것은 우리를 즐겁게 해줍니다)를 기르고 서로에 대한 이해를 깊게 가져야 합니다. 우정은 자유의 결실입니다.

이러한 삶은 이웃들과의 올바른 관계에서 이루어지는 것입니다. 사실 다른 사람들과 오래 살 때에 가리어진 우리 존재의 일부가 드러납니다. 사람들과의 관계는 언제나 열려진 상태에서 발전할 수 있으며 다양한 교류는 우리에게 도움이 됩니다. 사회의 혜택을 누리지 못하는 사람들과의 결속은 정의와 선을 지향하고, 그것이 그리스도인의 자세라는 점에서 중요합니다. 나는 선원들과 나의 인생을 나누기로 선택했습니다. 15년 전에는 상상도 할 수 없었던 일이었지요. 그러나 "형제 중 가장 미소한 자들"을 위해 인생을 바치는 그리스도를 따르는 자에게는 현실적인 논리입니다.

이바와 나는 현재 따로 떨어져 있습니다. 우리 사이에 오가는 우편물은 꽤 시간이 걸립니다. 비록 멀리 떨어져 있지만 같은 생활은 우리를 가깝게 연결시켜 줍니다. 내가 만일 유일한 선원 형제였다면 이러한 생활을 과연 계속할 수 있을까 의심스럽습니다. 사실, 이바와 나는 작은 형제로서 그리고 인간적으로도 특별한 친교 속에 살고 있습니다. 이러한 특별한 관계를 다른 사람들에게로 넓혀갈 수 있겠지요. 참된 사랑으로 성장하고 정서의 조화를 이루는 데는 최소한의 대화가 필요합니다. 고독은 항해자들의 현실이고 그것이 언제나 유익한 것만은 아니지요. 우리는 어떻게 고독에서 헤어날 수 있을까요?

1976년 2월 18일, 중국 앞바다에서

지난 목요일, 인도네시아에 귀항했습니다.

일본에서는 가와사끼에 살고 있는 앙드레와 기를 만았습니다. 그 두 형제가 부두에서 나를 기다리고 있었습니다. 24시간의 감격적 만남과 다시 헤어져야 하는 냉혹한 현실 … 일본은 겨울입니다. 형제들과 나눈 새벽 성찬의 감격과 기쁨! 우리의 대화는 나에게 이런 자문을 하게 했습니다: 자신이 선택한 구체적인 인간 환경 속에 뿌리내림과 공동생활에 대한 이상을 어떻게 조화시킬 수 있을까?

1976년 4월 23일, 베르겐에서, 이바 형제가

내일, 세 명의 노르웨이 선원과 보르도로 출발하여 "Hoegh Dene"행 배를 탑니다. 죠르쥬와 내가 휴가를 정확하게 맞출 수는 없었지만 어쨌든 거의 한 달간을 함께 보람있는 시간을 즐겼습니다. 육지 위에서 다시 만나기를 기대해 보지만 불안한 국제 경제와 노르웨이 상선 사정을 고려하지 않을 수 없습니다.

1979년, 런던에서, 티에리 형제가

얼마 전에 나는 약 열 명의 노동자가 일하는 작업장의 인쇄공으로 취직했습니다. 매우 힘들게 구한 직장이었지요. 직장 분위기는 비교적 즐겁고 무난합니다. 그러나 날이 갈수록 또 다른 현실이 나를 압박해 옵니다. 그것은 힘들고 불안정하며 얽매인 직장에서 일하는 사람들을 생각할 때, 혹은 아예 직장이 없는 사람들에 비해 나의 처지는 얼마나 혜택받은 것인가 하는 것을 인식할 때입니다.

여러 가지 제보들을 통한 사실과의 접촉은 노동문제의 현실과 거기서 파급되는 결과에 의해서 생활수준이나 권리, 투쟁, 가까운 이웃들과 먼 나라에 사는 알지 못하는 사람들과의 관계 등을 돌이켜보며 성찰할 기회를 주었습니다. 정의의 요구들에 우리는 어떻게 응답해야 합니까? "바다 저 너머"에 사는 것만이 우리의 유일한 돌파구는 아니겠지요. …

우리 주위에서 만나는 버려진 사람들, 무시받는 사람들, 소외된 사람들, 잊혀진 사람들의 숫자는 나를 놀라게 합니다. 이런 나라와 같은 곳에서 "물질적 혜택"을 받지 못하는 경우는 거의 드물다고 보아야겠지만 물질이 아닌 다른 것을 목말라하는 사람들, 곧 사회적 위치, 존경, 인격과 가치의 인정을 추구하는 사람들이 얼마나 많겠습니까? 몇 년 전부터 나는 정신장애자들과 연계하기 시작했습니다. 그들은 인간 누구나가 누리게 되어 있는 극히 정상적이고 당연한 것조차 없는 사람들입니다. 친구도 여러 명 만들었습니다. 나는 그들과의 연대

안에서 노동의 문제에 접근해 보고 싶은 생각이 들었습니다.

정신장애자들 중에는 무조건 "무능한 사람, 비생산적인 사람, 직장을 가질 수 없는 사람"으로 취급당하는 현실에 좌절하는 사람들이 많이 있습니다. 안정과 경제를 추구하는 사회에서는 생산성, 경쟁, 이윤이 우선합니다. 경제적 욕구만을 추구하는 노동정책은 이를 실현하기 위한 방편으로 소위 "활동 인구"를 축소시킵니다. 이렇게 하여 "비생산적"이라는 잔인한 이름이 붙은 신분의 사람들의 수가 날로 증가하고 있습니다.

불행한 일은 이러한 사조를 역류하여 모든 인간이 자신의 역량을 한껏 발휘할 수 있는 세상을 향해 가기란 매우 어렵다는 사실입니다. 장 바니에가 런던에서 시작한 무지개 공동체는 나의 이러한 계획을 실현시킬 수 있는 기회를 주었습니다. 형제들 중에는 내가 무지개 공동체에 사는 것을 이상하게 생각한 사람도 있을 것입니다. 그러나 그것은 내 편에서 입장을 분명히하지 않은 이유도 있습니다.

무지개 공동체는 첫째, 생명 공동체입니다. 이 공동체에 머물면서 형제회에 완전히 속할 수 있을까요? 이 문제에는 모호한 점이 있을 수 없으나 까닭은 다른 데에 있습니다. 그것은 무지개 공동체가 나를 정식 식구로 여긴 적이 없이 늘 외부 사람으로 취급하는 것입니다. 나는 단지 한동안 무지개 공동체를 돕는 사람이었을 뿐입니다.

할 일을 찾아 장애인들 틈에 끼여드는 것은 단순한 일이 아닙니다. 그렇다고 아무런 시도를 하지 않는다면 그 많은 장애인들이 소외된 자들의 조건에서 어떻게 벗어날 수 있겠습니까? 노동을 할 수 없는 처지에 대해 모두가 같은 입장을 취하지는 않습니다. 그러나 일부 장애자들에게는 그것이 자신들에 대한 부정적 인상을 강조하는 것이어서 치명적 시련입니다.

나는 앞으로 조만간 열게 될 작은 작업장 준비에 여념이 없습니다. 사실 공동체 내에 작업장을 두는 것이 외부 직장에 비해 한결 현명한 처사라고 생각합니다. 이들의 직장을 외부에서 구하기란 쉬운 일이 아닐 뿐더러 막상 일에 돌입할 수 있을 만큼 준비된 장애자는 몇 되지 않으니까요. 이 계획에 관여하고 있는 사람들의 신분이 매우 다양합니다. 나와 이 계획을 추진하고 있는 사람은 한 가정의 아버지와 얼마 후면 결혼할 사람입니다. 우리 계획은 차츰 무지개 공동체의 장애자들과 마을의 장애자들(전체 식구는 약 열 명이 될 것입니다)의 수를 불려나가는 일이고, 우리가 찾는 일은 인근 공장의 하청일이나 가내공업 종류입니다.

작업장 일에 일단 익숙해지면 서서히 외부 일도 찾아볼 생각입니다. 우리의 목적은 장애자들이 처음에는 임시 직원으로 시작하더라도 차츰 정식 직원으로 채용되는 것입니다.

일거리를 구하는 일은 우리가 예상하던 것보다 긍정적이었습니다. 뿐만 아니라 시에서 이 계획에 드는 재정적 비용을 책임지기로 했습니다. 노무자와 신체 장애자들을 취급하는 여러 사회봉사 단체들과 접촉하려는 노력도 시도했습니다. 중요한 것은 우리의 계획이 신체장애자들의 유익뿐 아니라 이웃들과 노동자들에게 영향을 줌으로써 장애자들에 대한 태도가 변하도록 하는 것입니다.

형제들에게 좀더 상세한 설명을 해주고 싶지만 그렇게 할 재주가 없습니다. 결론을 말하자면, 우리가 장애자들을 위하여 어떤 굉장한 일을 하는 것이 아니라 각자가 능력껏 할 수 있는 일을 함으로써 기여를 하자는 것입니다. 나는 타인의 호의에 의지하여 살아가는 사람들의 삶에 현실적으로 동참할 수 있음을 행복으로 생각합니다. 그들과 함께하는 이 단순한 현실 속에는 체험들이 가득 담겨 있습니다. 거기엔 여러 가지 형태로 고통의 신비를 비껴가려는 몸부림의 체험도 있습니다. 고통은 투쟁을 요구합니다. 그러나 그것은 또한 우리를 치유해 주시고 우리를 자유롭게 해주시는 예수님께로 가까이 데려다줍니다.

1981년

내가 2년 전에 일기에서 언급한 작업장 계획이 추진되고 있습니다. 다행한 일이지요. 정신박약자들이 하나하나 우리 작업장으로 오고 있습니다. 처음에는 시험삼아 일주일에 이틀씩 나왔는데, 그것은 결정적 선택을 하기 전에 자유로이 전에 하던 일과 비교해 볼 기회를 주기 위해서였습니다. 현재 우리 작업장에는 정식 직원 열 명과 두 명의 장애자가 있으며, 약간 명의 보조원들이 임시 직원으로 일하고 있습니다. 이미 자리가 꽉 찼으니 벌써부터 분가를 궁리하게 되는군요.

우리가 시작한 일은 색연필 따위에 꼬리표를 다는 등의 문구용품 포장이었습니다. 단조롭고 지루한 단순노동이라고 생각하시겠지요? 그러나 이런 일이 우리집 식구들 모두에게는 결코 단순노동이 아닌, 매우 힘들고 어려운 작업입니다. 그 중에는 점선을 따라 가위질을 하거나 접착풀을 붙이는 일(조금도 비뚤게 자르면 안되는), 꼬리표를 접고 컴퍼스 곽을 세는 일 등을 장애자들에게 연습시키는 데만도 자그마치 일주일에서 한 달이 걸리기도 합니다. 이러한 작업의 성과는 그들에게 자부심과 성취감을 느끼게 했습니다.

일반 사람들은 권태롭기만 할 일이지만 우리 친구들에게는 오히려 반대입니다. 단순작업의 숙달은 그들에게 자신감을 불어넣습니다. 자신감을 가지고 일을 "거뜬히 해낼 수 있다는 것"은 그들에게 자부심과 안정감을 줍니다. 이러한 의미에서 단순노동은 대단히 중요한 역할을 합니다. 성취감을 주는 노동과 계속 반복되는 동작을 되풀이하기를 두려워하지 않습니다. 이러한 순간들이 그들에게 얼마나 보람있고 중요한 것인가는 하느님만이 알고 계시겠지요.

나도 배울 것이 있습니다. 곧 듣는 자세입니다. 이 친구들 중에는 두 명의 언어장애인과, 표현할 수는 있지만 몹시 힘들여야 하는 사람들이 있습니다. 그러나 자기들 나름대로의 몸짓과 언어를 가지고 있습니다. 언어적 표현을 초월하여 우리는 일상의 삶과 공동작업을 통해 각자가 전달하려는 메시지를 알아듣고 받아들여야 합니다. 우정·신뢰·감정을 담은 메시지, 그러나 그것은 동시에 겸손·친절·진실의 응답을 요구하는 메시지입니다. 그것은 내 존재에 대한 물음이기도 합니다.

이 메시지를 말로 표현한다면 이렇게 말할 수 있을 것입니다:

티에리, 나는 당신에게 의미있는 존재입니까? 이 작업이 나의 성장에 참으로 도움이 되고 있습니까? 혹은 단지 당신 이념의 실현물입니까? 당신이 제시하는 것이 발전의 길이라고 확신합니까? 여기서 실패하게 되면 나는 더 잔인한 의혹과 헤어날 길 없는 절망으로 스스로 빠져들고 말리라는 것을 당신은 알고 있습니까? 당신은 나를 얼마나 존경하고 있으며 나를 얼마나 사랑하고 있습니까?

우리의 매일의 삶과 노력은 도전의 계속입니다. 장애자 친구들이 단순하게 표현하는 감정에는 아무런 꾸밈이 없습니다. 그들의 취약성은 나 자신의 진실과 가난을 대면하게 해줍니다. 그러기에 나는 그들과 어울리고 함께 일하는 것을 좋아합니다. 장애자들과의 삶은 참된 행복의 빛에 자신을 열게 하는 특별한 은총의 길입니다.

그렇다고 우리의 작업장이 조화와 부드러움이 넘치는 곳으로 착각하지는 마세요! 우리 작업장은 분명 희망과 기쁨의 장소이지만 동시에 대인관계에서 올 수 있는 불안, 난폭, 갈등의 장이기도 합니다. 인간은 참으로 신비로운 존재입니다! 어쨌거나 우리 작업장 분위기의 특징은 희망입니다. 각자에게 희망과 발전의 길을 열어주니까요.

1981년, 비엔나에서, 에르베 형제가

오늘은 내 직장에 관해 쓰고자 합니다. 나는 콘크리트 건물의 철강회사에서 일을 시작한 지 2년이 되었습니다. 250명 가량의 노동자들이 있는데 그들의 반 이상이 터키, 유고슬라비아, 헝가리에서 온 외국인 노동자들입니다. 그들 한 사람 한 사람과 사귀어 친구가 되어지며 특히 이번 겨울 스키 때 많은 사람과 어울려 지내게 되었습니다.

나의 일이 공장 구석구석을 돌아다니며 하는 작업이기 때문에 나는 노동자들이 어떤 조건에서 일을 하고 있는지 훤히 알 수 있습니다. 그들의 일은 단조롭고 지루한 작업으로 여름에는 불가마 옆에서 비지땀을 흘리고 겨울에는 냉철 절단기 옆에서 등이 시릴 정도의 추위에 몸을 노출한 채 고막을 찢을 듯한 기계 소음 속에서 작업하고 있습니다. 그 시끄러운 소리를 듣지 않으려면 귀마개를 착용해야 하는데 그렇게 하면 심한 고립감을 감수해야 합니다.

기술실의 내 책상은 옷을 더럽히지 않고도 돈을 잘 버는 감독원들 옆에 있습니다. 그러나 종일을 기계 앞에서 감독을 해야 하는 그들의 자리가 전혀 부럽지 않습니다. 작업장에서 내가 분담하는 몫은 지저분하고도 위험한 체인의 수리와 기계에 기름치는 일입니다. 나 역시 여름에는 줄줄 흐르는 땀 속에, 겨울에는 덜덜 떨리는 추위 속에 몸을 맡기는 고생을 감내하지 않을 수 없습니다. 이 분야에서 나는 어느 정도 숙련공 대우를 받습니다. 노동자들은 자신이 하는 일의 주체가 그 자신이라 생각하지만 누구도 그런 대우를 해주지는 않습니다.

회사 관리측은 우리가 자기들에게 종속된 사람들이라는 것을, 그래서 어떠한 권리행사도 그들의 손아귀에 있다는 것을 말이나 행동에서 직접적으로 느끼게 합니다. 우리를 부를 때 강아지에게 하듯 휘파람을 분다든지, 일부러 고압적인 자세를 취하는 태도에서 그런 감정을 북받게 합니다. 감독들도 힘든 위치에 있기는 피차 매한가지입니다. 그들이 상사들에게 받는 압력은 결국 말단 노동자들인 우리에게까지 파급되게 마련입니다. 연장 근무령이 내려진 토요일이나 동료들과 30초 이상 말을 나눌 수 없을 만큼 바쁜 날은 작업장 분위기가 몹시 저조하고 긴장이 감돕니다. 그러나 늘 그런 것은 아닙니다. 일이 뜸한 날도 있으니까요.

간혹 있는 한가한 날에 바쁜 동료의 일을 돕고 싶어도 그것을 가로막고 있는 것이 회사 규칙입니다. 만일 도와주고 싶으면 내 일을 하는 척해야 합니다. 이번 겨울에 일부 직원을 해고할 것이라는 소문이 나돌면서 우리를 겁먹게 했는데 회사측은 그런 일을 정말 감행했습니다. 얼마 안 가 빈 자리에 새로 채용된 사람들이 왔습니다. 사실 회사측은 정치 망명자들과 같은 사람들을 채용하기를 좋아합니다. 이유는 간단하지요. 현지인들보다 보수가 헐하기 때문입니다. 게다가 회사측은 박애정신이라는 빛 좋은 허울 아래 출소자들을 고용하기도 합니다. 흔히 도박이나 알코올 문제를 안고 있는 약점을 이용하여 이 사람들을 손아귀에 넣고 마음대로 다룹니다. 무리한 잔업을 시켜도 거부할 힘이 없는 이 사람들은 군소리 없이 따라야 합니다.

오트리슈의 휴업율은 1.7%입니다. 교회 인사들이 하는 말에 의하면 이 나라의 노동자들은 돈이 있으며 물질주의에 젖은 나태한 이기주의자들이라는 것입니다. 개발도상국의 노동자들을 생각한 말이라면 그 말에도 일리는 있겠지요. 그러나 어떤 경우에서도 그렇게 속단하는 것은 위선이 아닐까요? 나는 이런 말을 늘어놓는 사람들에게 항상 대들게 됩니다. 판단을 하기 전에 우리는 먼저 그들이 그럴 수밖에 없는 이유를 적어도 제시할 수 있어야 합니다. 우리 모두 안에 도사리고 있는 "비굴"이나 "무기력"을 인정하지 않고 노동자들이 문화, 정치, 종교 문제 등에 대해 "무관심"하다고 지탄할 수 있을까요?

형제들의 한 친구가 노동자들의 메마른 인간성과 문화적 빈곤에 대해 발표한 글은 나의 경험들을 뒷받침해 주는 것이었습니다. 이 영향을 가장 많이 받는 자들은 3교대 노동자들입니다. 노동을 통해 궁극적으로 자아실현에 도달하는 노동자는 극소수에 지나지 않습니다. 직업이나 직장에서 성취감을 느끼지 못하는 사람들이 어떻게 자녀교육이나 정의로운 세상을 위한 투신에 진지하게 뛰어들 수 있으며, 그런 사람들에게 교회에 충실하라고 권고할 수 있겠습니까? 주일미사의 신자들의 기도 때 사장들이 엄숙한 모습으로 실업자들과 노동자들을 위해 목소리도 드높여 기도하는 교회에서 어떻게 신뢰감을 느낄 수 있겠습니까?

그렇습니다. 우리는 입을 다물고 있어야지요! 나의 부모님께서 내게 늘 그렇게 말씀하셨더랬지요. 어찌되었건 노동자들은 회사 경영에 참여할 수 없고 이에 관한 어떠한 발언권도 없습니다. 그러나 노동자들 역시 인간입니다. 인간이기에 그들에게도 창의력이 있고, 인간이기에 그들도 인정을 받고 알려지기를 바랍니다. 직장에서 이러한 그들의 욕구가 무시당했을 때 그 상실감을 자동차, 여행, 컬러 TV 등과 같은 것으로 대리욕구를 채우려는 것입니다. 그것이 놀랄 만한 일입니까? 이러한 것들을 얻기 위해 부부가 맞벌이를 해야 하고, 학교에 다니는 아이들도 일을 해야 합니다. 졸업 후 곧장 공장 견습공으로 들어가 세상이 요구하는 것을 배우기 시작합니다. 즉, "능률의 이념"입니다. 크로바니아 속담에 "돌대가리는 아무에게나 머리를 조아린다"는 말이 있습니다. 충분한 교육을 받지 못한 노동자들을 두고 하는 말이겠지요.

노동자 동네에 사는 사람들은 집에 대한 콤플렉스가 대단합니다. 이 지역은 1934년 2월 13일에 일어난 노동자 폭동 때 가장 치열한 싸움이 벌어진 곳입니다. 그때 무려 1,200명의 노동자들이 목숨을 잃고 5,000명 이상이 부상을 당하였지요. 비싼 값을 치른 곳입니다. 오스트리아에서는 노동자들이 유럽 파시즘의 득세에 맞서 무력으로 저항했습니다. 당시 오스트리아의 수상은 독실한 그리스도인이었습니다. 지난날 노동자들의 그 화려했던 꿈은 어디로 사라져 버렸을까요? 요즘 젊은이들은 새로운 희망이나 새로운 출발을 향한 패기보다는 포기나 체념에 대한 경향이 더 강한 듯합니다. 이 나라의 민주주의는 경제, 산업, 자본 앞에서 꼼짝 못합니다. 그리스도의 복음은 언제나 세상의 빛과 소금이 될 수 있을까요? 그리고 교회 안에서 내 위치는?

사람들은 가끔 내가 왜 공장에 다니고 있으며 그 의미가 무엇이냐고 질문합니다. 똑 떨어지게 답을 하기란 그리 쉬운 일이 아닙니다. 특히 그것이 "사랑"에 관한 것일 때 그렇습니다. 나자렛의 예수님을 따라, 게쎄마니와 골고타를 지나 비어 있는 무덤을 거쳐 그분의 해방사업에 참여하는 것이 내 노동의 의미라고 말하는 것은 어렵지 않고 설득력도 있겠지요. 밥벌이를 위한 이유에서라면 답은 차라리 더 쉽겠지요. 무릇 그것은 사실입니다. 그러나 내가 공장에 나가는 이유는 더 깊은 데 있습니다. 이를테면 나의 노동자 동료들을 위해서라는. 내가 그들을 위하여 공장에 나간다는 그 자체가 그들에게 무슨 보탬이 됩니까? 내가 노동자로 일하는 것이 그들의 노동 조건 개선에 도움이 됩니까?

우리는 그들이 목말라하고 있는 것이 무엇인지를 알고 있습니다. 그것은 인간의 품위입니다. 그들에게 필요한 것은 인간의 존엄과 품위를 되돌려받는 것입니다. 그러기에 그들에게 다가가는 자의 자세는 물질적인 것을 베풀거나 가르치기 위해서 따위는 필요하지도 않습니다. 빈 손으로, 다만 존경의 자세로 다가가야 합니다.

아리스토텔레스가 지적한 대로 어떤 사회도 우정 없이는 존속될 수 없습니다. 근래에 발표된 자비에 관한 교황 회칙이 나에게 깊은 인상을 주었습니다.

이 회칙에서 교황님은 정의만으로 사회를 건설할 수 없다고 못박습니다! 사랑이 있어야 하고 연민이 따라야 한다고 강조합니다. 경제 구조의 변화 역시 여기서부터 시작해야 하지 않을까요? 지난주에 나는 부다페스트의 한 교회에서 기도회에 참석한 적이 있습니다. 그들은 두 시간 반 동안 성령의 은사에 대해 묵상했습니다. 사회, 정치, 문화, 도덕을 포함한 "실존적 개혁"이 시작되는 곳은 바로 이러한 장소가 아닐까 생각해 보았습니다. 형제들의 은둔소 근처에 있는 성당에 계시는 노인 신부님께서 이런 말씀을 하셨습니다: "어둠에 덮인 물 위를 배회하던 성령으로부터 세상이 생겨났듯이 현대의 혼란으로부터 평화, 정의, 사랑이 솟아날 것입니다."

1985년, 까를로 형제가

총회가 열린 지난 얼마 동안 우리 관구에 일이 많았습니다. 여러 면에서 총회는 형제 각자는 물론 형제회 전체의 분명한 자리매김에 좋은 기회였습니다. 여러 지역 관구 대표들의 진지한 연구·토론·성찰이 있었으며, 이에 관한 문서들이 페루지아 형제집에 보관되어 있습니다. 총회의 성과를 제대로 평가하기는 어렵겠지만 많은 일을 해냈다고 생각합니다. 한마디로 요약하자면 이번 총회는 문제들에 대한 결정적 답안 제시보다는 앞으로의 전망과 방향설정에 의의가 있었다고 말할 수 있습니다. 중요한 것은 형제회의 의미와 미래의 진로를 분명히 제시하는 것입니다.

새로운 단계로 우리는 관구를 세 지구로 분리하기로 했습니다. 영국 지구와 로테르담·뒤스부르·함부르그를 포함한 벨기에 지구, 그리고 누렘버그와 텐나를 포함한 베이나 지구입니다. 우리는 이 지구들간에 긴밀한 형제적 유대와 대화와 통교가 있기를 기대합니다. 형제들간의 긴밀한 나눔과 친교는 숫자적으로나 지리적으로 좁혀졌을 때 원활히 이루어질 것입니다. 이러한 시도는 초기 단계에 불과하며, 구조가 바뀌었다고 해서 자동적으로 새로운 생활이 시작되는 것은 아닐 것입니다. 지구 대표들은 관구장 형제와 자주 만나며 참사 역할을 합니다.

사실 형제회에서는 중앙집권적인 획일적 제도보다 소규모 형제집들의 개성과 특징을 중요시하고 강조하지 않습니까? 우리가 형제들간의 친교를 상실하지 않으려면 대화를 유지해야 하고, 이를 위한 적절한 구조가 필요합니다. 이것을 성공적으로 해낼 수 있다면 공동생활의 성숙과 순명생활에도 큰 도움이 될 것입니다.

한 가지 덧붙이고 싶은 것은 "초창기" 시절을 모르는 형제들의 수가 늘어가고 있다는 사실과, 나도 그 중의 한 사람이라는 것입니다. 신세대에 속하는 이 형제들은 형제회 초기의 중요한 삶을 경험하지 못했을 뿐 아니라 형제회의 중요한 장소들에 대한 이해도 없습니다. 이 형제들이 우리 관구의 중진들입니다. 이러한 측면은 한편으로 관구의 발전을 말해주는 것이기도 합니다. 그러나 발전은 저절로 이루어지지 않는다는 점을 지적하고 싶습니다. 형제적 관계의 뿌리에는 자유가 자리합니다. 이 자유는 단순히 과거의 경험에만 매달리지 않고 두려움 없이 신뢰하며 과감하게 앞으로 나아가게 합니다. 이것은 미래를 낙관적으로 전망하게 해줍니다.

남 유 럽

1977년, 로마에서, 니노 형제가

나는 아직 로마의 한 은행 직원 식당에서 근무하고 있습니다. 주방 지원들은 약 40명이며 하루에 평균 1,500명의 식사를 담당합니다. 자율식당이라 하지만 손님들이 메뉴를 고르기 때문에 결국 식당 서비스와 다를 바 없습니다. 말하자 면 까다롭고 "점잖은 분들"의 구내식당인 셈입니다.

우리는 육체노동자들이지만 정작 피곤한 것은 정신입니다. 손님들 각자는 마 치 자기만이 이 식당의 유일한 손님이기라도 한듯 제각기 깍듯한 접대를 받고 싫어합니다. 자기에게만 신경쓰기를 바라는 것이지요. 한두 시간 사이에 200명 이상의 손님을 맞아야 하는 우리의 입장은 전혀 안중에 없는 사람들입니다! 이 해가 갑니까? 그래서 일은 몸으로 하지만 피로는 신경으로 쌓입니다. 바아에서 일하는 남녀 직원까지 합치면 식당 직원들은 45명이 됩니다. 함께 일한 것이 벌써 3년 반. 나는 취직되고 나서 즉시 노조문제를 거론했습니다. 우리는 합세 하여 직원노조를 창설했습니다. 그후 나는 노조 대표로 활동하고 있으며 내가 오늘 형제들과 나누고 싶은 것도 바로 이 노조에 관한 것입니다.

노조 대표가 된 것은 자의에 따른 것이 아니라는 점을 미리 말해둡니다. 뿐 만 아니라 이 작은 책임을 통해 내가 자신의 인간적 성취욕을 만족시킬 의향 또한 전혀 없었음을 밝혀둡니다. 나의 관심은 45명의 근로자들이 직면해 있는 현실과 상황을 인식하면서 깨어 있는 자로 살아가는 것입니다.

수년 전부터 나는 주님을 흠숭하는 관상생활과, 무시당하는 사람이 단 한 사 람도 없는 정의와 평화의 세상을 위해 일하기를 열망해 왔습니다. 여기에 나의 "나자렛"이 있습니다. 내가 같은 배에 몸을 실은 동료들의 일원이라면 함께 문제 를 의식하고 불의에 항거하여 투쟁하는 것은 당연한 일입니다. 피정 동안 『사람 들 서리에서』를 다시 읽으면서 나는 엘 아비요드에서 살았던 형제들의 용기와 그 들이 겪은 위기들에 깊은 감동을 받았습니다. 특히 보아욤 신부님의 "마르 엘리 아스의 메시지"는 매우 감동적이었습니다. 여기서 신부님은 노동자들의 삶을 나 누고 동참할 수 있는 형제들의 권리를 주장하며 그것을 형제들의 수도생활의 목 표로 삼아야 한다고 강조하십니다. "수도자로 양성되고 공동생활을 하는 수도자 들이 세상 사람들처럼 살 수 있다는 것을 받아들이지 않는다면, 하물며 그것이 생각 속에 그치는 것일지라도 여러분은 노동자들의 세계에서 그리스도인의 생활 을 할 수 없다고 주장하는 결과를 초래하게 됩니다"라고 언급하셨습니다.

1980년대의 서방사회에서 살아가고 있는 우리 그리스도인들은 새로운 도전 에 직면해 있습니다. 현대 유럽에서는 직업을 가진 사람을 경제적 빈곤자로 간 주하지 않습니다. 직업은 최소한 생존문제는 척결한다는 의미에서입니다. 해결 을 바라는 긴요한 문제는 올바른 정치적 자유와 결부되어 있습니다. 유럽 형제들이 직면한 문제 역시 이와 무관하지 않습니다. 따라서 사회적 투쟁에 동참하지 않는 것은 곧 그리스도인들이 현세계가 직면해 있는 문제들을 극복할 수 없다고 주장하는 것과 다름없습니다.

이러한 문제에 대한 한 노동자의 관심과 시각은 노동자가 아닌 사람의 그것과는 큰 차이가 있을 수 있습니다.

우리가 세속에 사는 것은 세상을 구경하고 돌아다니기 위해서가 아닙니다. 우리는 관상수도자로서 그 명분에 걸맞게 세상 안에 현존해야 하는 사회의 구성원들입니다. 나는 "나자렛"이 시간과 공간에 따라 변화하는 실체라는 것을 점점 깊이 인식하게 되고, 각 형제는 적절한 생활형태를 찾아내야 한다는 소신을 굳혀가고 있습니다. 이는 우리 삶의 진실은 실천, 곧 "살아가는 것"이라는 현실적이고 변함없는 "영감"에 있으며 우리는 이에 충실해야 합니다. 그 성소의 영감은 곧 인간의 일상생활을 성화시키기 위하여 사신 나자렛 예수님의 삶을 본받으라는 부르심입니다.

현대사회가 겪고 있는 문화의 위기가 작은 형제들의 성소에는 전혀 영향을 미치지 않는다고 말할 수 없을 것입니다. 이 말이 우리 성소의 사회적·정치적 비전을 주장하려는 것이라고 생각지 마십시오. 내가 살고 있는 로마의 현실에서 느끼는 것을 말하고 있을 뿐입니다. 사실 나는 우리 성소가 이해하고 말하는 것을 실천으로 전부 옮기지 못하는 데서 오는 갈등을 느끼고 있는 사람입니다.

형제들에게 있어서 정치 참여는 개인적 차원의 생활과 관련이 있다고 생각합니다. 여기서 말하는 형제들의 개인생활이란 노동이나 노조활동에 국한한 것만이 아닙니다. 실제로 노조는 아프리카와 중동의 일부 국가들에서 보는 바와같이 어디서든 가능한 것은 아닙니다. 우리는 노조 대표가 되기 위해 공장에 다니는 것이 아닙니다. 우리가 일터로 가는 것은 거기서 일하는 사람들을 만나고 사랑하기 위해서입니다. 우리는 좋은 일이나 궂은 일들에서 그들과 함께하며 그들의 자연적·초자연적 운명을 나누고 그 사람들의 삶을 우리의 것으로 끌어안습니다. 이를 위해서는 "교회를 현존하게 하는" 사명마저도 이차적인 것으로 여깁니다. 여기에는 정해진 모델이 없습니다. 우리는 이념의 집행자나 다른 사람의 실천과 경험을 재현하는 자가 될 수 없다는 인식을 가지고 앞에서 언급한 위험들을 각오하고 살아갈 뿐입니다.

작은 형제의 성소가 실현되는 과정에서 잘못이 있을 수 있다는 생각은 나에게 위안을 줍니다. 또한 내 실수를 바로잡아 주고 용기를 주는 형제들이 항상 내 곁에 있다는 사실이 나를 든든하게 해줍니다.

1983년, 스페인에서 "방랑자들"과 함께, 후안 루이 형제가

길:

내 나이 벌써 마흔. 치아가 약하지만 건강은 그런대로 양호한 편입니다. 나는 작년에 어느 바자회에서 헐값에 산 가죽 샌들을 신고 알라만조라 계곡에서 울레일라 델 깜뽀로 이어지는 작은 길을 걷고 있습니다.

2월의 하늘인데도 유난히 맑은 날씨라 어깨의 코트가 거추장스럽고 옷봇짐이 짐스럽게 느껴지는군요. 산모퉁이를 돌아오르는 꼬부랑길에서 내 앞을 지나치는 자동차 운전사가 혼자 산길을 걷고 있는 나그네를 호기심어린 눈으로 보며 지나갑니다. 천천히 비탈길을 올라 봉우리에 닿으면 또 다른 봉우리로 이어지는 비탈길이 눈앞에 펼쳐집니다. 다리도 쉴 겸 잠깐 풀섶에 앉아 샌드위치를 꺼내 요기를 합니다. 파아란 잔디가 한숨 돌리고 가라는 듯 살랑이고 화사한 복숭아꽃 사이로 버려진 듯 보이는 십자가가 서 있습니다.

길을 걸으며 생각해 봅니다. 다음에 마주한 이름 모를 동리는 어떻게 생겼을까? 그 동리는 나를 기다리고 있을까? 밤을 묵을 곳은? 목을 적셔줄 샘터는? 빵은 구할 수 있을까? 낯선 마을에 가까이 설 적마다 으레 이런 상념이 방랑객의 머릿속을 감돕니다. 그러나 마음은 그지없이 편합니다. 혹시나 한뎃잠을 자게 되면 추위를 막을 양으로 담요 한 장만 가지고 길을 떠나던 때는 멀어져 갔나 보군요. 지금은 따뜻한 계절이고 가벼운 오리털 침낭이 있으니 비만 오지 않으면 아무데서나 밤을 보낼 수 있습니다.

겨울의 시골은 환상적입니다. 깊이 잠든 자연의 침묵 속에 간헐적으로 마주치는 동리 길손들의 평온한 모습이 나그네에게 고독과 평화를 날라줍니다. 때로는 표현할 수 없는 환희에 젖을 때가 있습니다. 화창한 날씨에 드맑은 하늘 … 거기에다 주머니에 요기할 돈도 몇 푼 들어 있으면 더욱 그렇지요. 겨울은 역시 삼엄한 계절입니다. 마주하여 카드놀이를 할 친구도 없고 책을 읽을 전등불도 없는 긴 밤은 견디기 힘듭니다. 그렇습니다. 인생은 밝은 면과 어두운 면이 교차합니다. 이 조건은 왕이나 나그네를 가리지 않고 똑같습니다. 인생의 한복판에서 깊은 사색에 잠기며 모든 것은 부질없이 지나가도 구름 너머에는 태양이 여전히 빛나고 있다는 진리를 깨닫습니다.

친구들:

그라나다의 겨울은 아름답습니다. 추위도 견딜 만합니다. 나는 가로수가 점점이 서 있는 번잡한 거리의 영화관 앞에 몇 시간이고 앉아 있습니다. 이 도시에서 제일 마음에 드는 모퉁이지요. 동이 틀 때의 첫순 같은 햇살이 내리비치는 곳이 바로 이 지점이니까요. 그리고 건물들 너머 저 멀리에 파란 하늘과 시에라 네바다가 바라보이는 곳입니다.

거리에 앉아 나는 지나가는 행인들을 흥미있게 바라봅니다. 모든 도회지의 사람들이 그렇듯이 그들은 잰걸음으로 내 앞을 스쳐갑니다.

조금 후엔 윈스톤 시가렛 상자를 멘 친구가 내 옆에 앉아 담배를 팔 겁니다. 우리는 벌써 며칠 전부터 친구가 되었습니다. 그가 살아온 내력의 자초지종을 들려주었는데도 나는 아직 이 친구의 이름을 모릅니다. 더 조금 후엔 매일 아친 구걸을 나오는 친구가 올 겁니다. 이 친구는 더 이상 해질 수 없을 만큼 해진 외투를 걸치고 추위를 버티려는 듯 그 위에 목도리를 둘둘 감고서 나타날 것입니다. 그는 담배장수 친구보다 돈을 더 잘 법니다. 동냥 수입이 꽤 되나 봅니다. 일과를 끝마친 저녁이면 그라나다 바아에 신사처럼 멋을 부리고 앉아 여유있는 모습으로 아페리티프를 마시고 있는 그를 매일 밤 목격할 수 있으니까요.

담배장수 친구는 비굴하게 남의 돈을 구걸하면서 뻐기는 이 걸인을 경멸합니다. 가끔 서로 이야기 나눌 때도 있지만 그럴 때에도 그들은 되도록 거리를 두고 싶어합니다. 그들은 나에게 각기 따로 자기들의 속내 이야기와 감정을 털어놓습니다.

아침 나절은 천천히 지나갑니다. 우리는 온갖 이야기를 지껄이며 시간을 소일합니다. 담배장수는 그라나다에서 제일 싼 값으로 끼니를 때울 수 있는 식당을 말해주는가 하면, 걸인 친구는 구걸에 관해 이야기해 줍니다. 라스 앙구스티아스의 성모님 성당의 7시 미사가 끝날 무렵 성당 문앞에 앉아 있으면 돈을 많이 번다는 비밀스러운 이야기를 신이 나서 들려줍니다. 오늘 우리는 이렇게 담소를 나누지만 내일이나 모레쯤에는 담배장수와 걸인과 나는 각기 어디론가 홀연히 사라질 것입니다. 우리가 다시 만날 수 있을지는 아무도 알 수 없는 일입니다.

방랑자는 거의 무계획하고 쓸모없는 사람이지만 그러나 늘 무엇에나 준비되어 있는 열린 사람입니다. 전혀 예기치 않은 시간에 바람부는 곳을 따라 훌쩍 몸을 일으켜 길을 떠납니다. 그가 사라진 것을 섭섭하게 생각하는 사람은 세상에 아무도 없습니다. 그러나 우연히 그와 나눈 이야기들은 사람들의 기억 속에서 흐뭇한 추억으로 살아 있을 것입니다. 그리고 사람들은 나그네를 다시 만날 날을 동경합니다. 언젠가는 하느님의 길에서.

노동:

다이미엘은 "만챠"의 한 마을입니다. 저 멀리 하늘과 땅이 마주치는 수평선까지 이어진 드넓은 평원이 온통 포도밭으로 덮여 있습니다. 9월말이 되면 전국에서 몰려온 포도 따는 사람들로 온 마을이 생기를 띱니다. 날이 밝기도 전에 남녀 일꾼들은 벌써 마을 거리로 무리지어 나와 집합 장소로 향합니다. 조만간 사람들을 가득 실은 트랙터가 포도밭을 향해 사방으로 자취를 감추어버립니다. 저녁때까지 마을은 텅 비어 있습니다.

포도 따는 일은 허리에 무리가 가는 일입니다. 처음 며칠간은 일꾼들과 일손을 맞추느라 몸살을 앓습니다. 무엇보다 일을 할 수 있다는 그 자체로도 행복합니다. 거의 6개월 동안 나는 아무 일거리도 얻지 못하고 정처없이 흘러다녔으니까요. 나는 일에 집착하는 사람은 아닙니다. 그러나 모든 사람은 노동할 권리가 있으며 일을 하지 않고 살아가는 것에 길들여지지 않았습니다. 우리에게 팔과 다리가 있다면 거기엔 확실히 목적이 있겠지요.

노동을 좋아하는 이유가 하나 더 있습니다. 그것은 노동이 나를 사회의 일원으로, 유용한 사람이라는 느낌을 가지게 해주기 때문입니다. 사람들은 노동하는 사람을 멸시하지 않습니다. 하느님이 원하시는 대로 자신의 의무를 다하는 사람이라는 것을 알기 때문입니다. 그럼에도 직업을 가진다는 것이 특혜가 될 정도로 오늘날 실업상태는 심각합니다. 마치 전염병과도 같습니다. 우리는 살아가기 위하여 노동을 해야 합니다. 남을 착취하지 말고 나눌 수 있는 것을 서로 나누어야 합니다. 그렇게 할 때 모두가 일을 할 수 있을 것입니다. 나는 불평할 수 없습니다. 지금까지 내 생활비를 벌 수 있었으니까요. 나는 성격이 까다롭지 않고 무엇에나 쉽게 만족하며 살아가는 데 많은 것을 필요로 하지 않습니다. 하느님 덕택으로 …

우정:

발랑스가 가까워오자 옛 친구들의 얼굴이 기억에 떠오릅니다. 이곳을 떠난 지도 어언 2년이 되었군요. 친구들이 가난한 이민 동네에서 (자기들의 계획대로) 공동생활을 하고 있다는 소식은 그림엽서를 보고 알고 있었습니다. 골목에 들어서니 집 문이 열려 있었어요. 2년이 짧지만은 않은 세월일 터인데도 … 한 불구자 할머니가 공동체 새 식구로 온 것을 제외하면 모든 것이 옛날 그대로입니다. 친구들이 할머니를 소개해 주었습니다,

그동안 세월이 꽤 흘렀는데도 분위기는 금방 친숙하게 되었습니다. 마치 이곳을 한 번도 떠난 적이 없었던 것처럼. 내가 떠돌이 생활을 할 수 있는 것은 그날그날 살아가는 습관이 몸에 배었기 때문일 터입니다.

"얼마 동안 우리하고 있을 거지? 부탁하고 싶은 것도 있고 하니 성 요셉 축일과 내 영명축일을 함께 보내자"며 친구가 나를 붙듭니다.

친구들의 인정어린 환영! 시공을 초월해 묻어나는 끈끈한 우정이 나를 행복
감에 젖어들게 합니다. 테이블에 둘러앉아 담소하며 카드놀이를 즐겼습니다.
우정은 황금보다 귀한 것! 자기 존재 외에 줄 것이라곤 아무것도 없는 사람들
에게 우정은 진실의 전부입니다. 떠나야 할 시간이 오면 나는 어떻게 해야 합
니까? 내 속에 자리잡은 사교적이지 못한 성격은 동이 트기 전 친구들 몰래 살
그머니 사라져버리게 될는지 모릅니다. 현세의 우정은 미완성으로 남는 것. 그
참 지평은 영원 속에 담겨 있습니다.

친구들은 나의 샘입니다. 그들의 우정의 샘에서 나는 고독을 이겨낼 수 있는
힘과 용기의 생명수를 길어올립니다. 친구들의 중요성을 인정하고 우정의 필요
성을 깨닫는 것이 그리 쉽지만은 않습니다. 내성적이고 비사교적인 성격의 소
유자인 나는 이러한 모험의 인생을 혼자서 살아갈 수 있을 거라고 생각했지요.
그것도 꽤 오랫동안 ….

방랑자의 가장 큰 가난은 사랑하는 사람이 없는 것입니다. 내가 받아들이기
힘든 단 한 가지, 그것은 바로 이 가난입니다. 이 세상에 사랑하는 사람이 없
다는 것과 그것을 민감하게 느낄 때 더욱 그렇습니다. 친구들의 우정에 보답할
것이 없는 가난한 나이지만 이 면에서 나는 세상의 어느 누구보다 부요한 사람
이라고 자부할 수 있습니다.

신앙:

차가운 밤입니다. 머잖은 곳에 어렴풋이 마을이 그 형체를 드러내고 있습니
다. 그러나 나는 오렌지밭을 낀 넓은 계곡에서 밤을 보내기로 마음먹습니다. 사
람들 눈에 띄지 않는 곳에 불을 지피고 기도를 합니다. 화려한 너울춤으로 타오
르는 불꽃이 정신을 산만하게 하는군요. 기도에 몰입할 수 없을 정도로 ….

내 인생의 부조리, 이것은 유혹이 되어 마치 먹이를 찾아 배회하는 독수리처
럼 나를 떠나지 않고 내 주위를 맴돌고 있습니다. 나의 처지를 보는 사람은 누
구나 내가 왜 이렇게 철저히 헐벗은 생활을 하는지 궁금할 것입니다. "당신은
누구이며 무엇을 하는 사람입니까? 어디로 가는 사람입니까?"라고 묻는다면

"나는 세상을 돌아다니며 하느님을 찾는 순례자입니다"라고 대답할 것입니다. 나는 나의 성소에 대해 만족합니다. 그러면서도 가끔 나의 운명을 저주할 때도 있습니다.

나는 샤를르 형제의 제자이지만 오히려 성 버노아 라브르에서 나의 모습을 엿봅니다. 버노아 라브르 성인은 하느님만을 위한 일심단편으로 이 세상에서 평생을 그림자처럼 숨어살다 가셨습니다. 나 역시 이런 생각을 품고 거의 20년이라는 세월을 세상을 방랑하며 살았습니다. 그러나 나의 참 모험은 방랑생활이 아닌 마음의 비밀 속에 있습니다. 내 인생의 관심사는 오직 하느님, 그분뿐입니다.

버노아 라브르 성인은 젊은 나이에 로마의 어느 길 모퉁이에서 굶어죽었습니다. 하느님을 찾는 특이한 길을 보여준 분이시지요. 그런 사람이 분명 그분만은 아닐 것입니다. 나는 왜 버노아 라브르 성인의 길을 선택했을까요? 여기에 대한 답은 하느님만 알고 계십니다. 하느님께서는 나에게 언제라도 다른 길을 보여주실 수 있습니다. 중요한 것은 끊임없는 추구이며 걸음을 멈추지 않고 앞으로 나아가는 것입니다.

1985년, 이탈리아에서, 제임스 형제가

시간이 흘러 벌써 빨미 형제집의 창립 3주년을 맞게 되었습니다. 빨미 형제집은 이탈리아와 유고슬라비아 형제들의 소원으로 이루어진 곳입니다.

형제들의 이해를 돕기 위하여 빨미에 형제집을 세우게 된 동기에 대해 몇 마디 나누겠습니다. 깔라브리아는 이탈리아 남부 지방에서 가장 척박한 지역으로 알려진 곳입니다. 경제적·정치적 빈곤은 물론 이 지역 사람들은 자기들보다 부유한 지역 사람들에 대한 깊은 열등감을 가지고 있습니다. 그들이 이탈리아 북부 지역, 유럽 국가들, 호주, 미국, 남미 등지로 이민을 떠나는 것은 바로 그들의 열등의식에 대한 답변이자 항의이기도 합니다. 이제 그러한 도피의 시대는 한물

간 듯하지만 많은 젊은이들과 중년층의 사람들이 실업에 시달리고 있습니다.

깔라브리아는 비록 이러한 면에서는 가난하지만 인간미와 종교심에 있어서는 그 어느 지역보다 풍요로운 지방입니다. 처음 사귈 때 깔라브리아 사람들은 다소 경계적이지만 한번 알게 되면 그들의 깊은 우정과 의리에 점점 더 매력을 느끼게 됩니다. 전통적으로 깊은 신앙을 간직해 온 이 지방 사람들은 성인·성녀들의 축일행사를 통해 그들의 믿음을 나타냅니다. 감성적으로 치우친 면도 없지 않지만 그들은 하느님과 구원의 현실에 깊이 일치하여 살려는 열의의 사람들입니다.

빨미는 깔라브리아 남단, 바다가 내려다보이는 산허리에 위치한 약 16,000명의 주민이 사는 마을로서, 병원·재판소가 있으며 약 100명의 정치범들과 많은 일반 사범들이 수감되어 있는 큰 교도소도 있습니다. 정치범들은 주로 혁명을 부르짖는 "브리강 루쥬단" 멤버들이지요. 올리브 농사가 주업을 이루는 이 지역의 정치와 경제는 마피아들이 장악하고 있으며 많은 분야에서 그들의 압력을 느낍니다. 특히 중산층과 기업가들이 여러 면에서 알게 모르게 그들의 통제를 받습니다.

우리는 사람들에게 작은 형제의 신분을 밝히기로 했습니다. 우리가 누구이고 무엇을 하는 사람들인지를 이해할 수 없는 그들에게 신원을 감추는 것은 오히려 의혹과 혼란을 가중시킬 뿐이니까요. 우리가 지향하는 수도생활이 그들이 기존적으로 이해하는 수도생활과 다르지만 진솔한 사귐은 서로의 이해를 도와줍니다. 형제들의 호의와 존중심에 고마움을 느낀 그들은 아주 단순하고 감동적인 방법으로 자기들의 고마움을 표시합니다. 불신과 의혹은 금세 믿음으로 변합니다. 처음에 이방인처럼 느껴지던 나도 이제는 빨미 사람들의 일원으로 나날이 인식되고 있습니다.

우리는 형제들 각자의 개성과 독자적인 대인관계를 존중하는 가운데 이곳 빨미에서의 삶과 투신이 공동체 차원으로 실현되기를 바랍니다. 나는 이 측면을 중요하게 생각합니다. 사람들과의 관계를 무겁게 하는 불신은 각계 각층, 심지어는 수도자들 사이에서도 볼 수 있습니다. 사람들은 아주 단순하고 평범한 진실을 감추려 듭니다. 말을 둘러대거나 침묵 속에 진실을 숨겨두고 싶어합니다. 이러한 현실에서 작은 형제들은 먼저 마음을 열고 상대방을 신뢰해야 합니다. 우리는 우리 자신을 덧쌀 일도 없으며 쓸데없는 명예나 재산, 심지어는 수도회의 명예에도 욕심이 없는 사람들입니다. …

중요한 것이 또 하나 있습니다. 그것은 소비주의 사회에 휘말려 들지 않고 단순하고 소박한 생활을 하려는 의지와 노력입니다. 사람들이 실업난으로 어려움을 겪고 있는 이때 형제들이 직업을 가지지 않는 것은 어떨까요? 직업은 생활의 안정을 의미합니다. 더욱이 우리가 일을 하면 한 가정의 아버지가 일자리를 빼앗기는 것이 되지 않겠습니까? 이런 의미에서 우리는 일거리가 몇 군데 생겼지만 거절했습니다. 한 가족이 한 사람의 월급으로 살아갈 때 세 명의 형제가 세 사람의 월급으로 산다는 것은 온당하지 않습니다. 그러나 육체노동은 우리의 생계를 꾸려나가고 사람들의 삶에 동참하는 기본 수단입니다. 따라서 우리는 선택과 현실에 의해 젊은층과 중년층이 피하는 일거리를 구했습니다.

우리는 또한 교회 공동체로서 살아가기를 원합니다. 그것은 본당과의 친교에서뿐 아니라 우리가 매일 마주치고 있는 사람들이 바로 지역교회의 구성원들이기 때문이기도 합니다. 반면 우리와 가까이 사는 사람들은 종교성이 강한 문화에 젖은 사람들이지만 본당과는 무관한 사람들입니다. 대부분의 사람들이 교회와 발을 끊고 살고 있지만 그리스도인의 행동과 실천에 있어서는 매우 적극적입니다. 그들의 이러한 자세는 우리가 선택한 삶의 동기와 원인에 대해 다시 생각해 보게 합니다.

본당과 관계를 가지고 있지만 더러는 곤란한 경우도 있습니다. "당신이 수사이지요? 브루노는 신부이구요? 본당 일을 좀 거들어 주세요. 일이 너무 많습니다!" 이에 대한 우리의 태도는 확고합니다. "하느님의 말씀에 따라 주변 상황에 대처하는 공동의 노력에는 동의합니다. 그러나 본당활동에 개입하거나 교회구조 속으로 편입되는 일은 할 수 없습니다." 이때부터 일이 복잡해집니다. 어떻게 그럴 수가 있느냐는 거지요. 이런 갈등이 우리를 곤혹스럽게 만들기보다 오히려 작은 형제들의 이상을 명시하는 데 도움이 됩니다. 그러나 때로는 괴로운 일도 있습니다. 교회는 대화를 강조합니다. 대화는 양자와의 나눔의 말을 전제로 하며 거기에는 상대방의 말을 경청하는 것이 우선조건입니다. 어려운 점은 바로 여기에 있습니다. 이곳 주민들에게는 전통의 틀을 벗어난 것은 무엇이나 생소하고 알아들을 수 없는 것이니까요.

아무튼 이 모든 것은 작은 형제들의 삶의 핵심인 카리스마와 또한 다른 수도회가 아닌 바로 형제회의 문을 두드리게 한 필연적이고도 근본적인 원인을 성찰하고 되새기게 해줍니다. 이러한 상황은 나에게 우리 자신에 대한 재인식이 얼마나 중요한가를 깨닫게 합니다. 이것은 형제들 개인 차원에서도 마찬가지입니다. 우리는 개인적 소신을 가지고 있으면서도 쉽게 남의 주장을 따라갈 수 있습니다.

중 동

1967년, 다마스에서, 로제 형제가

우리 지장 동료들이 대부분은 시리아 사람들입니다. 자업장에서 우리는 아르메니아어, 터키어, 쿠르드어, 아랍어를 들을 수 있습니다. 나하고 일하는 사람들은 주로 알레프 근교의 작은 마을에서 온 무슬림 출신들입니다. 그들은 투박한 성격에 글을 배우지 못한 사람들이지만 올바른 판단력과 상식을 가진 사람들입니다. 그들은 거칠게 굴거나 오만하고 정도를 벗어났다고 판단되는 사람들을 향해 당장 지옥불에 떨어져버리라고 저주합니다. 반면에 그들 자신은 툭하면화를 내고 남의 말을 막으면서 코란을 주장합니다. 그러나 이렇게 거칠고 완고한 그들의 마음속에는 멀리 두고 온 가족들에 대한 염려와 그리움이 깃들어 있습니다. 그들은 가족들을 먹여살리기 위하여 노동과 가난을 감수하는, 고단한 노동자로 정직하고 강직한 의지의 사람들입니다.

그들의 살아 있는 신앙과 철저한 실천은 유럽 사람들에게 대단히 인상적인 일입니다. 우리집 울타리를 만들 때 있었던 일입니다. 점심이 끝나면 이슬람 교인 친구들은 즉시 기도를 염하면서 손씻는 예식을 한 후 혼자 또는 그룹을 이루어 주변에는 아랑곳없이 메카를 향해 땅에 엎드리고 기도를 합니다. 그들은 하루에 다섯 번씩 이렇게 하느님과 얼굴을 마주합니다. 어떤 이는 빠뜨린 날의 기도까지 일일이 따져 몇 배로 하는 사람도 있습니다. 이들을 만난 첫날부터 나는 살아 있는 신앙 안에 생활하고 있는 그들의 삶에 깊은 감명을 받았습니다. 그들에게 하느님은 가까이 계시는 분입니다. 이러한 점들이 내가 여기 온 후 그리스도인들보다 이슬람 교인들이 더 친밀하게 느껴진 이유이기도 할 것입니다. 유감스럽게도 그리스도인들의 신앙은 피상적이고 활기를 잃었습니다.

그럼에도 나는 이 사람들과 어쩔 수 없는 이질감을 느낍니다. 그들이 믿는 하느님은 우리에게 예수님을 계시해 주신 하느님과 너무 먼 하느님이기 때문입니다. 이 친구들과 일년 동안 작업장에서 일을 한 후에야 나는 그들이 믿는 하느님, 그들이 그토록 자주 기도하는 하느님은 내가 믿는 하느님과 다른 분임을 알았습니다. 그들의 하느님은 인간이 보고를 드려야 하고 두려워해야 하는 하느님, 어디에서나 인간에게 명령과 금령을 내리는 하느님, 그것을 어기거나 불복하면 징벌을 내리는 하느님입니다. 절대자인 신과 허무인 창조물! 무엇으로 이 허무를 메울 수 있습니까? 아무것도 없습니다. 이러한 그들의 종교관에서 나는 인간을 구원하기 위하여 사랑으로 인간이 되셨을 만큼 인간과 가까이 계시는 하느님이 그들에게는 애초부터 부재한다는 것을 강하게 느꼈습니다.

내가 만난 이슬람 교인들은 대부분 강경파에 속하는 사람들이었나 봅니다. 다마스 근처에서 온 이슬람 교인들과 기도는 드리지 않지만 라마단 금식을 지

키는 쿠르드(현재 여덟 명이 있음)인들에게서 이런 열성과 엄격한 태도를 보지
는 못했으니까요. 그들 중 상당수는 기도를 통해 하느님을 만나고 하느님과 일
치한다는 것을 확신합니다. 그것은 특히 하느님과 초자연적으로 가까이 사는
순박하고 가난한 이슬람 교인들의 신앙입니다. 그들 자신은 깨닫지 못하고 있
어도 모두 교회에 속하는 사람들입니다.

　이슬람계 노동자들과 보낸 몇 달 동안의 직장생활은 그들을 위하여 그들 사
이에서 사는 작은 형제들의 관상생활과 성체 흠숭기도의 의미를 더 깊이 깨닫
고 이를 더욱더 사랑하게 해주었습니다. 이슬람의 하느님과 우리의 하느님 사
이에는 깊은 심연이 가로놓여 있습니다. 우리가 받은 풍성한 은총이 이슬람 형
제들에게도 내려지도록 묵묵히 희생과 기도를 드릴 뿐입니다. 하느님 앞에서
우리의 가난과 잘못을 인정하고 구원받기 위하여 하느님의 자비와 은총, 특히
당신 아들 안에 계시하신 당신의 무한하신 사랑을 깨닫는 은혜를 간절히 청해
야 합니다. 우리 자신의 성소에 충실할 때에 우리는 멀리 혹은 가까이에 있는,
알고 있거나 모르는 형제들의 영혼이 하느님의 은총을 받아들이도록 도와줄 수
있을 것입니다.

1973년, 카이로에서, 이집트 작은 형제들의 몇 가지 고찰

보편적인 사랑으로 모든 사람을 사랑하시고 구원하시는 하느님께서 우리를 세
계 곳곳으로 흩어지게 하시어 거기서 나자렛 예수님을 따라 살게 하셨습니다.
그럼에도 우리는 흔히 사람들에게 무관심히거나 적어도 그렇게 보여지는 자세
로 살고 있습니다. 이 무관심에 관해 깊이있는 성찰과 자리매김을 해보는 것이
우리에게 유익하리라 생각합니다. 다른 나라에 사는 형제들은 중동에 사는 우
리와는 또 다른 형태의 문제들을 안고 있겠지요.

　─ 유럽에서 창립된 형제회는 유럽적 배경과 상황 안에 특정될 수밖에 없었
습니다. 곧 유럽 사회는 노동이 하나의 가치로 간주되는 산업과 기술문명을 축

으로 하고 있으며 노동자들은 자신들의 조직체계와 사고방식, 정의에 대한 추구를 가진 엄연한 사회계급을 형성하고 있습니다. 노동, 특히 육체노동을 경시하는 풍조가 농후하던 세계대전 직후, 프랑스에서는 교회와 사제가 다함께 가난해지지 않을 수 없었습니다. 사회적으로 비참의 동의어인 빈곤은 프랑스인들에게 국가적 수치였습니다. 따라서 프랑스는 빈곤을 타파하기 위해서 어떠한 수단과 노력도 가리지 않고 있는 땀을 전부 흘렸습니다. 발전을 이루어놓은 오늘, 국민들의 욕구와 인간 존엄성에 대한 일부 개념은 가난으로 점철된 생활 자체를 혐오하게 만들었습니다.

— 중동 그리스도교 공동체들이 처한 상황은 매우 독특합니다. 곧 이슬람 교인들의 세계에서 버텨야 하는 그리스도인들은 소수에 속하는 사람들입니다. 일부 그리스도인들에게 박해는 그리 먼 과거지사가 아니며 평등한 시민권에 관한 문제는 아직도 현안으로 떠오르는 문제입니다. 중동 그리스도인들은 다른 지역의 신자들에 비해 자신들의 권리를 옹호하고 신원을 주장하는 데 신경을 씁니다. 그러나 작은 형제들은, 과거에 식민지를 다스린 나라로서 오늘날 부유하게 된 유럽 국가들에 속한 사람들이라는 의식을 가지고 조금이나마 "보상을 하려고" 노력하는 사람들입니다. 자타가 인정하는 진실을 받아들이기에 앞서 중동 그리스도교 공동체와 우리의 감정은 다르게 반응합니다.

서구 사회는 가시적인 공동체며 일개 사회집단으로서의 교회의 역할을 상대화시키기에 이른 반면, 비그리스도교 종교들의 가치를 재삼 높게 평가하는 방향으로 흐르게 되었습니다. 다소나마 교리적 상대주의에 봉착하게 된 것입니다. 이와 반대로 비그리스도인들 앞에서 헌신의 증인인 교회 공동체의 지나친 포괄주의는, 어떤 대가를 치르더라도 그리스도교의 신원을 지키려는 동방교회로 하여금 오로지 자신에게 몰두하게 만들었습니다.

— 이제는 신앙의 차이점에 대한 교의적 표현에 얽매이기보다 강생과 구원에 대한 영성의 뉘앙스를 인정해야 합니다. 우리는 죄를 빼놓고 모든 면에 있어 우리와 같으신 그리스도를 강조하고 나자렛의 노동생활과 그것이 지닌 구원의 가치에 역점을 두는 반면, 동방교회에서는 그리스도라는 사람과 그가 행한 초

월적인 업적, 곧 기적과 부활을 더 중요시합니다. 나자렛 예수님을 본받는 가난한 삶의 방식은 대대수의 동방 그리스도인들의 감정에 그다지 호소력을 가지지 못합니다. 성체에 대한 이해에도 차이점이 존재합니다. 예를 들면 잦은 성체배령과 성체공경은 정교회 신도들에게 충격을 줄 수 있고, 형제집 안에 성체를 모시는 것 역시 스캔들이 될 수 있습니다. 반면에 동방 그리스도인들은 공동기도, 단식, 전통적으로 내려오는 전례 거행의 중요성을 강조합니다.

— 언어와 생활풍습에 적응하는 노력을 하고 있지만 우리는 무의식중에 유럽인의 반응과 습관에서 완전히 탈피하지 못하고 있습니다. 일상생활의 리듬이 그 예의 하나입니다. 서구인들은 언제나 무엇인가를 하지 않으면 안됩니다.

— 중동 지방에서 우리 성소가 부딪치는 "어려움들"은 중동 지역에 기대를 걸 수 없다는 인상, 특히 중동 지역 출신 지원자들의 입회를 기대할 수 없다는 인상을 심어줄 수 있습니다. 그럼에도 불구하고 우리는 이집트 내의 콥트 교회에서 일어나는 쇄신운동을 목격하고 있으며, 그 새로운 바람은 형제회의 정신과 생활양식에 관한 관심과 호응을 불러일으키고 있습니다. 작은 형제들의 관상생활의 이해는 설명보다 실천을 통해 이루어져야 합니다. 우리 스스로가 성소에 충실할 때 젊은 이들 안에서 일련의 공감을 자아낼 수 있습니다. 그것은 우리를 알고 있는 사람들을 무관심 가운데 방치하지 않는다는 행위로서의, 무언의 인정과 같은 것입니다.

1979년, 레바논의 타알라바야에서, 로제 형제가

타알라바야 형제회의 창립 20주년을 경축하며 이 일기를 씁니다.

1959년, 이라크에서 추방당한 수개월 후에 프랑소아와 기유는 베까의 작은 마을인 이곳에 새로운 형제집을 시작했습니다. 그 당시 이 마을에는 약 2,000명의 주민이 살고 있었는데 거의가 마로니트 그리스도인과 수니트 이슬람 교인들이었습니다. 그리스도인들은 교회 주위에 그리고 이슬람 교인들은 사원 근처에 운집해 살고 있었습니다. 그들은 각기 다른 문화에 속해 있었지만 사이좋게 지냈으며, 종교와 문화의 차이가 그들의 우정을 방해할 수 없었습니다. 그러나 1958년경부터 정치적 사건들이 속출하면서 그들의 관계는 차츰 무너지기 시작하였습니다. 그러다가 1975년에 들어서서는 노골적으로 적대관계에 이르기까지 되었습니다.

시간이 지나면서 이 마을의 인구는 20,000으로 늘어났습니다. 농사에 뜻을 둔 사람들이 척박한 바아알베끄를 떠나 이 지방으로 몰려왔고 그 중에는 제흐레 공장지대에 일을 찾아오는 사람들도 있었습니다. 전쟁이 시작되기 전까지 이 지역의 공장이 번창일로에 있었으니까요.

1975년의 사건들, 특히 12월에 일어난 그리스도인들 마을이 습격당한 사건과 빈번한 방화와 강도 사건은 그리스도인들이 대상이었으므로 그들은 위협받고 결국 이 지역을 떠나게 되었습니다. 이어 레바논에서 피난온 이슬람 교인들이 그들이 살던 집을 차지하고 살았습니다. 이런 과정에서 타알라바야는 알아볼 수 없을 정도로 변천하고 있습니다. 수니트와 시이트 교도들의 동네는 전과 다름없이 발전을 계속하고 있지만 나머지 지역은 피난민들과 거기 눌러살고 있는 그리스도인들이 혼재해 있습니다. 그리스도인들은 낯선 이슬람 교인들 사이에서 점점 이방인들이 되어가고 있습니다.

20년 동안 형제회도 많이 변했습니다. 초기 형제들은 그리스도인들의 동네에서 살았고 친구들도 주로 신자들이었으나 얼마 후 다른 동네로 이사를 하게 되었습니다. 이곳은 그리스도인들과 이슬람 교인들이 섞여 사는 곳으로 중립적 입장에서 오는 장단점들이 있습니다. 처음 몇 년간 형제들은 아틀리에(목각과 그림)나 공장, 또는 농삿일을 했습니다. 그때 가난한 사람들 틈에서 나눈 노동, 대화, 소박하고 거친 농담, 인간미 넘치는 분위기를 생각할 때 과거가 그리워지고 하느님께 감사드리고 싶어집니다.

내 기억으로는 당시 몇몇 그리스도인과 이슬람 교인 한 분이 노동을 하며 가난한 사람들 사이에 묻혀 사는 형제들의 삶의 가치를 이해했다고 생각합니다. 우리의 정신을 이해하는 사람을 만나는 일은 대단히 드문 일이지요. 더구나 우리의 노동과 생활양식이 중동이나 레바논 사람들에게 어떤 의미를 주기는커녕 오히려 복음 증거에 방해가 된다는 사실에 우리는 주목하지 않을 수 없습니다. 이러한 문제는 여기뿐 아니라 다른 곳에서도 볼 수 있는 문제일 것입니다. 우리는 이에 대한 심층 진단과 토의를 해야 할 것입니다.

아무튼 우리는 1976년에서 1977년 사이에 형제집의 문을 닫았다가 다시 열게 되면서 우리의 일을 육체노동에서 교육과 의료봉사 쪽으로 전환했습니다. 이러한 변화는 전후 레바논이 처한 상황에 새로운 시각으로 접근하려는 시도에서였습니다. 베르트랑이 Z 병원에서 간호사 공부 겸 견습을 시작했고 나는 한 작은 학교의 교사가 되었습니다. 이 학교는 시이트들이 경영하는 학교로 학생과 교사 전원이 시이트 이슬람 교인들입니다. 이런 종류의 직업이 형제들에게 안정된 생활 리듬을 주는 동시에 이 지역 그리스도인들과 이슬람 교인들 앞에 우리의 이중 신원, 곧 외국인과 수도자로서의 신원에 명분을 더해준다는 사실을 확인했습니다.

우리 동네의 주민들 역시 레바논 전역이 그렇듯이 매우 다양한 신분의 사람들, 즉 마론교·비잔틴 교회·아르메니아 교회·가톨릭·정교회·시이트 이슬람·수니트 이슬람·레바논·팔레스타인들이 섞여 살고 있습니다. 바로 옆집에 사는 마론 교인은 1975년 전쟁 당시 한 아들과 누이와 조카를 잃었고, 앞집에 사는 피난민 가족은 고향 마을이 완전히 쑥대밭이 되었습니다. 또 팔레스타인에서 온 이웃은 두 형제가 모두 이스라엘에 수감되어 있는데 소식이 단절되었다고 합니다.

좀 떨어진 곳에 미국인 노인 한 분이 살고 있는데 그는 1916년의 대량학살 때 목숨을 건진 사람입니다. 30명이나 되는 가족들이 모쑬까지 오는 피난길에서 쓰러져 추적해 온 터키인들 손에 피살당하고 목숨을 구한 사람은 이 노인 단 한 분이었다고 합니다. 피난, 약탈, 초상, 공포, 불안을 체험하지 않은 사람은 거의 없을 정도로 모두가 전쟁의 피해자들입니다. 같은 시련과 운명을 짊어지고 사는 사람들이지만 그들은 정치적으로 종교적으로 산산이 분열되어 있습니다. 전쟁의 시련을 직접 겪지 않은 우리는 그들에 비하자면 사람들에게 마음을 열고 친절을 베풀 수 있는 여력이 있다손치더라도 우리 역시 상처와 한을 안고 살기는 마찬가지입니다.

그러나 우리는 이 동네에서 올바른 진리와 보편적 사랑의 증거가 될 수 있어야 합니다. 예수님께서는 화해와 일치가 필요한 이 나라에서 그 어느 때보다 우리에게 평화의 사도들이 되기를 원하십니다.

1979년, 베이루트에서, 이브 B. 형제가

부활 축일에 레바논에 도착, 베이루트에 충실히 눌러사는 아브달라와 레바논 아동협회 운전기사로 일하는 이브 L과 재회하였습니다. 이 아동협회는 베이루트에서 약 30km 떨어진 곳에 위치한 "그리스도인"들의 산에 있는 고아원을 말합니다. 우리는 축일을 이용하여 다마스에서 온 쟈끄 형제와 타알라바야에서 모임을 가졌습니다. 이브형 L과 내가 궁금쩍게 여기는 것은 형제들이 왜 하필이면 레바논의 그리스도교 심장인 마론 지역구에 새로운 형제집을 계획하는 것인가 하는 점입니다.

형제들은 이미 오래 전부터 주께서 마론 지역구 사람들이 겪고 있는 어려움뿐 아니라 복음의 가치들을 실천할 수 있는 길을 우리에게 원하고 계시다는 것을 느끼고 있었습니다. 그 가치들이란 국경이 없는 사랑과 하느님과 원수들과의 화해를 말합니다. 우리는 모두 탕자들이기에 하느님과 화해해야 하고 많은 원수들이 있기에 그들과 화해해야 합니다. 지금 이 순간에도 국경선 어딘가에서는 같은 종파의 의용병들이 서로 총을 겨누며 살인을 저지르고 있을 것입니다.

우리는 방황하고 있는 이 젊은이들을 어떻게든 도와줄 수 있으면 좋겠습니다. 두 구역을 가로지르는 경계선이 긴장 상황을 명시해 주고 있습니다. 열네댓 살 난 소년들이 무작정 총대를 멘 채 분쟁에 뛰어들었으며, 후일에는 그들이 마약에도 그런 식으로 뛰어들었습니다. 그러나 개중에는 각성하기 시작한 사람들도 있습니다. 그들의 짐을 나누어 지고 예수께서 요구하시는 것이 무엇인지를 찾아내는 데 우리가 힘이 되기를 바랍니다.

그렇습니다. 예수께서 우리에게 기대하시는 것이 무엇인지 아직 분명히 알 수 없습니다. 이러한 상황 속에 던져진 나 자신을 의식하자고 치면 오히려 어리둥절해질 것입니다. 그러나 매일 접하는 사건들은 우리의 사명이 무엇인지를 분명히 말해주고 있습니다. 그것은 곧 폭력이 난무하는 이 지역에서 작은 형제들의 사명은 온유한 사람이 되는 것입니다. 온갖 흑색선전으로 날마다 격증되는 증오만이 쌓이는 세상에서 우리는 모든 사람을 사랑해야 합니다. 예수께서는 아마도 이 불행한 의용병들을 먼저 끌어안으라고 하실 것입니다. 이러한 척박한 세계에서도 아름다운 일들이 일어나고 있다는 사실을 사람들에게 알릴 수 있어야 합니다.

가족들이 풍비박산된 불우한 사람들에게 참 형제애를 전하고, 예수님의 십자가가 그려져 있는 장갑차들 틈에서 성체성사의 신비를 거행하며, 향 대신 대포가 뿜어내는 화약 연기와 총포의 소음 속에서 침묵기도에 충실하고 축제를 올릴 수 있는 것, 이것이 우리의 꿈입니다.

세드 엘 보슈리에는 베이루트의 근교의 공업도시입니다. 20년 전 이곳에는 바나나 숲속에 돌로 쌓은 몇 채의 집들이 있었으나 오늘은 큰 건물들이 가득 들어선 공업지대가 되었습니다. 방직공장과 제련소 그리고 온갖 종류의 사업체들이 진을 친 이곳은 노동력이 딸리는 형편입니다. 노동자들의 대부분은 실업난을 겪고 있는 서부 베이루트에서 온 사람들로 종교분쟁에 얽힌 숱한 사연들을 품고 있는 사람들입니다. 상황이 호전되면 이 마을은 금방 "혼합" 지역으로 변모할 곳입니다. 그러나 어떤 사태가 벌어질는지 그 누가 알 수 있을까요!

어디나 마찬가지로 여기도 심각한 주거난을 겪고 있습니다. 셋방 구하기가 하늘의 별따기이니까요. 형제들을 옛날부터 잘 알고 계시는 마론교 주임신부님께서 우리에게 벼락치기로 짓다가 팽개쳐 둔 건물을 물색해 보라고 권고하셨습니다. 허술하기 짝이 없는 무허가의 미완성 건물은 이 지방에서 흔히 볼 수 있는 것입니다. 하나 찾긴 했는데 소유자는 시이트 이슬람 교인으로 3년 전에 이 집을 버리고 어디론가 가버렸다고 합니다.

이 집에 온 지 1개월 반이 되었습니다. 큰 문제는 거반 해결된 셈으로 수 톤에 이르는 쓰레기를 치우고 문과 창을 달았습니다. 4층이라지만 사방으로 연결

된 발코니는 이 건물에 들어 사는 사람들의 통로로 사용되고, 옆 건물도 사정
은 마찬가지입니다. 건물과 건물 사이의 공간은 불과 1미터밖에 되지 않습니
다. 얼마 전까지도 판자를 놓고 두 건물 사이를 오갔습니다. 여기저기 페인트
칠을 하고 나니 분위기가 달라졌습니다. 페인트는 벌레를 죽이는 역할도 한다
고 합니다.

집 수리를 하면서 이웃들과 사귀게 되었습니다. 아는 사람이 벌써 여럿 있습
니다. 한 이웃은 자기 집도 손봐 달라고 청했습니다. 모두 대가족들입니다. 이
웃 아부 하비브네는 아이들이 열한 명이나 되는데 큰딸이 열다섯 살입니다. 그
들의 대부분은 베이루트에 더 이상 살 수 없어 그곳을 떠나온 난민들이거나 위
기에 처한 지방에서 온 사람들입니다. 그들 중에는 두세 번씩이나 피난을 떠나
온 사람들이 있는데, 고향으로 돌아갈 날만 기다리고 있습니다. 마음을 활짝
열고 한데 어울려 물을 마시며 텔레비전을 함께 보고, 아이들과 어울리고 생사
고락을 같이할 우리의 새로운 가족은 주로 이런 사람들입니다.

상황이 정리되면 이브 형제가 우리 생활에 대해 좀더 자세히 이야기해 줄 것
입니다. 이브는 9월까지는 트럭 운전직을 떠날 수 없습니다. 베이루트를 자주
들락거리지요. 우리는 하루에 두서너 차례 얼굴을 대하는 것이 고작입니다. 그
것도 10~15분 정도밖에 … 오가며 마주치는 우리의 만남이지만 언제나 즐겁
습니다. 이러한 상황에서의 적절한 해결책을 모색중입니다. 언젠가는 잘 되겠
지요.

1980년, 다마스에서, 쟈끄 형제가

나는 다마스 형제집에 관해 이야기할 생각은 없고 근래 살아온 나의 생활에 관
해 말하고자 합니다. 3년 반 동안 큰 공사장에서 전기공으로 일하며 수십 리가
넘는 굴 파는 일과 콘크리트 작업을 했습니다. 전기장치는 충분하지만 정전이
자주 일어납니다. 때로는 캄캄한 곳에서 진흙탕, 물구덩, 흙먼지 길을 수십 리

씩 걸어야 합니다. 언제나 급히 해내야 하는 설치와 응급복구가 나를 기다리고 있습니다.

육체적으로는 매우 힘든 작업이지만 다행히 작업의 종류가 다양하고 업무 계획을 자유롭게 짤 수 있는 장점이 있습니다. 창의력을 가지고 일할 수 있는 곳이지요. 그러나 온통 일에 매달려야 합니다. 생활 전체가 일에 얽매여 있으므로 이야기를 하더라도 작업에 관한 것뿐입니다. 이런 작업은 부인을 신경질나게 하겠지요!

인간이 일에만 골몰해 산다는 것은 비정상적입니다. 노동이 인생의 전부가 되어서는 안되겠지요. 노동 외의 다른 가치를 요구합니다. 나는 아주 다른 두 환경의 사람들, 곧 시리아와 프랑스 사람들과 일을 하게 되었습니다. 이 프랑스인들은 그리스도교 공동체와는 별개로 세속화한 사람들입니다.

이 직장은 나의 생계 수단인 동시에 시리아 사회를 내게 보여주는 곳입니다. 거기엔 피할 수 없는 한계가 있게 마련이지요. "당신의 부인은 어디 살고 있습니까? 자녀들은 몇 명이나 됩니까?" 대답은 그리 쉽지 않습니다. 내 의사와 관계없이 이런 질문이 문제가 되어 익명의 신분이 드러나게 됩니다.

"우리가 떠나고 싶어하는 이 나라에서 남아 일하려고 고집하는 이유는 무엇입니까? 돈을 벌기 위한 목적이 아니라면(다른 프랑스인들처럼) 무엇이지요?" 솔직히 나는 이런 질문에 설득력 있게 답해 줄 재주가 없습니다. 신앙을 가진 사람들조차 우리 생활을 이해하기가 힘든 터에 … 내가 노력할 수 있는 단 한 가지 길은 노동의 차원을 넘어 참 우정으로 동료들의 생활에 뛰어드는 것입니다. 나는 직장 동료들간에 우정, 연대성, 협력의 분위기를 만들려고 노력합니다. 이러한 시도는 늘 다시 시작해야만 하는 것입니다. 줄곧 문제가 돌출하니까요. 그러다 보면 어느새 동료간에 우정이 싹트고 끈끈한 관계가 생기게 됩니다. 그들의 질문에 대한 나의 최상의 응답은 우정입니다. 물론 인간적 차원 너머의 우정입니다.

그리스도인들을 인정해 주지 않는 이슬람 세계에서 작은 형제들의 성소를 설명하는 데는 많은 어려움이 따릅니다. 때로는 이러한 상황이 곤욕스럽기까지

합니다. 거기에다 자유와 인간적 희망이 부재하고, 더 나은 인간적이고 정의로운 사회를 건설하려는 의식 없이 물질주의로 치닫는 이 나라의 발전은 우리를 한층 더 무겁게 누릅니다. 소비주의 사회가 안겨주는 향락만이 그들의 희망입니다. 인간관계는 유감스럽게도, 가족이나 민족 차원에 국한하며 극히 폐쇄적입니다. 이러한 점들이 공동선이나 인간해방에 대한 의식을 흐리게 하고 형제회의 뿌리를 내리는 데 걸림돌이 되는 요인들입니다.

나는 자문합니다: "나는 어느 공동체에 속하는가?" 다시 말해 "나는 어느 교회에 속하는가?"

중동에는 여러 그리스도교 공동체가 공존하고 있습니다. 그 중에서 어느 교회가 인간의 진지한 질문에 응답합니까? 이들 공동체들은 각기 자기 자신, 자기 전통 안에 폐쇄되어 하느님과 인간의 부름에는 무감각한 듯합니다.

솔직히 나 역시 교회와 연루해 볼 때 소외된 생활을 해왔습니다. 그렇다고 내가 이슬람 공동체의 일원이라고 느껴본 적은 없습니다.

그것이 해결책일까요? 하느님께서 우리에게 기대하시는 것은? 그리스도인 친구들은 형제들이 그리스도교 공동체와 이슬람 공동체의 화해의 노정에서 외딴길을 가며 그리스도인들의 "복음화"에 대해 너무 무관심한 것이 아니냐고 힐책합니다. 인간이 희망과 운명을 함께 나누는 신앙 공동체의 체제 밖에서 산다는 것은 점점 더 어려워지는 듯합니다.

우리는 여기서 강한 공동체적 유대의 전통사회에서 살고 있습니다. 그러나 그것은 생명력과 창의력을 고무하는 성령의 공동체가 아닌, 피와 살의 육적인 토대 위에 세워진 것이라 해도 과언이 아닐 것입니다. 코프트인 친구 부트로스가 생각나는군요. 달란트를 땅 속에 묻지 않고 백 배의 열매를 맺기 위하여 그는 고향을 떠나 카이로 근교에서 의료봉사를 하고 있지만 교회의 소속감을 상실한 채 외롭게 지내고 있습니다. 그러나 이러한 상황에서도 성령의 희망으로 살아가는 "소수의 남은 자들" — 그것이 아무리 작은 숫자라 할지라도 — 이 존재합니다. 우리는 여기에 희망을 걸고 하느님과 인간의 소리에 귀를 기울여야 하지 않을까요?

우리의 삶을 사회적으로 자리매김하려는 것은 유혹이겠지요. 내 삶을 증명하실 분은 오직 예수님뿐이시기 때문입니다. 사랑의 길은 고독의 길입니다. 이 길을 선택한 우리는 이 세상에 사는 동안 외로움을 느낄 것입니다. 주님만이 우리 삶의 동기이고 목적이며 복음 외의 다른 대안은 가지고 있지 않습니다. 그러나 하느님과의 고독이 나를 사람들과 멀어지게 하지 않습니다. 고독을 느끼는 것은 오히려 사람들 틈에서입니다.

1981년, 카이로에서, 삐에르 형제가

우리가 이집트에서 프랑스 근동 고고학 연구소 일원으로 근무한 지 12년이 되었습니다. 이 12년간의 성소생활에 대한 평가를 해보려 하나 그것은 쉬운 일이 아니며, 객관적 시각에서 평가하기란 더욱 어려울 듯합니다. 이 직장은 우리에게 긍정적인 측면과 부정적인 측면을 가지고 있습니다. 긍정적인 측면으로 말하자면 첫째, 이 연구원은 우리가 이집트에 들어와 발을 붙일 수 있게 해준 관문이었습니다. 사실 이집트에 거주하는 기업체 간부들이 거의 외국인들이므로 이 일은 우리가 이집트 땅에서 외국인으로 표나지 않게 살아가는 데에 아무런 애로가 되지 않는 점입니다. 부정적인 측면이 있다면 그것은 오히려 개인적인 것으로 여기서의 내 지위와 실수, 처신 등에서 비롯하는 것입니다.

고고학이 이 나라를 위한 봉사라면 나의 역할은 극히 간접적인 범주에 머무는 것으로, "중립적" 입장이나 활동이 때로는 우리에게 유익할 수 있습니다. 연구소의 일은 인도주의나 개발 차원의 협력이 아니며 문화원처럼 교육 역할을 일임하는 문화 협력의 차원도 아닙니다. 우리가 하는 일은 역사학에 기여하도록 과거를 캐내는 일로서, 고서나 어느 특정 지역에 대한 연구를 하는 것입니다. 이 일은 없는 이들의 고된 노동으로부터의 단절이라는 고립의 부담을 주지 않습니다. 그러면서도 정신과 마음을 몰두시키는 매력을 지니고 있습니다. 매력이라는 바이러스가 나쁜 것은 아니지만 거기에 빠져들 위험은 항상 있지요.

내 일이 학문 분야에 머무는 것이라면 탐구하고 싶은 일들이 얼마나 많겠습니까! 탐사를 시도해야 할 흥미로운 일들이 무한히 있을 것입니다. 그러나 나에게는 그럴 능력도 시간도 없습니다. 때로는 연구소 일에 완전히 투신할 여건도, 공동체와 관구 일에 성의를 보일 틈도, 헌신과 희생을 요구하는 주위 사람들에게 마음을 쏟고 우정을 나눌 여유도 없다는 허탈감에 사로잡힙니다. 이건 모든 인간이 안고 있는 한계가 아니겠습니까? 직장에서 나는 우리 수발을 드는 사람들이나 허드렛일을 하는 사람들에서 오히려 그것이 내 성소에 더 적합하다는 생각을 잠시도 잊어본 적이 없습니다. 내심으로 마지막 자리를 동경한다고는 하지만 붓과 펜을 버리고 빗자루를 들고 있다면 내 인생이 또한 어떻게 느껴질는지?!

우리는 환상을 버리고 현실적인 사람들이 되어야겠습니다. 그리고 사랑해야 합니다. 당연합니다. 그러나 사랑의 장애물은 이러저러한 상황에서 오는 것이 아니라 우리들 자신 안에 있습니다. 성녀 소화 데레사는 사방이 벽으로 둘러싸인 곳에서 일생을 보냈습니다. 어린이의 마음을 가져야 합니다. 예수님의 자태가 드러나도록 우리의 흐린 자막을 거두어야 합니다. 그외의 것은 그다지 중요하지 않습니다.

폭력에 대항하여 (1984년 관구회의 보고서 발췌문)

우리는 지구촌의 분쟁지 가운데 하나인 중동 지역에서 살고 있습니다. 폭력의 형태는 다양합니다. 레바논 전쟁·걸프 유혈전·팔레스타인 점령 등은 말할 필요도 없고, 빈번히 일어나는 종파 분쟁은 외부로 잘 알려지지 않고 있습니다. 그것이 비록 레바논의 전면전 사태까지는 안 가더라도 사회의 불신을 부추기고 새로운 공포와 두려움을 불러일으키기는 충분합니다. 근동 지방 국가들은 일반적으로 개인의 자유를 억압하고 반대자들을 무참히 통제하는 독재를 휘두르고 있습니다.

폭력이 미치는 영향

* 폭력의 희생자들은 우리 이웃들과 친구들입니다. 폭력으로 인해 그들은 정신적으로나 육체적으로 고통당하고 재산의 손실을 당할 뿐 아니라 더 참혹한 것은 그들 자신이 난폭한 자들이 된다는 현실입니다.

* 우리 역시 마찬가지입니다. 형제들도 폭력의 공포와 좌절 속에서 현실과 미래에 대한 불안을 체험하며, 불안정에서 오는 무기력과 수많은 무죄한 친구들의 고통 앞에서 혼란을 겪습니다. … 그러나 우리 자신 역시 난폭하고 공격적이며 몇몇 사람들에 대한 반감, 폐쇄, 배신감을 가지고 있습니다. 계속되는 전쟁 분위기 속에서 살아야 하는 현실은 보편적 사랑의 큰 시련이며 심지어는 형제들간의 우애마저 타격받는 일이 있습니다. 팔레스타인-이스라엘 분쟁과 레바논 사건들은 형제들 사이에서 시각적인 견해의 차이를 유발시키고 있기 때문입니다.

폭력 앞에서 어떻게 살아갈 것인가?

1. 우리는 무엇보다 우리의 단 한 분 모델이신 예수님을 바라보아야만 합니다.

예수님께서는 폭력이 존재하는 사회에서 사셨으며 폭력에 의해 죽임을 당하셨습니다. 그분의 자세는 어떠하였습니까?

* 그는 사람들과 가까이 지내시며 모든 신분을 망라해 사람들과 사귀셨습니다. 로마 군인과 젤로트 당원을 맞이하시고, 세리들과 밥을 드신 것처럼 바리사이파 사람들과도 그렇게 하셨습니다. 그는 유대인들뿐 아니라 이교도들에게도 가셨습니다. …

* 그는 용서와 화해를 가르치시고 몸소 실천하셨습니다. 완고한 사람들의 마음을 열어 고립에서 벗어나게 하셨습니다. 그는 모든 사람들의 친구가 되시어 특히 가난하고 버림받은 자들과 사회적 차별과 종교적 터부의 희생자들인 죄인, 나환자, 사마리아인, 간음한 여인과 창녀들에게 각별하신 사랑을 드러내 보이셨습니다.

* 정치와 관련된 토론에서 그는 순수한 정치적 차원에 안주하기를 거부하셨습니다. 세속 일에 개입하신 것은 인간의 참 가치와 중요성을 일깨워주기 위함이

었으며(루가 12.13 참조), 세속의 직무를 이룩하기 위한 것이 아니었습니다. 그는 학자들과 부자들의 자만, 허위, 편협에 맞서 싸우셨습니다. 그는 인간에게 봉사하는 반면 그들을 억압하는 법률과 사회적·종교적 구조들 앞에서 놀라운 자유를 드러내십니다.

* 그는 자신을 내어주면서까지 비폭력을 선포하시고(뺨을 내어 주라. 제비뽑은 속옷. 천 보를 동행하라 … 등의 비유 참조) 온유한 자들, 평화의 일꾼들, 박해받는 사람들을 행복하다고 선포하십니다. 그러나 당신의 뺨을 치는 자에게 "왜 때리느냐?"고 반문하시고 그들을 용서하고 죽으십니다.

2. 예수님의 시선의 빛을 따라 살아야 합니다.

ⓐ 이 세상에는 당장 대항하여 맞설 수 없는 폭력이 존재합니다. 그것은 정치적 폭력과 같이 제도화한 폭력입니다. 그것은 우리가 이방인으로 살고 있는 근동 국가들 안에서 국적과 종교적 이유로 치부되는, 그 어떠한 반대도 표명할 수 없는 부자유와 독재, 지역 분쟁과 같은 것들입니다. 이러한 힘 앞에서 우리는 완전히 무력한 존재들입니다. 그 어떤 형태로든 이견을 표명할 수 없습니다. 우리는 열렬한 탄원과 굳은 희망을 가슴에 간직한 채 수난의 예수님께서 느끼신 것과 그분이 취하신 자세에 동참하도록 노력해야 합니다. 주님은 "몸소 증오를 죽이셨기" 때문입니다.

종교와 종파간 분쟁이나 내전의 배경 속에서 우리는 어떻게 친구들과 이웃들에게 평화와 화해의 일꾼들이 될 수 있을까요?

* 민족과 종교가 다른 사람들이 서로 얽혀 사는 이러한 환경에서 형제회가 차지하는 위치는 매우 중요합니다. 우리는 서로 다른 공동체의 친구들을 형제집에 환대함으로써 서로 만날 수 있는 기회를 그들에게 마련해 주어야 합니다. 그러나 이에 앞서야 할 것은 형제들간의 우애생활입니다. 형제적 사랑은 평화, 용서, 친교의 징표입니다.

* 긴장의 순간에도 형제들의 자세와 말은 사람들의 공포를 가라앉히고 용기와 위로를 줍니다.

* 때로는 떠나버리고 싶은 유혹을 느낄지라도 연대정신으로 이곳에 머무는 것, 그것만이 우리가 할 수 있는 유일한 것입니다.

* 우리는 모든 면에서 이웃들과 연대합니다. 그들을 분열시키는 분쟁과 다툼은 우리 가슴을 찢는 괴로움입니다. 때로는 연대에도 한계가 있습니다. 곧, 과격한 표현, 오류, 폭력 앞에서의 그들과 연대할 수 없음을 분명히해야 합니다. 이해와 불신의 위험이 따를지라도 모든 것을 무릅쓰고, 필요하다면 말로 혹은 침묵으로 폭력에의 반대를 표명해야 합니다.

ⓑ 우리들 안에 내재해 있는 폭력(반감, 사람들을 거부하는 것, 미움, 복수심)과 대결하기 위해서 우선되어야 할 것은 폭력으로 인한 상처의 치유입니다.

* 상처입은 감정으로 분쟁에 휘말려들 때 우리는 한발 뒤로 물러나 상황을 객관적으로 보도록 노력해야 합니다. 그러기 위해서 사태를 분명히 파악해야 합니다. 그것은 결코 쉬운 일이 아니지만 … 형제적 대화는 이 분야에서 큰 역할을 할 수 있으며 사태 파악에 도움이 될 것입니다. 그것이 어떤 특정 인물이나 집단에 대한 적대감과 무관한 것일 때라도 형제적 대화는 유익합니다.

* 폭력 상황이 같은 관구 형제들간의 의견대립을 유발할 때에 상대방 형제의 깊은 고통을 의식한다면 우리는 대화를 쉽게 이끌어갈 수 있을 것입니다. 수단과 방법을 가리지 않고 의견일치에 이르려 하기보다는 마음을 열고 형제의 친교를 구하는 자세여야 합니다. 고통스럽지만 성의를 가지고 …

* 폭력 표출의 이면에 깔려 있는 원인과 동기들을 파악하려는 노력이 수반되어야 합니다. 그것은 폭력의 원인을 설명해 줄 것이며 폭력의 가면 속에 감춰진 인간의 진실된 참 면모를 만나게 해줄 것입니다. 또한 폭력이라는 수단을 통해 추구하고 보호하려는 그들이 이념과 대의에 대한 이해의 폭을 넓혀줄 것입니다. 국민과 정치, 반란군과 그들을 부추기고 조장하며 이용하는 책임자들을 구별할 줄 알아야 합니다. 정치는 단죄할 수 있으나 국민이나 사람들은 단죄할 수 없습니다.

* 정치적·종파적 분열을 초월하여 함께 살아가는 신분이 낮은 사람들의 아름다운 표양이 있습니다. 우리 주위의 서민들은 끈끈한 인정 속에서 묵묵한 가운

데 서로 주고받으며, 나누고 봉사합니다. 우리는 그들에게서 배워야 합니다. 평범한 일상생활 안에서 서로 가깝게 대하며 적대감을 삭혀주는 친절과 봉사를 실천해야 합니다. 적대심에서 나오는 본능적 반응과 고립의 노예가 되지 않기 위하여 우리는 행동하는 용기를 가져야 합니다: 봉사, 간단한 인사, 가까이 하고 싶지 않은 사람들을 찾아보는 것 등 ….

1969년, 바바-바기(이란)의 나환우촌에서, 프리츠 형제가

환자들을 찾아온 많은 방문객들과 함께 즐거운 성탄을 보냈습니다. 아기 예수님의 탄일을 축하하는 오늘, 우리는 담소를 나누고 노래하며 춤을 추었습니다. 슈쿠파 하눔과 카마르 아주머니가 어제 다녀갔습니다. 그들은 우리 성당에 안치된 마리아 이콘을 조배하고 구유의 아기 예수님께 어려움들을 호소하며 도움을 청했습니다. 카마르의 남편은 이혼을 한 후에 그 마을에서 그대로 살겠다고 합니다. 그는 이혼을 청구할 법적 이유와 아이들을 차지할 권리가 자신에게 있다고 주장합니다. 이 역시 정신적 나병이 아니고 무엇이겠습니까! 이런 상황에 처해 있는 여성이 카마르 혼자뿐이 아니라는 데 문제의 심각성이 있습니다.

그렇습니다. 이곳 사람들은 육체적 질병뿐 아니라 마음과 정신적 아픔에 시달리고 있습니다. 예를 들면 마을에 사는 강굴레는 자기 오빠와 소식이 단절된 지 이미 여러 해 된다고 한숨을 짓지요. 찾아주는 사람들이 있거나 가끔 동네로 마실가는 사람들 역시 사회의 버림을 받은 자들이라는 점에서는 모두 같은 처지의 사람들입니다. 가슴속에 한과 아픔을 보듬어안고 살아가는 사람들입니다.

우리는 편견과 판단을 삼가야 합니다. 나환자라 해서, 피부색이 다르다 해서, 일반 사람들과 다른 견해를 가졌다 해서 소외되고 거부당하는 일은 인류의 역사만큼이나 뿌리깊은 고질병입니다. "그는 부정하다고 외쳐야 한다. 그는 마을 밖에 거처해야 한다"(레위 13,45-46). 인간들이 만든 이러한 야만적 법과 제도를 참고 견디시는 하느님의 인내! 우리는 이런 비인간적 제도와 무관하므로 우월하다고 생각한다면 심각한 오판입니다. 전인류의 구세주이신 주 예수님의 구원을 받은 나 역시 이러한 편견에 젖어 있던 사람이니까요. 옛날에는 나병, 곧 "부정"의 전염을 막기 위하여 나환자 수용소라는 것이 존재했습니다. 이 수용소에서 사회와 격리된 환자들은 당연히 "공포의 대상이요 속죄의 값"으로 간주되었습니다. 그러나 이제 그러한 사고방식은 바뀌어 나환자 수용소는 병원이 되었습니다. 그럼에도 나환자에 대한 사람들의 본능적 거부반응은 여전히 남아 있습니다. 나병에 걸린 사람은 그 병으로 인한 고통뿐 아니라 사회의 거부와 무시까지 껴안고 살아야 합니다. 그들은 정상인들보다 하위 존재의 취급을 받으며 사랑을 거부당합니다. 사람들은 우리를 먼저 사랑하신 하느님의 사랑을 알지 못하고 있습니다.

그렇다면 그들과 함께 사는 나는 어떻습니까? 내가 만일 그 병에 걸린다 해도 나는 그들과 같을 수 없습니다. 나에게는 믿고 매달릴 수 있는 예수님이 계시고 내 주위에는 작은 형제들이 있습니다. 모름지기 열여섯 살 난 어린 딸이 향락을 찾아 친구들과 가출해 버린 이웃집 막노동꾼 아저씨의 마음 고생이 어떠한 것인지 우리 작은 형제는 다 알지 못합니다. 건강하고 젊은 형제와 가족을 먹여살려야 하는, 폐렴에 걸린 늙은 일꾼의 처지가 같을 수 없습니다. 거기에다 나는 공부도 했고 여행을 했으며 여러 나라 말을 지껄입니다. 이 모든 것들이 없이 사는 이웃들의 눈에는 굉장한 부로 비칠 수 있습니다.

세상에는 인간 조건의 개선을 위한 일에 소명을 받은 사람이 있습니다. 좋습니다. 우리는 그들의 활동에 기대를 겁니다. 그런가 하면 같은 몸의 지체들이면서 고통에 동참하기 위해 부름받은 사람들도 있습니다. 손이 떨어져나가고 입술이 문그러진 환자는 이미 절반은 죽은 몸입니다. 그러나 이 사람의 인생에 숨겨진 비밀은 그러한 육체의 결함에 있지 않습니다. 모든 인간은 죽음이라는 운명의 공유자들입니다. 나는 오늘부터라도 나 자신에 죽을 수 있습니다. 나를 위해 기도해 주십시오.

"죽음"은 "믿는 자의 아버지", 아브라함에서 시작하여 불림받은 자들, 봉헌된 자들의 삶의 뿌리입니다. "네 고향과 친척과 아비의 집을 떠나 내가 장차 보여줄 땅으로 가거라"(창세 12.1). 인간 삶의 비밀은 가난한 우리들의 손에 맡겨진 지고의 사랑 속에 들어 있습니다. 친구들의 죽음과 우리의 죽음이 하느님의 손에 기꺼이 받아들여지기 위하여 기도합시다. 장애자들은 우리에게 생각하게 해줍니다. "이 사람이 이렇게 된 것은 그의 죄도, 그의 부모의 죄도 아니다. 다만 하느님의 영광을 드러내기 위함에서다." 그들은 예수 그리스도, 십자가에 달리신 그분 안에 드러내보이신 하느님의 신비를 묵상하게 하고 고통을 바라보는 길을 우리에게 가르쳐 줍니다. 여기에 고뇌와 비통에 잠긴 자들을 위로하려는 가난한 관상자의 눈에 하느님의 영광이 나타납니다. 그러나 이 역시 부서지기 쉬운 질그릇과도 같은 우리의 손에 달린 것입니다.

이곳 역시 사람 사는 즐거움과 행복이 깃들어 있는 곳입니다. 하툰이 아기를 분만해 안고 있을 때 나는 그의 눈에서 지금까지 한 번도 본 적이 없는 한 어머니의 아름다운 미소를 보았습니다. 입가에 미소가 떠나지 않는 무하램과 그의 부인 할리마는 형제들을 만나면 마냥 즐거워합니다. 봄이 오면 우리 마을 둔덕은 작은 튤립꽃 이파리들로 하얗게 덮일 것입니다.

1987년, 로베르 형제가

나는 오늘 형제들과 함께 나환자 수용소가 걸어온 29년의 자취를 더듬어보고 싶습니다. 거기에는 하느님의 영원한 사랑의 현존인 무수한 사람들의 자취와 목소리가 가득 차 있습니다. 우리를 인도하신 하느님이 오묘하신 손길 앞에 나는 경이와 감동으로 서 있습니다. 우리는 하느님의 역사하심의 주역들이고 그 업적의 증인들입니다. 하느님의 업적은 곧 해방과 생명입니다. 1959년 1월의 어느 날 아침, 우리가 여기 처음으로 도착하던 날에 나환자 수용소는 하얀 눈으로 덮여 있었지요! 환자들이 나오지 못하게 높은 흙담으로 둘러진 집들은 마치 감옥과도 같았고, 낡을 대로 낡은 건물 안에는 2~3층으로 된 침대가 가지런히 놓인 방들이 있었습니다. 환자들은 가족들과 격리되고 결혼도 허용되지 않습니다. 수용소

직원들조차 접근을 꺼리는, 자식 없는 그 환자들의 모습이 눈에 선합니다. 당시에 어느 환자의 아이를 양자로 받아들인 한 이란인 예술가가 만든 감격적인 기록 영화에서, 그는 이 수용소를 "암흑의 집"이라고 불렀습니다. 나는 환자 자녀들의 그 티없는 얼굴에서 솟구쳐나오는 생명과 환희의 찬가를 들을 수 있게 되는 날을, 우리 환자들이 다른 사람들과 어깨를 나란히하고 자유롭게 거리를 활보할 수 있는 날을 … 그 생명과 환희의 날을 동경 속에 그려봅니다.

많은 은인들의 관대하고 꾸준한 후원으로 건물을 재건하고 자녀들의 교육시설과 함께 경작지를 일구어냈습니다. 큰 발전을 이룬 것입니다. 이렇게 되기까지에는 솔직히 말해 형제들의 역할이 컸습니다. 형제들은 환자들과 은인들간에 우정과 존중심이 싹터 자라도록 노력하며 그들의 공동사업의 연결고리 역할을 했습니다.

그것은 하나의 인간해방 작업이었고 여기에 동참하는 우리는 남다른 기쁨을 맛보았습니다. 형제들에 대한 환자들의 우정과 사랑, 그들의 방문, 환대 등. 그러나 하느님께서는 우리의 한계를 통해 헛된 자만심에서 우리를 지켜주고자 하십니다. 우리 자신이 한계에 다다르기도 했지만 우리가 아무리 노력을 기울여도 언어소통의 어려움과 필요불급한 그 많은 요구들에 응할 능력이 모자랍니다.

10년 전부터 여기서 활동하는 애덕의 딸 수녀님들의 기여와 그분들의 사랑과 환자들의 헌신에 대해 언급하지 않을 수 없군요. 환자촌에 말없이 푹 파묻혀 사는 삶은 그것이 수반하는 기쁨과 고충 이외에도 나의 관상생활에 큰 도움이 되었습니다. 이토록 아름다운 자연 속에서 때때로 견딜 수 없는 고통과 마주쳐야 한다는 사실이 역설적이지 않습니까! 황홀한 창조의 아름다움 속에 전개되는 십자가의 신비, 이 또한 역설입니다. 이런 일들 앞에서 나는 이렇게 외치고픈 충격을 받습니다: 하느님의 사랑의 두 극, 그것은 곧 하느님의 사랑이 빚어낸 스캔들일 것이라고 …

땅거미질 무렵, 구름 사이로 하늘을 붉게 물들이는 황홀한 햇살 아래 드러난 능선을 바라보며 "새 하늘과 새 땅"(묵시 21.1)을 그리워한 적이 한두 번이 아니었습니다. 하느님의 광채가 모든 인간의 마음과 모습을 어루만지시기에 이제

"모든 눈물을 씻겨 주실 것이다. 이제는 죽음이 없고 슬픔도 울부짖음도 고통도 없을 것이다. 이전 것들이 다 사라져버렸기 때문이다"(묵시 21.4)라고 노래한 묵시록의 그 "새 하늘과 새 땅"을 ….

이곳의 삶은 육체적·사회적으로 자신의 인간적 존엄성에 깊은 상처를 입은 환자들의 아픔을 사랑으로 감싸는 하느님의 자비의 발견과 체험의 길이기에 바로 관상의 길이라 하겠습니다. 이 길은 고통에 신음하는 모든 이들을 위한 그리스도의 사랑의 살아 있는 증표 — 우리의 한계에도 불구하고 — 이기에 우리 마음속에 각인된 기도와 관상의 길입니다. 고통과 멸시의 스캔들 앞에서 발견한 답이 있습니다. 그것은 작은 형제의 소명에 충실하기 위해서는 "사람들이 애써 외면하는 사람들"에 대한 하느님의 사랑의 증인이 되기 위하여 그리스도께서 우리를 보내셨음을 확신하는 것입니다. 우리 주위에 만연한 죄악과 그에 대한 응답을 찾아내기 위하여 나는 성서와 예수님의 생애를 샅샅이 뒤적여야 했습니다. 그 응답은 곧 인간이 저지를 수 있는 모든 죄악보다 인간을 위한 하느님의 연민이 한결 깊고 무한하여 어떠한 인간의 죄악도 초월하리라는 것입니다. 환자들의 고통과 상처를 간호하면서 우리는 어떤 의미에서 타인의 고통, 더 넓게는 인류의 보편적 고통에 접하게 됩니다. 이 고통은 바로 우리의 기도로 이어지고, 하느님의 연민 속에 메아리칩니다.

우리 환자들은 사랑으로 인간의 고통을 짊어지기 위하여 우리에게 오신 하느님의 신비를 알지 못합니다. 그러나 그들은 "무한히 자비로우시고 인자하신 하느님의 이름"은 알고 있습니다. 여기서 나는 생각해 봅니다. 내가 목격한 수많은 친구들의 평화로운 죽음, 몇몇 분들의 모습에서 일별하는 빛나는 하느님의 지혜, 우리가 알아들을 수 없는 길을 통해 역사하시는 성령의 현존, 욥을 연상케 하는 체험들, 하느님 앞에 선 인간의 위대함과 존엄, 인간을 초월하는 하느님의 신비, 인간의 흠숭을 받으시는 하느님의 엄위하심을 ….

이 사람들 사이에서 작은 형제들의 자리는 바로 여기임을 나는 확인하게 되었습니다. 하느님께서 우리에게 요구하시는 것은 단순히 사랑하는 것, 그러나 예수님께서 사랑하신 것처럼 사랑하는 것입니다. 이 사랑은 대가를 바라지 않는 사랑이신 하느님께 대한 살아 있는 증거이기에 훌륭한 사도적 의미를 내포합니다. 하느님의 진실된 모습의 발견만이 사람들을 그분께 끌어당기고 그분께로 돌아오게 합니다.

이웃을 사랑한다는 것은 곧 그를 받아들이고 그의 말을 귀담아듣는 것입니다. 이웃 사랑은 인간의 능력을 초월하는 모든 것을 위해 신앙으로 기도하는 것입니다. 우리의 이러한 기도에 대한 하느님의 응답은 어쩌면 오래 기다려야 할지 모릅니다. 그러나 그 응답은 우리의 바람과 희망을 훨씬 능가하는 방식으로 이루어질 것이라는 굳은 신념과 확신을 가져야 합니다.

그것은 이란 천주교회가 겪고 있는 상황을 신앙의 빛으로 이해하게 합니다. 이란 교회는 인간의 시각으로 볼 때 사라질 운명에 처한 정도로 약하며 탄압받고 있습니다. 이 나라의 교회는 바빌론에 유배당한 이스라엘 민족을 연상하게 합니다. 이사야 예언서 제2권에 나오는 말씀은 유배지의 이스라엘 백성을 두고 절망적 상황 속에서도 하느님의 부활의 힘을 끊임없이 반복하고 있습니다.

우리의 놀라움을 자아내는 나자렛 생활의 또 하나의 은총, 그것은 낮아지는 인간의 겸손입니다. 가난한 사람들과 함께하는 우리의 여정에서 무한하신 하느님의 사랑의 발견은 우리로 하여금 진실된 모습으로 하느님 앞에 서 있게 해주고, 우리 존재의 진실은 하느님께 올라가려는 인간의 노력이 얼마나 보잘것없는 것인지를 깨닫게 해줍니다. 그 깨달음은 자신을 비우는 데에서 솟아나며 모든 것을 버린 자의 환희에 잠기게 합니다. 우리는 인간이 하느님께 올라가는 것이 아니라 그분께로 내려간다는 새로운 진리에 눈뜹니다. 하느님께서는 십자가의 성 요한의 말씀대로 인간을 위한 열렬한 사랑 안에 당신의 외투로 죄인의 몸을 감싸시는 지고한 겸손이시기 때문입니다 "그리스도 예수는 하느님과 본질이 같은 분이셨지만 굳이 하느님과 동등한 존재가 되려 하지 않으시고 오히려 당신의 것을 다 내어놓고 종의 신분을 취하셔서 우리와 똑같은 인간이 되셨습니다"(필립 2,6-7)라고 하신 말씀이 여기에서 일치합니다. 하느님 앞에서 자신을 돌이켜봄은 우리를 자만과 환상에서 해방시켜 주며, 뜨거운 사랑으로 우리를 사랑하시는 그분께 대한 감사와 흠숭의 정을 샘솟게 합니다.

1975년, 라맛-간(이스라엘)에서, 요엘 형제가

형제들이 사는 낡은 집에 있는 작은 경당은 소란한 도심 한가운데의 오아시스입니다. 여기 조용히 앉아 있노라면 나는 이 도시에 대한 엉뚱한 생각에 잠기곤 합니다. 예루살렘의 유대인, 이슬람 교인, 그리스도인들은 서로 만나는 것이 아니라 나란히 걸어갑니다. 이와 달리 텔-아비브와 그 인근 지역은 유대인들만의 거대한 집단세계를 형성하고 있습니다. 겉으로 보기에 우리는 이 지역 사람들의 언어에 능숙하고 그들 틈에 끼여 노동하며 그들의 관습에 익숙해진 듯하지만 내실 있는 적응은 대단히 느리고 점진적으로 되어가는 듯합니다. 시간이 흐를수록 이곳에서 느끼는 그리스도교 신앙의 생소함은 사뭇 깊어가는 듯합니다.

유대인과 그리스도인의 접근을 위하여 활동하는 사람들은 당연히 이 두 종교의 공통점과 동일한 뿌리를 연신 강조합니다. 이 두 종교는 힌두교와 그리스도교처럼 이질적 종교 전통을 가지고 있지 않습니다. 그러나 공동기원의 기반인 역사 속에 피로 대립됨으로써 두 종교의 단절은 대단히 민감한 문제가 아닐 수 없습니다. 오늘까지도 유대교인과 그리스도인들은 서로를 대하기를 마치 철천지 원수진 형제이듯 합니다. 제2차 바티칸 공의회 이후 가톨릭 교회에서 유대인들과의 접근을 모색하고 있지만 공의회 이전에는 이런 일이 단 한 번도 없었던 점에 비추어 짐작할 수 있습니다. 유대인들은 가톨릭측의 이러한 노력을 아주 관대한 마음으로 받아들이면서도 신뢰심보다는 의구심이 더 큽니다. "골탕 먹은 고양이는 찬 물을 무서워합니다." 대다수의 사람들은 가톨릭과의 접근을 이런 "동화"식으로 우회적 표현을 하며 이러한 노력들이 결국 실패로 끝날 것임을 시사합니다. 유대인들이 자신들의 종교와 국가의 신원을 지킬 수 있었던 것은 오로지 주위의 그리스도인들과 단절했기 때문에 가능한 것이었다고 믿습니다. 이를 위해 그들은 얼마나 큰 희생을 치러야 했습니까! 오늘날 유럽과 미국의 많은 유대인들의 관심사로 대두되고 있는 유대인의 신원보존 운동을 지지하는 사람들은 가톨릭과의 타협에는 추호의 관심도 가지지 않고 있습니다.

작은 형제로서 이스라엘에서 살고 있는 우리는 당연히 이러한 상황의 영향을 받게 마련입니다. 적대감은 형제들 개인에 대한 것이 아닙니다. 우리에게는 좋은 유대인 친구들이 많이 있습니다. 일상관계에서 일부 계층 사람들의 호의를 느끼지 못한다 하더라도 전반적으로 우리는 그들과 좋은 대인관계를 유지하고 있습니다. 그럼에도 불구하고 유대인들과 매일 얼굴을 맞대고 살아가야 하는 우리는 그들이 인정하지 않는 메시아 구세주의 제자들이라는 짐을 지고 살아야 합니다.

일년 전에 이스라엘을 다녀간 삐에르 형제(부총장)가 우리에게 이런 편지를 보내왔습니다. "두 가지 불행이 우리를 하느님 앞에서 중재자가 될 것을 재촉합니다. 그 하나가 전쟁이라는 불행입니다. 이 불행은 형제들에게 '평화의 사도'로서의 사랑과 빛을 밝히는 중재자가 될 것을 촉구합니다. 또 다른 불행은 그들이 메시아의 오심을 모르고 있다는 것입니다."

삐에르의 방문은 우리에게 용기와 힘을 주었습니다. 형제들 각자에 대한 그의 이해심은 물론, 이스라엘 민족에 관련된 전반적 문제들에 대한 깊은 이해와 열린 시각은 매우 인상적이었습니다. 그의 편지는 이렇게 이어집니다. "이스라엘 국가는 폭력 속에 탄생하여 폭력을 낳고 있습니다. 유대인 개개인은 25년 동안 현재의 불안과 디아스포라와 박해시대 때와 같은 미래에 대한 고뇌를 가슴에 품고 살아왔습니다. '구원의 무대'가 되고 평화의 안식처가 되어야 할 이 땅은 아직도 불안과 위협 속에 휘말려 있습니다. … 나는 사실 이 땅에 하나의 민족을 이루고 싶어하는 이스라엘 국민 개개인의 열망과 갈증이 얼마나 깊고 사무치는 것이었는지 지금까지 모르고 있었다는 것을 솔직히 자백하고 싶습니다. 나는 그들이 모든 의지력과 지성을 동원한 최선의 노력에도 불구하고 자기들의 꿈이 다시 한번 거부당하지나 않을까 두려워하고 있다는 사실도 알게 되었습니다. 이스라엘의 비극은 어찌해 볼 도리가 없을 정도로 팔레스타인의 비극에 깊숙히 연루되어 있습니다. 이러한 현실이기에 이스라엘에 대한 각별한 애정을 가진 형제들은 그 원수들까지도 사랑하지 않으면 안됩니다."

뻬에르가 유대인의 운명의 지속성을 강조하는 데는 이유가 있습니다. 그것은 불안정한 상황과 그에 따르는 공포입니다. 수세기 동안 추방과 학살에 시달려야 했던 유대인들의 기구한 운명은 그들 가슴속에 깊은 흔적을 남겼습니다. 자신들의 운명에 대한 불안과 고뇌 — 불굴의 용기를 동반한 — 는 많은 이스라엘인들이 강경노선을 선택하지 않을 수 없게 된 이유를 잘 설명해 줍니다. 그러기에 편견적인 입장이나 일방적 판단은 이 "또 하나의 비극"을 낳을 것이라는 사실을 너무나 잘 알고 있는 우리에게 고통을 안겨줍니다. 인정할 수는 없다 하더라도 최소한 그들을 이해하려는 노력은 있어야 합니다.

1980년, 아풀라에서, 쟈끄 형제가

화창한 날이 계속되는 10월에서 5월까지 내가 하는 작업은 꽃의 포장입니다. 이 계절은 이스라엘 산이 유럽의 꽃시장을 장악하는 시기입니다.

첫인상과는 달리 이 작업은 그다지 목가적이지 않습니다. 우리가 포장해 내보내는 꽃들은 4분의 1 정도 벌어진 것으로 향기가 전혀 없습니다. 장미에는 단단한 가시가 붙어 있지요. 우리는 보통 일당을 받는 삯일을 합니다. 포장에 숙달한 사람은 하루에 300 상자 이상을 거뜬히 해내는데, 한 상자 안에 최소한 500 송이가 들었다고 치자면 150,000 자루의 꽃이 그의 손을 거쳐가는 것이지요. 포장작업이 끝나면 다음날 사용할 상자를 준비해야 합니다. 그러고 나면 우리의 육체는 거의 파김치가 되지요.

허리에 무리가 가지 않게 조심해야 하지만 나에게 잘 어울리는 이 직업에 만족합니다. 가족적 분위기의 작업장도 마음에 듭니다. 가끔 일어나는 사소한 실랑이나 다툼 외에는 마음도 맞고 서로 도우며 일합니다. 내가 그리스도인이라는 것이 동료들에게 아무런 문제가 되지 않습니다. 동료들의 대다수는 근동 출신으로 이스라엘인들입니다. 편견이 비교적 없는 것은 그들의 지식 수준이 낮은 까닭에서기도 합니다. 어느 날 내가 예수님도 유대인이었다고 하자 한 동료가 몹시 놀라는 표정을 했습니다. 그에게는 이런 사실조차 금시초문이었던 것이지요. 수십만의 순례자들이 드나드는 나자렛이 여기서 엎어지면 코닿을 데에 있는데도 말입니다.

내 직장에서 멀지 않은 곳에 있는 나자렛, 내 마음을 사로잡는 그곳에 관하여 한 마디 하지 않을 수 없습니다. 특히 장소에 의미를 두는 사람들을 위해 … 나도 그 중 한 사람이니까요. 하루 여덟 시간을 나자렛 언덕 바로 아래에서 유대인들과 한데 어울려 단조롭고 지루한 직장에 매달려 산다는 것은 그저 일어난 우연한 일이 아닌 듯싶습니다. 여기서 예수님과 그의 부모 마리아와 요셉이 30년을 사셨다는 사실을 생각해 보십시오! 평범한 마을 사람들로 사람들의 눈에 드러나지 않게 "나자렛의 생활"을 하신 곳입니다. 야훼께서 소중히 돌보시는 "아나윔", 곧 이스라엘의 가난한 사람들의 노동을 하고 그들과 우정을 나누며 사신 이 30년은 하느님의 눈에 더없이 값진 것이었을 터입니다. 언젠가는 내 친구 엘리와 "예케"(독일계 유대인)에게 말해주고 싶은 것도 바로 이것입니다. 엘리는 자주 예케들의 진지한 어조로 말합니다. 내가 받은 교육과 경험들을 화초 포장이나 과일 나르는 따위에 허비하지 말고 나라에 도움이 될 수 있는 다른 일을 찾으라고 말입니다. 그의 말이 전혀 틀린 것은 아닐 것이나 …

"꽃" 계절이 끝나면 나는 티베리아 호숫가의 은둔소에서 1개월 남짓 피정을 합니다. 나를 잘 알고 있는 형제들은 내가 왜 이스라엘에서 인생을 마치고 싶어하는지를 이해할 것입니다. 이유는 단순히 예수님의 고장에서 그의 민족을 위한 기도에 더 많은 시간을 가지고 싶다는 …

6월 피정은 일년 중 남은 날들을 밝혀주는 햇살과 같이 소중한 것입니다. 멀리 가파르나움이 바라보이는 이 언덕, 예수께서 철야기도를 하시러 자주 찾으시던 곳, 예수님의 활동의 주무대가 되었던 복음이 언급하는 장소들이 눈 아래 고즈너기 펼쳐져 있습니다. 가파르나움, 코라진, 베싸이다, 겐네사렛, 막달라는 폐허만 남아 있습니다. 마태오 복음 11장 20-24절은 우리의 가슴을 조이게 합니다. 이 폐허들은 예수께서 메시아의 나라를 말씀하셨지만 백성들은 이를 받아들이지 아니한, 시대의 증표를 읽을 수 없었던 이스라엘 백성의 비극을 재현하는 듯한 것들입니다. 내가 이곳에 은둔소를 세우고 싶어한 것도 바로 이러한 이유에서였습니다. 이스라엘 백성을 위한 전구의 표시로서 코라진에서 가지고 온 돌로 은둔소의 십자가를 만들었습니다. 바울로 사도는 이스라엘이 그 성조들과 맺은 약속으로 인해 하느님의 가장 사랑받는 백성이라고 말씀하셨지요. 이스라엘과 맺으신 하느님의 약속은 그 누구도 깨뜨릴 수 없습니다. 그러기에 이스라엘은 우리의 맏형일 수밖에 없습니다.

점점 악화되어 가고 있는 주변의 정치적 상황은 그 어느 때보다 우리의 기도와 간구를 필요로 합니다. 팔레스타인인들에 대한 증오심은 날로 깊어가며, 점령된 요르단 지역에서는 헤브론이나 미스가브-암에서처럼 매일 투석질과 화염병이 터지고 있습니다. 국제사회와 거의 단절에 가까운 이스라엘 노선의 고립은 제쳐두고라도 이 지방의 평화는 까마득하게 여겨질 따름입니다.

이런 상황에서 매일 살아야 한다는 것은 고통스러운 일입니다. 끝이 보이지 않는 암울한 처지에서 그나마 약간의 용기와 희망을 얻을 수 있는 것은 다만 기도에서입니다. 푸코 신부님은 인간적으로 암담한 처지일수록 더욱더 큰 신뢰를 가지고 기도해야 한다고 하셨습니다. "얻어내기에 가장 불가능한 일일수록 주님께 열심히 청합시다. 주님께서는 인간적으로 불가능한 것일수록 우리에게 허락해 주실 것입니다. 사랑하는 사람에게 그 누구도 줄 수 없는 것을 주님께서 베푸실 때, 주님의 마음은 감미로우실 테니까요. 우리를 얼마나 사랑하고 계십니까!" 우리가 할 수 있는 것은 이 기도뿐입니다. 푸코 신부님의 말씀대로 정당한 평화를 구하는 기도는 그것이 한낱 유토피아적인 것처럼 보일지라도 결국 용납되고 말 것입니다. 이것이 나의 소신입니다. 하지만 그것이 기어이 우리가 바라는 식의 평화가 아닐 수도 있습니다. 경우에 따라서는 우리의 길과 하느님의 길이 다르기 때문입니다.

약간의 희망은 많은 사람들이 현 정치노선을 후회하고 있다는 것에 있습니다. 갈릴래아 지방에서도 역시 이스라엘과 아랍 공동체간의 긴장이 이전에 비해 고조되고 있는 것이 사실이지만 개인 차원에서는 서로 좋은 관계를 유지하고 있습니다. 나는 냉동 작업실에서 꽃 포장을 하며 유대인과 아랍인 동료들이 서로의 끈끈한 우정을 다져가는 아름다운 모습을 목격합니다. 두 나라 정부들이 저지르는 잘못과 긴장에도 불구하고 ….

폭력 앞에서 (1984년 총회에 제출한 보고서 발췌문)

폭력 앞에서 우리가 주목해야 할 사람은 예수님이십니다. "예수께서 바로 오늘 우리의 자리에 계시다면 어떻게 하실까?" — 이 점에 대한 근동 형제들의 말을 들어보겠습니다.

불행히도 우리는 심약한 신경과 성급하고 냉정한 성품의, 한계가 많은 인간들입니다. 그렇지 않다면 겁이 많거나 비겁합니다. 우리는 어떻게 살아야 합니까?

1. 지성적 차원에서
* 객관적 정보를 통해, 긍정과 부정의 시각으로부터 제기되는 양자의 소리에 귀를 기울여야 합니다.

* 자기 앞에 있는 "인간들"을 호의적으로 이해하려고 노력해야 합니다. 이스라엘 사람들은 그들의 과거에 내재하는 공포와 콤플렉스 안에서 역사의 요람이며 신앙의 성지인 조상들의 땅에 대한 애착심을 끊어버릴 수 없고, 팔레스타인인들은 자기들이 태어난 고장에 대한 떨쳐버릴 수 없는 애착심을 가진 사람들입니다. 이러한 상황에 처한 그들의 비극과 고뇌, 삶의 터전을 박탈당하고 사방에서 쫓겨난 난민들의 항거는 원칙적으로 정당한 것입니다.

그렇다고 불의와 오류, 증오와 폭력을 인정하는 것은 물론 아닙니다.

* 문제들에 대한 공정한 식별력을 기르도록 노력해야 합니다. 이스라엘 민족이 다른 모든 민족들처럼 자기 나라를 가질 권리를 주장하는 것은 정당하겠지만 그 국가의 설립으로 인해 그곳에서 태어나고 그곳에서 살아온 수많은 사람들의 인권을 심각하게 침해한 데 대해서 우리는 유감스럽게 생각합니다.

2. 깊은 신앙생활의 차원에서

* 우리는 거칠고 매정한 판단을 삼가야 하며 특히 우리 자신 안에 마음의 평화, 그리스도의 평화를 간직하도록 노력해야 합니다. 그리스도는 세상을 판단하러 오시지 않으시고 구원하러 오셨습니다. 때로는 민족주의 정권에게 권력을 쥐어준 민중들을 원망하고픈 분노의 감정이 치밀 때에도 평화의 감각을 잃어서는 안됩니다.

* 구세주 예수 그리스도의 성혈과 함께 하느님께 바쳐드리기 위하여 우리는 양편 모두의 비탄, 고통, 고뇌, 비극과 그것들이 낳는 온갖 죄악의 무게를 가슴으로 받아안는 짐을 져야 합니다. 인간적으로 아무것도 할 수 없는 무능력 앞에서 우리는 그 어느 때보다 하느님의 자비와 전능과 전구의 힘을 믿어야 합니다. 단지 이 일만을 위해서도 우리가 여기, 이 나라에 존재할 충분한 가치가 있습니다.

* "우리"의 사람들이 된 이 민족에게 바치는 사랑은 정화되어야 합니다. 하느님을 위한 사랑에서와 같이 우리가 아끼고 선택한 나라에 대한 사랑에서도 불필요한 가지들은 깨끗이 잘라내야 합니다. 그렇게 할 때에 비로소 우리는 환상

에서 벗어나 객관적으로 장·단점을 가진 이 민족을 있는 그대로, 모든 인류를
다같이 사랑하시는 하느님의 모습을 따라 자비롭고 무상의 사랑으로 이들을 사
랑할 수 있을 것입니다.

* 우리의 기도와 마음속에 "다른 편"의 비극을 상기해야 합니다.

3. 일상의 구체적 생활 차원에서

특히 우리의 견해를 거부하고 우리가 수용할 수 없는 비판을 가하는 직장 동
료들과 친구들과의 일상생활에서 어떻게 처신해야 하는가. 여기에는 기회, 분
별력, 직감, "초자연적 신중성"이 고려되어야 합니다.

* 우리는 이 나라에서 이방인들이며 무엇보다 그리스도인들입니다. 우리는 자
주 "상처를 건드리는" 문제들에 직면합니다. 이러한 문제들에 대해서는 일정한
거리를 유지하면서, 동시에 그들도 깊이 연루되어 있다는 사실을 느끼게끔 해
야 합니다.

* 경우에 따라서는 입을 다물거나 피하는 것이 좋습니다. 의미있는 침묵은 웅
변을 능가하는 설득력을 가집니다. 그러나 기회가 닿으면 참 행복을 마다 않는
"평화의 일꾼"이 되어야 합니다. 이스라엘인들에게 팔레스타인인들의 존재와
그들의 국권을 상기시켜 주어야 합니다. 이 점에 대한 우리의 체험은 처음의
우려와는 달리 매우 긍정적이었습니다.

* 정당한 평화를 위해 투쟁하는 선의의 사람들과 운동권에 합류할 수 있는 형
제들은 그렇게 하는 것이 좋습니다. 작은 형제들이 필요없다고 하는 일부의 이
견에도 불구하고 우리를 받아들여준 이 나라에서 우리는 신중하게 처신해야 합
니다. 다행히 이 나라는 민주주의를 표방하기만 ….

* 한 형제의 언어학 연구는 특기할 만한 것으로 공동체들간의 접근에서 중요
한 역할을 합니다.

* 이 나라의 현 정치를 인정하지 않는다는 상징적 태도로서 형제들은 정의가
이루어질 때까지 이스라엘 국적 취득을 거부할 수 있습니다. 10년이나 15년 전
에는 형제들이 이 나라 국적을 취득하는 것이 일반적 사례였습니다.

학생 형제들의 집

1985년, 영국, 캔터베리에서, 앙또완 형제가

나에게 주어진 3년의 공부 기간에 대해 만족하게 생각합니다. 사실 형제들의 생활에서나 지적인 견해로부터 견디기 힘든 시기도 있었습니다. 많은 굴곡에도 불구하고 공부에 바쳐진 시간들은 지금까지의 내 인생에서 가장 풍요로운 시기일 것이 분명합니다.

하고 싶은 이야기가 많이 있지만 오늘은 내게 자주 현안으로 제기되는 몇 가지 문제점들에 관해 형제들과 나누기로 하겠습니다.

* 현재 우리의 공부방식이 나자렛 — 우리 생활의 전적인 본보기인 — 의 정신에 과연 부합하는 것인가?

* 현대를 살아가는 가난한 사람들 틈에서 나자렛 예수님을 따라 살기로 약속한 나에게 이 공부 기간은 하나의 장식물이 아닐까?

공부 기간이 나자렛 정신과 "협화음"인 것은 이 시기를 나눔과 체험의 기간으로 보는 시각에서입니다. 이 기간은 학생 형제들 각자가 책 속에 파묻혀 자신만의 세계에서 혼자 사유하며 가는 길이 아닙니다. 그렇습니다. 형제들은 공부 기간을 나눔의 기회, 자신을 열고 자리매김하는 시간, 함께 추구하는 시간으로 살기를 원합니다.

그것은 단순한 지적 성찰 이상의 것을 요구하며 자기를 알게 되는 기회가 됨은 물론이고 우리 존재의 모든 정력을 쏟을 것을 요구합니다. 캔터베리에 사는 형제들 각자는 모두 개성이 뚜렷하고 서로 다른 성격을 가지고 있어 그들이 제각기 지닌 나눔에 대한 이상은 힘든 투쟁의 시기를 거쳐야 했습니다. 여러 다른 문화, 성격, 관심, 기대는 혼선을 빚어 충돌하기 일쑤입니다. 차이점들을 거리로 인정해야 합니까 혹은 상호보완이 되도록 노력해야 합니까? 우리를 갈라놓는 차이점들에 함께 대응하기로 했습니다. 이 노력은 회개로의 초대로서 값진 여정으로 이어졌으며 그렇게 몇 달이 흐르는 가운데 우리는 차츰 서로를 이해하고 돕는 길을 터득했습니다. 서로간의 벽과 오해를 허물고 새롭게 정진했으며, 우리 사이에는 신선한 우정이 싹텄습니다. 사실 여러 지역에서 모인 형제들의 습관과 개성의 격차가 너무 선명하여 힘은 들었지만 그것을 마주 대하는 즐거움 또한 컸습니다. 궁극적으로 모든 차이점은 귀중한 부富이며 우리는 하느님 나라의 실현인 참된 형제적 공동체를 건설하기 위하여 여기 있는 사람들인 것입니다.

서로 다른 배경에서 다른 체험을 하며 살아온 형제들과의 삶에는 긍정적인 면이 있습니다. 우리 중 여러 명은 아주 독특한 문화권에서 온 사람들로 때로는 진지한 의문들이 제기되었습니다. 우리 자신과 이웃, 세상에 대한 이해와 하느님 신비에의 접근은 주어진 사회 안에서 아주 구체적인 삶의 체험으로부터 근원하는 것입니다. 따라서 내밀하고도 극히 개인적 체험 — 전달될 수 있는 — 은 다른 사람의 체험이나 **계시**, 교회의 가르침과 상충할 까닭이 없습니다. 그러나 오래지 않아서 나는 인도와 일본 형제들을 통해서 그들과 합일된 길을 걸어가야 한다는 사실에 한계를 느끼게 되었습니다. 이러한 한계는 그 형제들 편에서도 같았을 것입니다. 자비에 형제가 없었더라면 공부와 관련하여 불거진 문제와 성찰 앞에서 나는 혼자였을 것입니다. 여러 형제들이 이미 깊은 추구로부터 오는 이러한 고독감을 체험했으리라 생각합니다.

어려움에서 제기되는 문제의식 그 자체가 공부 기간을 나눔의 체험으로 살아가야 하는 까닭의 중요성을 반증하는 요인이 아닌가 합니다.

우리의 지식이 사람으로 승화하지 않는다면 한낱 쓸모없는 지푸라기에 지나지 않는다는 것을 우리는 잘 알고 있습니다. 우리의 성찰이 형제적 공동체를 건설하기 위한 아주 구체적인 노력에 잇닿아 있지 않을 때 그것은 우리를 하느님께로 인도하지 못하고 그분께 자신을 내맡기게 만들지 못할 것입니다. 우리는 또한 "진리는 한 편의 협주곡"이라는 것을 잘 알고 있습니다. 이 진리는 우리의 일률적인 접근과 개념을 뛰어넘어 "교회적 개념 안에" 추구하는 이들에게 드러납니다. "참 행복"이 빈 말에 불과한 것이 아니라면 각자의 작은 기여는 공동추구 안에서 이루어져야 하고, 그때 비로소 올바른 공헌을 하게 될 것입니다.

형제들의 공부가 우리들 사이의 나눔뿐 아니라 사회와 직장 동료들과의 나눔으로도 이어질 수 있을까요? 가까운 친구들의 대부분은 우리와 같은 공부의 기회를 가져본 적이 없는 사람들입니다. 앞으로도 가지지 못할 것입니다. 거기에는 여러 가지 이유가 있습니다. 사회적 엘리트들은 자신들의 지위를 보호합니다. 오늘날 지식은 불평등의 근원인 동시에 지배의 도구로 전락했습니다.

그런 관계로 몇 가지 어려움이 있습니다. 하느님의 나라를 향한 여정의 동반자가 되라고 우리를 보내신 사람들에게 주어지지 않은 특혜를 작은 형제들이 누리는 것은 과연 온당한가! 이것은 진지한 의문입니다. 작은 형제가 되기로 한 약속은 예수님에 대한 나의 사랑의 표현이고, 이 사랑은 요구를 동반합니다. 우리 존재의 모든 차원에서 그분을 알고 그분의 사명에 동참하기 위한 것이 아니라면 무엇 때문에 그분의 뒤를 따르겠다고 나섰겠습니까? 예수님께 대한 진실된 사랑이 우리 안에 있다면 내 삶 안에 그분께 대한 참사랑이 있기를 바랍니다. 세상의 그 무엇도 우리를 나자렛에서 멀어지게 할 수 없을 것입니다.

개인적으로 볼 때 공부는 나의 현실적 요구에 맞는 것이었습니다. 토론토에서 여러 해를 보낸 나에게 기도와 성찰의 시간이 절실히 필요했습니다. 독서, 성찰, 형제들과의 나눔은 나 자신을 다시 가다듬고 열린 마음으로 하느님의 선물을 받아들이는 데 큰 도움이 되었습니다. 삶의 재정립은 예상 외로 힘든 것이었습니다. 헌신은 자신에 대한 이해가 있은 후에야 가능합니다. 우리 가운데 계시는 하느님의 현존과 그분의 활동을 "인식"하는 나의 방법이 설득력이 부족한 것이었음을 인정하게 되었습니다. 권위있는 몇몇 신학자들에 의해 제시된 교회의 신앙에 입각하여 거룩한 신비를 인정하고 신앙을 정화하게 된 것은 참으로 큰 은총이었습니다. 공부 기간 동안 새롭게 발견한 나의 신앙은 나와 이웃, 역사의 깊은 곳에 현존하시는 하느님의 신비에 가까이 다가가는 결정적인 계기가 되었습니다. 이러한 자세가 나자렛 생활에 최종적 의미를 부여하는 것이 아닐까 합니다.

1986년, 스위스, 프리브루에서, 로베르 형제가

작은 형제들이 프리브루에 온 지도 이미 5년이 되었습니다. 우리는 형제회가 제안하는 과정("신앙학교, l'Ecole de la Foi"의 2년 과정이나 신학 단과대학의 2년 과정, 혹은 각 형제의 필요에 따라 단과대학에서 4년 또는 그보다 짧은 기간의 과정)을 끝낸 첫번째 학생 그룹입니다.

앞서 보낸 일기와 이곳을 방문한 형제들을 통해 우리의 학습 과정, 과제, 내용, 형태(자습과 세미나를 중심으로), 환경(학생 형제들의 소그룹 생활, 아르바이트, 규칙적으로 가지는 학생 형제들의 회의) 등에 관해 이미 잘 알고 있으리라 생각합니다. 금년에 있었던 프리브루 형제들의 연례 참사회의에서는 "나자렛의 시각에서 학업에 임하는 길은?"이라는 주제하에 위의 요소들을 어떻게 조화시켜 갈 것인가에 대한 검토와 성찰이 있었습니다. 작은 형제의 기본생활을 가능한 한 유지하면서 하느님의 신비와 인간의 신비에 접근하려고 노력한 지난 몇 년간의 평가는 대체로 만족스러운 것으로 나타났습니다. 개인적 차원에서 나에게 중요하게 비친 측면들과 영향을 준 몇 가지 점들에 관해 이야기하겠습니다.

우선 공동학습의 중요성에 관한 것입니다. 책으로 또는 교수와 단독으로 하는 공부는 학생 형제들로 하여금 오로지 학식 쌓는 일에만 몰두하게 만들거나 긴장과 좌절감에 빠져들게 하는 위험이 따를 수 있습니다. 그런 반면 세미나나 집에서 이브 형제의 지도 아래 소그룹으로 토론과 의견을 교환하는 식의 학습 방법은 강의의 핵심을 깊이 이해하고 그 의미를 간파하는 데 도움이 되며, 이를 신앙생활에 직결시키기도록 해줍니다. 부활 방학 기간은 나에게 가별히 중요한 시간이었습니다. 3주 동안 형제들은 이브의 지도 아래, 때로는 외부 강사도 초청하여 삼위일체, 수도생활, 기도와 같은 우리 신앙과 수도생활의 핵심 주제들에 관해 성찰하고 진지한 나눔의 시간을 가졌습니다. 금년의 주제는 "구원"이었습니다. 이 회기는 늘 그렇듯이 형제들의 개인적·공동체적 차원의 선택을 재정립하고 이에 관해 진지한 검토와 성찰을 하는 계기가 되었습니다. 이외에도 우리는 구원의 경륜과 같은 신학적 주제를 떠나 인간의 애정이나 정서, 또는 이슬람에 관한 문제 접근도 시도했습니다.

학생 형제들로 이루어진 작은 공동체 생활은 이 공부 기간의 핵심요소라 할 수 있습니다. 형제들 사이에 벌어지는 강의에 대한 비형식적인, 그러나 열기띤 진지한 토론은 강의 주제들을 깊이 이해하게 하는 자극제가 되기도 했습니다. 공동체 생활의 요구들은 형제들에게 현실에 깨어 있게 해줍니다. 학생 형제들의 생활에 이런 면이 없다면 그들은 쉽사리 공리주의에 빠져들거나 일상생활에 대한 책임을 방임하려는 경향으로 흐를 수 있을 것입니다. 형제적 생활은 우리 일상생활의 축을 이룹니다. 특히 양성 기간에는 더욱 그렇겠지요. 형제적 생활은 하느님께 바친 서약의 연장이며 그분의 부르심을 실천하는 현장입니다.

학생 형제들이 방학과 주말에 나가 하는 아르바이트(나는 패스트푸드 식당에서 일했음)는 공동체의 재정문제 해결에 도움이 될 뿐 아니라 세상 사람들과 사귈 수 있는 좋은 기회입니다. 이 생활을 여러 해 하다 보니 이 역시 자리가 잡히고 이웃들, 난민들, 직장 동료들과의 관계도 날로 깊어지고 있습니다. 여기를 떠나야 하는 시간이 벌써부터 가슴저리게 다가오는 것 같습니다! 성서, 교의신학, 철학, 교회사, 윤리신학 등의 강의를 통해 많은 것을 배웠습니다. 그러나 이 방대한 학문과 지식을 소화하고 삶으로 엮어내기 위해서는 시간이 필요합니다. 그래서 나는 크리스토프처럼 프리브루에 몇 개월 더 머물면서 신앙의 핵심점들을 총괄적으로 복습, 정리하며 신앙을 굳히기로 했습니다.

바오로 형제가

이 글을 쓰기 전에 나는 공부 기간을 기다리면서 이에 응해야 하는 동기와 자세에 관해 적어둔 소감을 읽어보고 싶은 생각이 들었습니다. 그 당시 내가 추구하고 있던 것은 무엇보다 삶의 조화였습니다. 곧, 그리스도교 신앙과 일상생활, 삶과 기도, 인간세계와 하느님과 나 자신간의 조화였습니다. 학업으로 보낸, 그러나 공부만이 전부가 아니었던 프리브루의 생활은 나에게 대단히 귀중한 시간이었습니다. 그것은 그 성과나 결과가 좋았기 때문이 아니라 오히려 모든 것이 시작되는 시간, 씨뿌리는 시간이었다는 의미에서 그렇습니다.

다른 사람들의 지도와 도움을 받으며 파고든 성찰은 내 주관성의 허와 편견을 점검해 보게 해주었고, 다소 왜곡된 채로 머릿속에 새겨진 인식들을 극복하고 객관적 진리에 접근할 필요성을 깨닫게 해주었습니다.

* 하느님께서 인류와 맺으신 계약에 대한 왜곡된 인식: 고정된 신앙 조문이 아니라 하느님의 성실하심의 토대 위에 맺어진 계약, 친교를 창조하고 친교 안에 받아들여진 계약이 약속과 부름이 된다는 것을 알았습니다. 루가 복음 15장에 나오는 세 가지 비유를 생각해 봅니다. 이 비유들은 하느님께서 인간과 맺으신 관계에 대해 언급하면서 하느님의 참모습을 드러내보이고 하느님의 존재에 관해 말해주고 있습니다.

* 교회에 대한 왜곡된 인식과 7성사에 대한 나의 무지: 이 주제들에 대한 공부는 내 신앙의 획기적인 전환점이 되었습니다. 비록 시시한 학생이었지만 이곳 강의들은 나에게 세상에서 활동하시는 하느님의 현존과 인간에게 주어진 책임에 대한 새로운 지평을 열어주었습니다. 주고받는 용서의 징표이며 현장인 교회를 통해 하느님께서는 당신의 실체를 지속적으로 드러내보이십니다. 하느님께서는 당신께 다가오는 자들을 파괴하지 않으시고 완성시켜 주시는 거룩한 분이십니다. 이러한 이해는 교회 공동체들과 수도회들에 대한 나의 다소 거만한 자세에 대해 성찰을 촉구하였습니다. 모름지기 지켜야 할 것은 나를 "내세우지" 말고 동참과 대화 안에서 말없이 살아가는 신앙인의 자세를 견지하는 것입니다. 지역 공동체들의 요청이 있을 때 우리는 이에 응할 수 있는 수단과 방법을 강구하고 창조적으로 임해야 합니다.

* 인간에 대한 왜곡된 인식과 나자렛 예수님을 따라 사람들과 가지는 참된 연대의 요구: 나는 이웃을 생각하기보다 자기 세계에 심취하여 "좋은 의향"을 나누는 정도에 그치고 마는 타성에 젖어 있습니다. 구원에 관한 주제로 가졌던 지난 부활 회기의 도움으로 이러한 각성을 하게 되었습니다.

작은 형제로서 학업에 접근하는 방법에 대해 한마디 언급하고 싶습니다. 공부는 여러 가지 방법으로 할 수 있습니다. 우리는 여러 가지 방법 안에서 상호보완적이며 성공에 이르는 각자에게 맞는 방법을 가려내야 합니다. 곧 인내, 끈기, 창의력을 가지고 각자의 적성에 가장 잘 어울리는 공부방식과 강의 내용과 교수법에 적응하는 길을 찾아내야 합니다. 내 경험을 말하자면 이렇습니다. 나에게 강의는 학습의 기초이고 출발점이었습니다. 이러한 사실을 지난 두 달 동안 삼위일체에 관해 공부하면서 깨달았습니다. 그 강의들의 내용과 용어가 매우 논리적이고 학문적이어서 내가 기대하고 준비한 것에 꼭 들어맞는 것은 아니었지만 주제와 문제 파악에 도움을 주었습니다. 특히 교의신학 강의의 경우에 그랬습니다.

3년 동안 나는 이브의 지도 아래 신학교에서 성사, 그리스도론, 교회론에 대한 강의를 들었습니다. 우리가 신학교 강의를 듣는 이유는 교수들의 강의를 그대로 답습하려는 것에서가 아니라 형제회의 사명에 비추어 가장 관심있는 분야의 주제들을 습득하고 대화와 개인 차원의 학습을 중심으로 공동성찰을 끌어내기 위한 것이었습니다.

이러한 만남들은 공부 기간 동안 나의 안내자가 되어주었으며, 깊이있고 풍부한 성찰의 기회를 제공해 주었습니다. 이브의 도움은 우선 헤매고 있던 나를 건져주었고 신학에 대한 깊은 이해와 지평을 열어주었습니다. 마지막 해에 나는 새로운 학습법을 시도했는데 그것은 일주일에 세 번씩 프랑소아와 만나 구약, 윤리신학, 교회론에 관해 함께 복습을 하는 것이었습니다. 둘이서 서로 주고받는 식의 공부는 각자의 시각을 속속들이 반영시켜 주는 것으로서 상대방에 대한 이해에도 도움이 되었습니다.

이러한 방식이 가져다준 또 하나의 유익한 점은 복습시간을 따로 내기가 쉽지 않은 우리 처지에서 약속을 했기 때문에 하게 된다는 것입니다. 사실 복습이 따르지 않은 강의는 머리에 남는 것이 없으니까요. 이런 점에서 이브와 한 약속이, 특히 공부하고 싶은 마음이 내키지 않거나 용기가 없을 때 나에게 힘이 되어주었습니다. 나눔을 통해 우리는 지식과 우정을 키웠다고 장담할 수 있습니다.

"사막의 해"

1976년, 쟈끄 형제가

우리가 거치는 여정은 거의 동일하지만(엘 아비요드, 베니 아베스, 타만라셋) "사막의 해"는 각 형제들에게 있어 전무후무한 개인적 모험이며 틀에 박힌 것, "이미 형성된" 관습으로는 붙들 수 없는 하느님과의 만남입니다. 이러한 차원에서 "사막의 해"에 관해 말하기란 쉽지 않습니다.

"사막의 해"는 우선 자신이 속한 환경과의 "물리적" 단절을 요구합니다. 이런 종류의 단절을 지적하는 것을 꺼리는 형제들도 있지만 그것은 이 세상에 몸담고 사는 우리의 현실을 도외시하는 소치일 것입니다. 우리는 천사가 아닌 인간들입니다. 상상 외로 나는 내가 선택한 나라, 정든 사람들, 인간 세상에서 멀리 외따로 있는 것이 고독하거나 슬프게 느껴진 적이 단 한 번도 없었습니다. 엘 아비요드의 광활하고 아름다운 사막에서 나는 그지없이 편안한 행복을 맛보았습니다. 우리는 흔히 망각의 은총에 대해 고마워합니다. 그것은 우리가 몸담고 살고 있는 세상의 역사, 친구들, 직장 동료들에 관해 무관심하라는 것이 아닙니다. 그러나 감정에 치우친 모든 인연은 정화되어야 합니다. 우리의 삶은 언젠가는 모든 지나온 시간과 더불어 축적된 관계들의 무게에 짓눌리어 하느님께로 향한 열정은 엷디엷게 닳아져 버릴지 모릅니다. "사막"은 하느님과의 관계와 사람들과의 우정의 나눔을 새로운 차원에서 관조하게 해줍니다. 사막은 하느님께서 우리 안의 모든 기억들을 말끔히 지우시고 깊은 침잠 안에 우리에게 오시는 특별한 장소입니다. "사막의 해"가 우리를 조금도 변화시키지 않는다는 것은 확실합니다. 나는 전과 다름없이 여전히 약한 자이니까요. 그러나 정신은 약간 맑아졌다고 할까요. …

사람들은 우리가 기도에 가장 바람직한 조건을 사막에서 누린다고 상상할지 모릅니다. 곧 관상기도에 몰입할 수 있는 인간적으로 가장 이상적인 조건과 환경을 … 그러나 그것은 부질없는 생각입니다. 사막에서 겪는 추위와 더위, 아세크렘과 물크처럼 계속 불어덮치는 모래바람, 열기를 내뿜는 뜨거운 열풍(모래가 섞이지 않은)이 어떤 것인지 모르고 하는 소리입니다. 또한 한 인간이 자신의 적나라한 모든 것과 맞대면한 채 자신의 과거와 미래를 향한 상상 앞에 홀로 서 있는 것이 어떤 것이며 그것이 어떤 위험을 내포하는 것인지 모르고 하는 소리입니다. 그것은 우리가 고독 속에서 대면할 수 있는 가장 견디기 힘든 것으로 사람들과 세상의 영상을 뇌리에서 떨쳐낼 수 없는 것보다 훨씬 더 지독한 것입니다. 사막에는 위험도 있습니다. 곧잘 정리된 습관에서 오는 위험입니다. 예를 들면 방해받는 것이 싫어 유목민들이 찾아올까 두려워하는 따위지요. 이 모든 것에서 우리를 해방시켜 주시는 분은 오직 하느님뿐이십니다. 그 온전한 자유는 하느님께서 어느 날 우리 안에 이루어주시는 사건입니다.

작은 형제가 사막에서 한 해를 보내기로 선택한 것은 자신만의 평화를 위해서가 아니며, 홀로 사막으로 떠나는 것은 하느님, 성서의 하느님을 만나기 위해서입니다. 하느님께서는 우리에게 인간 조건 안에서 매우 구체적인 기도를 원하십니다. 하느님께 대한 우리의 인식은 추상적인 것이 아닙니다. 그것은 지금까지도 그래왔듯이 하느님과의 모든 만남은 구원자이신 하느님과 사랑의 관계를 이루어낸 우리의 개인 역사와 그 안에 포함된 개개의 사건들에서 옵니다. 마치 사막에서 대역사의 사건들을 치른 하느님의 백성과 같은.

교회가 수도자들의 신학 재교육과 연수를 권장하는 시기에 형제들이 "사막의 해"를 선택한 것은 성서와 계시의 하느님께서 인간의 지성과 의지에 직접 말씀하시게끔 하기 위해섭니다. 그것은 이미 예레미야 선지자에서 시작되어 신약성서로 이어지는 새 계약입니다. "그날 내가 이스라엘 가문과 맺을 계약이란 그들의 가슴에 새겨줄 내 법을 말한다. 내가 분명히 말해둔다. 그 마음에 내 법을 새겨주어, 나는 그들의 하느님이 되고 그들은 내 백성이 될 것이다. 내가 그들의 잘못을 다시는 기억하지 아니하고 그 죄를 용서하여 주리니, 다시는 이웃이나 동기끼리 서로 깨우쳐 주며 야훼의 심정을 알아드리자고 하지 않아도 될 것이며, 높은 사람이나 낮은 사람이나 내 마음을 모르는 사람이 없으리라. 이는 내 말이라 어김이 없다"(예레 31.33-34).

가르침과 대화가 아무리 유용하고 필요한 것이라 하더라도 그것은 언제나 약간의 모순을 안고 있습니다. 고독은 나에게 하느님께서 당신을 은밀히 드러내시고 당신의 목소리를 들려주시는 자유의 공간과 시간이었습니다. 나의 기도는 의식이나 규칙에서 해방된 듯합니다. 예수님께로 향한 시선이 나의 기도임을 알았고, 자신의 취약함에 대해 전혀 신경을 쓰지 않게 되었을 뿐 아니라, 기도가 하느님께로 가는 데 도움이 된다는 의식까지도 털어버리게 되었습니다. 기도는 자신에 대한 의식을 벗고 성부와 성자와 성령 앞에서 무릇 경탄에 잠기는 것이지요. 하느님께서는 우리가 생각하지 않는 순간에 말씀하시고(주의 탄생예고처럼) 언제나 침묵과 평화 속으로 데리고 가시어 말씀을 들려 주신다는 것을 깨달았습니다.

"사막의 해"는 성서에로 돌아가는 시간입니다. 성서를 읽고 또 읽을 수 있는 시간이며, 하느님의 백성의 역사와 생활에 가끼이 다가가는 시간입니다. 성서를 묵상하면서 나는 비그리스도인들의 종교와 문화를 통해 하느님에게로 향하는 길에 관해 성찰해 보았습니다. 나의 "사막의 해"는 인간적인 요소로 가득했습니다. 고독 속에 있을 때 자신을 천사로 착각하지 않도록 경계해야 합니다. 창조세계의 놀라움이여! 나는 시간의 개념을 잃은 채 몇 시간이고 하늘의 별들을 바라보며 그들의 이름을 헤아려 봅니다. …

1986년, 도미니끄 형제가

"사막의 해"에 관해서는 쓰는 것보다 오히려 침묵을 지키는 편이 더 나을 것입니다. 솔직히 어떻게 쓸 수 있겠습니까? 아무튼 있었던 일들을 눈금으로 재어 보려는 것도 평가를 내리려는 것도 아닙니다.

　진실한 대인관계는 인간적 차원에서 보더라도 자신을 버리고 상대방을 받아들임으로써 이루어집니다. 하느님의 삼위일체의 신비가 "관계"의 신비라면 우리가 하느님께로 다가가는 접근 역시 자기 자신을 버리는 작업일 것입니다. 여기에 우리의 창의성도 다소 작용하겠지만 아무튼 주도권은 하느님께 있습니다. 소극적으로 말하면 하느님과의 관계는 우리 자신을 비우는 데에 달려 있습니다.

　나의 가난의 길인 작은 형제의 생활: 작은 형제로서 내가 사막을 동경한다면 그것은 하느님을 깊이 체험하기 위해서이거나 관상자로서 사막을 통과해야 하기 때문은 아닙니다. 작은 형제들에게는 없는 이들의 삶에 동참하는 것 자체가 이미 하느님께 자신을 바치는 행위입니다. 그리고 그것은 은총을 통하여 하느님께 대한 인식과 사랑의 신비 안에 더욱 깊이 들어가기 위해 자신의 모든 소유를 버리는 길입니다. 가난한 사람들 안에서 우리는 하느님의 모습, 하느님의 사랑, 하느님의 겸손을 엿볼 수 있습니다. "Tous seront instruits par Dieu" — 모두가 하느님의 가르침을 받을 것이다. 여기서 본질적인 것은 나를 가난한 사람들에게 내어주는 것에 덧붙여 나 자신이 가난한 사람이 되는 것입니다.

　"하느님께서 아브라함을 시험해 보시려고 '아브라함아!' 하고 부르셨다. '어서 말씀하십시오' 하고 아브라함이 대답하자 하느님께서는 이렇게 분부하셨다. '사랑하는 네 외아들 이사악을 데리고 모리야 땅으로 가거라. 거기에서 내가 일러주는 산에 올라가 그를 번제물로 나에게 바쳐라'"(창세 22.1-2). "하느님은 이 세상을 극진히 사랑하셔서 외아들을 보내 주시어 그를 믿는 사람은 누구든지 멸망하지 않고 영원한 생명을 얻게 해주셨다"(요한 3.16).

　나는 내가 사랑하는 사람들을 위하여, 내가 생활에 동참하고 있는 이들을 위하여 무엇이든지 할 용의가 있고 또 그렇게 해야 합니다. 그런데 예수님께서는 왜 십자가에 죽으셨습니까? 아무 잘못도 저지르지 않은 N이 왜 4년도 넘게 실종된 채 돌아오지 않고, B의 가정은 무슨 이유로 언제나 지리리 궁상으로 째지게 가난하게 살아야 합니까? 어찌하여 M은 정신박약아로 태어났으며, 레바논의 마을들은 왜 전쟁으로 쑥대밭이 되어야 했을까요? 집단들과 국가들간에 폭력과 증오가 판을 치는 이유는 무엇입니까?

내가 할 수 있는 모든 것을 최선을 다해서 한 후에도 나는 역시 가난한 자입니다. 그러기에 성모 마리아와 세례자 요한이 두 손을 벌리고 있는 "전구하는 자"의 이콘이 내 마음을 끕니다. 아브라함의 기도는 매우 감동적입니다. "아브라함은 그냥 야훼 앞에 서 있었다. 아브라함이 다가서서 물었다. '당신께서는 죄없는 사람을 죄인과 함께 기어이 쓸어버리시렵니까? 저 도시 안에 죄없는 사람이 오십 명이 있다면 그래도 그곳을 쓸어버리시렵니까? 죄없는 사람 오십 명을 보시고 용서해 주시지 않으시렵니까?'"(창세 18,22-24).

나는 가난한 자이기에 하느님과 이웃들 앞에서 자신을 변명하기를 그쳐야 합니다. 예수님께서는 십자가 위에서 완전히 버림받으셨지만 좌절하지 않으셨습니다. 나는 저주받은 사람들, 그 누구도 원하지 않는 존재들, 비참한 사람들, 좌절한 사람들을 물크의 은둔소에서처럼 가까이 느껴본 적이 없습니다. 하느님께서 나를 이끌어 가시는 길은 어쩌면 매우 특별한 길인지도 모릅니다. 인간은 각기 자기에게 맞는 길을 걸어갑니다. 그러나 아브라함의 사막길은 예외였습니다!

"이사악이 아버지 아브라함을 불렀다. '아버지!' '얘야! 내가 듣고 있다.' '아버지! 불씨도 있고 장작도 있는데, 번제물로 드릴 어린 양은 어디 있습니까?' '얘야! 번제물로 드릴 어린 양은 하느님께서 손수 마련하신단다.' 말을 마치고 두 사람은 함께 길을 떠나, 하느님께서 일러주신 곳에 이르렀다"(창세 22,7-8).

하느님의 사막은 어떠했습니까? "세시에 예수께서 큰 소리로 '엘로이, 엘로이, 레마 사박타니?' 하고 부르짖으셨다. 이 말씀은 '나의 하느님, 나의 하느님, 어찌하여 나를 버리시나이까?'(마르 15,34)이다." 아브라함은 희망을 잃지 않고 믿었으며 예수님께서는 죽음을 이기시기 위하여 지옥에 내려가 그곳에 있던 모든 이들을 구원하셨습니다

멸시와 천대를 받는 그 여인, 이용과 착취를 당하는 그 소년, 감옥에 들어간 이후 소식을 통 알 수 없는 그 친구, 스스로 목숨을 끊은 P … 이들이 좌절과 가난의 밑바닥을 헤매는 것은 그 자리에서 구원이 꽃피게끔 하기 위해서입니다.

사막의 체험은 가난이 전부가 아닙니다. 하느님께서는 내가 귀중히 여기는

모든 사람들과 함께 거기서 나를 기다리고 계십니다. 사막에 오기 전에 나는 내가 사막을 좋아하는 이유가 무엇일까라는 자문을 했습니다. 사막은 내가 기대한 것을 모두 주었습니다.

사막의 정적 속에서 되살아나는 형제들이 있습니다. 그들은 나와 같은 시기에 "사막의 해"를 보내고 있는 네 분의 형제들과 알제에서 상봉한 알제리 관구의 형제들입니다. 또한 하룬, 베니 아베스, 호가르도 기억합니다. 아세크렘의 장-마리가 특히 생각납니다. 언제나 조용한 모습의 장-마리, 그것은 그의 귀가 점점 어두워가는 이유에서만은 아닐 것입니다. …

"사막의 해"를 마치고 중동으로 떠나는 나는 중단했던 것을 다시 시작한다거나 시작했던 것을 중단했다는 느낌이 전혀 없습니다.

기 형제가

"사막의 해" 동안의 나의 삶을 어떻게 표현할 수 있을까요? 머리에 떠오르는 대로 써내려갈 수도 있겠지만 나는 내가 체험한 "사막의 해"의 밝은 면과 어두운 면을 함께 진솔하게 나누기로 하겠습니다.

우선 일본을 떠난 후 나는 "사막의 해"를 준비하는 첫 단계로 파키스탄의 형제들과 5개월의 멋있는 시간을 보냈습니다. 그것은 새로운 세계와의 만남이었으므로 이슬람에 대한 생소한 느낌이 아우러져 교차했습니다. 파키스탄을 떠나 주님하고만 일년을 보내기 위해 사막으로 향하는 나는 그저 행복하고 즐거웠습니다. "사막의 해"가 어떤 것인지 전혀 감이 잡히지 않았지만 마음은 기쁨으로 넘치고 있었습니다.

여행사의 안내문은 매혹적인 사막을, 황홀한 남녘땅, 야자수, 정열의 태양, 끝없이 펼쳐지는 모래언덕을 소개하고 있지만 현실은 그렇지 않았습니다. 특히 알제리의 10월은 매혹과는 거리가 멉니다. 사하라 사막은 춥습니다. 게다가 견디기 힘든 모래바람의 계절입니다. 야자수를 보기란 하늘의 별따기며 사하라에는 굉장한 비가 내리기도 합니다. 횟가루처럼 느껴지는 가는 모래! 엘 아비요드에 도착하자 사하라에 대한 나의 모든 환상은 말끔히 사라져 버렸습니다. 사막은 황홀한 남녘이 아닌 척박하기 이를 데 없는 메마른 황야였습니다!

사막은 하느님의 현존으로 충만한 곳, 하느님의 현존 앞에서 생활하는 곳, 부드러운 미풍 속에서 속삭임으로 오시는 하느님의 말씀에 귀기울이는 곳, 그러기에 그지없는 평화와 고요의 장소이리라 상상했습니다. 무의식중에 나는 나 자신과 세상을 뒤로 하고 일년간 옹골진 휴가를 보내리라는 심산이었는지 모릅니다. 그러나 현실은 이 모든 상상과는 거리가 먼 것으로 마치 시나이 산의 폭풍과 같았습니다.

옛 성인들이 사막을 투쟁, 시련, 싸움의 장소라고 했을 때 일찍이 그들은 그들의 말이 함축하고 있는 의미를 알고 있었을 터입니다. 나는 그들의 말에 전적으로 동의합니다. 사막은 한가롭고 평화로운 쉼터가 아닙니다. 사막에서의 모세와 그가 이끌던 이스라엘 백성을 상상해 보십시오. 그것은 충만한 기쁨과는 거리가 너무 먼 것이었습니다. 이스라엘 백성들은 온갖 불평을 다 늘어놓았습니다. 그렇습니다. 나 역시 이 사막에서 불평과 한탄을 했습니다. 사막은 자신과 하느님 가운데서 하나만을 결연히 선택하는 곳. 이 선택은 때로 영웅적 용기를 필요로 합니다. 이런 말을 하는 까닭은 "나의" 시간이려니 생각했던 "사막의 해"는 내 시간이 아닌 "그분의" 시간이었다는 것을 고백하려는 의도에서입니다.

여기에 도착하자 작은 형제로 살아온 내 인생이 순간적으로 모조리 무너져내리는 듯한 이상한 느낌을 받았습니다. 덩그런 공허 … 거기엔 예수님만이 계셨습니다. 나는 왜 여기에 왔을까? 이 모든 것이 나에게 무슨 유익을 가져다준단 말인가? 내 인생의 의미는? 이런 황당한 질문 앞에서 나는 완강한 벽에 부딪쳤습니다. 생전 처음으로 예수님과의 관계는 인간의 모든 감각을 초월하는 것이라는 사실을 깨달았습니다. 한마디로 그 감춰지고 어두운 곳, 주님의 발치에서 보낸 시간은 주님께서 내 안에 오시어 직접 기도해 달라는 부르짖음과 탄원의 시간이었습니다. 이토록 진지한 신앙의 행위는 내 일생 아마 처음일 것입니다.

베드로 사도처럼 나도 "주님, 주님께서는 모든 일을 다 알고 계십니다. 그러니 제가 당신을 사랑한다는 것을 모르실 리 없습니다"(요한 21,17)라는 말 외에는 주님께 달리 드릴 말씀이 없었습니다. 사막에서 보낸 일년 동안 묵상의 핵심 주제는 주님께서 회당장 야이로에게 "걱정하지 말고 믿기만 하여라"(마르 5,36)고 하신 말씀이었습니다.

하느님의 침묵을 피부로 느끼는 것은 기묘했습니다. 그러나 거기에는 잔잔한 빛처럼 나를 감싸도는 기쁨, 온 인류의 이름으로 기도하기 위하여 산 위에 있다는 기쁨, 나를 에워싼 어둠 속에서도 하느님께서 나를 사랑하시고 나를 당신의 것으로 원하신다는 것을 감지하는 기쁨이 있었습니다. 그리고 바로 나를 위해 기록된 것처럼 느껴질 정도로 생생히 살아숨쉬는 성서 말씀이 있습니다. 이한 해는 특히 내가 살아온 길에 대해 묵상하고 내 인생의 자리매김을 하는 대단히 중요한 해였음을 고백하고 싶습니다. 지금까지 나는 내 삶이 이만하면 괜찮은 것이라 여겼으며, 모든 일은 거의 내가 원하는 대로 이루어졌습니다. 그러나 나는 생전 처음으로 배의 키를 잡고 있는 사람은 내가 아니라는 사실을 깨달았습니다. 내 삶의 주도권을 가지신 분은 주님이십니다. 그분만을 위해 산다는 것이 곧 그분에 의해 사는 것이요 그분만을 바라보는 것이라는 진실을 이제야 깨닫게 되었습니다. 이러한 깨우침은 나라는 보잘것없는 한 가난한 인간의 참모습을 사막의 침묵 속에서 찬찬히 들여다보게 했습니다. 그 가난은 내사유 속에 머무는 가난이 아니라 몹시 현실적이고 구체적인, 손으로 감지되는 그런 가난이었습니다. 주님께서 가난한 이들을 다정하게 어루만지신다는 신념 속에 나의 가난을 그분의 손에 바쳐드릴 뿐입니다.

"사막의 해"가 시련의 해였다면 그것은 동시에 은총의 한 해였습니다. 그 은총은 감각으로 느끼거나 경험할 수 있는 것이 아닌, 무엇인지 뚜렷이 설명할 수는 없으나 그럼에도 주님의 향기가 살포시 드리워지는, 마치 내 뜻대로 이루어지지는 않으리라는 것을 잘 알면서도 어쩔 수 없이 그분에게 전부 맡겨드릴 수밖에 없는 부르심과도 같은 것이었습니다. 그렇습니다. 그것은 앞으로도 형제회에서 당신을 따르라는 부르심 아니겠습니까!

   형제회를 통하여 나에게 보이시는 주님의 부르심을 깊이 믿는다는 것을 말씀 드리며 이 글을 끝낼까 합니다. 나는 주님께서 우리에게 바라시는 것은 우리가 훌륭한 사람이 되는 것이 아니라 세상 한가운데서 하느님의 숭배자, 하느님에게 반해버린 사람이 되는 것이라는 사실을 끝으로 이 글을 마치렵니다. 우리가 하느님에게 깊이 빠져든 사람들이라면 우리 이웃들을 사랑하지 않고 견딜 수 없을 것입니다. "사막의 해" 동안 나는 아기 예수의 데레사와 시에나의 가타리나 성녀와 가까이 지냈습니다. 이 두 분은 모두 하느님, 교회, 인간에게 정열적으로 심취한 사람들입니다. "사막의 해"를 마치면서 "하느님과 일치할수록 나는 사람들에게 더 많은 선을 베풀 수 있을 것입니다"라고 하신 샤를르 형제의 말씀을 가슴깊이 새기고 이곳을 떠납니다.

1976년 2월 16일

"남이 너를 이끌어줄 것이다" (요한 21,18)

직장에서 숨을 거둔 도미니끄 보아욤 형제의 장례미사에서 한 르네 빠쥬 형제의 강론

우리가 형제회에 입회했을 때 우리 대부분은 도미니끄 형제의 영접과 지도를 받았습니다. 뿐만 아니라 그는 그에게 인생의 길을 물어오는 모든 이들의 친절하고 자상한 동반자가 되어주었습니다. 그러기에 여러 가지 상념들이 형제를 떠나보낸 우리 무두의 가슴을 슬픔에 젖어들게 합니다 도미니끄를 더 이상 볼 수 없다는 슬픔! 그것은 자연스런 인정지사일 것입니다. 우리의 귀중한 친구이며 선배요 큰형인 그의 부재는 우리의 가슴을 허전하게 만듭니다. 그러나 우리는 인간적 감정에만 머물러 있을 수 없습니다. 도미니끄 형제가 일평생 바라고 원하던 것을 드디어 이루게 되었음을 우리는 잘 알고 있기 때문입니다.

인생의 마지막 순간을 지켜주는 사람 누구 하나 없이 그 홀로 맞이한 죽음! 그것은 바로 형제가 평생을 두고 바라 마지않던 것이었습니다. 아무도 모르게, 어느 날 홀연히 이 세상에서 자취를 감추어버리는 많은 도회인들의 고독한 죽음과 더불어 … 그토록 처절한 고독 속에로 자신을 넘기고 감수한 도미니끄 형제는 그들의 운명 속에서 자신의 운명을 예감했던 것입니다.

그가 고질적인 천식에 시달리면서도 그것을 평생 떨쳐낼 수 없었던 것처럼, 실존적 차원에서의 해방의 필요성 또한 그를 강렬히 사로잡고 놓아주지 않았습니다. 그것은 곧 하느님과 함께 있기 위하여 그리고 형제들에 대한 우정으로 하느님께 가기 위하여 하느님 안에로 사그러 드는 필연에 의한 것이기도 했습니다. 하느님과 동료 형제들을 위해 일생을 바친 그였지만 평소에 그는 충분히, 그리고 제대로 사랑하지 못하고 있다는 자책에 자주 휩싸이곤 했습니다. 형제의 죽음은 결코 우리와의 단절이 아닙니다. 그의 죽음은 깊은 의미에서의 파스카, 곧 부활입니다. 그의 죽음은 그가 항상 깊이 절감하던 불완전한 삶에서 완전한 삶에로, 부분적 생명에서 충만한 생명에로의 여행입니다.

이제 우리는 그가 남겨놓고 떠난 일기에 새겨져 있는 그의 목소리에 귀기울이며 형제 자신이 우리를 전례와 하느님의 말씀에로 인도하도록 맡겨드립시다.

사실, 도미니끄 형제는 근래 몇 년 동안의 파리 생활을 그가 처음으로 듣게 된 하느님의 부르심, 곧 자신의 성소와 연결시켜 생각하고 있었는 듯합니다. 그 부르심은 이런 것이었습니다. "하느님께서는 내가 수도자로서 살기를 원하고 계시다는 것을 명백히 깨닫게 해주셨다. 다만 그 수도생활을 세상에서, 평범한 세속 옷차림으로, 가난한 이들의 삶과 노동을 나누며 드러나지 않게 하기를 원하고 계시다."

그 부르심의 응답은 쉬운 것이 아니었습니다. 하느님의 부르심에 대해 그는 이렇게 쓰고 있습니다. "그것은 천사와의 고된 싸움이었으며 이 싸움은 무려 3개월 동안이나 계속되었다. 그 치열한 싸움이 끝난 것은 리용의 한 성당에서였다. 어느 날 나는 우연히 리용의 한 성당 문을 열고 그 안으로 들어갔다. 왜 그랬는지는 모른다. 그 성당은 평소에 아주 드물게 가는 성당이었으므로 …"

"당시 내 머리에는 오직 결혼에 대한 생각뿐이었다는 것을 말해두고 싶습니다. 창조주께서 나에게 예비하신 다른 길이 있다고 해도 나는 심리적으로 전혀 준비가 되어 있지 않았습니다. 하느님께서는 나에게 다른 길을 원하실 수도 있었겠지요. 그분은 선택할 수 있는 많은 길을 가지고 계실 테니까요. 하느님은 당신이 원하시는 바를 자유롭게 행하시는 분이시고 선택하신 사람이 변변치 못하면 못한 만큼 그가 행하는 행동은 하느님의 능력을 뚜렷이 드러낼 것입니다. 그런데 현실은 전혀 그렇지 않았습니다. 내 주위의 사람들이 나의 선택을 돌연스러운 것으로 받아들이고 있으니 말입니다. 사람들의 눈에는 확실히 내가 그렇게 비쳤기 때문에 그렇게 생각할 수밖에 없었겠지요. 그러나 장담할 수 있는 것은 세상의 아무도 내 생각을 바꾸어놓지 못했다는 사실입니다. 헌데 하느님께서 친히 나를 붙들어 주지 않으셨다면 나의 수도생활은 6개월 이상 계속되지 못했을 것입니다."(가족들에게 보낸 편지 중에서)

"형제회의 봉사에 30여 년을 보낸 나는 숨은 생활에 대한 필요성을 강하게 느꼈고, 이 필요성은 거의 물리적인 것이었습니다. 나는 마음에서 우러나와 기꺼이 형제회에 봉사했습니다. 이에 대해서는 두말할 여지도 없습니다. 그러나 내 안에 늘상 어두운 한 구석이 남아 있었습니다. 떠나기로 한 약속! 이 약속이 뇌리에서 사라지지 않고 맴도는 것이었습니다. 하느님은 나를 속일 수 없는 분 … 나는 계획한 대로 파리로 갔습니다. 직장을 찾기 시작한 지 3주가 지나서야 어느 건물의 수위실 직원으로 일하게 되었습니다. 나의 동료들은 거의가 청소부, 자동차 수리공, 엘리베이터나 보일러를 만질 수 있는 기술을 보유한 사람들입니다. 이 친구들과 서로 돕고 사귈 수 있는 기회는 엄마든지 있습니다. 그러면서 우리는 가까운 친구가 되는 거지요. 성탄날 밤, 두 친구가 밤참 들러가는 길에 술 한 병을 내 곁에 놓고 갔습니다. 자정에는 보일러를 담당한 친구가 굴요리까지 얹은 정식 상차림을 차려서 나를 찾아왔습니다."(작은 형제들에게 보낸 편지 중에서)

"주님께서 나에게 유보하신, 예측을 불허하는 가난이 있다면 그것은 건강입니다. 지난 2년 동안 나는 혼자 사는 방에서 여러 차례 질식의 위협을 당했습니다. 간신히 살아날 수 있었지요. 그때 나는 혼자 고통을 치르다 혼자 죽어가는 무수한 군상들, 그들이 직면해 있는 고독과 삶의 현실을 조금이나마 이해하게 되었습니다. 거대한 도심 한가운데서 이렇게 살다 이렇게 죽어가는 사람들의 수를 헤아리자면 그 수는 무려 수백, 수천 명에 이를 것입니다."(그의 형 르네 보이욤 신부님에게 보낸 편지 중에서)

"(하루는) 숨이 차 지하철 역 벤치에 한참 동안 앉아 있어야 했습니다. 이건 내가 사람들에게 드러내놓고 살아가야 하는 가난의 새로운 모습입니다. 사람들은 선한 마음을 가지고 있습니다. 인간의 선량한 마음씨를 나는 내 곁을 지나는 행인들의 시선에서 엿볼 수 있습니다. 지하철 벤치에 몸을 기대고 이렇게 앉아 지나는 행인들을 보고 있노라면 그러한 느낌들이 내 마음속에 와닿습니다. 거리를 오가는 행인들, 그리고 흡사 우리 인생의 역마처럼 불빛을 지나 어두운 굴 속으로 내닫는 전철, 그 속을 가득 메운 승객들 … 그들 모두가 내 형제자매들이요 하느님을 향해 가는 순례자들이라는 것을, 그리고 나는 그들 중 한 사람이라는 것을 하느님께서 깨우쳐 주셨습니다. 나는 하늘에서 줄을 타고 직하한 이방인이 아닙니다. 나는 하느님 앞에서 그들의 이름으로 기도하고 대변하기 위하여 선택된 중재자입니다.

'형제'라는 말의 참뜻. 그것을 갑자기 가슴으로 이해하는 것. 그들의 얼굴을 찬찬히 들여다보면서 그들을 가까이 느끼고 이해하는 것. 그들의 국적과 인상을 머리에 떠올리면서 그들 한 사람 한 사람을 위하여, 그들 한 사람 한 사람에게 필요한 은총을 하느님께 청하는 것. 이 기도를 통하여 그들의 아버지이신 하느님과 일치하게 하는 것 ….

나는 사람들의 얼굴을 유심히 보기를 좋아합니다. 그것은 일종의 습관처럼 되었지만 지금 그렇게 하는 데는 새로운 이유가 있습니다. 그것은 사람들 한 사람 한 사람과 관계를 맺는 것, 곧 죽음을 가까이 두고 있는 그 노인과 유난히도 창백해 보이는 그 소녀에게 친밀하고 가까운 사람이 되는 것입니다. 나는 그들을 성모님께 맡겨드립니다.

그 난간, 그 자동차, 그 거리 모퉁이에 모여 있는 사람들 가운데에 하느님께서 계십니다. 인생, 그리고 그 여정을 지나오는 길에서 나 역시 그들처럼 섬약한 인간의 하나라는 진실을 절실히 느낍니다. 하지만 나에게는 봉헌한 자에게 부여되는 청원의 권리가 있기에 강한 자입니다. 우리는 흔히 우연한 기회에 만나 서로 알게 되고 친구가 됩니다. 이렇게 사귄 사람들은 어느 날, 어느 장소에서 또 만나게 되지요. 나는 성당에서 마음을 가다듬고 조용히 기도드리기를 좋아합니다. 하느님의 부르심의 목소리를 들은 것도 성당에서였기 때문일 터입니다. 성당의 빈 의자에 앉아 나는 그 성당을 거쳐간 모든 사람들, 거기서 첫 성사를 받고 열심히 기도드린 모든 사람들을 생각하며 그들과 마음으로 하나가 됩니다. 그러면 어쩐지 마음이 아늑해 옴을 느낍니다. 옛날에는 성당에서 기도드릴 때, 혹은 장례식이나 혼배미사가 거행되고 있으면 사람들이 안 보이는 한적한 구석자리를 찾았지만 이제 나는 그렇게 하지 않습니다. 그 전례들이 마치 내 가족에 관계되는 것인 양 온 마음으로 참여합니다.

몇 날 밤을 잠들지 않고 하느님 앞에서 묵상으로 지샌다는 것이 어떤 것인지 하느님만이 홀로 알고 계실 것입니다. 그분은 내 몸이 불편하거나 허약할 때 나에게 손길을 건네십니다. 몸이 허약하면 상상의 날개를 접게 되고 단순한 눈으로 만사를 직시하게 됩니다."(작은 형제들에게 보낸 편지 중에서)

"하느님께서는 가장 평범한 곳에서 나를 찾아주십니다. 감정이 메마르거나 시련의 굴을 지나올 때도 거의 언제나 주님과 일치해 있음을 나는 알고 있습니다. 정신을 집중할 수 없는 나의 독서는 주로 성서 구절이 아니면 짧은 내용의 글에 그치지만 정신은 하느님과 생명의 신비에로 자꾸 가닿습니다. 파리에 살면서 나는 지구촌의 모든 사람들에게로 시선을 돌리게 됩니다. 거의 하루 24시간 동안 나는 세계 여러 나라 사람들과 마주치게 되니까요. 그러면서 접하게 되는 사건들과 흐름에 동참합니다. 때로는 그것은 피로한 일이기도 합니다. 할 수 있으면 일주일에 두 번씩, 오후에 몽 마르트르의 예수 성심 성당에 올라가 서너 시간 동안 기도합니다. 매일 한 시간씩 드리는 기도는 오히려 힘이 들고 빼먹지 않고 지키기 어렵지만 몽 마르트르 성당의 기도시간은 하느님 안에 쉬는 휴식과 같습니다."(형에게 보낸 편지 중에서)

"나는 직업과 주거에 있어 모든 사람들이 처한 매한가지 조건 속에 살기를 열망해 왔습니다. 대도시의 군중들 틈에서 느끼는 고독은 그 사람들의 얼굴과 사건들 속에 숨겨진 것들을 알아내고 이해하게 해줍니다. 고독은 나를 그들 곁으로 가까이 데려다줍니다. 그 사건들은 마치 한 권의 '인생책'과 같습니다. 거기서 나는 이미 피안의 세계에 들어간 사람들과 이 세상 사람들 — 지구의 가장 외딴 오지에 살고 있는 사람들까지 — 로 이어지는 인간의 긴 행렬을 발견합니다. 내가 선택한 기도의 장소는 길거리와 지하철입니다."(가족에게 보낸 편지 중에서)

1980년 7월 29일, 아세크렘에서, 모리스 모렐 형제가

아래 글은 모리스 형제가 "사막의 해"를 마치고 총장에게 보낸 편지에서 발췌한 것이다. 파르레트 동굴의 고독 속에서 "사막의 해"를 보낸 그는 일년 후인 1981년 6월 18일, 타만라셋을 덮친 대홍수로 목숨을 잃었다. 하비브와 다른 몇몇 사람들도 그와 같은 변을 당했다.

나는 약 15일 전에 호가르로 돌아왔습니다. 내가 타만라셋에 처음 도착한 것이 1964년 5월이었으니 여기서 산 지도 벌써 16년이 되는군요. 내 뒤를 이어 10월 1일에는 하비브가, 다음해 1월 1일에는 미쉘 B가 왔습니다. 1964년에서 1972년 사이의 형제들의 이곳 생활은 형제들 각자에게 각별한 의미를 가집니다. 행복한 시간들과 소박하고 순수한 기쁨이 있었는가 하면 시련과 어려움도

겪어야 했습니다.

노동과 마을생활을 통해 우리는 탐 사람들의 삶에 뿌리를 내리게 되었습니다. 그러나 타즈룩의 작은 마을에 사는 형제들에 비하면, 어떤 면에서 우리의 뿌리내리기는 어렵고 기대에 못 미치는 것일는지 모릅니다.

나는 1972년 총회에 참석하기 위하여 이곳을 떠났는데, 그 해 연말에 관구장으로 임명되었습니다. 이 중책은 내 일상의 삶을 뒤흔들어 놓았습니다. 그것은 마치 "두려워하지 마십시오. 주께서 함께 계십니다"라고 하면서 나에게 어울리지 않는, 단 한 번도 편하게 느껴지지 않는 옷을 억지로 입혀준 것과 같았고, 수영을 할 줄 모르는 나를 3미터 깊이의 물 속으로 집어던져 버리는 것과 같았습니다. …! 처음 3년 동안은 관구 방문을 하면서 각 집에서 얼마간의 기간을 형제들과 같이 살면서 보냈습니다. 그것은 형제들과 형제들의 집에 대해 알게 되는 계기로서, 또한 형제들과의 친교를 다져가는 기회로서 좋은 방법이었다고 생각합니다. 그러나 개인적 삶의 차원에서는 전혀 조화로운 생활이 아니었습니다. 그러나 이 소임을 다시 강요받은 후 "사막의 해"를 맞기까지 3년간 나는 팀에서 다시 직징생활을 할 수 있었습니다.

내 능력으로 감당할 수 없는 문제와 상황에 처하게 될 때면 고독감에 빠져들게 되고, 때로는 절실한 고독을 느꼈습니다. 나는 그것이 비록 일부분에 지나지 않겠지만 형제회의 결함을 조금씩 의식하게 되었습니다. 그것은 지금까지 내 자부심의 대상이 되어온 형제들, 즉 완전한 조화와 일치 속에서 관대한 생활을 하는 형제들로 믿어온 분들이 다른 평범한 사람들과 조금도 다를 바 없다는 현실의 인식이기도 했습니다. 나는 이 현실을 고통스럽게 인정하고 받아들여야만 했습니다. 우리는 한계와 취약성을 지닌 별 볼 일 없는 인간들의 집단이라는 현실 …. 이 깨달음은 나에게 하나의 정화의 과정이었습니다. 즉, 하느님께서는 형제회와 형제들의 모든 결함에도 불구하고 나에게 "형제회"를 교회의 사업, 사랑의 공동체로 "믿고" 받아들이라고 하십니다. 형제회를 조직하고 이끌어가야 하는 중책을 맡은 형제들을 포함한 각 형제들이 한계와 결점을 가지고 있으리라고, 형제회를 신뢰해야 한다고 주님은 요청하고 계십니다.

유혹과 좌절의 순간도 있었습니다. 젊은 시절에 체험한 절대적 가치가 흐릿해지고 허물어져 내리는 허황한 느낌 … 어쩌면 그것은 사실일는지 모릅니다. 그러나 나는 하느님께서 이런 것을 이용하여 다른 차원의 정화로 나를 인도하셨다고 생각합니다. 주님은 나에게 작은 형제의 생활과 관련된 일부 문제들을 올바로 자리매김하기를 원하셨습니다. "안식일이 사람을 위하여 있는 것이지, 사람이 안식일을 위하여 있는 것이 아니다!"(마르 2,27).

나는 형제들 각자가 개성을 가지고 매우 독창적인 길을 가고 있음을 발견했습니다. 그러한 사실을 나 자신 안에서 확인할 수 있었고 때로는 다른 형제들에게서도 확인할 수 있었습니다. 이렇게 하여 주님께서는 나로 하여금 세 가지 차원에서 형제들을 받아들이도록 인도해 주셨습니다.

— 하느님께서 각 형제들 안에 이루시는 것에 대한 경이와 감사.

— 각 형제가 지니고 있는 신비, 각 형제와 하느님 사이의 특별한 개인적 관계, 죽는 순간에 정점에 이르게 되는 각자가 걷는 길 … 이 모든 진실을 깊이 존중하면서 형제들이 하느님과 만남인 피안의 문턱을 혼자서 넘을 수 있도록 도와주는 일.

— 깊은 이해심과 자비. "하느님 홀로 사람들의 마음속에 무엇이 있는지 보시고 알고 계시다"(1열왕 8,39). 예수님께서 우리에게 가장 많이 강조하신 것은 다름아닌 자비심이라는 것. 나 자신의 한계들, 취약성, 타락에 대한 체험 등 … 이러한 실존적 가난은 예외없이 우리 모두는 하느님의 자비가 필요한 자들이라는 것을 나에게 분명히 해주었습니다.

1978년에 앙톤 형제가 내 소임을 맡게 되었습니다. 그리하여 나는 6년 동안 여정을 같이한 형제들 각자에 대한 애정과 관심을 가슴속 깊이 간직한 채 관구장의 직을 벗어나 홀가분한 마음을 되찾았습니다. 즉시 "사막의 해"를 시작할 수 있었겠지만 나는 그에 앞서 당분간 작은 형제의 정상적인 노동생활을 하며 나의 생활 리듬을 회복하고 싶었습니다. 그러나 동시에 주님을 만나고, 특히 성서 안에서 그분을 만나기 위해 모든 일을 중단하고 사막으로 들어가고 싶은 열망이 솟구치기도 했습니다. 만사를 중단하고 싶은 강한 충동과 함께 왠지 두려운 생각도 밀려왔습니다. 이러한 착잡한 심경 속에서 나는 엘 아비요드로 가기로 결단을 내렸습니다.

모든 인간 활동이 중지되는 시간에 대한 두려움, 사막과 고독에 대한 두려움, 그리고 인간적 측면에서 직장과 인간사회를 떠나야 하는 두려움 … 등이 나를 휘덮는 것이었습니다. 솔직히 말해 "사막의 해"에 대한 깊은 의미를 다른 사람과 깊이있게 나누기란 매우 어려운 일입니다. 내가 파르레트 동굴을 떠나면서 메모해 둔 종이조각을 며칠 전 탐에서 발견했습니다. 그 메모들이 "사막의 해"에 대한 이해와 나눔에 도움이 될지 모르겠습니다. 길고 일관성없는 나의 글을 양해해 주십시오. 메모지에 이렇게 적고 있습니다.

1980년 6월 11일, 파르레트: 내 인생의 한 장을 완성한 기분이다. 이것이 끝나면 또 다른 장이 펼쳐지겠지. 어쩌면 마지막 장일는지 … 아직 한 자도 쓰지 않은 공백의 페이지들이. 새로 시작될 내 인생의 장은 어떤 것일까? 길까? 짧을까? 지병과 고통의 시련, 또는 전혀 상상해 보지 못한 어떤 시련이 찾아올까? 무엇이든 받아들일 각오와 자세로 새로운 인생의 단계를 시작하사. 주님, 저의 앞날을 당신의 손에 맡깁니다. …

새로운 인생의 장이 끝나려는 이제 나는 그것을 구태여 평가하지 않으련다. 어떤 한 사건이 종료된 후, 또는 한 과목의 강의를 마치고 다른 과목을 시작하면서 평가내리지 않을 수 없는 그런 식으로 인생의 단계를 정의하고 싶지 않다. 내 인생은 한 부분을 따로 오려내어도 좋을 만큼 서로 무관한 편린들로 구성되어 있지 않다.

"사마이 해"를 마쳤다. 그렇다고 나는 새춘밭을 위한 새 사람이 되어 이곳을 떠난다고 생각지 않는다. 내 안에 변화된 것은 무엇인가? 완전히 솎아낼 수 없도록 땅속 깊이 뿌리박고 있는 저 개밀 속처럼 내 안의 가라지 뿌리는 언제고 다시 고개를 내밀게끔 거기 그대로 남아 있지나 않은가 … 자칫하면 다시 불거져 나올 것이다. "사막의 해"를 마무리하면서 느끼는 것이 있다면 그것은 내가 여기 올 때에 비해 더 나아졌거나 더 나빠졌다는 식의 개념 정리는 더 이상 불필요하다는 점일 것이다. 모름지기 말할 수 있는 단 한 가지, 그것은 나의 가난과 한계를 어느 정도 분명히 의식했다는 것이다.

"사막의 해"에서 얻은 것이 고작 이것이라니! 이건 정말 실망스럽지 않은가? 그러나 그렇지 않다. 중요한 것은 전혀 다른 곳에 숨겨져 있으니, 그것은 주께서 내 가슴속 깊숙히 박아주신 것, 곧 나와 모든 인간, 그 개개인을 사랑하시는 하느님의 사랑을 깨달은 것이다. "하느님께서 주시는 선물이 무엇인지, 또 너에게 물을 청하는 내가 누구인지 알았더라면 …"(요한 4.10). 이 말씀은 일년 내내 내 묵상의 중심 포인트였다. 그렇다. 하느님께서는 우리를 사랑하시고 이 사랑을 당신께 되돌려주기를 원하신다. 하느님 백성의 역사는 바로 이 사랑의 역사이다. 성서를 묵상하노라면 정말 가슴 뭉클한 구절들을 만나게 된다. 이스라엘 사람들이 감히 하느님의 귀에 속삭여 넣을 수 없는, 상상조차 할 수 없는 표현과 상징들이 예언자들의 입을 통해 하느님의 사랑과 애정으로 표현되고 있는 것이다. 눈물겹도록 참으로 감동적인 ….

나를 주시하시는 하느님의 시선을 자주 생각했다. 복음에 나오는 것처럼, 예수님은 당신이 만나는 사람을 "주시"하신다. 주님의 시선에 담긴 깊은 애정과 자비의 무게를 묵상해 보자. 그 시선은 단죄할 거리를 찾는 판관의 시선이 아니다. 그 시선은 형제적 사랑의 시선이다. 이 시선 앞에서 인간은 본능적으로 자신이 사랑받으며 이해받고 있는 존재임을 느끼게 된다. 나는 자주 이런 생각을 해보았다. 무한한 공간과 시간 안에서 내 존재는 무엇인가? 이 지구 위에 끝없이 생겨나고 죽어가는 인간 집단 속에서 한 개체인 나는 어떤 존재인가? 그렇다. 각 인간은 하나의 인격체로서 하느님과 개인적 관계를 맺고 있으며 그 관계는 절대적으로 유일한 것이다. 놀랍고 경이로운 것은 바로 이것이다. 신앙의 신비여! 하느님은 나의 창조주이시지만 나의 아버지시고 친구시며 형제이시다. 그분은 성령께서 예언자를 통해 표현하신 것처럼 나와 각 인간의 "사랑에로 넋을 잃은" 분이시다.

1981년, 마르세이유에서, 디노 형제가

나는 6개월 전부터 이곳 마르세이유 사회 보험회사의 청소부로 일하고 있습니다. 건강상의 이유로 잠시 유럽에 들르게 되었는데 그것이 아마 결정적으로 이곳에 머물게 만든 계기인 듯합니다. 내가 유럽에 돌아온 후 몇 년 동안 일어났던 여러 사건들을 신앙의 눈으로 이해하려고 노력했습니다. 그것을 형제들과 나눌까 합니다.

"모든 성인의 통공을 믿으며 …"

나는 한동안 파키스탄을 떠나 이란에 머무는 가운데 또다시 이란을 떠나야 했으므로 이별로 인한 상심에 괴로워한 적이 한두 번이 아니었습니다. 나도 다른 사람들과 조금도 다름없는 인간이기에 그런 감정을 느끼는 것은 당연하다고 여겼습니다. 그러나 돌이켜 생각해 볼 때, 내가 건강상의 이유로 "실패"하였다면, 다시 말해 그 나라에서 살지 못하고 유럽으로 돌아와야 한 것에는 필시 하느님의 숨은 뜻이 있지 않았나 하는 것입니다.

하느님께서는 어떤 한 나라의 가난한 사람들의 인간 조건에 동참하는 길 외에도 다른 많은 형태의 친교의 길이 존재한다는 것을 깨닫게 하시기 위해 그러한 실패를 내게 허락하셨을 것입니다. 히브리인들 역시 유배 동안에 하느님 나라에 대한 개념을 현세적인 집착과 감각적인 것을 초월하는, 더 정신적인 개념으로 전환해 갈 수 있었던 것입니다. 나에게 있어서도 마찬가지였습니다.

파키스탄과 이란인들과의 이별이 인간적으로는 힘든 것이었지만 깊은 차원에서 볼 때 그것은 모든 성인의 통공이 가지는 영성적 차원을 감지하게 해주었습니다. 모든 성인의 통공은 전 교회 공동체, 특히 삶을 통해 가까워진 사람들과 함께 살도록 결합시켜 줍니다. "(이런 방식으로 하느님의 나라를 실현하는) 가난한 자들은 행복합니다. 하느님의 나라가 (완전히) 그들의 것입니다."

지금 나의 생활 환경은 과거의 그것과 같지 않습니다. 함께 사는 형제들도 바뀌었고 직업도 다릅니다. 그러나 배경이 바뀐다 해서 그리스도인의 성소와 작은 형제의 성소가 바뀌는 것은 아닙니다. 그 본질은 변하지 않습니다.

나는 우리 시야에서 벗어난 죽은 자들과의 일치와 "천상적 차원인" 모든 성인의 통공에 더욱 민감하게 되었습니다. 예수 그리스도께서 살아 계시는 것처럼 그들도 생명을 계속하고 있습니다.

추방과 유배

첫번째 선택이 신바람나는 것이었다면 두번째 선택 또한 아무리 마음 내키지 않고 굴종처럼 느껴지더라도 따라야 합니다. 어느 특정 민족을 위하여 자신의 삶을 바친 작은 형제가 어떤 이유로 해서 본국으로 귀국해 돌아와야 했을 때, 그 형제는 여러 면에서 적잖이 당황할 것입니다. 외국생활과는 달리 친숙한 환경, 자기 언어와 문화가 안겨주는 자유와 편안함을 누리면서 타인의 주목 없이 길을 갈 수 있고 자기가 좋아하는 일을 할 수 있습니다. 게다가 본국이 유럽 국가일 경우에는 생활과 직업 면에서 제3세계 국가에서 누릴 수 없는 갖가지 특혜를 누리게 됩니다. 그러나 어떤 면에서 본국으로 돌아오는 것이 하나의 강요로 받아들여질 수밖에 없는 것은 어쩔 수 없는 일입니다. 자신이 결정적으로 선택한 것에 대한 포기를 내포하는 것일 테니까요. 이러한 견지에서 "귀국"은 유배와 같습니다. 마음의 평화는 외부적인 강요에 의해서가 아니라 자유로운 선택과 용납의 대가로 얻어지는 것입니다. 그 평화는 하느님 아버지의 집에는 거처할 곳이 많고 그곳에 이르는 길이 많이 있다는 것을 깨달았을 때 비로소 얻어질 수 있으며 일련의 이상적인 생활을 통해, 곧 형제회가 제시하는 이상도 그 길 가운데 하나라는 것을 인식하는 데서도 올 수 있습니다. "난 나라를 바꾸었어! 그럼, 다음엔 무엇을 바꿀까? 마음을 바꿔야지." … 문득 파기스틴 사람들이 즐겨 부르는 가요의 한 구절이 생각나네요.

"사람의 아들도 섬김을 받으러 온 것이 아니라 섬기러 왔다"(마르 10,45).

그런데 우리는 그 하느님의 아들이 아닙니다. 우리는 그분의 모습을 따라 사는 봉사자들인 동시에 다른 사람들의 관심과 보살핌이 필요한 병자들입니다. 나는 간호사로서 "봉사"를 하면서 많은 기쁨을 맛보지만 이제 그 일이 나에게 힘겹게 느껴집니다. 원하든 원치 않든간에 마음이 여린 사람은 다른 사람들의 고통을 어느 정도 가슴으로 끌어안게 되니까요. 어느 날 나는 이 일을 중단해야 했습니다. 그 대신 마음과 정신을 자유롭게 해주는 단순하고, 알려지지 않고, 덜 피곤한 일을 하며 영혼의 힘을 재충전하게 되었습니다. 살아남는 것과 마음의 평화는 이러한 대가로부터 얻는 것인가 봅니다. 본질적인 것은 그것입니다.

병자들을 돌보는 의사와 간호사들은 항상 있을 것입니다. 중요한 것은 의료봉사에의 집착에 있지 않습니다. 예수님의 모든 제자들에게 무엇보다 중요한 것은 행복입니다. "자비를 베푸는 사람은 행복합니다"(마태 5,7). 이러한 차원에서 볼 때 내가 그 직장을 떠난 것도 하느님 자비의 가시적 증표였습니다. 하느님의 자비는 더 깊은 차원의 인간 연대를 향해 나를 내던졌습니다. 그것은 곧 단 한 분이신 "의사"(마르 2,17 참조)의 치유와 형제들의 배려가 필요한 나의 형제 "환자"(마르 2,17 참조)들과의 관계를 소홀히한다는 의미가 아닙니다.

우리에게는 생명의 선물, 좋은 씨앗, 악에서 보호된 자들, 많은 형제자매들과의 친교, 제자들에게 약속하신 백 배의 상, 십자가와 부활의 신비, 우리 인생의 하늘을 아름답게 수놓는 무수한 별들에 대한 감사와 기쁨이 있으며, 무엇보다 우리가 의탁하는 그분께서 바로 하느님이시기에 감사와 기쁨이 있습니다! 각 창조물은 자기 나름대로 하느님의 모습을 닮고 살아갑니다.

1982년, 마르세이유, 죠르쥬 형제가

트럭 운전중 길에서 폭우를 만나 구사일생으로 살아나 치료를 받으면서 이 글을 썼다.

11월 8일, 몹시 추운 아침이었습니다. 새벽 6시경, 샹베리로 향해 가던 중이었지요. 사고를 당한 것은 그르노블에서 25km 떨어진 지점이었습니다. 갑자기 쏟아지기 시작한 강풍을 동반한 폭우로 트럭이 도로 왼편으로 미끄러지면서 잡초 언덕으로 굴러떨어졌습니다. 지나는 트럭의 헤드라이트가 가로수와 하늘을

번쩍거리며 번갈아 비추는 것을 보고서야 나는 어떤 변이 생겼는지 감지할 수 있었습니다.

칠흑같이 캄캄한 밤, 작동을 멈춘 모터, 부서져버린 캐빈, 흩날리는 낙엽들, 몰아치는 강풍 … 나는 온몸이 만신창이가 된 채 정신을 잃고서 신음을 내뱉고 있었습니다.

15분쯤 지났을까요? 나는 간신히 의식을 수습할 수 있었습니다. 심장이 뛰고 있다는 것, 눈 부위가 뭉개진 느낌, 와중에도 머리는 다치지 않았으며 정신은 또렷하다는 것을 알 수 있었습니다. 그러나 내 몸은 부서진 탱크에서 흘러나온 가솔린으로 온통 뒤범벅되어 있었습니다. 자동차와 트럭들이 멈춰서 주기를 바라며 도움을 요청하는 몸짓을 했지만 아랑곳없이 휙휙 지나갈 뿐이었습니다. … 구조되기까지 그러한 상태에서 나는 꼬박 두 시간을 기다려야 했습니다. 긴 기다림이었지요.

내가 오늘 형제들에게 이야기하고 싶은 것은 바로 이 기다림에 관한 것입니다. 아주 진솔하게 나누고 싶군요. 왜냐하면 나의 그 고통스러웠던, 그러나 동시에 귀중했던 체험을 나누지 않고 혼자 간직할 권리가 없다고 여겨지기 때문입니다. 그때 체험한 느낌들을 사실대로 나누려 합니다. 임박한 죽음과 고통 앞에서 나는 엇갈리는 감정에 사로잡혀 있었습니다. 하반신은 점점 마비되어가고 심한 통증이 온몸을 훑고는 했습니다. 자꾸만 정신이 혼미해지려고 해서 긴장을 늦출 수 없었습니다. "나는 구원될 것이다. 그때까지 버텨야만 한다"고 굳게 마음먹었지요.

한 시간이 흘렀건만 한 대의 자동차도 멈추어서지 않았습니다. 참으로 암담했습니다. "이 시간에 자동차들이 멈추어서야 할 아무런 까닭이 없다"는 생각이 문득 들었습니다. 그 순간 눈앞이 캄캄해지면서 두려움과 절망이 엄습해 왔습니다(이렇게 죽음을 기다리는 건 너무 바보스럽고 처량하지 않은가!). 그런데 바로 그 절망의 순간에 나는 주님을 만났습니다. 나의 임께서는 폭우의 뇌성벽력 속에 나를 찾아주셨고, 나는 상처투성이가 된 몸을 안고 그분께로 갔습니다.

나는 "주님의 기도"와 "성모송"과 "위탁의 기도"를 큰 소리로 또박또박 외며 기도했습니다. 죽음을 눈앞에 두고 드리는 이 기도는 "간절"했으며 그 한 마디 한 마디는 절실하고 뚜렷한 의미로 새겨졌습니다. "트럭 운전사들 틈에서 생애를 마치고 싶어한 내 원의가 이루어지고 있구나" 하는 생각이 불현듯이 스쳤습니다. 그러자 마음이 편안해짐을 느꼈습니다.

십자가의 신비에로 들어가기를, 작은 형제 성소의 핵심으로 들어가기를, 모든 것을 다해서 "모든 사람이 천국에 들기 위해" 이 목숨을 바치기를, 특히 나에게 구조의 손길을 외면한 채 무심코 지나쳐 가버린 사람들을 위해 내 목숨을 바치기를 마지막 남은 신앙과 용기를 다해 열망해야 했음에도 …. 하나 나는 거기까지 이르지는 못했습니다.

만신창이가 되어 신음 속에 내버려진 나는 "우리의 어머니"께 의지했습니다. 나는 오래 전부터 매년의 휴가에서 8일은 루르드 병자들을 위한 봉사에 바쳤습니다. 병자들을 위해 봉사하고 그들을 도와주는 일은 나처럼 건강한 사람들이 당연히 해야 할 일의 하나라고 여겼으니까요.

그런데 어떻게 된 일일까요! 동이 트는 추운 새벽, 눈을 떠보니 나는 사고의 트럭 안에 있지 않고 묵주를 손에 쥔 채 마사비엘 동굴 앞에 있었습니다. 불덩이 같은 이마와 바싹 마른 입술을 성모님의 물로 적시며 나는 간원했습니다. "은총이 가득하신 마리아님 … 이제와 저희 죽을 때에 저희 죄인을 위하여 빌어주소서." 커다란 소리로 쉬지 않고 이 기도를 반복하는 내 마음속에 평온이 아닌 평화가 스며들기 시작했습니다.

육체적 고통은 어느 정도 가라앉는 듯했지만 지칠 대로 지친 나는 추위로 떨고 있었습니다. "이미 전부를 드린 이 몸, 무엇 때문에 심장이 뛰기를 고집하는 것일까? 나의 인생의 마지막 순간에 가까이에서 나를 지켜봐 주는 형제, 자매, 친구가 있다면 얼마나 행복할까? 작은 형제들의 삶에 의미가 있음을, 형제들의 삶은 참으로 좋은 것이라는 것을 그들에게 일러줄 수 있다면 나는 얼마나 행복할까? 하느님께서 나를 실망시키지 않으셨다는 것을 사람들에게 말해줄 수 있다면 얼마나 행복할까!" 하는 생각을 부질없이 했습니다.

지난번 일기에 형제회의 카리스마에 대한 형제들의 풍부하고 다양한 응답이 있었습니다. 내 앞에 닥친 "광명"과 "진리"이신 분의 빛 안에서 나는 확인할 수 있었습니다. 가난한 사람들 서리에서 인류의 형제로 살아가는 작은 형제들의 삶이 얼마나 "고귀"하고 "참된" 것인지를 … 작은 형제들의 성소는 예수님께 대한 사랑 때문에 나자렛에서 십자가에까지 이르는 그분의 삶을 그대로 본받는 것입니다. 이 역시 나의 마지막 순간에 내 손을 잡아주는 형제에게 조용히 일러주고 싶은 말이었습니다.

나는 또한 생의 종말을 맞이한 내 감정이 어떠한 것일지 궁금히 여길 형제들에게 어떠한 "증표"나 "증거"의 흔적을 남기지 않는다는 것이 참으로 잘하는 일인지 자문해 보기도 했지만, 그런 생각은 도리어 내 마음을 무겁게 할 뿐이었습니다. 이 역시 교만이 아닐까요? 가난한 자의 신분은 이미 이 모든 것까지를 포함하고 있는 것이 아닐까요? 여기서 나는 "도미니끄 형"의 격언을 다시 한번 회상해 봅니다. "남들이 필요에 의해 행하는 것을 너는 사랑으로 행하라." 여기에 덧붙여 나는 이렇게 말하고 싶습니다. "숙명적으로 죽어가는 사람들을 위해 너는 사랑으로 죽어야 하느니라."

지칠 대로 지친 나는 혼신의 힘을 모아 푸코 신부님의 "위탁의 기도"를 드렸습니다. "이 몸을 당신께 바치오니 … 저는 무엇에나 준비되어 있고 … 아버지의 뜻이 저와 모든 피조물 위에 이루어진다면 … 무엇이나 받아들이겠습니다." 기도의 이 부분에서, 그토록 자주 드린 기도였건만 그것이 막상 현실로 다가오자 영원의 무게에 짓눌린 듯 입에서 선뜻 나오지 않았습니다. "이 마음의 사랑을 다하여 제 영혼 바치옵니다. … (유감스럽게도 이 사랑은 너무도 보잘것없는 것이었지요) 당신을 사랑하옵기에 … (이 말은 맞는 말이지만 헛되이 살지는 않았을까요?)" — 주님, 절망에서 저를 구해 주십시오. 무슨 일이 일어나든지 "하느님은 내 아버지시기에 끝없이 믿으며 남김없이 이 몸을 드리고 당신 손에 맡기는 것이 어쩔 수 없는 저의 사랑입니다".

구급차에 실려 마르세이유로 오기 전까지 나는 그러노블 병원에 15일 동안 입원해 있었습니다. 그 사고가 일어난 지 오늘로써 꼭 두 달이 됩니다. 빠르게

회복되고 있습니다. 완치되기까지는 6개월의 가료가 예상되며 그후에 물리치료
를 계속해야 한다고 합니다. 원상복구가 불가능할 정도로 박살나 버린 트럭을
위해 "자비하신 어머니"상 앞에 "조그만 초"가 아니라 "커다란 초"를 밝혀야 한
다고 직장 동료들이 말했습니다. 물론 그렇게 해야지요!

예수의 작은 형제는 어떻게
관상자가 될 수 있는가?
(1966)

밀라드, 아이사[*]

우리는 그동안의 경험을 축적하면서 우리의 관상적 삶에 고유한 방법들을 잘 구체화시켜 왔다. 기도의 시간들, 피정과 고독의 날들, 가난과 노동, 모든 선교행위의 배제, 형제적인 삶의 조직. 바로 이러한 방법들이 그 증거이다. 따라서 우리는 이러한 방법들을 실천하는 데 성실해야만 한다.

그럼에도 항상 질문이 제기된다. "예수의 작은 형제는 어떻게 하나의 관상자가 될 수 있는가?" 사람들 서리에서 10년 혹은 15년 이상을 살아온 이후 이러한 질문을 제기한 형제들을 위해 나는 몇 가지 답변을 제시하고자 한다.

첫번째 답변: "예수의 작은 형제는 하느님에 대한 지식을 얻도록 바쳐졌다."

학자나 전문가들의 지식이 아니라 작은 이들에게 주어진 지식, 아브라함과 예언자들에게 허락되었던 지식, 그리고 예수님이 오셔서 전해주신 온전한 지식. "아무도 아버지를 모른다. 아들과 이 아들이 아버지를 계시해 주고 싶어하는 이들 외에는."

신앙이 우리에게 건네주고 성령의 선물이 우리 안에서 발전시켜 준 하느님께 대한 이러한 지식은 모든 것을 팔고 모든 것을 떠나야 하며 하물며 자기 자신마저 떠나 자신을 버렸을 때에만 얻을 수 있는 값진 진주인 것이다.

우리가 하느님께서 당신의 무궁한 미와 거룩함, 당신의 사랑, 당신의 영원한

---

[*] 밀라드 형제: 프랑스 형제로서 형제회에 1935년 입회하여 1984년까지 50년 동안 알제리 "엘 아비요드"에서 살았다. 특히 형제회 초창기에 여러 해 동안 수련장을 지내며 많은 형제들의 영성에 도움을 주었다.

기쁨뿐만 아니라 있는 그대로의 당신 안에서 우리에게 당신 자신을 계시해 주고 싶어 서두르신다는 것을 믿는다면 우리는 관상자이다. "영원한 생명이란 오직 한 분의 참된 하느님이신 아버지를 알고 또한 아버지께서 파견하신 예수 그리스도를 아는 것입니다." 이를 위해 우리 자신이 가난한 이들, 불구자, 장님, 절름발이 그리고 집주인이 강제로라도 당신 집으로 불러들였던 모든 사람들 가운데 똑같은 한 사람으로 간주될 준비만 되어 있다면 우리는 관상자이다. 왜냐하면 하느님의 선물은 거저이며 이 선물은 모든 것을 잃어버린 이, 또한 사람들에게 아무것도 아닌 것으로 간주된 이에게 주어졌기 때문이다. 모든 사람, 모든 크리스천은 하느님의 사랑에로 불리어졌다. 구원에 이르는 다른 길은 없는 것이다.

관상자는 하느님께 대한 지식에로 불리어졌다. 그분께서 알려지는 것은 곧 그분의 영광이 드러나는 것이다. 하느님께서 세상에 당신 아들을 보내신 것은 "마치 물이 바다를 채우듯 세상이 하느님께 대한 지식으로 채워지기"(이사 11,9) 위해서이다. 관상자는 교회 안에서 이에 대한 책무를 져야 하는데, 특히 우리는 특별히 하느님을 모르거나 하느님을 있는 하느님 그 자체로 알지 못하는 나라와 백성들 한가운데서 이러한 책임을 진다.

두번째 답변: "예수의 작은 형제는 진복팔단에로 바쳐졌다."

다시 말해, 복음에 따라 사람들 한가운데서의 겸허한 삶에로 바쳐졌다. 사람들 사이에 존재하는 이러한 형태는 진복팔단과 예수님이 보여주신 모든 가르침으로부터 영감받은 것으로, 이는 하느님의 완전성을 지향하는 모방으로 보여진다. "마치 하늘에 계신 아버지께서 완전하신 것처럼 여러분도 완전하십시오." 사람들 앞에서 맨 끝자리를 찾으며 작은 이, 가난한 이로 있는 것. 우리를 경멸하거나 아무것도 아닌 것으로 간주하는 사람들을 존경하며 그들에게 끊임없이 온유한 이. 그 누구도 판단하거나 단죄하지 않으며 오히려 악에 사로잡힌 채 스스로를 경멸스럽게 느끼는 사람들에게 존경심을 가지고 주의를 기울이는 자비로운 이. 좋은 일을 이루기 위한 방법을 모색할 때 결코 외교적이거나 둘러가는 길을 택하지 않으며, 영향력을 제공하는 모든 것(권력, 부, 문화 혹은 더 나은 사회적 직분)이 지양된 길을 택하고 특히 하느님의 영광을 의미할 때에는 단순히 우정에 충실할 뿐만 아니라, 원수를 사랑하고 우리에게 악을 행하는 사람들에게 좋은 것으로 갚아주는 순수하고 정의로우며 충실하고 평화적이어야 한다.

이 모든 삶은 성령의 신비적 은총이 없이는 불가능하다. 왜냐하면 이러한 삶은 하느님께 대한 관상적 지식과 복음적 삶이 연유하는 것과 똑같은 은총에서 나오는 것이기 때문이다. 신적 행위를 좇아 살지 않는 이는 하느님의 선물을 간직하지 못한다. "나를 사랑하는 사람은 내 계명을 간직하고 지킨다. 내 아버지께서도 나를 사랑하는 이를 사랑하실 것이다. 그리고 나도 그를 사랑하고 그에게 나를 드러내줄 것이다"(요한 14.21).

삶의 배경, 노동, 활동, 외국의 언어와 문화에 대한 지식, 인간관계, 우리의 삶에서 만져질 수 있는 모든 것들, 수년 동안 우리가 골몰해 왔던 것들, 아마도 근심거리였고 관심사이기도 했던 이 모든 것은 다만 상대적인 것일 뿐이고 대수로울 것이 못 된다. 더욱이 우리가 사물들에 대한 허망함을 이미 맛보았다면.

그러나 중요한 것, 모름지기 내 온 영혼을 다 기울여야 하는 것은 이것이다. "나는 이 사람을 마치 하느님이 그를 맞아들이듯 맞아들였는가? 나는 감정과 생각, 행위를 통해서 복음에 따른 완전성으로 이 사람을 향해 있는가?" 사람들 서리에서 우리의 온 삶을 채우는 것으로는 이상의 것으로 충분하다. 특히 하느님께서 우리에게 주신 당신의 거룩함과 사랑, 자비에 대한 지식에 따라 더욱더 복음적인 태도로 그들을 향해 있을 수 있도록 노력하면서, 행복하거나 불행한 사건, 평화적이거나 폭력적인 사건들이 이어지는 현실 안에서 항구하게 사람들 가운데 살아갈 수 있다면 그것으로 충분한 것이다. 여기에 또한 신적 절대성이 있는 것이다.

세번째 답변: 이는 두번째 답변의 결과인 듯 여겨진다. "예수의 작은 형제는 그들의 구원을 위해 사람들 가운데 보내졌다."

이는 보이는 교회를 세우거나 이를 더욱 발전시키려 했던 사도들처럼이 아니라, 하느님 왕국의 보이지 않는 걸음에 따른 인간의 구원을 위한 것이다. 이러한 우리 삶의 의미를 이해하기 위해 하느님 왕국의 이 보이지 않는 걸음을 믿어야만 한다. 왜냐하면 하느님은 모든 사람을 구원하기 원하시며 우리를 에워싸고 있는 이들의 구원을 위해 우리는 파견되어졌고, 그들 가운데 현존하기 때문이다. 우리 형제들의 구원을 위해서가 아니라면 왜 우리가 선택되어졌겠는가?

이렇게 우리는 파견되었다. 소명을 띤 사도들이나 선교사들처럼이 아닌, "작은 자들"로서. 즉, 그리스도께서 말씀하셨던 이들 "누구든 내 이름 때문에 이 작은 아이를 맞아들이는 사람은 나를 맞아들이는 것이고, 누구든 나를 맞아들이는 이는 나를 보내신 분을 맞아들이는 것이다"(루가 9.48). 그리고 덧붙이시기를 "이런 사람은 크다. 왜냐하면 사람들 서리에서의 그의 겸허한 현존은 그를 맞아들이는 사람들에게 하느님을 맞아들일 수 있게 해주기 때문이다". 이렇게 생각하는 것은 건방진 것일까? 만일 우리가 예수님의 말씀을 글자 그대로 취한다면, 성 마태오의 다음 텍스트가 이어진다. "자기 목숨을 얻는 사람은 목숨을 잃을 것이요, 나 때문에 자기 목숨을 잃는 사람은 목숨을 얻을 것입니다. 여러분을 받아들이는 사람은 나를 받아들이는 것이요, 나를 받아들이는 사람은 나를 파견하신 분을 받아들이는 것입니다. 예언자를 예언자이기 때문에 받아들이는 사람은 예언자의 보수를 받을 것이요, 의인을 의인이기 때문에 받아들이는 사람은 의인의 보수를 받을 것입니다. 이 작은 이들 가운데 하나에게 제자이기 때문에 냉수 한 잔이라도 마시게 하는 사람은, 진실히 여러분에게 이르거니와 자기 보수를 잃지 않을 것입니다"(마태 10.38-42).

우리가 사람 서리에서 아무것도 아닌 자로 간주될 것을 받아들이고, 모든 사람을 존경으로써 사랑하며, "나는 봉사하는 이로서 여러분 가운데 있습니다"(루가 22.27)라고 예수님이 말씀하셨듯이, 마치 종이 주인을 섬기듯 사람을 섬길 준비가 되어 작아지고 비천해진다면, 우리는 예수님 때문에, 또한 사람을 위하여 우리의 생명을 잃게 되는 것이며 보이지 않게 예수님 자신이 되는 것이다. 그리고 사람들 가운데서의 우리의 현존은 그들의 구원에 관계되는 하나의 표징이 된다.

우리는 그리스도에게 속하기에 우리에게 한 잔의 냉수라도 주는 이는 그리스도를 맞아들이고 자신도 알지 못한 채 그분을 보내신 아버지를 맞아들인다. 바로 여기에 사람 서리에서의 우리 현존의 깊은 이유가 있다고 나는 생각한다. 그것은 또한 우리에게 있어 복음에 따른 관상의 유일한 길이 되는 것이다.

그리스도와 완전한 일치를 이루게 하는 것은 신적 사랑이다. 그리고 이러한 신적 사랑은 하나이다. 우리는 우리를 구원하신 우리의 하느님 그리스도를 사랑한다. 마찬가지로 당신 피로써 구속하신 우리 형제들인 사람들을 사랑한다. 그러나 신적 사랑으로 우리 형제들인 사람들을 사랑하기 위해서는 마치 주님처럼 "봉사하는 이로 그들 가운데 있어야"만 한다. 이것을 체험으로 깨달은 사람은 자신의 길을 발견한 것이다.

우리가 그리스도에게 속하기에 우리를 받아들이지 않고 거부하는 사람들이 있다. 만약 통상적인 경우와 마찬가지로 그들이 우리의 예민함이나 결점들에서 비롯하는, 혹은 우리의 재능이나 권위로 인해 우리가 지나치게 교만하고 크게 되어서 우리를 거부한다면 이는 아무런 의미도 없다. 그러나 우리가 하느님의 표지를 지닌 사랑으로써, 영혼의 내면으로부터 결국에는 그 응답을 요구하게 되는 그런 사랑으로써 그들을 사랑하는 까닭에 그들이 우리를 거부한다면, 우리는 하나의 배척당하는 표징, "모순의 표징"(루가 2.34)이 될 것이다. 우리는 이 길을 통해 그리스도의 수난에로 들어간다. 우리는 사유적인 논리로써나 상념과 같은 추상으로써 그리스도 수난의 신비에 들어가지 않는다. 그리스도처럼 그분의 영혼과 가슴 안에서 시련을 겪으며, 그분이 걸어가셨던 그 길을 통해, 즉 우리가 그곳에 있기에 사람들이 빛을 피해 자신의 문을 닫는 그 길을 통해 이 수난의 신비에 들어가는 것이다.

뿐만 아니라 사람들 서리에서 그들의 구원을 위해 겸손하고 작아지는 것만으로는 충분하지 않으며, 아버지에 의해 예수님께 요구되었던 다음의 규범을 받아들여야만 한다. "만약 밀알 하나가 땅에 떨어져 죽지 않으면 한 알 홀로 남을 것이요, 죽으면 많은 열매를 맺을 것이다." 어떻게 하면 이렇게 될 수 있을까? 하느님께서는 이를 아신다. 그럼에도 우리는 다른 길이 있기를 원할 것이다. 하나 예수님께서 사랑받으셨듯이 아버지로부터 사랑받는 것을 어떻게 거부할 수 있으랴? 예수님께서 말씀하셨다. "만약 아버지께서 나를 사랑한다면 그것은 내가 내 생명을 내놓기 때문이다." 모든 크리스천은 자신의 형제들인 사람들의 구원을 위해 그분의 수난 속에서 신적 사랑으로 그리스도와 동일하게 될 수 있다. 다만 성소에 따라 그 길들이 다른 것이다.

내게 있어 우리 성소에 적합하게 여겨지는 길은 복음의 이 말씀들이 특정하듯 관상의 길이다. 이 말씀들은 하느님의 아들이 우리에게 계시하고자 하는, 아버지께 대한 지식에 관해 언급하고 있기 때문이며, 사람들 가운데서 가난하고 온유하며 평화의 사도가 되도록 우리를 이끄는 진복팔단에 대해서도 이야기한다. 또한 예수님으로 인해 자신의 생명을 잃어버리고, 자신의 인간적 유용성이나 위대함도 원치 않으며, 사람들이 자신을 아무것도 아닌 것으로 간주하게끔 만들며, 그들의 구원을 위해 사람들이 자신을 맞아들일 수 있도록 작고 겸손한 상태로 되어지는 것에 대해 말하고 있기 때문이다. 이는 행위를 의미하는 것이 아니라 함께 섞여들어가는 것을 의미한다. 다시 말해 응답을 요구하는 하느님 사랑의 전달자로서 받아들여지거나 버림받는 것을 의미하는 것이다. 손가락으로 인간들의 죄를 건드리고, 하느님의 거대한 사랑의 시련을 자신의 영혼 안에서 겪는 것은 그리스도의 수난에 동참하도록 우리를 이끈다.

나자렛 — 관상의 길
(1978)

르네 파즈*

푸코 신부님의 삶은 어떤 사람이 그리스도와 복음을 삶으로써 발견했을 때 흘러나오는 활력, 새로워질 수 있는 가능성, 창조, 용감성이라는 전형적으로 복음적이고 크리스천적인 현상을 분명하게 드러내 주었다. 이 현상은 성녀 아기 예수의 데레사에게서도 마찬가지였다. 그녀는 자비의 사랑을 발견했으며 이것이 가르멜에서의 그녀의 삶에 위대한 바람을 불어넣어 주었고 삶의 모든 조그만 것들을 사랑으로 변모시켰다.

샤를르 형제에게 있어서 그녀와 다른 점은 하느님께 자신을 넘기려는 의지에 따라 그리스도의 발자국 안에 구체적으로 자신의 발자국을 떼어놓으려는 어쩔 수 없는 필요가 뒤따랐으며, 그를 세상 속의 사람들 가운데로 인도했다. 두 경우에서 삶은 단순한 관대함의 문제가 아니었다. 즉, 무엇에나, 그리고 아무것에나 준비되어 있는 맹목적 관대함이 아니라, 그들의 내면에서 그들을 밝혀주고 앞으로 나아가게 해준 빛이 있었다. 샤를르 형제에게 있어 이것은, 하느님께서 그리스도의 인간성 안에서 행하신 매우 구체적이고 살아 있는 발견이었고, 이것은 그에게 있어 나자렛이란 이름으로 취해졌다. 그는 어둠 속을 헤메지 않았다. 길이요 진리요 생명이시며, 그가 따르고자 했던 어떤 분이 그의 안에 살고 있었던 것이다. 그의 모든 삶은 그의 관상 안에서 흘러나온다. 그의 삶은 이의 실천이었으며 이로부터 그의 경험이 발전되고 깊어지며 강화되었고, 이 실천이 그의 진실성을 그에게 확인시켜 주었다.

---

* 르네 파즈 형제: 형제회의 창설자인 러네 보아욤을 도와 초대 부총장(1960~1966년)과 2.3대 총장을 지냈던 형제회의 산 증인이며 현재 프랑스 툴루즈에서 산다.

그러므로 형제회의 초기부터 우리가 관상을 얘기했다면, 이는 말이나 그 말에 의한 정의定意가 주는 기쁨 때문이 아니다. 그것은 성령께서만이 하느님으로부터 우리에게 주실 수 있으며 우리의 모든 삶을 비추시고 방향지으시는, 개인적이고 직접적인 이 지식의 중요성을 각자 유의하도록 환기시키기 위해서였다. 관상이란 말이 완전하지 않으며 이 말이 무수한 반감을 일으킨다는 것을 나는 잘 알고 있다. 왜냐하면 이 말은 봉쇄구역의 피난처 안에 살고 있거나, 시간이 있는 사람들에게나 유보되어질 수 있는, 수동성과 비활동의 플라톤적 태도를 연상시키기 때문이다.

우리는 말에 머물지 말자. 현실은 다른 것이다. 어떤 사람들에게만 유보된 특권도 아니고 어떠한 학문이나 기술적 방법의 열매도 아닌, 하느님께 대한 산 경험이다. 그리고 성령께서만이 예수님이 당신 아버지께 대해 가지신 개인적 지식에 우리를 진실로 참여할 수 있게 해주시기 때문에 어느 누구도 자기 스스로는 이런 자질을 가지고 있지 않으며, 오직 성령에게서만이 이런 경험이 오는 것이다.

우리가 관상을 얘기할 때 우리가 하고자 하는 말은 바로 이러한 지식에 대해서인 것이며 예수님은 이를 생명의 빛이라 불렀다. 그리고 이것만이 우리 삶에 힘과 그 풍요한 열매를 줄 수 있다. 왜냐하면 이 지식은 하느님의 실체에로 우리를 열어주기 때문이다.

내가 기도 대신 관상에 대해 여러분에게 말했다면 이는 결코 기도의 중요성을 극소화하려고 해서가 아니다. 또한 하느님의 말씀을 받아들이기 위해 공부, 성찰, 독서 등으로 우리가 시행해야만 하는 모든 방법들의 중요성을 무시하기 위해서도 아니다. 단지 우리의 삶과 기도의 밑바다에 흐르는 것, 그 본질을 강조하기 위해서이다. 이는 우리가 하느님 앞에 서기 위해서는 성령께서 책이나 강의, 성경을 통해 한 구절조차도 파헤쳐 주지 않으면 가장 좋은 성서공부나 신학공부라 할지라도 모든 노력은 헛될 것이라는 것을 각자가 깊이 이해하도록 하기 위해서이다. 이는 또한 그분이 원하실 때, 그분이 원하시는 방법으로, 모두가 그분께 다가갈 수 있도록 하느님께서 우리에게 주시는 그분에 대한 경험에 있어 하느님의 자유를 상기시키기 위해서이다. 왜냐하면 우리의 영혼과 마음이 지나치게 많은 것들로 채워지지 않고 항상 이를 받아들일 수 있는 상태로 있기만 한다면 그분은 어떤 숲에도 불을 지르신다. 즉, 침묵과 명상의 시간처럼 예기치 않은 시간에도, 사건들과 우리의 잘못으로 인해 우리에게 일어나는 모든 것들에서도.

마지막으로 이는 작은 형제의 삶은 이러저러한 것으로 되어 있다거나 작은 형제의 삶은 모든 사람이 동조해야 할 어떤 태도를 (그것이 어떤 것이든간에) 지녀야 한다든가 하는 생각을 하게끔 만드는 어떤 형식주의에 대해 우리가 경계를 가지도록 하기 위해서이다.

우리의 삶을 설명하기 위해 우리는 "나자렛"이라 불리는 것을 참조하는 습관이 있다. 그러나 나자렛이 모든 것을 왜곡할 수도 있는 어떤 표상으로 남아 있기를 원치 않는다면 우리는 이에 대해 우리 자신에게 설명할 수 있어야만 한다. 도대체 이는 무엇을 의미하는가?

나는 여기서 푸코 신부님의 경험을 소개하는 것보다 더 잘 설명할 수 있는 방법이 있다고는 믿지 않는다. 물론 이것을 해석할 내 개인적인 방법이 있다. 그러나 왜 여러분에게 이를 알리지 않는가?

나는 역사가가 아니고 많은 사람들처럼 나도 우리가 가지고 있는 푸코 신부님의 수많은 글들 속에 어느 정도 파묻혀 있다. 그것도 가끔 그분의 반응과 계획, 혹은 결정의 세부사항들 속에서 어느 정도 길을 잃은 채.

반면에 내게 인상적인 것은 그분의 삶의 궤적, 영감의 힘이다. 이 힘은 그분에게 활력을 주었고 그분을 항시 앞으로 나아가게 만들었으며 마지막으로 그분을 타만라셋으로, 즉 점점 더 단순하고 점점 더 자유로우며, 이 지역에 살고 있는 모든 사람들의 삶과 점점 더 섞이게 되는 삶으로 이끌었다. 그분이 항상 지향했던 것도 아마 그런 삶이었을 것이다. 그는 자신의 미래의 형제들에 대해 그려오던 것과 규칙에 관한 모든 관심사로부터 해방되었다. 그리고 그분이 산 것은, 자신이 그 형제들을 위해 예상했던 작은 수도회나 "작은 비둘기장"과는 조금 달랐다. 그러나 그것이 한결 더 진실했던 것이 아닐까? 그때 나자렛은 무엇이었던가? 이에 대해 어떻게 해석할까? 여기에는 샤를르 형제가 그 안에 가두어 두려고 시도했던 모든 양식들보다 무한히 더 넓고, 크고, 아름답고, 빛나는 어떤 것이 남아 있는 것 같다. 우리 역시 받아들여야만 하는 어떤 영감 같은 것.

그가 트라피스트에 들어갔을 때 그에게 일어났던 것은 어떤 놀라운 점을 가지고 있다. 그는 그분만을 위해 살려는 의지에 맞갖은 신앙과, 하느님과 그분의 절대성에 대한 충분한 감각을 지니고 있었다. 모든 것은 명확하고 단순하고 결정적인 것 같았다. 그러나 지금 모든 것이 뒤바뀌어 그가 복음을 읽을 때 모든 것에 질문이 제기되는 것이다. 이는 예수님의 가난과 비천, 자신의 삶의 불명확성 … 한마디로 그가 명명한 "나자렛" 때문이었다. 그럼에도 불구하고 가끔 그가 얘기하는 것처럼 만일 나자렛이 그에게 있어 단지 감추어진 삶, 어둠의 삶, 기도와 침묵의 삶뿐이었다면 그는 트라피스트에서 이것을 완전하게 살 수 있었을 것이다. 그러나 그는 이를 수긍하지 않았다. 왜냐하면 그는 나자렛으로부터 더 중요한 어떤 것이 자신을 압박해 오고 있으며, 그가 발견하고자 원했던 어떤 다른 차원, 다른 의미가 있지 않을까 생각했다. 그리고 그러한 삶은 봉쇄의 피신처에서 살아질 수는 없는 어떤 것이라 생각했다.

어느 날 아크베스에서 있었던, 그 지역에서도 가장 어려운 삶을 사는 가난한 한 가족과의 만남은 예수·마리아·요셉의 삶이 보호된 삶이 아니었으며, 그 삶은 이 가난한 사람들의 삶의 모습이었다는 확신을 그에게 안겨주었다. 이것이 그가 트라피스트를 떠나기로 결정한 이유 중의 하나이다.

우리에게 있어 크리스천의 관점으로 샤를르 형제의 비전에 그 중요성을 부여히게 하는 것은 하느님이 인간이 되셨다는, 우리 신앙의 중심적 실체에 관련된 것이다. 그러나 온전히 개인적인 그의 공헌, 그의 독창성을 구성하는 것은 여기에 접근하는 그의 방법과 예수님의 인성에 놀라울 정도로 비중을 두는 방법에 있다. 관찰하고, 섬세하게 뜯어보며, 명확성을 줄 줄 아는 그의 타고난 감각으로, 그는 아무것도 놓치지 않았고 그 어느 것도 무의미한 것은 없었으며, 특히 예수님의 삶 속에서 우연적인 것이라고는 없었다. 한 사람은 달리 될 수도 있었겠지만 자신의 탄생, 노동, 가족적 상황과 사회적 상황 등으로 지금 있는 그대로의 자신이 되는 것이다. 비개성적인 것과는 전혀 다른 이러한 방식으로 그는 예수님을 아는 방법을 배웠다. 그리고 다른 많은 것들 가운데서도 그러셨던 것처럼, 별로 말할 만한 것도 없고 아무도 주의를 기울이지 않는 나자렛에서 보낸 그 긴 시간을 그는 자신의 지표로 삼았다. 그에게 있어 이것은 단순한 여담이 될 수가 없었고, 예수님의 짧은 생애에서 나자렛은 죽어버린 시간이 될 수가 없었다. 왜 그때 이토록 긴 시간, 긴 기간을 갈릴래아 한 마을의 일상적인 배경 아래서 익명성을 택했던 것일까? 이것은 첫눈에 보아 그분 공생활과 대조적이지 않은가? 이는 무엇을 의미하는가? 이것에 내재된 의미는 무엇인가?

나는 샤를르 형제가 자신의 고유한 성소를 이야기할 때 그가 사용한 표현이 어떠하든간에, 예수님의 총체적인 삶에서 이 나자렛 기간을 따로 분리하기를 원했다고 보지는 않는다. 그러나 여기에 그의 호기심을 자극하고, 모색하게 만들며, 마지막으로 명상에서 숙고와 기도로 나아가 결국 모든 것이 복음에서 비롯되는 어떤 비전에 조금씩 접근하여 도달하게 만들었던 하나의 요소가 있다. 이것은 그에게 있어 하느님 사랑의 거대한 계시였다. 이 하느님의 사랑은 이후로 세상의 삶 안에서 사람들 가운데 예수님을 따르기 위하여, 이미 다져졌던 길이 아닌, 새로운 길을 열기 위해서는 충분히 구체적이고 명백한 사랑이었다.

그리고 공생활 안에서 예수님은, 항시 그랬던 것처럼, 다른 사람들 가운데 한 사람이기를 원하셨고 아무도 이를 자리매김할 수 없었다. 왜냐하면 그는 율법학자도, 사제도, 레위인도, 율법을 가르치는 선생도 아니었기 때문이다. 그분은 자신을 보호할 수 있거나 자기를 방어할 수 있는 어떤 타이틀이나 특권도 가지고 있지 않았다. 이 점에 있어 광야에서의 유혹의 얘기는 명백한 빛을 던져준다. 확고한 의지와 당신 아버지의 뜻에 대한 온전한 동의로서 예수님은 모든 개인적 목적과 인위성, 편법 그리고 어떠한 형태의 권력과 지배나 압력도 거부하신다. 그분은 구유 안의 탄생으로부터 나자렛에서의 삶 동안 항상 변함없는 한 사람, 빈 손뿐인 한 사람이 되기를 원했고, 자신이 그런 사람이라는 것을 아셨다.

그분은 온전히 놀라운 일치 안에서 인자이시고 백성의 아들, 하느님의 아들이시다. 그리고 이것은 신적인 것과 인간적인 것 사이에서 인식 불가능해 보인다. 이렇게 나자렛 사람으로서 그는 자신을 나자렛 사람이지 못하게 하는 모든 것들을 거부하시고 자신을 왕으로 추대하려는 군중들을 피하시면서 당신의 공생활에 마주치신다. 그러므로 모든 것은 온전한 진리 안에서, 또한 각 사람의 자유에 대한 엄격한 존중 안에서 인간에서 인간으로, 평등에서 평등으로 이루어진다. 그분이 말씀하신 것처럼 그는 "봉사받기 위해 온 것이 아니라 봉사하기 위해" 오셨다. 그분이 원하는 것은 있는 그대로의 하느님과, 우리를 위해 그분이 있다는 것, 그분을 위해 우리가 있다는 것, 그리고 우리가 서로서로를 위해 있어야만 한다는 것을 우리에게 계시해 주시면서 모든 진리를 증거하는 것이다.

이것을 하기 위해 그분은 당신의 말씀과 행동에서 나오는 사랑과 진리의 힘 외에는 아무것도 원치 않으셨다. 그분은 당신 아버지의 증언과 그분이 성취한 일들 외에는 다른 증거를 원치 않으셨다. 삼 년 동안 그분은 이렇게 나타나셨다. 이런 방법으로 그분은 당신의 수난으로 이어질 비극을 향해 그 원인을 온전히 아시면서 나아가신다.

베드로는 칼을 칼집에 도로 꽂아야만 할 것이고, 시간이 이르렀을 때 예수님은 사랑과 진리의 끝까지 가실 것이다. 그러나 그분은 부서지고 포기한 사람으로서가 아니라 우리들 가운데서 다른 이들과 똑같은 한 사람, 온전한 친구가 되기를 원하셨던 당신의 뜻이 이루어질 그 상황과 결과들을 충만히 아는 한 사람으로서 가실 것이다. 하느님의 살과 마음이기도 한 인간으로서의 그분 살과 마음 안에서, 그분은 우리가 서로서로를 향해 가할 수 있는 모든 고통과 충격, 그리고 카니발의 왕이라는 조소 속에서 죽음에까지 이르게 하는 굴욕과 모욕, 신성모독이란 이유로 유죄판결하는 극단적 비열함을 경험으로 알게 될 것이다. 믿을 수 없는, 그러나 그토록 비통한 인간 실체의 이 길을 통해 예수님은 우리에게 당신이 우리를 사랑하시고 구원하신다는 것을 증명하려고 이 모든 것을 당신 등에 지셨다.

샤를르 형제가 나자렛과 예수님의 인간성이라는 모습을 통해 도달한 것은 그때까지 그에게 알려지지 않았던 하느님의 또 다른 얼굴의 발견 같은 것이었다. 이때 그가 발견한 것은 더 이상 그가 트라피스트에 들어갈 때와 같은 하느님과 그분의 절대성이 아니었다. 그것은 초월성 안에서의, 다시 말해 항상 우리를 놀라게 하는 온전히 다른 전부이시며, 동시에 가까이 계시는 전부이신 이런 특성 안에서의 하느님이었다.

예수님의 인간성 안에서 샤를르 형제가 한눈에 끌어안았던 것은 한편으로 인간의 취약성과(이 점은 예수님의 탄생에서부터 그분 삶 안에 새겨져 있었다) 다른 한편으로 하느님의 자국을 지닌 위대함과 열절함이었다. 성 바울로는 예수님을 "하느님의 능력과 지혜"라고 표현했다. 당신 공생활의 초기부터 예수님은 지나치리만큼 확고부동하게 가난한 이들과 죄인들을 향해 가신다. 진복팔단에는 지나칠 정도로 넘치는 열정이 서려 있고, 산상수훈에서는 지나치게 단언적인 어조로 말씀하신다. 돈과 바리사이파 사람들, 그리고 자신들도 질 수 없는 짐들을 다른 사람들의 어깨에 지우는 모든 사람들에 대한 그분의 이야기는 지나치게 날카롭다. 성전의 상인들에 대한 분노는 지나치게 크다. 이것은 전능하신 분, 분노에 더디시고 그 어지심이 오래가는 자비와 자애의 하느님을 연상시키지 않을 수 없게 하며, 강한 손이나 힘센 팔과 같은 모든 거짓 위대함을 폭로하기 위해 당신 백성에 대한 열정적 사랑과 활력으로 가난한 이와 눌린 이, 과부와 고아들의 보호자이신 하느님을 연상시키기 위한 것이다.

예수님 안에는 지나치게 큰 힘이 있다. 이때문에 어떤 이들에게선 위험과 위협을 느끼게 만들고, 어떤 이들에게선 반발과 반대, 그리고 모순을 유발시키지 않을 수 없다. 반면에 그분은 너무도 취약하여 불행 앞에 설 수밖에 없다. 이 모든 것은 마치 하느님이 우리 조건의 허약성, 취약성을 당신의 고유한 위대성과 긍정적으로 결합시키기를 원하는 것처럼 이루어진다. 이것은 그분이 예수님 안에서 성취시키기 위해 오신 개인적 사업, 즉 우리의 구속사업에 이 두 가지가 함께 협력하도록 하기 위해서이다.

우리는 복음과 예수님의 삶의 빛 안에서 우리의 고유한 삶을 보아야만 한다. 우리가 누구이든, 우리가 어디에 있든, 대면해야만 할 특별한 문제들이 어떤 것이든간에, 이 관점 안에서 항상 우리에게 제기될 세 가지 큰 문제가 있는 것 같다. 그리고 이 문제에 대해 우리는 어떤 태도를 취해야만 하는데, 이는 이러한 태도가 우리 삶에 힘과 숨결을 넣어주기 때문이다.

첫번째가 신앙의 문제이다. 여기서 내가 말하고 싶은 것은 우리가 하느님과 복음에 대해 가져야 할 완전한 신뢰에 대한 것이다. 내가 사랑보다 신앙을 말하는 이유는 그분과 복음의 지혜에 온전하게 신뢰를 가지는 것보다 하느님께 대한 우리 사랑을 더 잘 표현할 수 있는 방법이 없다고 생각하기 때문이다. 그래서 예수님은 우리에게 신앙에 대해 말씀하시기를 그치지 않는 것이다. "만일 여러분이 겨자씨만한 신앙을 가지더라도 …" 내가 이것을 강조하는 이유는 여러 방법으로 우리가 추구하고 있는 도덕적이거나 법적인 완전주의와 우리의 삶 사이에는 아무런 관련이 없기 때문이다. 예수님은 우리에게 전혀 다른 것을 말씀하신다. 그분은 우리에게 성령이 그 원천이신 당신 삶에 부합되도록 새로운 삶으로 "다시 태어날 것"을 말씀하신다. 우리가 형제회에 있다면 이는 우리가 예수님이 하느님의 아들이시고 우리는 그분의 형제들, 아버지의 자녀들로 불림 받았다고 믿기 때문이다.

흔히 많은 사람들의 눈에 특이하고 이상하게 비치며 궁금증을 자극하게 하는 우리의 삶에서, 말로써가 아니라 우리 삶에 흔적을 남기는 행위로써 우리가 나타내기를 원하는 것은 바로 이러한 확실성과 신뢰인 것이다.

예수님이 하느님의 아들이시고 그분 삶이 인류 전체를 위해 대치할 수 없는 부요함을 드러내시기에, 우리 가운데 그분이 사셨다는 사실에 우리가 할 수 있는 한 더 밀접히 접합하기 위해 우리의 능력이 미치는 모든 것을 행하는 것이다. 이제 "신앙에 대한 이해"에 관해 잠시 지적해 보자. 왜냐하면 우리 삶이 단절됨 없이 충만히 합일되기 위해서는 이것이 무엇보다 중요하기 때문이다. 예수님은 우리를 위해 본질적인 것을 성취하셨다. 그분은 우리에게 당신 삶을 나누어 주신 것이다. 그렇지만 이는 있는 그대로의 우리에 대한 무한한 존중과,

이 땅 위에서 우리에게 적합하게 우리 삶을 조직할 수 있도록 우리가 가진 능력, 주도권, 자유 안에서 우리의 자율에 맡기시면서 나누어 주신 것이다.

그분은 시간을 멈춘 적도, 역사를 멈춘 적도 없다. 예를 들어 정치적인 면에서 그분은 완전히 침묵하신다. 물론 이 말은 결정적으로 이 세상을 심판하시는 것, 즉 우리의 시도에 대한 유효성이나 유해성까지 감추신다는 말은 아니다.

여기서 말하고자 하는 뜻은 복음이 우리에게 말하는 것과, 사회적·정치적·경제적으로 주어진 맥락 안에서 특수한 상황하에 우리가 취해야 할 구체적 태도 사이에는 우리가 건너뛰어야 할 발걸음이 있다는 것이다. 이 걸음에서 신앙과 복음적 의미가 명확히 드러나는 것인지 지성의 검증을 받아야만 한다. 그리고 바로 여기에 이 건너야 할 발걸음의 미묘성이 있는 것이다.

우리의 삶과 관련된 것 안에서, 우리는 너무 소심하거나 혹은 아직 그 길을 찾고 있는 중이기에, 이러한 검증이 잘 되고 있다고는 나는 생각지 않는다. 그러기에 우리는 양심에 거리끼게 된다. 여기서 우리는 자주 그 이유를 찾기보다는 자기 합리화를 찾고, 우리의 문제에 삶으로 끼여들려 하지 않으며, 우리의 책임을 충실히 지기 위해 필요할 때 평화로운 마음으로 자신의 잘못을 인정하기를 두려워하지 않는 힘차고 명확한 용기가 부족하게 된다.

두번째는 가난의 질문이다: 내게 있어 이 질문은 신앙 안에서 우리가 성장하기 위한 문제로 첫번째 질문과 내면적으로 연결되어 있는 것 같다. 나는 여기서 먼저 사회적 가난을 생각하는 것이 아니다. 마음과 영혼의 가난을 말하고 싶은 것이다. 내가 이 문제를 거론하는 것은 가난이 다 큰 성인成人이 이해하기에는 가장 힘든 복음적 실체이기 때문일 것이다. "만약 여러분이 어린아이처럼 되지 않으면 하늘 왕국에 들어가지 못할 것이다." 새로운 생명에 대해 니고데모가 취한 그 자연스런 반응처럼 우리는 어떻게 어머니의 자궁 속에 돌아갈 수 있을 것인가 하고 자문할 것이다. 그리고 모든 사람들이 자신의 인격에 근본적인 것으로 주장하는, 자신에 대한 신뢰에 있어 수많은 이의와 불신이 우리를 어지럽힐 것이다.

세번째 질문은 사랑의 문제다. 즉, 예수님께서 우리에게 가르치신 새로운 정의의 문제인데, 우리는 이에 따라 이 세상에서 모든 사람과 살아가야만 하는 것이다. 이는 우리 삶에 있어 이론의 여지가 없는 궁극의 목적이며, 하느님과 우리의 관계에 있어 그 진실성을 가리는 부인할 수 없는 검증인 것이다. 또한 이것들이 아버지와 우리의 관계 그리고 우리와 우리 형제들과의 관계가 될 것이다. "보이지 않는 하느님을 사랑한다고 하면서 자기 형제를 사랑하지 않는 사람은 거짓말쟁이입니다. 그 사람은 하느님을 알지 못했습니다"(1요한 4,20: 2,4). 그러므로 우리 삶이 펼쳐져야 할 자리가 바로 이곳인 것이다. 그런데 이 부분에서 우리가 단지 우리 사이에서뿐만 아니라, 우리 자신이 연루되어 있는 오늘날 이 세상을 갈가리 찢고 있는 갈등들 한가운데서 우리가 사랑을 실천하려면 할수록 예수님이 우리에게 요구한 것을 실행하기 위해 더욱더 우리에게 부족하다고 느껴지는 것은 결단성과 명징성 그리고 확고함인 것 같다(가끔 그분은 우리에게 영웅적 행위까지 요구하시기에). 바로 이러한 배경 안에 우리의 책임이 놓여져 있다. 여기서 예수님의 가르침은 명확하다. 산상수훈을 읽고 또 읽어보자: "당신이 제단에 예물을 갖다 바치려 할 때에 형제가 당신에게 어떤 원한을 품고 있는 것이 생각나거든, 당신의 예물을 제단 앞에 두고 먼저 물러가서 당신 형제와 화해하시오. … 라고 말씀하신 것을 여러분은 들었습니다. 그러나 나는 여러분에게 말합니다." 물론 형제회 내에서 우리는 모든 사람에 대한 존경과 우정을 말했다. 그러나 구체적 상황 속에서는 말로써 충분한 것이 아니다. 우리들이 존경받고 사랑받을 때 우리들이 신실한 것으로 충분한 것도 아니다. 이것은 너무 쉽다: "만약 여러분을 사랑하는 사람들만 사랑한다면 여러분에게 무슨 공로가 있겠습니까? 이방인들도 그렇게 하지 않습니까?" 자신의 순수한 사랑 안에서 상처받고 모욕당했을 때, 우리가 아직 존경과 우정을 줄 수 있다는 증거를 주어야만 한다. 그렇지 않으면 바람과 함께 사라질 것이다. "그러나 나는 여러분에게 말합니다. 여러분의 원수들을 사랑하고 여러분을 박해하는 사람들을 위하여 기도하시오. 그래야만 여러분은 하늘에 계신 아버지의 아들이 될 것입니다. 그분은 악한 사람들에게나 선한 사람들에게나 당신의 해를 떠오르게 하시고 의로운 사람들에게나 의롭지 못한 사람들에게나 비를 내려 주시기 때문입니다. … 그러니 여러분의 하늘의 아버지께서 완전하신 것같이 여러분도 완전해야 합니다"(마태 5,44-48). 내가 여기서 강조하고자 하는 것은 예수님이 간청하는 것은 바로 동기라는 것이다. 그분은 우리에게 어떤 태도를 그럴듯하게 꾸미라거나, 어느 편이나 좋게 행동하라거나, 사람들은 우리가 생각하는 것보다는 나쁘지 않다는 것을 발견하라거나 하는 등의 것을 말씀하시지는 않는다. 이 모든 것은 복음적인 태도와는 아무 상관이 없다. 예수님은 항상 명백하고 공개적으로 말씀하셨으며 각 사람에게 그분이 말씀해야만 했던 것을 말씀하셨다. 사랑, 용서, 모욕, 원수에 대한 사랑 그리고 우리에겐 자연스러운 것이 아니라 진정한 십자가일 수 있는 것들에 대해 그분이 우리에게 말씀하시는 것은 단 한 가지이다: 우리가 아버지의 자녀들이고 예수님의 형제들이라는 것을 증명하기 위해, 그분과 그분이 우리를 위해 하신 것들을 기억하라. 바로 이러한 빛 안에서 우리가 오늘날 여러 방법으로 참여하고 있는 상황들, 우리에게 부여된 상황들, 우리가 유발시키는 상황들 그리고 우리가 견뎌내야만 하는 상황들을 보아야만 한다. 이 점에 있어 복음은 우리가 상황분석 후 일반적으로 행하는 것보다 더 멀리 더 깊이 나아가기를 요구한다고 생각한다. 이에 대해 우리는 단지 다시 세워야 할 사회적·정치적·경제적 정의의 관점에서만 머무를 수는 없다. 물론 이것은 우선적이고 기초적인 의무이지만, 복음은 우리가 생각하기 힘들 정도로 훨씬 더 엄중하게 이 상황의 중요성을 고발해 준다. 이러한 상황의 중요성은 단지 이 상황이 정의에 반한다는 것 때문만이 아니라 그보다 더욱 사랑에 반한다는 사실이다. 즉, 우리와 같은 인간으로서, 인간 존재의 유일한 존엄성인 사랑과 우정의 관계에 대한 역동적 법칙에 반한다는 것이다. 흔히 말하는 의미의 정의만이 상처입고 부정당한 것이 아니다. 인간 사이의 우정, 하느님 왕국의 법칙 자체가 거절당하고 경멸받았으며 파괴된 것이다. 만약 예수님이 우리들 가운데서 당신 운명이 이 땅의 천벌받은 이들의 운명과 연결되어지기를 원하셨다면 이것은 우연이 아니다. 만약 복음이 헐벗고 배고픈 이들, 감옥에 갇힌 이들, 이방인들 … (그들이 마치 친히 하느님이었던 것처럼) 앞에서 우리 모두가 심판받을 것이라고 알려준다면 이 또한 우연이 아니다. 이 모든 것은 우리에게 반성의 여지를 남겨준다. 왜냐하면 우리가 이 세상 삶에 이바지해야 하는 것이 사실이라면, 이는 복음과 하느님이 우리를 위해 가지고 계신 사랑을 증거하면서 이바지해야 하는 것이기 때문이다. 이 점에 있어 우리는 복음을 됫박 밑에 감추어 두지 말아야 하는 책임이 있다. 우리는 용기를 가져야만 할 것이다. 왜냐하면 우리는 뒤로는 숨을 곳이 없으며, 이 세상은 값을 치르지 않고는 구원될 수 없다는 것을 알고 있는 빈손의 사람들이기 때문이다. 나는 이 주제에 있어 모호함이 없기를 바란다; 물론 우리는 우리 삶의 사회적·공공적 차원에 과거보다 훨씬 더 민감하다. 이는 물론 당연한 일이지만 우리는 복음의 빛으로 명확하고 분명하게 이 일을 맡아야만 할 것이다. 여러분이 동네에서 어떤 일에 대한 책임을 지게 되었다면 이는 당연하다. 우리의 행위로 사회적·정치적 박해를 받게 되었다면 이는 피할 수 없는 것이다. 그럼에도 불구하고 우리는 이 모든 영역에서 가볍게 처신할 수가 없다. 어떠한 노조나 혹은 정치적 참여도 우리가 살아야만 할 것을 고려하는 것만으로는 충분하지 않다. 그리고 우리의 판단 기준은 어떤 이데올로기나 이떤 정당의 정강이 그 기준이 될 수는 없다. 게다가 우리는 정치에 있어 우리가 존중해야 할 우선적인 것이 있다는 것을 기억해야만 한다. 먼저 우리가 아니라 평신도들, 즉 결혼하여 가족을 책임지고 있는 사람들을 생각해야 한다. 그들은 그들 사회에서 어떤 결정을 내릴 때 먼저 그들과 자식들을 위해 원하는 것을 생각하고 이에 이르는 방법을 결정한다. 이것이 우리에게 말해주는 것은 우리 역시 복음이 우리에게 주는 심오한 동기에 따라 우리의 책임을 져야만 한다는 것이다.

우리가 그것을 할 것인가? 그것을 어떻게 잘할 것인가? 나는 우리가 스스로에게 질문해야 할 어떤 것을 지니고 있다고 생각한다.

우리의 삶이 진실하기 위해서는 예수님의 삶처럼 우리의 삶도 내면으로부터 와야만 한다. 내가 말하고자 하는 것은 먼저 아버지와 우리의 개인적 관계에 기초를 두어야 한다는 것이다. 그분 안에서, 그분에 의해, 그분으로부터 우리의 삶은 그 힘과 풍성한 결실을 받아야만 한다. 우리는 이를 위한 삶의 조건도 수단도 가지지 못했다고 말하지는 말자. 저 너머의 생명은 아무것도 가지지 않은 이들에게 약속되어져 있는 것이다. "하늘과 땅의 주님이신 아버지, 슬기롭고 똑똑한 사람들에게는 이것을 감추시고 철부지들에게는 이것을 계시하셨으니 아버지를 찬양하나이다."

우리의 삶이 진실하기 위해서는 하느님께서 우리에게 가져다주시고 또한 어쩔 수 없이 우리를 이끌어 가시는 사랑의 사건들 안에서, 우리의 삶은 산 증거가 되어야만 한다. 왜냐하면 그분의 사랑은 우리의 이익이나 기쁨, 우리의 유익이나 환상을 찾는 것도 아니며 또한 사람들에게서 오는 영광을 찾는 것도 아니고, 자신을 잊은 채 모든 이의 선을 위해 우리가 할 수 있는 주도권을 가지고 우리보다 더 가난하고 불행한 이들에 대한 봉사와 사랑에 있기 때문이다. "우리 각자는 이웃의 유익을 찾도록 힘써 건설하는 일에 보탬이 되도록 해야 합니다. 그리스도께서도 사실 당신 좋을 대로만 하시지 않았습니다"(로마 15,2). 이것은 틀림없이 우리를 희생과 곤란에 직면하게 하고 반대 세력을 만나게 할 것이다. 왜냐하면 복음은 우리 삶과 이 세상에 긍정적이고 비판적인 빛을 던져주기 때문이다. 예수님은 우리 삶에 기생하는 거짓된 위대함과, 이 세상에서 인간을 착취하고 노예로 만드는 모든 형태의 밑바닥에 깔려 있는 새로운 우상들(돈, 권력, 이익추구)의 거짓된 가면을 벗기신다. 우리에 관한 한, 인류의 재건설과 재복구의 기초는 여기, 즉 하느님 위에, 그분이 있다는 사실 위에, 그분이 우리에게 전해주신 이 삶 위에서만 있을 수 있는 것이다. 나자렛, 이는 임마누엘(하느님께서 우리와 함께 계시다)이다: "나는 이 세상 끝날까지 여러분과 함께 있다", "나는 너희를 고아처럼 버려두지 않을 것이다."